U0000643

自由

AN UNRULY HISTORY

民主的盟友或敵人？思考現代社會的形成與危機

FREEDOM

Annelien de Dijn

安娜琳・德黛——著 陳雅馨——譯

第一部　自由的漫漫長史　033

導讀

「自由」的系譜

陳禹仲／中央研究院人文社會科學研究中心助研究員

一八八七年十一月十日，喧囂的書市迎來了一本嶄新的著作。書籍的內容述說了一段歷史故事。但與其他歷史故事不一樣的是，這段故事的主人翁是一個概念，而這段故事，講述了主人翁如何走向奴役與屈服的過程。該書的書名是《道德系譜學》（*Zur Genealogie der Moral: Eine Streitschrift*），作者是尼采。

在《道德系譜學》裡，尼采述說了一個關於道德的故事。他說，道德這個概念的古典樣貌，強調了人的獨立與自主性，著重人是否能身體力行自我實踐。道德是屬於那些有足夠能力得以落實自我的人，是一種屬於「強者」、屬於有能力的人的美德。尼采認為，這樣的道德存在於希臘神話的時代，屬於那種對個人英雄式自我實踐的認可。而這種古典的道德，在道德這個概念發展的歷史中，被另一種道德所取代。取而代之的，是一種壓抑的道德。這種新的道德強調的，不僅僅只是人們必須要克制自己的能力而已，而是要有能力的人必須為沒有能力的人犧牲奉獻。道德扼殺了個人，不再關乎個人的能力與稟賦，也不再著重個人的自我實踐。相對地，這種道德以「慈善」（benevolence）、「犧牲奉獻」（sacrifice）等標語為名，要求個人與自身為敵，否定自身的能力與落實能力的渴望，成為全然為他人而生的存在。尼采認為，這是我們現代人的道德，是源生於基督信仰教義裡屬於弱者的道德，也是他所謂的「奴隸道德」（slave morality）。

尼采的道德系譜學與一般的歷史不同，他要考察的並不純然只是道德這個概念發展的歷史。系譜學是一種特殊的政治哲學方法，藉由考掘出我們今日習以為常的概念背後那鮮為人知的故事，批判並顛覆我們對日常熟悉的概念的認知。換言之，系譜學是一種對現狀的示警。追溯概念的歷史發展是達成目的的媒介，而系譜學真正的目的是批判。這不是某種以古鑑今，而是藉由揭露根植於現況之下的問題，作為思辨如何脫離現狀牢籠的基礎。畢竟在能解決問題之前，我們必須先認知到我們正深陷某種不自知的困境裡。

尼采在《道德系譜學》裡對道德的分析，與政治思想史家安娜琳．德黛（Annelien de Dijn）的新作《自由：民主的盟友或敵人？思考現代社會的形成與危機》有不少發人深省的相似之處。儘管沒有多加著墨系譜學的方法，但《自由》無疑是一本探討「自由」這個概念如何在走向現代的過程中，同時也走向束縛的著作。和尼采的「道德」如出一轍，在德黛看來，讓「自由」走向束縛的，也正是「自由」概念本身的質變。正如英文書名的副標題所暗示的，這是一段自由這個概念「失控」（unruly）的歷史。

德黛是荷蘭烏特勒支大學現代政治史教授（Professor of Modern Political History），也是學界當前研究十九世紀法國政治思想史的重要中生代學者。她的第一本學術專著《從孟德斯鳩到托克維爾的法國政治思想》（*French Political Thought, Montesquieu to Tocqueville: Liberty in a Levelled Society*）分析了自啟蒙時期以降的法國政治思想傳統中，對自由與平等關係的辯證。《自由》是德黛的第二本著作。它的規模較第一本來得恢宏許多，涵蓋的範疇不再侷限於十八、十九世紀的法國。但它的論旨，卻也遠較德黛的第一本著作要來得直指現代政治經驗的核心。

在這本跨幅兩千六百餘年，對「自由」概念的系譜學探討裡，德黛指出了古代與現代兩種自由概念的差異。其中最根本的差別，體現在「自由—政治」的關係裡。根據她的分析，一直到十九世紀為止，西方對「自由」概念的理解，一直與公民的政治參與權有著密不可分的關聯。這種古典的自由概念是一種唯有透過實質政治參與方能實踐的特質。我們之所以能確定我們享有自由，正是因為我們得以透過實質參與政治，形塑甚或改變那些終將影響我們日常生活的政治決策，進而確保我們的生活是由我們所主導掌握的。正如本書的譯者所指出的，「自由」（liberty）的概念蘊含了「自主」（freedom to）的面相。

這種古典的自由理解，蘊含了兩種更為深層的含義。首先，自由是一種法律位階。一個人擁有自由，意味著這個人被法律賦予了參與政治的權利。其次，這表示一個人是否享有自由，維繫於這個人所在的國家是否擁有一個允許公民參政的政體。結合這兩種含義，我們可以得到一種古典自由的定義：自由取決於公民是否享有參與政治的權利。換句話說，古典自由的概念與「人民主權」（popular sovereignty）是一體兩面的。正如德黛所強調的，這種古典的自由是一種「民主式的自由」（the democratic conception of freedom）。

與此相對的，是從十九世紀法國開始逐漸發展而生的現代自由概念。古典自由強調了政體必須要**賦予**公民實質政治參與的**權利**，現代自由則強調政體必須要**約束**由公民組成的政府所享有的**權力**。後者構成了我們習以為常的，對自由政治的理解：政府的權力必須被約束，以確保公民的自由不會被政府所侵犯。但就如尼采對道德的剖析一般，德黛深刻分析了這種現代自由概念的起源，指出這種自由概念的出現，正是以「保障公民自由免受政府侵犯」為名，行「約束人民主權以限縮古典自由」之實。德黛認為，這種概念內涵的轉向，是西方在經歷了美洲與法國的民主革命過後，智識菁英階級對人民組成的政府懷抱憂慮所導致的結果。

當然，有些人——例如著名的自由主義者班傑明．康斯坦（Benjamin Constant）——之所以倡議現代自由，是心繫那些容易被多數決主導的政治壓迫甚或忽視的弱勢少數。但這樣的關懷，卻與某些心繫自身財富與地位，擔憂人民組成的政府很可能導致重新分配財務資源的政策，進而剝奪自身利益的人不謀而合。現代自由因此從憂慮少數權益被多數忽視乃至迫害的關懷，淪為少數保守派菁英憂慮自身優勢處境被多數人民剝奪的意識形態武器。

與古典自由相仿，現代自由也有兩個隱含的條件。首先，現代自由必須發生在人民主權已然落實的政治裡。其次，這意味著人民主權的政治仍舊不是一個充分財務資源平等的政治。唯有如此，菁英才會擔憂人民得以藉由組成政府來剝奪他們的相對優勢。在德黛的故事裡，是平等的欠乏才使得現代自由的概念成為限縮自由的武器，而這也把我們帶回德黛最原初的研究關懷：自由與平等的關係是什麼？

這一部自由的系譜學所揭露的，正是現代政治以及受現代政治所支應的現代自由的欠乏之處。自由的實踐不僅在於落實古典自由的人民主權，因為落實人民主權、卻未能擁有充分平等的政治，將會成為一個少數菁英擔憂資源重新分配，進而挪用現代自由概念以限縮人民主權的政治；而這也正是我們現有的政治。而正如德黛所說，也許擺脫如此困境的方式，唯有在現代政治裡，重申自由、人民主權與平等這近乎三位一體的觀念集結。

導讀

歷史作爲自由與民主的雙重變奏曲

葉浩／國立政治大學政治學系副教授

生命誠可貴，愛情價更高，若為自由故，兩者皆可拋。

——山陀爾（Petőfi Sándor）

山陀爾是一位匈牙利詩人，生命定格於為國犧牲的二十六歲，也就是一八四九年。寫下這首詩句前不久，他才在廣場上高聲對群眾提問：「願意當個自由的人，還是奴隸？」萬千同胞則回以：「自由的時刻到了，絕不再當奴隸！」

自由在此指的是不讓奧地利外來政權繼續統治，匈牙利人應該當家做主。但根據本書作者安娜琳・德黛的說法，像那樣把民族解放當作自由理想來爭取的呼喊，其實是一個時代的最後殘響。因為，「自由」（liberty）一詞即將以另一種意涵登上歷史舞台，革命年代所追求的民族自主或說是奠基於人民主權理念的的「政治自由」，就快讓位給一種無關政治的「公民自由」，其主要內涵為個人不受政府的干涉，實踐上一方面採取三權分立來避權力過度集中，一方面則制定法律來保障公權力不得入侵的個人生活領域，並允許人民可在不違法的前題底下，完全按自己的意願做任何事情。

上述政治自由與公民自由之區分，大抵分別對應英國政治思想家以撒．柏林（Isaiah Berlin）於一九五八年在牛津大學就職演說時提出的「積極」（positive）與「消極」（negative）兩種自由。當時是一個自由主義與社會主義兩大意識形態對峙的冷戰年代，分別實行資本主義的西方民主國家與實施共產主義的蘇聯彼此劍拔弩張，人類的命運懸在旦夕。柏林藉此區分來指出，雙方真正的差異在於各自追求一種他們認定為真正的自由。自由民主陣營捍衛的消極自由關乎個人不受政府限制的程度，包括生活方式以及財產的累積與使用方式之選擇的自由；共產社會的主張則是一種關乎誰才是主人的積極自由，對他們來說代議民主不過是符合資本家利益的意識形態，雖然可以讓勞工或無產階級在投票那天覺得自己是國家的主人，但其實不過是政商統治集團的奴隸。

柏林的區分基本上是從對峙中的兩大意識當中提煉出來的一種高度抽象之理解，或說對時代的詮釋，且在論述過程中旁徵博引，不僅論及了為數眾多的古今思想家與行動者，也將他們各自歸類，並指出消極自由與積極自由在最抽象層次的「不受他人干涉」與「當自己主人」兩種理念底下，採取了種類繁多的具體方式來爭取與落實。也因此，這同時開啟了至今方興未艾的兩種研究，一是概念分析，持續針對何謂「自由」來進行分析，乃至建構一套政治哲學，例如：傑拉爾德・麥卡勒姆（Gerald MacCallum）、查爾斯・泰勒（Charles Taylor）、希勒爾・史坦納（Hillel Steiner）等人的理論；二則對歷史上實際出現過的自由觀念與制度來進行思想史的研究，且以挑戰柏林關於消極自由乃始於霍布斯（Hobbes）以降的英國自由主義思想傳統之主張，作為主要爭論戰場，例如：昆丁・史金納（Quentin Skinner）即論證過在古典自由主義壟斷人們對自由的認識以前，英國其實還有一個新羅馬式（Neo-Roman）的共和主義自由傳統。

不過，文獻上一直欠缺一本真正能縱貫古今、梭羅全備的自由思想史著作。理由不難猜想。此事需要相當龐大的知識，且稍有不慎將顯露作者學識上的疏漏。《自由》正是以此為目的的一本書。作者以柏林將消極自由與積極自由理解為關乎「程度」與「誰才是主人」的區別作為起手式，但不提柏林的名，因為她心中的英雄是活躍於十八世紀末至十九世紀初的法國思想家班傑明・康斯坦。康斯坦曾在一八一九年區分「古代」與「現代」兩種自由，分別指涉人民的集體政治參與以及不受政府的干涉。雖然這種區分在最抽象的概念層次上，等同積極與消極自由，但重點卻是在更具體的制度上，且這正是本書所著眼之處。更重要的是，德黛在意的是現代自由在什麼具體的歷史條件底下產生，而非抽象層次的差異。於是她把焦點放在康斯坦本人提出一種新自由觀的動機與意圖之上，亦即，目睹法國大革命如何走向獨裁專制的康斯坦，深諳人民主權理想對個人自由之威脅，因此高舉後者並貶抑前者。

換言之，康斯坦乃一對民主戒慎恐懼的個人自由捍衛者；現代自由的提出則是源自一種反革命的精神。事實上，作者將此一精神回溯至十八世紀的德國哲學家兼路德宗傳教士約翰．奧古斯特．埃伯哈德（Johann August Eberhard），同時也將自由主義界定為康斯坦及其友人企圖抑制革命民主浪潮的政治策略。誠然，在革命年代高舉去政治化的個人自由，既符合統治階層的政治利益，也能維穩，致力於保障私有財產更能保障政商統治集團的經濟利益。本書所謂的「自由主義式自由」（liberal freedom）於焉誕生。

不僅如此，作者也將人類追求自由的歷史分成了四階段：（一）從古希臘的政治參與開始到羅馬共和，（二）進入基督教中世紀之後，轉為與政治無涉的內在自由；然後是（三）由文藝復興時代開啟了意圖恢復政治參與，直到法國大革命，以及（四）在反省人民主權的民主理想如何威脅個人生命和自由之後，轉向了一種不讓政治入侵個人生活的現代自由概念。

如此一來，整部人類史也大抵是一曲追求民主與自由的雙重變奏。相較於柏林對自由的抽象理解，本書讓思想回歸到具體的歷史脈絡，不但溯及了自由概念形成的特定社會與政治條件，還指出了自由主義者的動機與策略。不過，將一段如此長久且涉及的人物與思想如此繁複的歷史，化約為如此簡單的變奏曲，或說是一齣四幕劇，似乎過於簡單，疏漏也難免。

例如：本書所說的不受政府干涉之個人自由在霍布斯筆下即有論述，此後的英國政治思想乃奠基於此，並在歷經洛克、大衛・休謨、亞當・斯密等人的開創已成為一個古典自由主義傳統，而康斯坦本人遠赴英國讀書的愛丁堡大學，正是此一傳統的重鎮。

當然，倘若讀者願意把本書當作自由的抽象概念分析，以及關於英國政治思想史的一種補充，那作者實際書寫的內容仍有高度的參考價值。此外，在一個少有人願意為民族的解放而犧牲，職業與愛情或許是人生最偉大的抉擇之民主時代之中，這樣一本企圖帶領人們重溫歷史更加淵遠流長的另一種自由，無疑是思想史之外更重要的意義。或許也是作者的真正書寫意圖。

引言 一個捉摸不定的概念

今日，大多數人往往將自由與擁有不可剝奪的個人權利劃上等號，這些個人權利界定了政府不可侵犯的私領域。但情況始終如此嗎？這個定義使得自由取決於國家權力的限制，但它真的是唯一、甚至是最自然的思考方式，只有透過它，我們才能思考在一個社會中，或者是作為一個社會，自由到底意味著什麼嗎？如果答案是否定的，那麼，我們又是如何改變了對自由的理解？原因為何？

以上便是本書所要回答的問題。透過研究兩千多年來傳統西方世界的人們如何思考及談論政治自由，本書將提出自己的答案。論述將從發明自由的古希臘開始，直至現今。一路上，我探索了一些如雷貫耳的名字，如柏拉圖（Plato）、西塞羅（Cicero）、約翰・洛克（John Locke）和尚—賈克・盧梭（Jean-Jacques Rousseau）等人的觀點。而這個論述中也出現對政治思想的貢獻不是那麼知名的人物，如十九世紀的辭典編纂家諾亞・韋伯斯特（Noah Webster）是首先在美式英語中提供自治自由定義的人。（譯按：關於freedom與liberty的區別，在中英文世界中有許多討論，譯者不涉入細緻的詞義探討，僅以自治自由〔liberty〕與自由〔freedom〕的區別方式令讀者有所辨別，俾使讀者可「自行」、「自主」地透過上下文「自由」地推敲、理解作者對這兩個字的使用，以及其在更廣大背景中如何被認知。此一區別方式放在全書的脈絡中將更顯得有其必要。）

調查的結果令人震驚。我們應將現今對自由的概念理解為一場蓄意而戲劇性的決裂，此一決裂使得我們與某些長期確立來思考自由的方式分道揚鑣。許多個世紀以來，西方思想家及政治行動者始終認為自由不是國家對個人的放任不管，而是能夠控制個人受到統治的方式。他們對自由的看法是一種**民主式**自由概念：一個自由的國家是人民自我統治的國家，即使這個國家缺乏權利法案、獨立的司法制度，以及其他監督正當國家權力邊界的機制。這種民主式自由概念由古時的希臘和羅馬人發展出來，並在近代由文藝復興時期的人文主義者及其門徒加以復興，如尼可洛·馬基維利（Niccolò Machiavelli）、艾蒂安·拉波哀西（Etienne de La Boétie）以及阿爾傑農·西德尼（Algernon Sidney）等人。正如著有《政府論》（*Discourses Concerning Government*）、十七世紀英國作者西德尼所言，只有當一群人受到「自己制定的法律」統治時，才可能是自由的。[1]

這些人文主義思想回過頭來又啟發了十八世紀末，美國、荷蘭、波蘭和法國的革命者。當這些革命者造反時，他們是以自由為名造反的，但他們所爭取的自由卻不是安靜地享受他們的生活和財產的自由，而是用古希臘和羅馬人的方式來治理自己的自由。一七七四年第一次大陸會議（First Continental Congress）所陳述的「所有自由政府」的基礎，是「人民有權參與他們的立法會議」。[2] 在大西洋的另一邊也聽到了同樣的聲音，一位傑出的荷蘭愛國革命參與者彼得．弗里德（Pieter Vreede）曾於一七八三年寫道：「如果你不能治理你自己、你的財產和你的幸福，就不能說你是自由的。」[3]

視覺表現描繪了這個歷史悠久的民主式自治自由概念的非凡生命力，所謂「自治自由帽」（cap of liberty，譯按：以下簡稱自由帽）的歷史就是個很好的例子。在古羅馬，獲得自由的奴隸會在他們的解放儀式上得到一頂圓錐形帽子，隨著時間推移，自由帽變成了政治意義上的自由象徵，例如：在慶祝羅馬採行祕密投票制度而發行的錢幣上，就出現了自由帽的身影。十多個世紀以後，一七六〇及一七七〇年代，紐約的叛客們豎起了一根根裝飾著自由帽的自由桿，以此來宣示他們對英國統治的不屑一顧。一七九〇年代，這個符號又成了法國革命者日常裝束的一部分，他們戴著紅色羊毛帽來表達他們對自治自由的執著熱愛。[4]

於是，兩千多年來，自由一直被等同於人民自治（popular self-government）。我將在接下來的篇章中詳細介紹這段漫長歷史。一直要到十九、二十世紀，歐洲和美國的政治思想家才開始傳播思考自治自由的不同方式，許多人開始主張，自由不是**誰**在治理的問題，相反地，自由取決於一個人被治理的**程度**。德國哲學家約翰．奧古斯特．埃伯哈德（Johann

August Eberhard）是最早提出這種主張的人之一。他曾在一七八四年寫到，認為自治自由只存在於民主共和國裡，是一種「毫無根據的偏見」。相較於自治國家的公民，開明君主的臣民享受許多——不，是更多——公民自治自由。正如埃伯哈德所指出的，在腓特烈大帝（King Frederick the Great）的治下，普魯士人比實施自治的瑞士人民享有更多的宗教自由，卻繳更少的稅。[5]

是什麼引發了這種自由思想的轉變？為何限制政府權力的自由觀念取代了民主式的自由概念？當歷史學家思考這個問題時，他們傾向從歐洲歷史上長期存在的趨勢中尋找答案，因此人們常宣稱西方宗教寬容性的演變——宗教改革的意外結果——引發新的思考自由方式的出現，自由被等同於私人獨立性。另一種流行的說法則將這種關於自治自由的思想轉變，歸因於十七和十八世紀時市場經濟的出現，據說這導致人們形成一種更加開明的自由概念，此種自由概念以自然權利為觀念核心。[6]但與人們普遍的假設相反，無論是宗教改革或是市場經濟的過渡，都不曾對關於自由的辯論產生太大影響。

正如本書所展示的，對於自治自由的新理解，是十八世紀末大西洋革命浪潮引發的長期政治鬥爭下的產物。這些革命在建立我們現代、民主的政治體系方面扮演了重要角色，但它們也引發了反民主的可怕反應，尤其是法國大革命演變為政治暴力——恐怖統治（the Terror），更令大西洋兩岸的許多知識分子與公民行動者，群起反對推行自下而上的政治。

由此而生的反革命運動開始傳播一種對自治自由的新理解，將享受私人獨立性置於優先地位，並透過這種理解直接挑戰了民主式的觀點。埃伯哈德對自由的評論就是個例子，他很直接反對那些「年輕的共和黨人」，因為他們希望推行仿效瑞士和美國的制度，藉此將普魯士民主化。[7]

反革命運動對於自由的重新定義，回過頭來又影響了十九世紀初出現於歐洲的新政治運動，尤其是自由主義。十九世紀的自由主義者班傑明．康斯坦（Benjamin Constant）衷心同意保守主義者，如埃伯哈德和埃德蒙．伯克（Edmund Burke）等人的觀點，即認為民主不僅與自由截然不同，而且可能對自由有害。即使歐洲自由主義者最終接受了民主制度已是個既成事實，但他們仍持續堅持自由和民主是兩回事。他們主張，保護自由的最好方式不是擴大人民對政府的控制，而是設置障礙來阻止政府干預人民的生活，於是，在民主脈絡中，只有限制人民權力的制度與規範，才能最好地保護個人自治自由。我們可以肯定，這種觀點會令早期的自由鬥士們感到震驚。

當人們主張必須限制民主才能保衛自由時，如康斯坦這樣的思想家考量（在某程度上）的是弱勢少數族群，如宗教異議人士的立場。但以自由為名的反民主鬥爭背後的驅動力往往是恐懼，因為人們擔心新獲得選舉權的烏合之眾會運用國家權力來進行經濟的重新分配。在歐洲，這些憂慮在整個十九世紀不斷加劇，並於一八八〇年代及一八九〇年代達到頂峰。法國經濟學者保羅・勒華—波留（Paul Leroy-Beaulieu）提供我們一個例子，他曾哀嘆「西方文明」將很快受到一種「新農奴制」奴役，並警告現代民主國家的統治必然是基於工人階級的利益，而「集體主義」的降臨及其對所有自治自由的破壞，則是不可避免的下場。[8]

在美國，反革命的自治自由概念花了較長的時間才流行起來。儘管一些心懷不滿的聯邦黨人和保守主義的輝格黨人附和了這些關於自治自由的反革命觀念，但是大部分的美國人在十九世紀上半葉，仍擁抱作為革命核心的民主式自由概念。然而，這種情況在美國內戰後隨即發生了變化。由於選舉權擴大到自由民，以及大批移民來到北方，菁英對於民主制度的不滿增加了，因為突然間，大批的黑人及新移民開始要求享有那些菁英極不情願承認的政治權利。鍍金時代（Gilded Age）時，只有透過最大限度節制大眾權力，才能最好地維護自由——這樣的觀念在美國廣泛流傳開來。此一時期的領袖人物，如頗具影響力的耶魯大學教授孫末楠（William Graham Sumner）即強烈反對將自由等同於民主自治的觀點。孫末楠主張，「自由放任」（laissez faire），或者是英語直白的說法「管好你家的事」，才是「自治自由的信條」。[9]

詆毀民主的人所闡述的新自由願景並不是從來沒有遭遇反駁。一八七三年至一八九六年的長蕭條（Long Depression）後，大西洋兩岸有愈來愈多的激進主義者、社會主義者、民粹主義者及進步主義者，拒絕了將自由等同於最小政府的想法。他們認為那種自由是虛假的自由，只是捍衛階級利益的單薄無力說詞而已，要讓人民得到真正的自由，就必須終結政治與經濟的支配。尚．喬黑斯（Jean Jaurès）及小羅斯福（Franklin Delano Roosevelt）等思想家和政治人物於是重振了民主式自由的革命呼聲，並將之擴展至經濟領域。然而，一九四五年後，冷戰壓倒了這些聲音，「自由等同於最小政府」的看法甚至得到許多左傾知識分子、政治人物及選民的接納，直到今天亦然。

正如這個簡略的概述所暗示的，理解自由的悠久歷史首先令我們注意到，自由這個概念被等同於對政府權力的限制是多麼晚近的事，但這段歷史也揭示關於我們如今思考自由的方式，其系譜學的一個關鍵。今天常見的自由觀念，例如：縮小政府的範圍才能最好地保護自由等觀念，其發明者並不是十八、十九世紀的革命者，而是他們的批評者。今天最熱情的自由鬥士，樂於將自己描繪成締造我們現代民主的革命者的繼承人。但從他們對最小政府的呼籲來看，當代的自由愛好者其實更像是民主的敵人，而不是它的締造者。他們是埃伯哈德、孫末楠的繼承者，而不是湯瑪斯．傑佛遜（Thomas Jefferson）和弗里德的傳人。

一些基本卻重要的細節

自由是種崇高的理想，向來為詩人、藝術家及哲學家這類人所歌頌。但自由也是種可怕的意識形態武器，凡是過去幾十年來一直關注美國及其他國家公共辯論的人，都可以毫不費力地舉出無數自由被用來達到各種政治目的的例子。權威人士將他們不同意的制度和政策，等同於對自治自由的威脅。政治人物控訴自己的對手愛自由愛得不夠深，海外國家和行動者被貼上危害國家自治自由的標籤，如此他們才能爭取到更多對其採取軍事行動的支持。

本書要講述的，就是這種意識形態武器是如何在古代就被鍛造出來，於文藝復興時期重新出土，並在十九和二十世紀得到改造的故事。人們將清楚看見自由的歷史，不是一群白髮蒼蒼的哲學家擠在象牙塔裡，進行不痛不癢的辯論。相反地，自由的故事是激烈政治鬥爭的故事，在這些鬥爭中，有些人失去了他們的頭顱——這種說法毫不誇張。舉個例子，羅馬政治人物、自詡為自由鬥士的西塞羅，他的頭就被砍了下來，釘在古羅馬廣場（the Forum）的帝國講壇上。[10] 在這些鬥爭中，人們發明了各種不同的自由概念，彼此誓不兩立。

簡言之，本書主要著重於自由作為一政治概念的發展過程。我追溯了針對以下這些基本問題不斷在變化的答案：何種政治制度能讓我們過自由的生活？一個自由的國家是什麼樣的？這意味著自由歷史的其他許多面向，得到的關注較少，尤其是關於何謂法律自由的那些辯論（法學家如何區分自由人與奴隸，以及哲學家如何去正當化或批評這些差異），多半都超出了本書的討論範圍。關於道德自由的辯論也是如此，其思考的是在何種程度上，個人才是真正自由地去做他想做的事。

這並不是說這些問題不重要。首先，歷史學家都同意自由觀念的誕生，一開始就是為了要指出奴役與法律束縛之間的對立。語源學上的證據也可以說明這點，*Eleutheros* 是希臘語的「自由」，源於印歐語中的 *h₁leudh-*，意為「屬於人民」。拉丁語的 *liber* 可能也來自同樣的字根。這表明古代的自由概念是作為奴役的反義字出現的，因為人們對自由的理解，在於大多數的奴隸是外國人或外鄉人，因此不屬於人民。文字紀錄也進一步證實了這一觀點。在現存最古老的希臘文獻、荷馬（Homer）的史詩《伊里亞德》（*Iliad*）與《奧德賽》（*Odyssey*）中，名詞與動詞的「自由」這類的字，一直被定義為「奴隸」與「奴役」的相反面。[11]

因此，自由概念乃是作為一個法律分類而誕生：自由就是成為奴隸的相反。在自由的歷史中，為了定義和正當化這些不同分類的嘗試，顯得極為突出。法律束縛的存在，產生許多引發激烈辯論的倫理與實踐難題。法律學者及哲學家就誰才能被視為自由、誰不能，以及成為奴隸意味著什麼的問題，屢屢發生爭執。也許最迫切的問題，是如何正當化自由與奴隸之間的區別——如果這種區別存在的話。例如：早在西元前四世紀時，亞里斯多德（Aristotle）就已經在思考奴隸制是否具有倫理正當性的問題了。他認為在特定情況下答案是肯定的，但這一問題仍持續在不同年代引發人們的激辯。[12]

道德自由的課題也是類似的情形，它曾是倫理學中最熱門的討論話題之一（至今仍如此），吸引了來自各種知識傳統及歷史背景的哲學家和神學家的參與。他們的探究圍繞著一個永恆的提問：人類有自由意志嗎？或者，我們是否一直受到我們無法掌控的力量所統治，比如我們的激情、生物反應，或是天意？這是季蒂昂的芝諾（Zeno of Citium）哲學的中心問題，季蒂昂的芝諾是斯多噶學派的奠基者，於西元前三世紀書寫了他的主要著作。將近兩千年後，英國思想家湯瑪斯・霍布斯（Thomas Hobbes）仍在和同樣的課題進行搏鬥。[13]

這些辯論及其歷史雖然本身十分引人入勝，但已經得到了其他歷史學家的廣泛探討，他們的成果不須在此重述。例如：本書將不會企圖去解釋，為何大多數西方人不再認為將人視為動產的奴隸制，在道德上是可接受的；也不會去仔細考察自由意志這一觀念的起源。[14] 取而代之，我將追溯多個世紀以來關於「在一個社會中，或者是作為一個社會，人如何獲得自由？」的漫長辯論。比起在國際領域，我主要關注的是政治思想家如何努力解決這個問題，如何在一個城邦國家或主權國家裡，將自由制度化。正如我們會看到的，在這個故事的後半段，這些問題也激發了關於如何將自由延伸到經濟秩序的反思。

這就引出了我要說的第二點。正如前面提到的，本書聚焦於傳統上認為的西方世界的自由歷史，這並非是因為只有西方哲學家才思考，在一個社會中或者作為一個社會，自由意味著什麼，無分古今中外，人們都曾思考過這一課題。例如：印尼的航海民族瓦久人（Wajo'）就極為珍視政治自治自由，在他們的十八世紀編年史中，有好幾處提到了自由或merdeka的重要性。merdeka這個字源自梵語，在馬來語及相似的語言，如布吉語（Buginese）中，被用於表達與「奴隸」相反的「自由」的意思。根據這些編年史，瓦久的一位奠基元勳曾宣布：「瓦久人民是自由的；生而自由。」瓦久人也很清楚這句話是什麼意思。他們的編年史指出，為了確保自由，有三件事至關重要：「首先是不要干涉人民的意願；其次是不要禁止意見的表達；第三是不要阻止（人們去，譯按：括號內容為作者所加）南方、北方、西方、東方、上游或下游。」[15]

然而，這本書專注於西方的思想家與辯論的原因，更多是與我自己的專業侷限有關，除此之外，也有更實質性的原因。值得注意的是，當涉及世界各地的人民思考或談論自由的方式時，相較於其他可比較的傳統，西方政治傳統具有更大的影響力。例如：在阿拉伯語世界中，自由（hurriya）的概念在整個十九世紀，就隨著與西方世界接觸的增加，尤其是法國，而變得愈來愈政治化。同樣地，在日本，約翰·史都華·彌爾（John Stuart Mill）等歐洲思想家作品的譯介（彌爾的著作《論自由》〔*On Liberty*〕日文版於一八七一年出版），也激起了關於自治自由之本質與意義的新辯論。對於西方自由傳統發展的歷史性理解，也因此與更廣泛的當代自由辯論產生了直接的關聯。[16]

就這點而言，也許說清楚當我談到「西方」或「西方傳統」時想表達的意思，是有用的。近年來，柯斯塔斯・馮拉索普洛斯（Kostas Vlassopoulos）等學者已經注意到一種西方主義（Occidentalist）意識形態的存在，這種意識形態錯誤地假定「世界歷史上存在著邊界清楚的實體」，如西方和東方，自古以來就在那裡，就像大陸和其他自然現象一樣。[17] 我努力在本書中避免西方主義的陷阱，強調思考自由這個西方傳統的出現，絕不是一個自然而然或不可避免的現象。取而代之，我會展示這個傳統是如何通過絕大多數歷史能動者隨機制宜（contingent）的行動而形成，同時強調這一傳統的地理與時間界線，是如何歷經各年代仍持續受到爭議。

舉例來說，近代早期歐洲人是否自認傳承了某種由古希臘和羅馬人所構想、以自由為中心的願景，這一點就絕對沒有明顯的答案。羅馬帝國滅亡後，頌讚自由為最重要政治價值的希臘和羅馬文獻，數世紀以來無人閱讀。許多開始閱讀這些文獻的近代早期歐洲人所居住的地區，從未屬於羅馬共和國的一部分，更別說希臘世界了。此外，他們所生活的社會和政治條件也和古代人有顯著不同。這些古人的文字似乎又開始與後來的歐洲人產生關聯，但這並不是因為某種西方傳統中牢不可破、與生俱來的一體感發揮了什麼作用。近代早期的人們對古代自由概念會重新燃起興趣，其實是一連串隨機制宜的事件所導致。

首先，如果沒有考慮到一個由學識豐富的男女組成的小團體——文藝復興的人文主義者所扮演的關鍵角色，人們就無法理解古代自治自由的復興。跟隨著十四世紀義大利詩人佩脫拉克（Petrarch）的足跡，人文主義者出於自身的原因，開始相信古代希臘與羅馬文本代表了人類文明的頂峰。人文主義者因此投入了大量的時間、精力和金錢來傳播這些文本，並在這過程中建立了一個以研究西塞羅、古羅馬歷史學家李維（Livy）等古代作家為基礎的教育體系。這些雖然是深思熟慮的選擇，但絕不代表是預先決定好的。同樣重要的是，人文主義思想傳播的時間，正好疊合了十六、十七世紀發生的大規模政治動盪，這些動盪令人們覺得有需要以新的方式來思考政治。沒有這個巧合，古代思考自治自由方式的復興，可能不會在歐洲政治思想上留下深刻痕跡。

西方傳統這個概念，也不是源自對希臘羅馬理想的忠貞不二。在法國大革命的餘波下，許多人開始認為企圖貫徹如何過上一種自由生活的古代觀念是種誤導，甚至具有危險性。作為對此種思考的回應，康斯坦等人提出了一種新的自由系譜學。在他們看來，人們不應將現代、西方的自由概念，理解為希臘羅馬文明的遺產，因為關於自治自由的「現代」思考方式與古代的自由概念截然不同——實際上，是根本相反。於是康斯坦重新概念化了自由的西方傳統，在他的描述中，自由是為了**反對**那個古代傳統而誕生，而不是根植於那個傳統。[18]

同樣地，西方的地理輪廓也成為爭辯的話題。儘管當前大多數人在談到西方時都將法國包括進來，但是在美國德裔思想家法蘭西斯・李伯（Francis Lieber）的暢銷著作《論公民自治自由與自治》（*On Civil Liberty and Self-Government*）中卻不是這樣看的。他主張康斯坦對古代與現代自治自由的區分，跟另一種二元思維重疊，即英國國教派（Anglican，譯按：主張從天主教獨立出來）與高盧天主教派（Gallican，譯按：主張限制教皇權力）之間對自由的觀念差異。儘管高盧天主教人士執著於古代的思考方式（主要是受到盧梭的有害影響），但英國國教派（英國人和他們的美國後裔）卻發展出一種真正對自治自由的現代理解，這要歸功於他們的新教和條頓人（Teutonic）的傳承。換句話說，李伯深思熟慮地將現代西方的範圍限制在英語世界中。[19]

長話短說，就我們可以談論政治思想史中的西方傳統而言，我們需銘記在心的是：這個傳統是被建構出來的，也是受到爭議的。然而這並不會讓這個傳統變得不「真實」，也不會令西方這個概念變得不再有用。今天，許多人都明白他們對自治自由的觀念，本質上是西方的——是從希臘和羅馬人、十八世紀的那些革命，直到現在一脈相承的產物。一部關於自由的思想史，必須說明我們是如何走到這一步的，同時也要揭露這個傳統隨機制宜的本質，以及支撐著這個傳統、那些挑起爭論的主張。[20]

最後一條編輯台講述：一些讀者可能認為這本書的目標（概述從古至今的自由歷史）太過雄心勃勃，也許甚至不可能實現。人們可能會說，透過追溯一個概念在這麼長一段時期的歷史，一個人可能會創作出一部脫離現實血肉的歷史，其中的概念和思想成了自己歷史的演員，創造出它們的男男女女反而不是重點。除非人們願意接受黑格爾（Hegel）的觀點，認為觀念是世界歷史的推動者，否則這必定會產生出**糟糕**的歷史；或者如英國思想史學者昆丁·史金納（Quentin Skinner）的說法，這種方法產生出的故事更容易被歸類為神話，而不是歷史。在觀念史裡的這類神話故事中，歷史行動者被迫為他們不可能有的動機和意圖負責——例如：他們會被迫參與特定觀念的「闡述」或「推導」過程，但他們根本不曾了解過這些觀念。[21]

但正如歷史學家大衛·阿米蒂奇（David Armitage）、彼得·高登（Peter Gordon）以及達林·麥克馬洪（Darrin McMahon）近來主張的，這些危險雖然真實，卻不是無法克服。「大」思想史的復興從實踐上說明了這點。[22] 只要觀念史學者牢記她所重述的這段歷史是由一群人創造出來的，這些男男女女各自有其特殊、受到脈絡限制的原因而這樣做，就應該可能避開將歷史變成神話的陷阱。具體說來，我認為我們可以透過密切關注觀念的傳播與接受，透過用證明的方式，而不是將意圖強加給歷史能動者；以及最後，透過將意義的變化歸因於有紀錄可循的歷史行動者的意圖，而不是相關觀念的某種內在邏輯，來避免將歷史變成神話的危險。例如：當我宣稱十八世紀革命者援引了古代的自由概念時，我能證明他們可以接觸到那些古代文本，而自由概念在其中扮演了關鍵角色。我也可以證明他們認為自己正在參與一場實踐工作，目標是復興與古代相關的自由概念。

除了這些方法論上的考量之外，這個研究範圍的計畫還會涉及其他風險。當然，在寫作這本書時，我不得不接觸遠超出我原本專業領域的知識，即十八、十九世紀的法國政治思想。這樣的努力的確有其風險，但我也相信承擔這些風險是值得的。因為只有當我們能從**「長時段」**（longue durée）的角度來看待自由的歷史，也就是將其視為從古希臘開始、持續至今的一場辯論時，我們才能真正掌握將自由概念化為「有限政府」這一思想的新穎性——同時我們也才能認識到這個概念的創新，其背後的反民主動力。

第一部

自由的漫漫長史

CHAPTER 1

不做別人的奴隸——古希臘的自由

西元前四八〇年，有兩名斯巴達年輕人，分別叫作斯帕蒂雅斯（Sperthias）和布利斯（Bulis），他們從家鄉出發，前往波斯的首都蘇薩（Susa），肩負著一項十分危險的任務。數年前，波斯王大流士（Darius）派遣使節前往所有的希臘城市，要求他們奉上「土地和水」作為貢品，即要求他們象徵性地承認臣服於他的權力之下。大流士的要求令希臘人群情激憤，斯巴達人將這些不幸的信使扔進了深井裡，跟他們說，去那裡拿你們的土地和水吧。他們這樣做不僅大大得罪了大流士，還得罪了諸神，因為使節被認為受到神的保護。猶豫再三後，斯巴達人決定派遣自己的兩名使節，前往蘇薩向大流士賠罪。斯帕蒂雅斯和布利斯自願接下這個任務，他們很清楚，波斯王極可能讓他們嘗嘗自己種下的苦果。

這兩名年輕人在執行其危險任務時，表現出驚人的無畏精神——甚至可說是魯莽。前往蘇薩的路上，他們在波斯將軍海達爾尼斯（Hydarnes）的宮殿中暫時停留了幾天，海達爾尼斯是愛奧尼亞（Ionia）的總督。海達爾尼斯十分熱忱地款待了他們，除了將其奉為上賓之外，還舉辦了一場華麗的宴會來歡迎他們。當斯帕蒂雅斯和布利斯正大快朵頤，話頭轉向了斯巴達與波斯間的關係，這段關係正陷入前所未有的陰霾之中。就在要求希臘人奉上土地和水之後不久，大流士在馬拉松（Marathon）被雅典人和普拉提亞人（Plataean）的聯軍打敗。但波斯人繼續作著征服霸業的美夢，十年過去了，現在大流士的兒子薛西斯（Xerxes）正在集結一支大軍，準備前往征服斯巴達和其他桀驁不馴的希臘城市。

海達爾尼斯試著勸說他的客人，斯巴達人還是以主動臣服於薛西斯為上策，不要坐等失敗的苦果。海達爾尼斯說，如果他們把自己交到國王手裡，將會得到很好的待遇。事實上，如果他們為薛西斯忠心效命，只要國王一聲令下，他們和他們的同胞甚至可能成為全希臘的統治者，但如果他們繼續頑抗，一旦戰敗，可別期望得到任何憐憫。而薛西斯肯定會贏得這場戰爭，因為無論從武器或人力資源的角度來看，波斯大軍的實力都遠勝於分裂的希臘人所能集結起來的兵力。

這個建議也許是出於一番好意，但斯帕蒂雅斯和布利斯可聽不進去。海達爾尼斯知道當奴隸是什麼滋味，兩人粗魯地回答，但他顯然一點也不知道自由的滋味是何等甜美，否則他就不會建議他們放棄自由，來為波斯王服務了。一個自由人永遠不會同意被另一個人統治，他將捍衛自身的自治自由，有必要時，就算使用武力也在所不惜。歷史沒有記載海達爾尼斯對這番慷慨激昂的陳詞如何回覆，但可以想見整個宴會廳的氣氛瞬間變得冷颼颼。

冥頑不靈的斯帕蒂雅斯和布利斯繼續前往蘇薩去拜見薛西斯。當他們在護衛陪同下一路進到正殿，內心一定感到無比害怕。他們的家鄉斯巴達是個偏僻的小地方，沒有任何值得一提的建築物，但波斯大王的宮殿可不是這樣，這棟建築物就是為了盡可能激發人們心中的敬畏而設計。賓客從大門進入時，可以感受到這是座貨真價實的宮殿，十五公尺高的城牆令所有進入的人覺得自己渺小無比；接著，他們會穿越通往皇宮的巨大廣場，一直往前走才會抵達龐大的正殿。那裡，斯帕蒂雅斯和布利斯看見薛西斯坐在一個巨型石椅上，身旁圍繞著武裝的侍衛和隨從。

但這兩個年輕的斯巴達人沒有因此卻步。當薛西斯的侍衛命令他們俯伏在國王面前時——這是傳統宮廷儀式之一，斯帕蒂雅斯和布利斯拒絕了。即使侍衛將他們的頭朝下用力推到地上，他們仍大聲宣告，不會俯伏在另一個人面前，因為「這不是希臘人的做法」。他們是在玩命啊，薛西斯本有權利因他們的傲慢無禮而處死他們，但值得注意的是，他們活下來講述了這個故事。他們大膽的言詞逗樂了薛西斯，他並不覺得受辱，反而接受了斯巴達人苛待他使節一事的道歉。回到了斯巴達後，這兩人成了略有名氣的人物。關於他們的勇敢事蹟在希臘世界不斷流傳，最後傳到了希羅多德（Herodotus）的耳裡，他在《歷史》（*Histories*）一書中給了兩人一個重要的位置。[1]

正如希羅多德轉述的那樣，這些軼聞要傳達的訊息十分清楚：自由對希臘人而言，有著至高無上的重要性。的確，正如斯帕蒂雅斯和布利斯表明的，希臘人珍視自由更甚於社交禮節——甚至更甚於他們的性命。這使得他們有別於波斯人，波斯人不但受到像薛西斯這樣的專制統治者奴役，而且似乎能平靜地接受臣服於人的命運。希羅多德絕不是唯一提出這樣觀點的希臘作家。「希臘是自由之地」的想法是個經常被重複的老生常談，如亞里斯多德就曾在希羅多德之後約一個世紀，寫下這樣的評論：希臘人（亞里斯多德稱他們為「海倫人」〔Hellenes〕）跟波斯人最大的不同是，希臘人是「自由的」，但波斯人卻是「受人統治和奴役的」。[2]

相較於具有「奴性」的波斯人，古希臘人驕傲地將自己形容為「自由的」，這讓他們對自由的歷史做出了關鍵貢獻。[3]當然，他們絕不是第一群將自由作為奴役的對立面來談論的人，所有近東社會都相當熟悉這個區別。美索不達米亞的語言，如阿卡德語（Akkadian）和蘇美語（Sumerian），都有表達「自由」的詞彙，分別是*andurarum*和*amargi*，就像在古希臘語中一樣，這些詞彙要表達的是個人為奴狀態（personal bondage）的相反。事實上，我們已經在西元前三千年的美索不達米亞文獻中，找到提到「自由」作為合法蓄奴或為奴狀態的反面說法。我們的資料來源清楚表明，免於為奴的自由是受到珍視的狀態。例如：在西元前二三五〇年，蘇美王烏魯卡基那（Urukagina）就在其統治時期的一段官方歷史中誇耀，已經將他的臣民從為奴抵債的制度中「解放」（free）了。[4]

自由在這個字（從為奴狀態中解放）的意義上，甚至在希伯來文化中佔據著更重要的角色。可能可以追溯至西元前六世紀〈出埃及記〉（Exodus）（雖然裡面所描述的那些事件，應該發生在許多個世紀以前），其述說了猶太人在埃及法老強加給他們的「奴役」之下，是如何地「哀痛呻吟」。猶太人為了追求更好的生活而在埃及定居，並逐漸興旺，但他們不斷增加的人口令埃及當局感到害怕，擔心一旦發生戰爭，猶太人可能會站在敵人那一邊。為了擊垮猶太人的精神，法老命令他們從事各種苦役。當猶太人的為奴狀態到了無法忍受的地步，他們便呼求上帝的幫助，上帝就透過摩西的協助，將其從奴役中解放出來。此後，猶太人就在逾越節（Passover）慶祝他們從「為奴之家」（the house of bondage，他們對在埃及服侍法老那段時間的稱呼）解放，這個一年一度的儀式包括食用象徵著嚴酷奴役的苦澀藥草。[5]

但是蘇美人和希伯來人的文本中慶祝的自由，是從個人為奴狀態中解放出來的自由，而不是政治自由。猶太人所謂的拯救，不是被描述為從異族支配中解放出來，而是從受到法老的奴役，轉為服侍神。〈利未記〉二十五章五十五節（Leviticus 25:55）將這點說明得很清楚：「因為以色列子民都是我的僕人；他們是我的僕人，是我從埃及地領出來的；我是耶和華——你們的神。」以色列人在埃及為奴，必須被理解為合法奴役，而不是異族暴君的政治壓迫，這一點也在〈申命記〉（Deuteronomy）中得到了證實，神命令猶太人每七年就要釋放他們家庭的奴隸，以慶祝他們從埃及被拯救出來。只有在以色列人與希臘羅馬文明接觸後寫成的〈馬加比書〉（Maccabees）中，人們才用政治意義上的「自由」一詞來描述猶大（Judea）一地從希臘化的西流基帝國（Seleucid Empire）中解放一事。[6]

簡言之，在希臘人之前，似乎沒有人用過「自由」和「奴隸」這樣的詞彙來描述和評價政府的類型，然而希臘的思想家們顯然這麼做了。當斯帕蒂雅斯和布利斯宣稱自己是「自由的」，並控訴他們的東道主海達爾尼斯是個「奴隸」時，他們的意思不是說海達爾尼斯處在為奴狀態，畢竟他們的東道主可是個備受敬重、有權有勢的貴族，還是羅馬軍團的指揮官。但是在他的希臘客人眼中，海達爾尼斯卻是個「奴隸」，因為他是一個擁有無限權力的國王的臣民，然而他們身為一個希臘城邦的成員，卻能夠自己管理自己。就這個意義而言，可以說這些希臘人發明了政治自由的概念。他們率先認為自由是具**政治**價值的，也就是認為自由是一種人們只有在某些政府類型中才可以享有、在其他政府類型中卻不能享有的狀態。但他們並不是最後一群這麼想的人。今天，我們仍認為必須要有特定的政治制度才能維護自由，也仍認為區分自由與不自由的國家是可能的。因此，希臘詩人與哲學家站在一個長篇故事的開頭，這個故事帶領著我們走向今日。

然而，重要的是要理解：古希臘人並沒有發明**我們的**自由概念。當他們說自己是自由的，他們的意思不是說他們生活在一個有限政府下，或是他們擁有權利法案、成文憲法或權力分立這類的制度。他們的意思是，不同於波斯國王的臣民，他們不受其他人的統治，而是自己管理自己。換言之，他們擁有的是一種**民主式**的自由概念：在他們看來，一個自由的國家是人民能控制它的治理方式的國家；不是一個盡可能限制政府干預的國家。[7]

接下來，我們將通過古典時代的希臘，追溯這段民主式自由概念的歷史。我們將考察從何時起、在何種條件下，希臘人開始認為自己是自由的，以及他們如何開始珍視自由，視之為一種重要的、政治上的善。像希羅多德這樣的希臘思想家不但發明了一種特殊的自由定義，他們還是第一批條理清晰地陳述為何自由的生活值得人們為之奮鬥的人，但這種對於自由的狂熱信仰也在希臘受到了激烈的質疑。到了西元前五世紀末和四世紀，希臘思想中形成了一股強大的暗流，這股暗流最終引導著某些最具影響力的希臘思想家拒絕了自由的價值。

古希臘發明政治自由

自由在希臘政治文化中不是始終佔據著中心位置。[8] 在最早的希臘文學作品之一《工作與時日》（*Works and Days*）中，詩人赫希俄德（Hesiod）從未使用過不同詞性的「自由」等字，對他而言，正義才是一個運作良好共同體的最重要屬性。「那些向外邦人和同鄉人施行正直的審判，而不偏離公義的人，」赫希俄德告誡他的讀者，「他們的城邑昌盛，其中的民興旺。」在這同時，赫希俄德也有現實主義的眼光，他知道在這個世界上實現正義的時候極少，因此他也建議人們採取一種寂靜主義（quietist）的態度，接受強者有權利隨心所欲，他告訴他的讀者：「試圖抵擋強者的人是傻瓜，他得到的，不會是佔得優勢，而是羞辱和痛苦。」[9]

荷馬是我們對希臘最早期歷史的主要資料來源之一，他曾偶然提到「自由的」個體。但他一直用這個字來描述個體的法律地位，以區別自由人與奴隸。和赫希俄德一樣，他在談論自由時從來就不是將其視為一種政治狀態——某種在某個政治體系中能夠享有、但在其他政治體系中卻不能的東西。因此，在《伊里亞德》中，特洛伊第一勇士赫克特（Hector）解釋說，他戰鬥的原因首先是為了保護他的妻子安卓美姬的「自由」；但他害怕的是他的妻子和其他特洛伊婦女會被敵人當作戰利品擄走，成為他們的家奴，而不是怕他們會被迫從屬於一個暴虐無道的領袖，或壓迫性的政治體系。[10]

就荷馬曾表達過的對於某一形式政府的偏好而言，那也是一個人的統治，而不是眾人的自我管理。在史詩《伊里亞德》一開始，因長達十年的特洛伊戰爭而兵疲師老的希臘軍隊，開始反抗阿迦門農（Agamemnon）的指揮，思鄉心切的他們湧向其船隻，一心只想承認他們已成為特洛伊人的手下敗將。但是奧德賽卻在女神雅典娜的激勵下力挽狂瀾，他用他的木棍毆打士兵，命令他們服從上級。荷馬讓奧德賽在恫嚇他的士兵時說出了這樣的話：「眾人的統治不是件好事，要有一個統治者、一個王。」[11]

這些態度也許反映了當時存在的權力結構。[12] 在古樸時期（Archaic period），希臘共同體極可能是由多個強大家族的首領所支配，他們憑藉其英武神勇及貴族出身，而獲得並維持他們的權威。我們的證據顯示，在西元前七世紀間，這些 *basileis*，或是如荷馬作品中所描述的「國王」們，他們的權力受到了侵蝕，因此有利於一種分享權力、更廣泛的貴族階級出現。隨著希臘本土城市規模日益成長並變得更為繁榮，菁英與平民之間的區分也變得更明顯。一個明顯跡象是出現了用來區別菁英的術語，如 *kaloi*（俊美）、*agathoi*（良好）和 *esthloi*（良好或勇敢），以及用來指稱平民的術語，如 *kakoi*（醜陋或糟糕）和 *deiloi*（懦弱或可憐）。菁英獨佔了數目不斷增加的公職，而這些公職是因應治理古樸時期末、日益複雜的共同體所需而出現的。

有若干跡象表明，隨著許多希臘城邦在西元前五〇〇年左右踏上民主化，自由的理想也在希臘政治文化中變得更為重要。也是在那時，在幾個希臘城市裡，普通的男性公民開始能夠行使相當大的權力，此時重要的政治決定經常在所有男性公民（至少是原則上）都有平等發言權的集會中議決。這些集會經常在市集或其他特別指定的場所中舉行。這就是雅典的情形，政治家克里斯提尼

（Cleisthenes）在西元前五〇八年推行政治改革，賦予*demos*，或說「人民」（在這裡是指所有成年的男性公民）對所有重要決策的最終決定權，包括複雜的國家日常行政事務的公職人員選舉。其他許多希臘城市也採納了民主制度，雖然它還不是個普遍的制度，因為即使在西元前五〇〇年後，也仍有許多希臘人持續受到強人或菁英的統治。[13]

為何會發生這種轉向民主制度的轉變，答案仍有爭議。亞里斯多德是最早思考希臘民主制度起源的思想家之一，他認為希臘政治體制的民主化是伴隨戰爭變革而來的副產品，更具體地說，也就是重裝步兵（hoplite army）的興起。希臘重裝步兵是全副武裝的步兵，根據亞里斯多德的說法，他們取代了過去一直仰賴的騎兵。由於擁有一匹馬的花費遠高於購買一個重裝步兵所需的武器裝備，因此這些軍事創新會增加普通公民的權力，同時削弱貴族出身、擁有馬的菁英的權力，其造成的結果是非菁英男性開始要求在共同事物的決策上擁有更大發言權，希臘民主於是應運而生。[14]

然而，現代的歷史學家卻對這個解釋持懷疑態度。他們指出，幾乎沒有證據能表明，在重裝步兵出現前，方陣騎兵在希臘軍隊中扮演了最重要的角色，此外，即便是在引進重裝步兵軍隊後，菁英重裝步兵的區隔仍持續存在，因為他們是正規軍，擁有更好（因此也更昂貴）的武裝。這些事實令人對重裝步兵軍隊必然會是支平衡力量的理論產生了懷疑。然而至今為止，對於希臘民主制度出現的其他解釋也尚未有共識。一些歷史學家認為長期的意識形態發展是創造出古希臘平等文化的推手，其他解釋則聚焦於古樸時期末，許多希臘城市興起的專制暴政產生的平衡效果。在西元前七世紀末和六世紀，許多希臘城邦的貴族統治被更為獨裁的政權所取代，獨裁強人（希臘人稱為「暴君」）仰賴平民的支持以維護他們對地方貴族的支配，從而為真正的民治政府（popular government）開闢了道路。[15]

古希臘轉向民治政府的確切原因也許仍有爭議，但較少受到爭議的一點是，更民主式政治體制的出現令自由作為一種政治理想顯得更為突出。在雅典立法者梭倫（Solon）的詩歌中，我們可找到最早在明確政治性文脈中提及自由價值的例子之一。梭倫生活於西元前六世紀初，終其一生，雅典都陷於貧富對立的內亂之中。這些衝突最終促成了庇西特拉圖（Peisistratus）的權力崛起，他承諾要恢復階級間的秩序與和諧，結果卻讓自己和家人獨攬大權。在這些很可能是在晚宴時吟唱的詩歌中，梭倫告誡他的同胞要抵抗暴政的誘惑，他警告一人統治可能會令所有雅典人受到「奴役」。（「雪與雹的力量出於雲；雷出自明亮的閃電；一座城市因偉人而毀，平民因無知而淪為暴君的奴僕。」）[16]

還有其他跡象也顯示，對自由的狂熱信仰在此一時期的重要性逐漸增加。因此，在西元前六世紀末的雅典出現了一種誅殺暴君的狂熱信仰，頌讚在推翻庇西特拉圖家族（Peisistratid）暴政中扮演要角的兩位公民：哈爾摩狄奧斯（Harmodius）和阿里斯托革頓（Aristogeiton）。根據傳統，他們會舉行一個宗教慶典，在慶典上殺死庇西特拉圖的兒子兼繼承者希帕克斯（Hipparchus），並且正如希羅多德所說的，將這個城市從暴政中「解放」（freeing）出來。[17] 古希臘人對於他們這樣做的原因也爭論不休：一個具有影響力的傳統認為，他們這樣做不是出於對暴政的深仇大恨，而是出於個人的輕慢——根據這個故事，希帕克斯曾試圖引誘長相俊美的哈爾摩狄奧斯，但他充滿愛意的求歡被拒絕了。這令希帕克斯怒不可遏，於是他汙辱了哈爾摩狄奧斯的姐妹，哈爾摩狄奧斯於是找了他的情人阿里斯托革頓去殺了希帕克斯。[18]

儘管人們對他們的動機仍有爭議，但哈爾摩狄奧斯和阿里斯托革頓的事蹟卻在雅典受到廣泛的崇敬。這種狂熱信仰的存在表明，崇敬並不只是針對哈爾摩狄奧斯和阿里斯托革頓，還是針對這兩人為之獻出生命的那種價值的崇敬，這價值就是不受暴政統治的自由。西元前五一〇年，就在推翻庇西特拉圖家族政權後，人們立刻在市集中的一個顯著位置樹立起他們的雕像。波希戰爭期間，薛西斯的軍隊帶走這些雕像，但雅典人用新的雕像代替了它們，我們至今仍可通過羅馬人的複製品認識這些雕像。歌曲也傳頌這場弒君行動，哈爾摩狄奧斯和阿里斯托革頓的直系後裔還得到特殊榮譽：他們的三餐由公費負擔，不用繳稅，在公共活動時可以坐在特別席。[19]

來自希臘薩摩斯（Samos）的證據也暗示此一時期存在對自由的狂熱信仰。薩摩斯最初是由一個名叫波利克拉特斯（Polycrates）的強人所統治。波利克拉特斯死於西元前五二二年，在他死後，他的得力大臣梅恩德琉斯（Meandrius）上台並廢除暴政，他宣布*isonomia*，或說「政治平等」，意即讓所有人都能分享權力。根據希羅多德的說法，梅恩德琉斯明確告訴薩摩斯人，他這樣做是為了要「給予（他們）自由」。他也建了一座祭壇，獻給宙斯．伊里亞德琉斯（Zeus Eleutherios），或說「解放者宙斯」。即使我們所得到關於這些事件的報導來自一個晚得多的年代，但這個敘述可能是本於某一古老的口述傳統，這意味著早在西元前五二〇年代，「自由」已在政治脈絡中被使用。[20]

然而，毋庸置疑的一點是，古希臘對於自由的狂熱信仰主要是受到希臘對波斯戰爭的經驗鼓舞。[21]這場衝突——或者說，這一連串的衝突——起火點是位於亞洲海岸、說希臘語的愛奧尼亞城市，這些城市在西元前四九九年時起身反抗他們的波斯統治者。當時許多位於大陸上的希臘城市，尤其是雅典人及其鄰居埃雷特里亞人（Eretrian），決定派遣一支小型遠征軍來幫助愛奧尼亞人。但他們的戰役一敗塗地，波斯人輕鬆地擺平了這場叛亂。然而雅典人卻在波斯帝國的一個地方首府薩迪斯（Sardis）意外放火燒了一座神廟。波斯王大流士得知誰是這褻瀆神明行為的罪魁禍首後，便誓言復仇，並吩咐一個奴隸每天提醒他三次：「主人，莫忘雅典人！」

大流士花了八年才終於實現他的誓言。西元前四九〇年，他率領一支大軍入侵希臘本土，渡過愛琴海後，波斯軍隊的第一站就是埃雷特里亞，他們燒毀神廟、洗劫城市並讓居民淪為奴隸。接著，他們在位於東北方阿提卡（Attica）的馬拉松登陸，並對雅典發動攻擊。一開始，情況對人數佔劣勢的雅典人似乎很不利，但他們最後卻大敗波斯軍隊，由於勝利來得出乎意料，因此更令人印象深刻。據說約有六千四百名波斯人死於這場戰役，而（一萬名）雅典人中則只有一百九十二人陣亡。數字也許被誇大了，但毫無疑問，希臘人取得了重大勝利，令波斯軍隊不得不撤退。

然而十年後，也就是西元前四八〇年，波斯人養足了元氣，再度捲土重來。在大流士的兒子薛西斯的率領下，他們跨越赫勒斯滂海峽（Hellespont）向雅典進軍，並有艦隊伴行。這支遠征軍的人數可能多達二十萬人，從這點也可以看出薛西斯的意圖不只是征服希臘而已，有理由擔憂的不只是雅典人。作為回應，希臘聯軍於是成立了：指揮權授與了希臘最強大的軍事力量斯巴達，至於海軍的控制權則交給了雅典。情況一開始似乎對希臘人十分不利：波斯軍隊大肆破壞，將雅典夷為平地——不過大多數的雅典人在波斯軍隊抵達前就已循海路逃離。

但經過長達兩年的戰事後，希臘人的好運終於降臨。薩拉米斯（Salamis）戰役是個重大轉折點，在這場戰役中，雅典海軍決定性地擊敗了規模遠大於他們的波斯艦隊。此一挫敗令薛西斯極為沮喪，於是他返回蘇薩，留下他的指揮官馬多紐斯（Mardonius）繼續在希臘作戰。當馬多紐斯再次向雅典進軍並佔領城市時，斯巴達人似乎不太樂意挺身捍衛他們的盟友，但最後還是派出了一支大軍在普拉提亞迎戰波斯人，馬多紐斯被徹底擊敗。普拉提亞戰役後，波斯從此止息了征服希臘的野心。

與波斯人的那場漫長而血腥的戰役對於希臘的政治想像產生了巨大的影響。他們開始認為希臘是個集體認同，這個認同很大程度上是根據他們和異國侵略者之間的區別來定義的。而希臘人（至少在他們自己的看法中）與波斯人的主要區別則在於他們的政治組織。正如希臘觀察者再三指出的，波斯人和他們的盟友受到一個擁有至上權力的獨裁者所統治，但是希臘的情況卻不是如此，希臘公民是自由的，因為他們自己管理自己。

波希戰爭被視為一場自由與奴役間的衝突，最早提及這點的是艾斯奇勒斯（Aeschylus）的劇作《波斯人》（*The Persians*）。《波斯人》製作於西元前四七二年，距離薩拉米斯戰役不過八年（艾斯奇勒斯參加了這場戰役），這齣戲描述了這場戰役的立即後果。值得注意的是，艾斯奇勒斯採用了戰敗的波斯人的觀點。這齣劇的背景設於波斯的首都蘇薩，大部分的情節都聚焦在薛西斯的母親、焦急地等待兒子消息的阿托莎，艾斯奇勒斯似乎透過聚焦於波斯人得知薛西斯戰敗後的悲傷與絕望，賦予了敵人人性。不過，《波斯人》也花了許多心思在強調希臘人與波斯人之間的對比，因為艾斯奇勒斯將波斯人描寫成一個奴性的民族，難以掙脫他們的主人薛西斯的奴役。相形之下，雅典人則「不是別人的奴隸或臣民」。[22]

艾斯奇勒斯在這齣劇最知名的段落之一，即對阿托莎之夢的描述中，生動鮮明地傳達了此一訊息。憂心兒子薛西斯安危的阿托莎作了一個可怕的惡夢。夢中，她兒子正試圖制伏兩個爭執不下的女人，並想要將她們勒在他的戰車上。第一個女人代表亞洲，她站得直直的，驕傲地被韁繩制伏並「讓她的嘴服從韁繩的指揮」，但薛西斯的努力在第二個女人身上可就沒那麼成功了，她不停掙扎並用雙手扯斷了戰車的挽具，馬韁被扯開，馬軛也被砸爛。最後，薛西斯被摔到地上，一動也不動。艾斯奇勒斯要傳達的訊息很清楚：波斯人是他們國王順從的代理人，希臘人卻是驕傲而自由的，是一個「無法羈縻」的民族。[23]

在鞏固希臘人等同於「自由」、而波斯人等同於「奴隸」的認同方面，希羅多德扮演的角色甚至比艾斯奇勒斯更重要。[24] 希羅多德出生於哈利卡納瑟斯（Halicarnassus），這是亞洲沿海的一個希臘小鎮，當希臘與波斯戰爭進行到最後階段時，他還是個小男孩。雖然他的年紀可能太輕，記得的事不多，但他應該是從小聽著這場戰爭的故事長大的。長大成人後的希羅多德嘗試了解更多關於這場衝突的起源與發展，最後在他的《歷史》（希臘文 *historiai*，直譯為「調查」）一書中敘述了他的調查結果。《歷史》中充滿了有趣的軼聞和題外話，這本書立刻獲得了成功，從希臘羅馬時代至今，一直被認為是本經典之作。希羅多德作為一個作家及說故事的人獲得了極高的尊敬，被尊為

「散文界的荷馬」。[25]

今天的人們視希羅多德為歷史之父，但他的《歷史》一書也在自由的歷史上扮演了關鍵角色。他是最早將自由視為政治核心理想的作家之一，更重要的是，他對於自由的價值進行了詳盡的闡述。這不是說他曾有系統地思考過這些概念，希羅多德不是個長於分析的思想家，他的寫作風格十分著重於對話，因此乍看之下，《歷史》就像是個深受喜愛的大叔在說故事一樣，是由沒完沒了的各種傳聞所組成，故事都很有趣，但彼此間沒有明顯的邏輯關聯。

然而更仔細閱讀後，就會發現，希羅多德其實發展出許多抽象的觀點。[26] 首先，他讓讀者確信希臘人和波斯人之間的戰爭不只是一場軍事衝突而已——它是一場文明的衝突。在他的筆下，波希戰爭是熱愛自由的希臘人和一支與他們完全不同、更加階層化的敵軍之間的較量。波斯人的勝利不僅會迫使希臘城市的財政負擔增加，更等同於希臘生活方式的終結，希臘人不但會受到異族支配，正如希羅多德重複暗示的，波斯的統治也意味著結束希臘城市中實行的人民自治。（「暴君總是支持暴君。」《歷史》中的一個斯巴達人評論道。）[27]

希羅多德以各種不同手法充分突顯這種對比。正如我們已經看到的，他述說關於斯巴達使節斯帕蒂亞斯和布利斯的軼事，以便說明希臘人對自由的熱愛，但他在《歷史》中收錄了據說是希臘軍隊指揮官的演講（雖然更可能是希羅多德自己捏造的）將這點表達得更為明確。在這些演講中，希臘對波斯的戰爭被描述為一場爭取自由、反抗奴役的戰爭。因此從這場鬥爭的一開始，愛奧尼亞將軍戴奧尼索斯（Dionysius）就警告他的士兵，這場戰爭將決定他們是「自由人還是奴隸，甚至是逃跑的奴隸」。[28] 類似的還有，一個渴望與波斯人一戰的雅典將領也試圖說服他的同胞投票支持他的選擇，他告訴他們，他們必須選擇：「是讓雅典成為奴隸，還是讓她自由，並為所有的後代子孫留下甚至連哈爾摩狄奧斯和阿里斯托革頓都不曾留下的輝煌紀錄。」[29]

簡言之，希羅多德將希臘人描繪成一個驕傲且熱愛自由的民族，但這不是說他總是正面地描繪他們——他絕對不只是個希臘理想的宣傳家。他清楚表明，雅典人參與戰爭第一階段的動機是出於對金錢的貪欲，而不是為了將他們的愛奧尼亞兄弟們從波斯枷鎖中解放出來。但無論他們還有什麼其他的品性（或缺乏什麼品性），希羅多德筆下的希臘人真誠地熱愛自由，這與波斯人形成了鮮明對比。在《歷史》中，即使是出身良好、有權有勢的貴族，也得喊波斯國王一聲「主人」。[30] 這些國王決定一切，他們會向近臣徵求建議，但如果建議不符合他們的預定計畫，就當作沒聽到。

因此，《歷史》在鞏固「自治的希臘人是自由的，而波斯人作為擁有至高權力之國王的臣民，乃是奴隸」這一觀念上扮演了關鍵角色。但這並不是我們轉向希羅多德的唯一原因，另一個原因是他是最早思考「自由為何可貴」這一問題的人。他明確指出，政治自由——也就是人民自我管理——是重要的，因為只有在這種形式的政府底下，個人才能按照自己的意願安排生活，並享有個人安全與獨立。只有在一個自由的政府之下，人民才能掌控自己的命運（只要他們是自由的成人男性）。在國王統治下的生活太過朝不保夕，實在稱不上自由，即使是一個好國王也可能忽然變壞，開始虐待他的子民。

希羅多德在《歷史》最著名的段落之一，相當明確地闡述了此一觀點，內容是他對所謂「大辯論」（Great Debate）的描述。希羅多德說明，在最早的波斯國王之一甘比西斯（Cambyses）死後發生了一連串的危機，幾個最有權力的波斯貴族聚集在一起，討論他們國家未來的政府形式，隨後便發生了一場關於民主制、貴族制和君主制利弊的高尚辯論。這場辯論的贏家是大流士，他主張，考慮到波斯在君主制下所取得的軍事佳績，他們應堅持祖先所採用的政府形式。大流士的建議得到了支持，波斯繼續維持絕對君主制。

但是根據希羅多德的看法，道德上的勝利應該屬於歐塔尼斯（Otanes），他針對他所偏好的民主制發表了一篇激盪人心的長篇演說。歐塔尼斯尤其強調，繼續在波斯實施絕對君主制將意味著個人安全的終結，他認為：「君主制既不是吸引人的制度，也不是高貴的制度。」他提醒他的聽眾，在甘比西斯這樣殘暴無道的君王統治下，波斯人民遭受了多麼大的苦難。然而歐塔尼斯也強調，他們的苦難不只是甘比西斯的性格所造成，應該說，壓迫本就是獨裁統治不可避免的特徵。希羅多德引用歐塔尼斯的話：「讓一個人成為君主，即使他是世界上最有道德的人，他也會無法再維持慣常的思考方式。他的地位所帶來的一切好處會滋養出一顆濫用權力的驕心，而嫉妒本就是人性中根深蒂固的特質。」[31]

簡言之，給予一個人無上權力必然會腐化一個人，使他的欲望膨脹、行事肆無忌憚，並讓他的臣民淪為暴政下的受害者。歐塔尼斯繼續述說，只有在波斯實行民主制才能避免這個問題。民主制「完全沒有君主制的弊端」，因為「它是一個可以問責的政府，所有的決定都由老百姓來決定」。[32]

希羅多德在《歷史》中時常重複這一訊息。例如：在敘述完雅典如何因為驅逐庇西特拉圖家族暴政，而變成一個「自由的」城市後，希羅多德罕見地以編輯台的口吻發表評論，談到這個政治變革是如何使得雅典繁榮起來。「每個人都在政治程序中享有發言權的好處，」他評論道，「不是只侷限於一些單一的例子，這些明擺著的好處是隨處可見的。」雅典在軍事方面的強大實力就是個具體例子。儘管雅典人過去受到暴君統治，但他們並不比他們的鄰人更驍勇善戰，然而，擺脫暴君之後，他們卻搖身一變成為一支戰鬥力強大的軍隊。希羅多德說，這顯示在一個壓迫政權下人們不會竭盡全力，因為他們是在侍奉一個主子；然而一旦身為自由人，他們就成為英勇的戰士，因為每個人都想要「為自己取得一些成就」。[33]

希羅多德對波斯政權的描述中也間接闡明了這一觀點。《歷史》中有很大的篇幅專門敘述波斯諸王的統治，從帝國肇建者居魯士大帝（Cyrus the Great），到最後入侵希臘失敗的領導人薛西斯均在其列。希羅多德透過對波斯統治者集體形象的描繪，清楚表明獨裁統治的主要缺點是臣民缺乏個人安全。在整本《歷史》的描繪中，臣民總是處於危險中，隨時可能成為波斯諸王獨斷獨行的受害者。[34]

這並不是說希羅多德筆下的波斯諸王都是沒有個人面目的暴君，相反地，在他的描述中他們都有獨特鮮明的個性，也因他們的謀略及行政長才而得到讚揚，但他們也有能力犯下十分殘酷的暴行。希羅多德告訴我們，居魯士大帝的繼位者甘比西斯是個酗酒的反社會者，他的統治特徵就是暴力及任意殺戮。他因害怕被篡位而殺了自己的兄弟，接著又無視所有的法律和習俗娶了自己兩個妹妹，最後還殺了其中一個，而當時她正懷著他的孩子。甘比西斯嗜血的對象並不限於自己的家人，他沒有什麼明確理由就活埋了十二名波斯貴族，當他最信任的策士之一試著和他講道理，甘比西斯同樣下令殺了他。[35]

即使有理由生氣時，甘比西斯也習慣用過度的殘忍來表達他的憤怒，他對皇家法官西薩尼斯（Sisamnes）的行為並不是個例外。希羅多德講述，西薩尼斯收受賄賂做出不公正的判決，為了懲罰他，甘比西斯下令他的一個僕人割開西薩尼斯的喉嚨並將他活活剝皮。但甘比西斯還不滿足。他用剝下的人皮做成皮帶，垂掛在西薩尼斯過去坐著宣讀判決的椅子上，然後指定西薩尼斯的兒子擔任他父親之前的角色，強迫這個嚇壞了的男人坐在用他父親的皮做成的椅子上發表判決。[36]

希羅多德也清楚表明，即使是一個看似溫和的統治者，也可能瞬間變成他最忠實臣民的敵人。甘比西斯死後，繼位的大流士恢復了波斯的和平與秩序，大流士通常被描寫為一個講理的人，但他殺了一個軍事指揮官和其整個家族，只因為他懷疑這個男人密謀要推翻他。另一個軼聞則更令人不寒而慄，大流士的一個臣民有三個兒子都在波斯軍隊裡服務，他請求是否可以讓其中一個兒子留在蘇薩的家中以遠離傷害。大流士以友好的口吻回覆他們三個都可以留下，然後就下令將他們都殺了。希羅多德冷冷地評論道：「他是讓他們都留在蘇薩了——只是割了他們的喉嚨。」[37]

但大流士的兒子薛西斯才是將「絕對權力不可避免地會被濫用」的觀念說明得淋漓盡致的人。希羅多德將薛西斯描繪成一個能幹的執政者、精明的指揮官，以及一個能對他人產生相當程度感情的人：在入侵希臘前夕，薛西斯正在檢閱他的軍隊，並對他強大的軍力感到十分滿意，接著，他突然就哭了起來。當被問到是什麼改變了他的心情，薛西斯回道：「我正在想著事情，忽然間我意識到人類的生命是多麼短暫啊，這使我心裡升起一股同情，看看這裡的所有人——百年後，他們之中沒有一個人還能活著。」[38]

儘管如此，薛西斯暴力行徑的可怕程度和瘋狂的甘比西斯也不相上下，薛西斯跟呂底亞的皮修斯（Pythius the Lydian）之間的事就生動地說明了這點。當薛西斯準備入侵希臘，這兩人在一個叫作凱雷奈（Celaenae）的邊境小鎮相遇了。皮修斯是個富裕的地主，他自願捐贈了一大筆錢來協助打贏這場戰爭。薛西斯對這一愛國行為感到十分高興，不僅拒絕這筆贈與，還給了他更多的金錢作為回報。然而，後來當波斯軍隊正準備出發前往希臘，一些卜兆預先警告皮修斯，他應徵入伍的五個兒子正處於危險中。受到薛西斯早前的慷慨所激勵，皮修斯詢問是否可將他的長子留下，這樣他至少還有人可以來照顧他和他的財產。

皮修斯的計畫踢到了鐵板。薛西斯生氣地反駁，說皮修斯是他的「奴隸」，他和他的一家子本該毫不猶豫地跟隨他。皮修斯的兒子可以留下，但不是去照顧他的父親，就像大流士之前做的，薛西斯下令士兵殺死了那名男孩。他更繼續往傷口上撒鹽，命令屬下將屍體劈成兩半，一半放在出鎮主要幹道的左側，一半放在右側，當軍隊終於向希臘出發，士兵們最後看到的就是那死去男孩支離破碎的屍體。[39]

這個故事讓我們清楚看見獨裁統治獨斷性的尖銳現實。這不僅體現在薛西斯行為的突然變化及懲罰的恐怖性質上，希羅多德筆下人物所使用的語言也闡明了這一點：皮修斯稱薛西斯為「主人」，而薛西斯則形容皮修斯是他的「奴隸」。即使是像皮修斯這樣富甲一方、擁有豐富人脈的人，現實是，就像任何奴隸一樣，他的命運取決於他的主人，也就是國王一時的心情。

其他關於薛西斯的故事也都反映了同樣的觀點。希羅多德講述，薛西斯在雅典慘敗後返回波斯的路上，他的船遇上了強風，這艘船上載滿波斯軍隊及皇室隨從，本來就已經超載，在恐懼的催逼之下，薛西斯詢問船長他們活下來的機會有多大。

「主人，毫無機會，」船長回答，「除非我們擺脫掉這群乘客。」聽了這句話，薛西斯便向他的部下發表了一番談話：「波斯的紳士們，看來我的性命是掌握在你們手上了，」他說道，「現在你們有個機會來表明自己有多重視你們國王的安全。」

這些人聽了便俯伏在他面前，然後撲通撲通跳進海中，船身變輕了，最後這艘船安全地抵達了亞洲。一上岸，薛西斯就賞給船長一個黃金做的花環，作為救了國王性命的回報——然後砍了他的頭，因為他造成這麼多波斯人的死亡。[40]不過，希羅多德自己也認為這故事很可能不是真的，但不是因為薛西斯草菅人命的冷血態度，或是他的臣民那奇異的順服，而是他認為薛西斯會犧牲的是船員，而不是波斯乘客的性命。畢竟那些乘客不只是普通的波斯人，還是他的密友和親戚，屬於波斯社會上層的頭等人物。[41]

獨裁統治的有害影響不僅發生於上層社會。希羅多德也說得很明白，國王屬下的行為常和他們的主人一樣專橫。例如：在大流士治下，大流士曾派遣使節前往他的封臣之一、阿敏塔斯國王（King Amyntas）的馬其頓宮廷從事外交任務。阿敏塔斯慷慨接見這些使節並設盛宴款待他們，但波斯人還不滿足。雖然馬其頓習俗是男女有別，但他們堅持宮廷中的婦女也要參加這場宴會，阿敏塔斯雖不樂意，仍不得不答應了他們的要求，畢竟這些波斯人可是他的「主人」。隨著夜幕降臨，波斯人的醉意也愈來愈深，他們開始撫摸婦女們的胸部，甚至想要強暴她們。阿敏塔斯不敢抗議，但他的兒子亞歷山大卻忍不住了，他被他們的行為深深激怒，於是下令士兵殺死所有波斯人。這個故事勉強算是有個快樂的結局：亞歷山大向前來尋找失蹤使節的波斯將軍奉上了一大筆賄賂，其中包括他自己的姐妹，成功地掩蓋了他的罪行。然而阿敏塔斯的行為也強烈說明，即使身為波斯的皇親貴胄，面對國王也只能卑躬屈膝、無能為力。[42]

希羅多德對波斯諸王和他們屬下的描繪，累積起來說明了獨裁制的危險。獨裁者統治下的生活是朝不保夕的，即使是溫和的統治者也可能一夕變臉，殺害、強姦別人的兒女，就連權力和社會地位也不能保護一個人不遭受獨裁者的獨斷專橫所害。因此，只有在斯巴達和雅典這樣由人民自治的國家才可能有真正的個人安全。

希羅多德的個人經驗可能也啟發了他對獨裁統治的負面描繪。據說他因和地方暴君里格達米斯（Lygdamis）發生口角，不得不離開自己的家鄉哈利卡納瑟斯，據信他後來搬到了薩摩斯，並在那裡完成了《歷史》一書。然而，他最終還是回到哈利卡納瑟斯，並幫助人民驅逐了里格達米斯。如果這是真的，那麼希羅多德自己就親身體驗過生活在獨裁統治下的滋味。此外，這也表示他是如此地反對暴政，以至於願意忍受流放異鄉，並冒著生命危險參與武裝起義來終結這個政權——然而值得注意的是，這一訊息來自一部編纂於十世紀的拜占庭百科全書，時間比希羅多德推定的出生日期晚了近一千五百年，因此我們也無從得知此一說法是否屬實。[43]

無論如何，希羅多德的觀點絕不是與眾不同的看法，在希臘世界中，「只有在民治政府底下個人的生命財產才有保障」的觀點是個老生常談。與亞里斯多德同時代的雅典悲劇作家優律皮底斯（Euripides）就曾提出大致類似的觀點。優律皮底斯在愛國悲劇《乞援的女人》（*Suppliant Women*）中曾說明沒有人民自治，就不可能有正義的道理，因為統治者的意志就是法律。他還認為暴政阻礙了私人企業，甚至影響生育率。如果統治者一個念頭就可以拿走一個人的所有利潤，為什麼還要努力工作呢？如果孩子們，尤其是女孩，只要被暴君看中就有被上下其手的危險，為什麼還要生孩子呢？[44] 同樣地，雅典政治家伯里克里斯（Pericles）也曾在一場紀念在斯巴達戰役中陣亡將士的公開演說中頌揚雅典的民主，因為它將個體獨立給予雅典公民。「我們在處理我們的公共事務時秉持開放與自由的精神，我們以不多加批評的態度觀察彼此的日常生活習慣。」伯里克里斯曾說（如古希臘歷史學家修昔底德〔Thucydides〕所述）：「如果我們的鄰居縱情享樂，我們不會因此而生氣，也不會擺出不贊成的模樣——這雖然算不上懲罰，但仍會令人受傷。」[45]

這一點值得我們強調，因為人們有時會宣稱古希臘人對個體獨立不感興趣，他們只對共同體自治的集體自由感興趣。[46] 但希羅多德和其他人的著作讓我們看見，他們認為自由（或是控制我們受治理方式的能力）對於保護個人安全及個體獨立也是至關重要。希臘人並未將個人安全的重要性置於集體自由之上，認為它們彼此缺一不可。在獨裁者的統治下，即使是一個看似溫和的獨裁者，人民也永遠無法過真正自由的生活，只有民主制度下的公民才能在與彼此的對話中設定自己的目標、活出自己想要的人生。換言之，希臘人認為沒有集體自由，就沒有個體自由。[47]

希臘自由：幻影或現實？

到了波斯戰爭結束時，希臘思想家已開始擁抱自由，視為最重要的政治價值、使他們有別於其東西方鄰人的一個特徵。波斯人和埃及人或許更富有、更老於世故，色雷斯人（Thracians）和斯基泰人（Scythians）或許是更驍勇的戰士，但只有希臘人是自由的。他們不向權力無限的統治者卑躬屈膝，他們自己治理自己，並享有個人自由與獨立，這是偉大君王的臣民連想都不敢想的。

當然，我們對這些自吹自擂仍要有所保留。但從成年男性公民的角度，希臘人擁有獨一無二的自由，也就是說他們是自治的（self-governing），這個想法確實有點道理。當我們將他們和波斯國王的臣民比較時，這一點就立即明顯了起來，因為後者（至少在理論上）是完全聽任他們統治者意志擺佈的。波斯大帝明確地以臣民的最高主人、立法者及裁判者自居，正如我們從大流士的比索頓（Bisutun）銘文（佔據了整面石灰岩崖壁的巨大銘文，在一條連結首都巴比倫〔Babylonia〕與米底亞〔Media〕的古道旁被發現）等官方文字紀錄所知道的，這位波斯大帝認為自己的地位遠高於他的臣民，稱他們為他的 *bandaka*（意為「受扶養者」〔dependent〕，或按照字面來理解，即「那些繫著依賴腰帶的人」）。[48]

波斯大帝們經常在視覺再現中自豪地展示他們的絕對權力。在他們墳墓上及首都波斯波利斯（Persepolis）大門上的雕塑，國王經常被呈現為坐在一個由他的臣民實實在在撐起的寶座上，而後者則被描繪成雙手高舉過頭、掌心向上撐托起這個發號施令寶座的形象。這類圖像要傳達的訊息十分明確：臣民要支持並服從他們的君王，而不是反過來，如大流士就在他的墓碑上吹噓，說他的臣民服從「自己對他們的一切命令，無分晝夜」。[49]

當然，對於這類說法我們不能全盤照收。即使以現代標準來看，波斯也是個巨大的帝國，全盛時期時，它的版圖曾橫跨兩個大陸（歐亞與非洲大陸），臣民人口達上千萬。（人口的估計值差異很大，從一千七百萬至三千五百萬不等，但無論如何，生活在波斯大帝控制下的人口數十分龐

波斯波利斯的百柱殿（Hall of the Hundred Columns）裡，波斯大帝坐在由人們撐起的王座上。

大。）[50]因此我們不該想像大流士或薛西斯能夠親自控制他們所有臣民的生活，因為帝國的龐大規模讓這種事不可能發生。即使只是個總督，即基本上實際進行統治的地方行政官，也極少插手埃及或巴比倫臣民的生活，只要他們持續向波斯大帝們進貢就行。

然而，所有波斯帝國的居民，甚至是富人和有權有勢者，都必須至少在名義上完全服從於其統治者的意志。總督和其他有力人士，如軍隊指揮官，只要國王對他們履行職責的方式感到不滿，或是覺得他們的權力變得太大，就可能失去他們的職位甚至是生命。他們的頭銜和權力被認為是拜國王所賜，因此如果被懷疑不忠，這些賞賜也隨時可以輕易撤銷；沒有國王的允許，地方統治者無權主動採取即使是最小的軍事或外交行動。一個像大流士或薛西斯這樣的國王也許會採納心腹的建議，但最終還是他一個人來做所有重要決定。[51]

這跟大多數希臘政治體的做法形成了鮮明對比。政治家克里斯提尼進行改革後，所有雅典的重大決策都由人民大會做決定，所有成人男性公民——無論經濟狀況如何——都在議會中享有同樣的發言權。此外，所有關鍵公職都經由選舉產生，通常任期短暫，或是透過抽籤分配。儘管這些職位可能僅限於較富裕的雅典人擔任，但我們的資料來源指出，投票並沒有財產資格的限制，這意味著所有公民都有權決定誰來治理自己。即使是雅典的將軍們（這也許是一個戰事頻仍的國家中最顯眼的公職了），也照樣是由人民直接選舉產生。[52]

當然，不是所有雅典城市都給人民這麼大的權力。在斯巴達，菁英就擁有更大的控制權。自古以來，斯巴達的軍權一直是由兩位「國王」行使。和雅典一樣，這些將軍也是透過公民選舉產生，但他們通常只出自兩個王朝，並且是終身職。然而和波斯大帝不同的是，斯巴達國王可被要求對他們在戰爭中的領導表現負責，且經常如此——斯巴達國王因為未能恰當地履行職責而必須面對放逐的命運，我們知道的例子就有好幾個。此外，正如雅典，斯巴達的一份建國文獻，即所謂的「大公約」（Great Rhetra）或「大演說」（Great Speech）也明確賦予了人民針對重要公共事務的最後決策權。[53]

簡言之，相較於他們的波斯鄰人，男性希臘公民對於他們的治理方式擁有更大控制權。但是從婦女和奴隸等邊緣群體的角度來看，「希臘是自由之地」這樣的觀點肯定是番空話。即便是在所有希臘城市中最民主的雅典，人口中的大多數人也對他們的治理方式沒有發言權。[54]女性、寄居的外邦人（被稱為沒地客〔metic〕）根本沒有任何政治權利。而奴隸的數量極多，根據現代估計，他們的總數約佔人口的百分之十五到百分之四十之間。沒地客的數目也十分可觀。對希臘自由自豪地說嘴的亞里斯多德也無法參與雅典民主，因為他不是公民。他成年後的大部分時間都在雅典生活，但因為他出生於斯塔基拉（Stagira），所以被認為是個沒地客。

當然，即使是在今日，大多數國家也仍排除外國居民參與政治。也許更惱人的是排除婦女和奴隸的參與，而且這些排除十分嚴格。女性不被允許進入普尼克斯（Pnyx）這個通常用來舉行政治集會的山頂，更別說投票或參與競選了。事實上，在雅典式體制眼中，女性根本不是作為獨立的人而存在，女性與官方打交道必須由一位男性親戚或監護人來代表她們。更令人側目的是，當一位雅典女性在公共場合中被提及——例如：在司法程序中，人們往往是以某某的妻子或女兒，而不是她的名字來稱呼她。對一個女人而言，最好的事情就是不要成為別人談論的對象。正如雅典政治家伯里克里斯在他知名的喪禮致辭中告訴一位因戰爭而成為寡婦的女人：「妳的名聲會好極了，如果……妳盡可能不成為男人們的話題，無論是讚美或指責。」[55]

一些女性可能在幕後行使政治權力，阿斯帕西亞（Aspasia）似乎就是這種情形，她是個高級妓女，而伯里克里斯十分仰賴其建議。伯里克里斯死後，阿斯帕西亞還幫助她的新情人、出身低微的綿羊商人里斯克勒斯（Lysicles）成為雅典最重要的政治家。但這種女性影響力可能是有限的，丈夫通常比他們的妻子還要年長，因此不可能尋求她們的建議，甚至不會和她們討論自己的事情。[56]

奴隸的情形也是如此。奴隸和女性一樣也被禁止進入公共集會或法庭，即使是獲得解放後，他們仍被視為沒地客或客居的外邦人。然而也有男性奴隸成為公民的例外情形，像帕西翁（Pasion）原本是名奴隸，後來搖身一變成為富有的銀行家及雅典公民。在他的主人——兩位雅典金融家決定讓他負責附近港口城鎮派瑞厄斯（Piraeus）的銀行業務後，他很快成了地位最高的職員。帕西翁從他的主人那裡繼承了銀行，之後變得十分富有，他對雅典的慷慨贈與最後使他獲得了公民身分。但帕西翁的情形極為罕見，據我們知道的，只有少數曾身為奴隸的人後來成功成為具有完整權利的公民。[57]

希臘思想幾乎不曾質疑過這些排除政策。奴隸應參與政治的觀點從未得到討論，也許是因為這想法似乎太過荒謬。除了一些明顯的例外，女性被排除參與政治的問題也一樣幾乎很少成為討論話題，例如在《集會婦女》（*Assemblywomen*）中，以荒誕的想像力聞名的劇作家亞里斯多芬尼斯（Aristophanes）想像雅典被女性佔領並成為女性統治之邦的情形：一群心懷不滿的雅典婦女戴上假鬍子、穿上她們丈夫的衣服偷偷進入一場公民大會中，並成功投票選出女性政治領袖，她們主張身為母親和家庭管理者的經驗，讓她們比男性更能勝任治國工作。

亞里斯多芬尼斯無疑是為了搞笑而玩弄女性統治的觀點。在他的劇中，這些新統治者首先採取的措施之一，就是下令所有的性行為都是共有的，因此所有女性都有權利和所有男性上床。為了保證這不會只有利於年輕貌美的女性，年長、相貌平凡的女性有權和一名男性上床——在男性與他真正渴望的年輕女性上床前。鬧劇隨之而來，在最後幾幕裡，有一幕是三個年老色衰的女人為了一名身材魁梧的年輕男性而打起架，而他真正看上的卻是第四位年輕貌美的女性。「必須遵守我們的法律！」三女之一將這名心不甘情不願的年輕小夥子拖上床時尖喊道。[58]

但亞里斯多芬尼斯嘲弄的不只是女性的政治參與。普拉薩歌拉（Praxagora）是策劃這個從男性手上奪權計畫的女性角色，亞里斯多芬尼斯將她描繪成一個正直果斷的領袖，真誠地關心公眾的利益。相形之下，她的丈夫和其他男性角色則被描繪成自私且心胸狹隘，只關注自己私人的事務，尤其是對填飽他們的肚子感興趣。這些男人對女性統治的主要反對意見，是他們將再也得不到參與人民大會的津貼。普拉薩歌拉用一場演說來回應這個反對意見，意圖說服他們新政權也會照顧男性的利益，到了劇終，那些男性角色似乎已經完全接受了這個新的政治現實。

亞里斯多芬尼斯的劇作因此可說是對於將女性排除於權力之外的批判。[59]但持有這種批判態度的人似乎並不多，更為普遍的是亞里斯多德在《政治學》（*Politics*）一書中所表達的那些觀點。他將女性描述為「天生不如」男性，缺乏男性的理性思考能力，按照亞里斯多德的說法，「天生的」奴隸也是同樣情形，他們生來就不如一般正常人聰明。就像孩子們受到父母的控制、身體受到心靈的控制一樣，女人和奴隸也應該受到男性的統治。[60]

簡言之，希臘對自由的狂熱信仰不應令我們對以下事實視而不見：即實際上只有相對少數的人，也就是成人男性公民才能享有自治的權利。但與此同時，對於那些真正經驗過自由的個體而言，自由則是真真實實的。不僅男性希臘公民比同時代的波斯公民自由，相較於生活在現代民主體制下的居民，他們對於自己如何受到治理似乎也擁有相當大的掌控。當今天大部分的治理工作是由不具個人色彩的官僚機構或專業政客來完成，在許多的古希臘城市，普通公民卻能親自參與政治生活的各個面向。[61]

希臘思想家的第二個主要宣稱——因為他們享有集體自由，所以他們也享有更大的個人安全與個體獨立，這點則較難去評估。希羅多德說，相較於波斯公民，希臘公民享有更多的個人自由與獨立，但我們幾乎無從得知他的說法是否正確；縱然值得一提的是，現代歷史學家往往將希羅多德對波斯暴政的描述視為一種諷刺手法。波斯帝國幾次重大的叛亂都圍繞著繼位危機而發生，這表明人們普遍接受波斯大帝的統治，此外，希羅多德經常強調，在波斯帝國，沒有人的生命或財產是安全的，但波斯帝國的經濟似乎欣欣向榮，這又令人對這個說法產生了懷疑。[62]

最近的研究已明確指出，在希臘城邦的生活中，邊緣群體幾乎無法享有個人獨立或安全。被稱為黑勞士（Helots）的斯巴達奴隸，確實是活得朝不保夕。[63]和許多其他希臘城市裡的奴隸不同的是，黑勞士是希臘人——事實上，在斯巴達人征服並奴役他們前，他們一直是斯巴達人的鄰居。因為他們的勞動，斯巴達人才能專心致力於軍事訓練。黑勞士的所有者並不是個體，他們是以公共奴隸的身分從事農作，這讓他們可與中世紀農奴相提並論，儘管一些黑勞士確實是以個別斯巴達人的私人僕役身分從事工作。

我們不知道有多少人被迫處於這種狀態，但資料來源一致指出人數很多，因為在所有希臘城市中，斯巴達的無自由人比例是最高的。黑勞士的數量龐大意味著斯巴達人生活在叛亂的恐懼中，這讓他們對待黑勞士的方式相當殘暴。每年斯巴達官員都會正式向黑勞士宣戰，允許任何人可殺害他們而不受懲罰。根據修昔底德的說法，斯巴達官員定期派遣敢死隊前往黑勞士的村莊，這些敢死隊由斯巴達年輕人組成，他們在夜間執行任務，伏擊並殺害最強悍的黑勞士，因為他們是最有可能擔任叛亂主謀的人。他們會被斯巴達人強行灌醉然後遊街示眾，讓年輕的斯巴達人看見人喝醉了是什麼樣子，這暗示他們什麼是一個斯巴達人不應有的行為表現。

在雅典，奴隸得到的待遇似乎要好些，雅典法律禁止人們殺害奴隸——儘管殺死一個奴隸的罰款遠低於殺死一個自由人。值得注意的是，雅典法律甚至保護奴隸不受**傲慢自大**或具攻擊性、虐待性行為的傷害。但除了這兩項禁令之外，在法律上和習慣上，奴隸主人幾乎可以完全自由、隨心所欲地對待自己的奴隸。[64]

同樣應該強調的一點是，即便希臘女性是自由的，但她們對自己生活的掌控權十分有限。特別是雅典女性始終處於自己父親或丈夫的監護下，尤其若是上層階級，幾乎很少能得到允許離開自己的家；當她們外出時，總要蒙上厚重的面紗。一些雅典女性過著十分與世隔絕的生活，就連自己的男性親人也很少能跟她們見上一面。[65]因此，從奴隸和女性的角度，在希臘人民政府下的生活也許就跟在波斯獨裁制底下生活一樣有壓迫性，也許更為壓迫。

簡言之，我們有很好的理由懷疑，希羅多德在希臘的自由和個人安全，與波斯的「奴隸制度」之間所營造的明顯對比是否屬實。與此同時，歷史學家的輕忽草率，也創造出另一個同樣棘手的迷思：即希臘公民完全屈從於國家，缺乏個人獨立。十九世紀法國歷史學家努瑪・德尼斯・福斯帖勒・古朗吉（Numa Denis Fustel de Coulanges）尤其是此一想法的大力宣揚者。在他極具影響力的《古代城市》（*Ancient City*）一書中，福斯帖勒・古朗吉為雅典以及被視為更廣義共同體的古代城邦勾繪出一幅草圖，在這些共同體中，政府規範人民生活中的每一細節，國家要求公民必須完全服從。正如福斯帖勒・古朗吉所聲稱的，古代城邦是「全能的」，也因此：「古人不懂個體自治自由……。相較於神聖、幾乎具有神性的國家或祖國的權威，個人簡直微不足道。」[66]

然而這類觀點幾乎毫無事實根據。正如二十世紀研究古希臘民主的學者摩根斯・漢森（Mogens Hansen）指出的，雅典公民享有強有力的保護，可免受國家官員潛在濫用職權的侵害，因此，不經正當程序不得處決公民，酷刑折磨公民也同樣在禁止之列。也許更重要的是，雅典公民可向傷害過他們的政府官員求償，任何公民均可透過私人訴訟，要求官員為他們在職時的行為負起責任。因為政府官員被認為代表城邦，普通公民可以有效地對其提起訴訟，甚至贏得官司。雅典民主也讓公民能夠對地方行政官公開究責，因此每年夏天，三十名官員必須在雅典亞哥拉市集廣場（Agora）連續坐上三天，接受人們對官員的書面投訴。[67]

此外，相較於古代世界的其他社會，古典時代的雅典人極少運用法律來限制私人生活。僅對個體造成影響的行為，如男性的同性戀行為，通常不在禁止之列。當雅典國家確實干預私人行為，也往往是為了保護城邦的整體利益，例如：男妓就要冒著失去公民權利的風險，理由並不是不道德，而是因為他們的行為表示自己是可被收買的，人們認為他們可能會將選票賣給外國暴君，因而危及城市的安全。雅典人也享有相當程度的言論自由，他們可以自由地讚美斯巴達的憲法，儘管雅典歷史的大多數時間都在和斯巴達交戰。簡言之，正如一位學者所說的：「作為日常生活的現實，雅典民主是十分寬容的。」[68]

然而，無論如何評價希臘自由的現實，作為知識的建構，希臘對於自由的狂熱信仰，其重要性再高估也不為過，因為它「自由等同於民主」的觀點對西方的政治思想產生了長遠的影響。正如我們將看到的，在接下來許多個世紀，政治思想家和社會運動人士將重複誦念此一咒文：只有在一個人民自己治理自己的民治政權中，人們才能享有自由。希臘人對自由的評價也留下了同樣持久的影響。只有在自由、自治的國家中，人們才能享有個人安全和個體獨立——此一觀點歷經多個世紀仍普遍為人所接受，即使它曾面對具影響力的希臘思想家從內部提出的挑戰。

自由的批評者：寡頭與詭辯家

許多人都贊同艾斯奇勒斯和希羅多德表達的觀點，但，不是每個人都贊同。尤其是隨著波斯戰爭的記憶逐漸褪色成為過去，一股對自由民主的狂熱信仰持更批判態度的強大暗流逐漸在希臘形成。尤其是在雅典，愈來愈多的知識分子開始質疑人民自治是否真的能為所有人帶來自由，事實上，對於自由的狂熱信仰開始受到一些最知名、最具影響力的希臘知識分子的批評。

針對自由民主的狂熱信仰發展出連貫性批評的第一批思想家是所謂的「寡頭」（oligarch），也就是那些原則上反對民主，並大力宣揚「國家應由富裕且出身良好的少數菁英治理」這一觀念的人。作為這場旨在使民主制失去正當性的宣傳活動的一部分，這些思想家也開始挑戰民主的自由概念。他們認為，民主不是真正的眾人之治（the rule of all），相反地，它賦予窮人過多的權力，窮人在每個社會中的人數都遠遠超過富人。換言之，從少數富人的角度看來，民主不會帶來自由，它帶來的反而是另一種形式的暴政——窮人的暴政。

在很大程度上，人們可將這種對於民主的寡頭主義批評理解為，對波斯戰爭後雅典政治體制日益民主化的一種反彈。在西元前六世紀末，克里斯提尼的改革後，雅典就成為希臘本土最民主化的城市之一，但人民自治在波斯戰爭結束後那段時間，變得更為根深蒂固，因為一連串的修憲進一步增加了普通雅典人的政治權力。[69] 例如：在克里斯提尼的治理下，官員是選舉產生，但是在西元前五世紀時，抽籤選出取代了這一制度，以防止擁有良好人脈的菁英控制選舉及壟斷公職——需特殊技能的公職除外，如軍事和財政官員。此外，雅典還陸續引進了政府服務的薪酬制度，這意味著即使是必須工作謀生的雅典人也能抽出時間為自己城市的日常行政管理服務。

於是，雅典普通公民開始行使政治權力，行政命令將這些男性的名字（如伊比克拉特斯〔Epicrates〕、潘迪翁尼斯〔Pandionis〕、曼特蒂厄斯〔Mantitheus〕）保存了下來，但我們卻對他們一無所知。在西元前五世紀末和四世紀的任何一個十年中，都有約四分之一至三分之一、年紀超過三十歲（取得擔任公職資格的年紀）的公民擔任公職。[70]雅典還進行了旨在增加普通公民參與人民大會的改革，人民大會是制定最重要政治決策的所在。西元前三九〇年，人民大會出席者可得到少許津貼，以確保即使是窮人也參加得起這類經常持續一整天的會議。因此，雅典人民大會的參與率相對較高，最佳現代估計顯示，約有六千名公民固定參加此一集會，投票率大致接近百分之十至二十之間，出席率相當於今天公民投票的投票率。[71]

最後，就連雅典的司法也被民主化了。法律訴訟不再像克里斯提尼治理時那樣，交由一個專門的法庭審理，而是由全體人民中抽籤選出的陪審團進行審理。這些陪審團的數目通常有好幾百人之多，這意味著案子是由真正能夠代表雅典人口組成的人們來審理，但這不是普通公民唯一能在司法體制中扮演的角色。雅典的訴訟由原告為自己進行辯護，所以沒有專業律師的參與，事實上，根本就不存在律師這種東西；也沒有法官來指導陪審團——一個案子的是非曲直完全由陪審人員來決定。

在波斯戰爭後、長達一代的時間裡，牢牢掌握住雅典政治權力的是所有雅典人，而不是富人或出

Demokratia為Demos加冕。雅典浮雕，西元前四世紀。

身高貴的菁英，西元前四世紀晚期的一座浮雕生動地說明了此一現實——當時雅典民主正處於其巔峰時期。浮雕將Demos描繪成一個蓄鬍的成年男性，正值盛年的他坐在一把像王座的椅子上。Demokratia，或說「民主」女神則是名年輕女性，將一個花環（權力的象徵）舉在人民頭上。[72] 浮雕要傳達的訊息很清楚：在雅典，人民才是國王。

對自由的狂熱信仰在使這些改革合法化方面發揮了重要影響力。雅典政治人物主張，只有像雅典這樣成熟的民主政體才稱得上是真正自由的政體，他們宣稱，於菁英組成的政府統治下，普通公民就和生活在暴政下一樣不自由。正如一位雅典雄辯家所言，在寡頭統治的城市裡，「一些居民把其他人看作奴隸，而後者則把前者看作主人」。相較之下，他說道：「雅典人不認為成為彼此的奴隸或主人是正確的。自然秩序中的生而平等使得我們尋求法律上的權利平等，只有在追求善良與智慧名聲的名義下我們才會彼此聽從。」[73]因此，只有所有男性公民能得到平等待遇的城市，才能被形容為自由的城市。

但許多雅典的富裕菁英，也是那些最有可能將自己的思想形諸於紙筆的人，對於他們對政治過程的影響力日趨薄弱感到十分憤怒，對這一體制的批評也日益強烈。這種憤怒的一個最早例子可見於一篇題為〈雅典憲法〉（Constitution of Athens）的匿名文章。我們對文章作者或他的境遇所知甚少，儘管多數學者咸認該文可能書寫於雅典民主的全盛時期，也就是西元前五世紀下半葉，作者則是一位心懷不滿的雅典菁英成員（歷史學家通常稱這位作者為「老寡頭」）。這篇文章的目的似乎是要向外人解釋雅典政權是如何運作的，但作者也清楚表明自己對於雅典憲法相當不以為然。[74]

值得注意的是，這位老寡頭草率處理了民主賦予所有人自由的這一觀念。他將雅典民主等同於窮人與未受教育者的統治，並將這些人形容為「最差」的人：「人民中存在著極大的無知、無序及邪惡成分；因為貧窮讓他們寧可行可恥之事，又因缺錢使得一些人既未受教育又無知。」他明確表示他們的統治是為了自己的利益，並因此損害了富人的利益，更具體地說，佔大多數的雅典窮人已經把國家變成了一個劫富濟貧的社會，「因此窮人變富，而富人卻變窮了」。[75]

老寡頭抱怨窮人壟斷了公職和相應的薪水，他們讓國家為他們駕駛雅典海軍的三列槳座戰船付錢；他們根據自己的利益來運作法庭系統；他們甚至從城市的宗教儀式中獲得了不成比例的好處，因為是他們在享用那些公款獻祭的肉。同樣明目張膽的是，雅典人還用國家的錢建造了許多的摔角場、更衣室和公共浴場。老寡頭指出，「烏合之眾比上層階級的富人更多地享受這種東西」，因為有錢人有自己的私人體育館、澡堂和更衣室。[76]

雅典窮人甚至想方設法壟斷了那些不那麼有形的權力好處，比如聲望。當國家贊助的戲劇節詆毀一般人，他們抗議，但如果一個喜劇作家想要攻擊菁英們，他們卻總是能為所欲為。老寡頭強調，結果是喜劇作家特別愛拿有錢、出身高貴或有影響力的人當成嘲諷對象——這當然又是一個仇富偏見的例子。

當然，這些聲稱均可合理地解釋為針對希羅多德頌讚民主自由的一種批判。在《歷史》中，希羅多德主張只有引進具有廣泛基礎與包容性的政治體制，才能保護個體免於當權力集中於一人之手時不可避免的權力濫用。但根據這位老寡頭的看法，民主也可能是個壓迫的體制——至少從富人與貴冑的角度來看是如此。

這並不是說這位老寡頭認為在菁英組成的政府領導下，自由會更有保障，相反地，他明確表示所有類型的政府都會涉及一個階級對另一個階級的支配。因此他得出一個頗為自相矛盾的結論：普通人偏好民主是合理的，即使這種體制會導致「糟糕」的政府。正如他所言：「普通人不希望在一個有良好政府的城市裡當奴隸。他們想要自由並擁有權力。他們不在乎糟糕的政府。」[77]或者正如他在別處說過的：「我原諒人們選擇了他們想要的民主。一個人必須原諒每個追求自己利益的人。」[78]

老寡頭的心聲並不孤獨。另一位心懷不滿的雅典菁英階層成員修昔底德也提出了類似的主張。[79]修昔底德出身自一個顯赫的雅典家族，曾在伯羅奔尼撒戰爭（Peloponnesian War）中被選為將軍，這是雅典與斯巴達間長達數十年的衝突，然而他卻搞砸了任務，為了懲罰他的失敗，憤怒的同胞將他流放。他在雅典外的地方度過了戰爭的剩餘時間，編寫筆記並全心投入於那本最終成為他一生代表作的作品：一本詳盡敘述伯羅奔尼撒戰爭的書。

正如老寡頭，修昔底德也認為所有的政治都是權力政治。伯羅奔尼撒戰爭是一場以自由為名發動的戰爭，但它其實不過是兩個有著同樣自利取向的對手之間的你死我活罷了。他看見隨著雅典與斯巴達之間的戰爭爆發，民主派與寡頭派之間的內亂——經常被描述為伯羅奔尼撒戰役的第二前線——也在許多希臘城市以同樣的方式上演。在那些地方，像是自由這樣的理想常被用來掩蓋衝突的真正根源：為自我利益而尋求支配。[80]

修昔底德在他對克基拉（Corcyra）內戰爆發的敘述中曾仔細闡明了這一點。克基拉傳統上是個民主城市，也是雅典的盟友，當一群寡頭被處以巨額罰款時，內戰爆發了。寡頭們拒絕支付罰款，他們衝入議會會議廳並殺死幾十名議員——也許是因為可能得到斯巴達支持的希望為他們壯了膽。然而民主派人士立即動員，全城鎮各處都爆發了激烈戰鬥。民主派很快佔了上風，他們的人數更多，而且正如修昔底德所指出的，他們還得到了婦女的大力支持，她們從自己的房子裡不斷向敵人投擲瓦片。雅典海軍也站在他們這邊。

民主派絲毫沒有手下留情的意思，修昔底德回憶，對峙結束於一場戲劇性的集體自殺。戰敗的寡頭派逃到一個宗教庇護所，為了避免落入敵人手中，他們開始在那裡自相殘殺。但這還不足以滿足勝利一方的嗜血欲望，以處決密謀顛覆民主的人為藉口，他們開始以各種理由屠殺自己的同胞，一些人因私人冤仇而被殺，包括沒有償還貸款的債務人。死亡以各種想像得到的形式發生：「父親殺死兒子；人們從庇護所中被拖出來，並在庇護所旁慘遭殺害；一些人甚至被圍困在戴奧尼索斯的神廟裡並在那裡死去。」[81]

換言之，克基拉內戰是場殘酷的戰役，人性尊嚴在這場戰役中蕩然無存。但在這場戰役中，克基拉的民主派和寡頭派人士都訴諸了崇高的理想。正如修昔底德所言，他們運用「動聽的話術」，不是宣稱他們擁戴「眾人的民主權利」，就是擁護「保守的貴族政治」，但實際上兩邊都是受到貪婪與野心驅使，並由此導致了政黨對立的激情演出。[82] 修昔底德解釋，伯羅奔尼撒戰爭期間爆發的所有內戰全都遵循了這個模式：儘管人們宣稱自己是為自由與民主而戰，但實際上他們只是為了中飽私囊和趁機清算舊帳而已。

除了老寡頭和修昔底德之外，民主的批評者還從一個更意想不到的地方得到了支持，那就是詭辯派。詭辯家（sophist）是新型的知識分子：他們是專業的教育家，周遊希臘世界，教授包括政治學和倫理學在內的課程，也傳授如修辭等更實用的技能。這個新職業的誕生回應了該時期的社會與政治發展，更重要的是它回應了人民在政治上逐漸增加的重要性，後者導致了對政治及法律雄辯術的需求。與此同時，希臘城市的財富及智性成熟度也逐漸增長，尤以雅典為最，這創造出對更高等教育的需求，人們渴望學習讀寫能力、算數、音樂和體育等傳統基礎教育以外的東西。因此詭辯家的需求量很大，所得的報酬也十分豐厚。[83]

作為一個群體，詭辯派並不大力宣揚某一特殊的政治觀點，儘管包括希臘哲學家普羅塔哥拉斯（Protagoras）在內的一些人似乎是堅定的民主支持者，[84]但他們對於所有社會和政治規範的尖銳質疑，令他們之中的一些人十分接近雅典寡頭派所採取的立場，也就是所有的政治都是權力政治，「公正」或「自由」這類詞彙只是當權者為正當化其統治而製造的煙幕。活躍於西元前五世紀末的雅典詭辯家瑟拉希梅克斯（Thrasymachus）似乎與這種論述之一有關。瑟拉希梅克斯的生平鮮為人知，他並未留下任何關於自己觀點的紀錄，但他的一些思想仍透過柏拉圖傳播開來。

如果柏拉圖的敘述正確，瑟拉希梅克斯似乎曾宣稱每一種政府（不只是君主制）都旨在圖利當權者：「民主制定民主的法律，暴政制定暴政的法律，其他等等均如此。他們宣稱制定的法律（對他們有利的法律）對他們的臣民是公正的，他們懲罰任何違反這法律的人，說他們是違法、不公正的。那麼，這就是我所說的正義，在所有城市都一樣，正義就是對既有統治有利。因為既有統治肯定更為強大，任何能用理性正確思考的人都會得出一個結論：公正（just）在任何地方都是一樣的，公正就是對強者有利。」[85]

一些跡象顯示，透過詭辯家對菁英教育的影響力，類似觀點在出身良好的雅典年輕人之間廣為流傳。根據歷史學家色諾芬（Xenophon）的敘述，阿爾瑟拜亞迪斯（Alcibiades）——一個因鄙視民主而惡名昭彰的雅典政治人物，在與資深政治家伯里克里斯的一場對談中，就曾表達出和瑟拉希梅克斯幾乎相同的觀點。阿爾瑟拜亞迪斯從一個看似天真無知的提問開始：「什麼是法律？」伯里克里斯覺得這問題很容易回答：「法律就是眾人許可並公告頒布的東西。法律規定一個人該做什麼、不該做什麼。」這個答案沒有說服阿爾瑟拜亞迪斯，他繼續問道：「如果所有寫下來的東西都叫作法律，那麼少數菁英或違背人民意願的暴君頒布的法律呢？」伯里克里斯答道：「這些顯然不是法律，因為是透過武力而強加於人。」阿爾瑟拜亞迪斯再問：「那麼，由信奉民主的多數人制定並違反富人意願而強加於他們的法律，又如何呢？這些法律也是『暴力而不是法律』嗎？」這時，惱羞成怒的伯里克里斯放棄了：「當我們在您這年紀時，對這類事情也是聰明得很。因為我們也做過類似的事，提出過在我看來您現在正在提出的那種精巧論述。」[86]

這些和其他對人民政府的類似攻擊似乎影響了真實世界，因為在西元前四一一年和四〇四年，雅典民主被寡頭政變所推翻。第一場政變將日常行政權力交給了一個由菁英公民組成的會議——所謂的「四百人」會議（Four Hundred），並且僅限五千名雅典男性才能享有完整公民權。然而此一政權很快就因陷入內鬨而被推翻，民主得以恢復。七年後，也就是西元前四〇四年，一個更小眾的群體，所謂的「三十人」集團（Thirty）再次奪取權力。他們的領導人是位出身高貴的雅典人，名叫克里提亞斯（Critias）。克里提亞斯是民主的死硬反對派，據說他的墓碑上刻著一幅歐里加齊亞（Oligarchia，即寡頭政治）放火燒德謨克拉提亞（Demokratia，即民主政治）的擬人化圖像。「三十人」集團建立了寡頭統治的政權，由精挑細選的三千名雅典男性共同分享統治權，但政變後不到一年，擁護民主的軍事力量便推翻了該政權。

當然，這些政變不能全歸咎於像瑟拉希梅克斯和老寡頭這樣的知識分子，所發展出的反民主論述。它們發生於雅典與斯巴達之間，那場漫長而血腥的伯羅奔尼撒戰爭的末尾，光是這場戰爭的壓力，尤其是雅典戰敗的事實，也許就已足以令民主政權失去正當性。此外，希望以寡頭政治取代民主政治，以便讓雅典與寡頭統治的斯巴達談判時，獲得較好的和談條件，這樣的想法也許也助長了寡頭們的氣焰。儘管如此，老寡頭等人闡述的這類反民主論述對政變發動者產生了影響，這點似乎是很明顯的。歷史學家色諾芬敘述「三十人」集團的領袖克里提亞斯在為他們的行動辯護時曾說：「對於像我們這樣的人……民主是種壓迫的政府形式。」[87]

諷刺的是，寡頭統治的實際經驗確實對恢復民主在雅典的道德地位，發揮了很大作用。「三十人」政權很快就暴露出，相較於民主，它不分貧富對雅典人生命財產所構成的威脅要大得多。色諾芬在他接續修昔底德《伯羅奔尼撒戰爭》（*Peloponnesian War*）而寫的《希臘史》（*Hellenica*）一書中明確表示，「三十人」集團的統治是個邪惡的暴政，他們一攫取權力就立刻用來為自己謀利。在斯巴達軍隊的支持下，他們開始逮捕自己的政敵，接著鎖定富人並沒收他們的財產。更戲劇性的是，「三十人」集團還逮捕並處決了曾經大力支持他們的政治家舍拉梅尼斯（Theramenes），只因為他開始對他們的政策表達出憂慮。根據色諾芬的說法，他們在八個月內殺死的雅典人相當於斯巴達人在十年中殺死的人數。[88]

這個政權迅速失去支持是可預期的——甚至包括雅典菁英們的支持，當斯巴達人撤退時，它的軍隊便被民主派的將軍瑟拉西布勒斯（Thrasybulus）徹底擊敗。正如色諾芬清楚說明的，民主派的表現優於寡頭派，他們並未尋求報復，而是呼籲進行大赦，恢復雅典的民主與公民和諧秩序。色諾芬對寡頭政變的負評之所以更引人矚目，是因為他本身是名騎兵軍官，屬於菁英階層；此外，他還是斯巴達政體的崇尚者，至少就理論上來說，他應該會比其他許多雅典人更偏好寡頭政治。其他資料來源也說明了「三十人」集團的統治如何大力敗壞了寡頭統治的名聲。雅典雄辯家埃索克拉提斯（Isocrates）絕不是民主的熱心支持者，但他曾說與「三十人」集團的政權相比，恢復的民主制簡直是「神的造物」。[89]

儘管如此，老寡頭和詭辯派發展出的論述仍持續引起共鳴。畢竟，說雅典民主給了某個社會群體（比較不富裕的那個）主導性權力，並因此將其他群體排除在權力之外，尤其是富人，這種說法也不能算錯。確實，經過修正之後——有關多數人暴政之危險性的論述，在雅典民主政府覆亡許多個世紀之後，這一主張仍在反對民主的理由中擁有突出的地位。

自由的批評者：柏拉圖

老寡頭和瑟拉希梅克斯不是民主自由的唯一批評者。即便是在西元前四〇三年凱旋式地恢復了雅典民主後，希臘最傑出的思想家之一——哲學家柏拉圖，也仍持續批評他生活於其下的民主政權。[90]柏拉圖清楚表示在他看來，認為民主自由是最重要政治價值的雅典堅持，其實是種誤導，甚至有潛在的危險。然而柏拉圖也拒絕了老寡頭和瑟拉希梅克斯為權力政治所作的犬儒式（cynical）辯護，在他看來，政治理想很重要沒錯，但他的同時代人採用的政治理想是錯誤的。人類的幸福比自由和個人獨立更為重要，因此，人們可能擁有的最佳政體不是民主，而是由「最優秀的人」（best man），也就是由一個能夠引導他的臣民走向美好生活的人所統治。

正如修昔底德和阿爾瑟拜亞迪斯這些比他年長一代的人，柏拉圖也出生於一個富有、具影響力的雅典家庭。他最初就和他那個階級的大多數年輕人一樣，以從事政治為雅典民主服務作為自己的理想抱負。他的家庭可能也對他寄予同樣的厚望，他的繼父皮里蘭皮斯（Pyrilampes）是舉足輕重的雅典政治家伯里克里斯的密友，亦是雅典民主的堅定支持者，他甚至將柏拉圖的同母異父兄弟取名為**德謨斯**（demos，譯按：即人民之意）。[91]

然而，身為一個年輕人，柏拉圖深深著迷於蘇格拉底（Socrates）的思想。和詭辯派一樣，石匠的兒子蘇格拉底也將一生奉獻於教育雅典的年輕人，和那些巡遊教師不同的是，蘇格拉底拒絕收取束脩。他強調自己和詭辯派不同，形容自己是個「哲學家」，即「愛智者」。儘管出身相對低微，也沒有討人喜歡的體格，但蘇格拉底還是對他的追隨者產生了深遠的影響。在他的影響下，柏拉圖決定將自己的一生奉獻於智性的追求，而不是政治。最終，柏拉圖建立了自己的哲學學派——柏拉圖學院（the Academy），並將大部分的時間致力於撰寫哲學論文。

柏拉圖曾身處「三十人」集團統治的個人經驗，也許進一步激勵了他從政治轉向哲學生涯，他們掌權時他正好是個年輕人。在《第七封信》（*Seventh Letter*，柏拉圖晚年所寫的一封書信，許多學者均認為是他親筆所寫）中，柏拉圖解釋，儘管他的家庭傾向於民主派，但他仍持續被吸引加入那個新建立的寡頭政權。[92]（「三十人」集團中也有柏拉圖的朋友和家庭成員；集團領導人克里提亞斯是柏拉圖母親的表親。）但柏拉圖很快就明白，「三十人」集團正計畫發動一場恐怖統治。「我以為他們會帶領這個城市走出她一直過著的不公正生活，並以正義原則來重建她，」《第七封信》裡這樣寫道，「於是我急切地觀察他們，想知道他們要做什麼。在我的觀察下，他們不久就向人們顯示，原來之前的（民主）憲法是個珍貴的東西。」[93]

然而，對柏拉圖而言，恢復民主只是帶來了更多的心痛。西元前三九九年，「三十人」集團戰敗約四年後，一個雅典陪審團以褻瀆神明和腐化雅典年輕人的名義，審判並處決了蘇格拉底。人們尚不清楚促使蘇格拉底獲罪的動機，也許是雅典老百姓討厭他對宗教和其他規範與價值，那些離經叛道看法，但褻瀆神明的指控也很可能只是個藉口，他的定罪實際上是因為他對反民主勢力的同情而引發。畢竟「三十人」集團的領導人克里提亞斯曾是蘇格拉底的門徒，許多人懷疑克里提亞斯對民主的深仇大恨是學自他那有名的老師，甚至在「三十人」集團被推翻後，人們仍懷疑蘇格拉底是個祕密的（或甚至半公開的）反民主派。

這些懷疑是真是假仍受到激烈爭論，這場激辯極難蓋棺論定的原因是，蘇格拉底不曾為他的教導留下任何文字紀錄。[94]然而有一件事很明確，那就是柏拉圖深深受到他老師之死的影響。蘇格拉底的審判和處決，令柏拉圖對民主政治感到幻滅，正如他對寡頭政治一樣。這種幻滅對他的政治作品產生了相當程度的影響，這些作品可被解讀為針對他與之共同成長的民主理想（也包括自由概念）的攻擊，以及提出更好替代方案的嘗試。

柏拉圖對政治思想最知名也最具影響力的作品《理想國》（*The Republic*）即是個很好的例子。

《理想國》一書以蘇格拉底和一群年輕人之間的對話形式寫成，話題廣泛，充滿各種稀奇古怪的想法，如關於詩歌所蘊含的政治危險、數學知識對政治領導人的重要性，以及女性在政治中的適當位置等——相較於大多數他的同時代人，柏拉圖對女性領導持更正面態度。但柏拉圖的主要目標是要定義人類可能實現的最佳政治體制，對他而言，這意味著一個最可能產生讓人類真正幸福的政體。正是從這個角度（人類幸福的問題），他評估了一個關鍵的雅典政治價值：自由。

柏拉圖從拒絕老寡頭和瑟拉希梅克斯所示的那種冷酷權力政治開始。他認為政治不僅僅關乎權力一事；唯一具有正當性的政權是同時服務於統治者及被統治者利益的政權。但他也否定「民主自由是個有吸引力的理想」這一想法。在《理想國》第八卷中，他討論了既存的政府形式，他區分出四種形式的政府：勛閥政治（Timocracy，由軍人統治）、寡頭政治（由少數富人統治）、民主政治（由窮人統治），以及暴君政治（由一人統治）。他清楚表示，正如大多數希臘人，他認為可以將自由等同於民主自治。他解釋，民主政治是「唯一值得天性自由的人居住的城市」。[95]

此外，正如希羅多德和其他人，柏拉圖也明確指出民主政權所提供的集體自由，是保護個體獨立所必須的先決條件；因為只有在自由的國家中，個體才有機會完全按照自己的意願行事。柏拉圖寫道，一個民主的城市「充滿了自由與坦誠——一個人無論說話或做事都能隨心所欲」，這意味著「個體顯然可以按照自己的意願安排自己的生活」。[96]

因此，根據柏拉圖的看法，個體自由必然來自民主。如果一個城市不是由國王或暴君所統治，人們就會習慣性認為自己就是自己的統治者，於是這會激勵他們按照自己的意願去安排生活。在柏拉圖看來，這種獨立的態度會從政治領域漸漸地轉移到私人領域：父親會習慣屈就於兒子的地位，並開始懼怕他們，而兒子則開始以為自己和父母是平等的，因此失去對他們的尊重與敬畏。同樣地，沒地客或外國人會開始認為自己與公民同等，公民也認為他們並不比沒地客強。

根據柏拉圖的看法，民主是如此善於培養個體獨立，以至於在民主城市裡，奴隸不像奴隸，女人則表現得好像她們與男人同等，即使是家裡養的動物也會受到影響，牠們在民主政體裡表現得比在其他類型的國家裡還要自由。「馬跟驢都習慣了在街上自由自在、昂頭挺胸地漫步，誰不讓路給牠們，牠們就一頭撞上去。」[97]

柏拉圖承認這一模式有其吸引人之處。他解釋，民主自由和它培養出的個體獨立意味著在一個自由的國家「人性將呈現最大的多樣性」，一個觀察者也許因此將這樣的國家視為「最美麗的國家，像是一件點綴著各種花朵的刺繡長袍」。柏拉圖說，事實上，對許多人而言，這似乎是最好的體制：「正如女人和小孩認為繽紛的色彩最有魅力，也有許多男人認為這個展現了形形色色人性的國家，也將會是最公平的國家。」[98]

但最終，柏拉圖還是沒有贊同這個對民主的正面評價，他反而認為民主如此有助於培養個體獨立的這個事實，是有問題的。民主政體所導致的無法無天將讓它自取滅亡，因為民主自由會擴大成為無政府狀態，「臣民像統治者，統治者像臣民」。[99]矛盾的是，這種無政府狀態最終會導致自由的反面，也就是暴政，因為公民最後會厭倦他們那毫無節制的自由，並要求一隻強有力的手來恢復秩序。一個寡廉鮮恥的人很可能會利用這種局面來建立自己的個人統治，而這是極不令人樂見的結果，柏拉圖強調。畢竟暴政（柏拉圖定義為一個不適格的人對其他人的統治）是最不利於人類幸福的一種政體。

簡言之，民主自由是自己的掘墓人，它會導致無法無天，而不是良善的統治，民主自由是無法持久永續的。我們應該如何看待此一學說呢？首先，很難想像柏拉圖期待他對於不受控制的奴隸跟頑劣驢子的警告會被認真看待。這是誇飾法，但其意圖是提出一個更深刻的觀點。他不只是在警告民主具有內在固有的不穩定性（畢竟，他在《理想國》中討論過的所有政體都具有此一特性）；更準確地說，他是在指出民主政體所提供的個體獨立與自由，往往被用於糟糕的目的。柏拉圖說，我們不能指望普通人明智地運用他們的自由。[100]

柏拉圖對這一點深信不移，因為他對大部分人的智性能力評價很低，他在整本《理想國》中一再清楚重申此一觀點。在一個著名段落裡，他將民主的政治人物比作水手，不願意接受一個比他更懂航海知識和其他必備技能的船長指導，然而，水手不知道如何抵達一個地方。「他們不明白，一個真正的船長，如果他真的要成為一艘船的統治者，他必須注意一年四季、天空、星辰、風及所有和他的技能相關的東西。他們不相信有任何技能可讓他決定該如何駕駛這艘船，不管其他人是否希望他這麼做，也不相信有可能精通這門所謂的技能，或有可能同時還能操作這門航海技術。」[101]

然而，柏拉圖也拒絕了民主的明顯替代選項：富裕菁英的統治。柏拉圖和許多他的同時代人不同，他不認為富人就會自動更有資格統治國家，他們也可能受到放縱激情的擺佈。事實上，柏拉圖對寡頭政治的態度和民主一樣嚴厲，如果沒有更嚴厲的話。從他的觀點來看，寡頭者受到對財富的無止境激情支配，相較於民主派對於獨立的渴望，這種對財富的低俗激情甚至離真正的人類幸福更遠。

因此，柏拉圖提出了一個十分不同的政體：由哲人王（philosopher-king）統治的政體。他希望將政治權力交給那些從很小年紀就開始在武術、數學和天文學等科目上受到嚴格訓練的領導人。而這些經過精挑細選的少數人（全都超過五十歲），在經過作為軍隊指揮官和其他官方職能方面的長期實務歷練後，將學習哲學。這種嚴格的教育將確保哲人王為持續捲入戰事中的雅典城市做好充分準備，更重要的是這種教育令他們對柏拉圖所謂的「美好生活」——唯一能帶來人類真正幸福的生活，產生了獨到的見解。哲人王與暴君不同，人們對他的期許是他會根據哲學的洞察力來進行統治，而不是根據喜怒無常的心情。

在哲人王的政權底下，公民對他們的統治幾乎是無權置喙。在柏拉圖的體制裡，沒有選舉存在的空間，事實上，不會有任何來自平民的參與，不會有人民大會、陪審團制度，或是抽籤選出行政官員，與之相反，在柏拉圖的設想中，所有決定都由菁英哲學家做出，或也許只由他們之中最偉大的那一位自行決定。統治者於是變成了一個自我延續的種姓，因為在任何特定期間掌權的哲人王都會選出他們的繼承者——有趣的是，這些繼承者可以是男性也可以是女性，因此在柏拉圖的體制下，一個經過挑選的女性群體的獨立性將會增加。

對柏拉圖而言，喪失民主參與的代價是值得的，因為「被擁有神性與智慧的人統治對所有人會更好」。他聲稱在一個理想世界中，每個人的內在都會擁有這種「神性與智慧」的元素，但是在真實世界中情況卻非如此。因此，必須從外在將良善的統治強加於個人，「以便我們能盡可能達到人皆平等、友愛，因為我們都在同一個指揮官的指揮下」。在哲人王的理想體制中，人們因此會成為「最優秀的人的奴隸，因為最優秀的人內在存在著一個擁有神性的統治者」。[102]在另一篇對話《克利托芬篇》（*Clitophon*，儘管這篇對話的作者為誰尚存在爭議）中，柏拉圖可能更直言不諱地表達了這個觀點。根據這篇對話，一個意氣用事而不是憑著理性思考來生活的愚人，倒不如死了更好。如果這樣一個愚人必須活著，那麼他最好：「像個奴隸一樣地活著，而不是自由地活著，他最好將他思想的舵，就像船的舵一樣，交給另一個懂得掌舵技巧的人。」[103]

在他晚期作品中，柏拉圖多少收斂了他對政治「奴役」熱情辯護的立場。大多數學者公認他最成熟的著作《法律篇》（*Laws*）中，柏拉圖大幅修正了他對理想政體的觀點。[104]他不再主張哲人王統治的政體才是最佳政體，承認要找到可以實踐那種理想的政治領袖難度極高。「人性，」柏拉圖指出（明顯地呼應了希羅多德），「當它擁有對一切事物的獨裁權威，根本無法在管理調節人類的事物時，不會因為傲慢和不公義而自我膨脹。」[105]他現在反而主張在一個盡可能完善的體制中，人們將生活在法治而非人治之下。

柏拉圖也許是因為實現哲人王理想的企圖失敗而改變了心意。根據《第七封信》，柏拉圖四十歲時，當時在位的暴君戴奧尼索斯的一位親戚狄翁（Dion）曾邀請他，到西西里島城市塞瑞庫斯（Syracuse）擔任戴奧尼索斯的教師，教導他成為一個哲人王。柏拉圖起初很猶豫，因為這會是趟漫長而艱辛的旅程，但他最後還是同意了。正如他在《第七封信》中的解釋：「如果有任何人曾經想要實現這些法律與政府的原則，那麼現在試試看的時間到了，因為只需要爭取到一個人，我就可以實現我一切的美夢。」[106]

然而，這場實驗卻失敗得一塌塗地。在短短四個月後，戴奧尼索斯就因狄翁密謀反對暴政而放逐了他，並違反柏拉圖的意願將他扣留在塞瑞庫斯。柏拉圖試圖在最糟的情況中找到生機，他試著讓戴奧尼索斯幡然醒悟，但戴奧尼索斯拒絕了柏拉圖將他帶入「哲學生活」的嘗試，事實上，他在狄翁返回塞瑞庫斯的路上派人殺了他。如果《第七封信》是可信的，那麼這整個經驗對柏拉圖產生的震撼之大，迫使他放棄了可以找到一位哲人王的想法，他因此必須重新思考他的政治哲學。

但柏拉圖從未轉而接受民主。即使是在《法律篇》中，他也不曾想像過人們生活在自己協助制定法律的政體中。他反而設想了一種政體，在這個政體中，一位擁有近乎神性智慧的立法者為城市提供了一套可以永遠遵循的法律。柏拉圖提供讀者一份這些法律的詳細清單。雖然人們選出負責執行的地方長官來落實這些法律，但法律制定過程本身並未受到人民的控制。換言之，針對生活在柏拉圖《法律篇》捍衛的那種政體底下的人，形容他們的最佳字眼不是自由，而是法律的僕人。正如柏拉圖自己所言，人們不應該是「主人」，而應該是「法律心甘情願的奴隸」。[107]

簡言之，柏拉圖的政治哲學乃是立基於對希臘民主自由理想的全面性批判。在一種明顯顛倒的價值觀中，柏拉圖辯稱，政治屈從會比民主自由更有利於人類幸福，只要一人的統治者能符合哲人王所要求的理想。柏拉圖的觀點將對未來許多個世紀的政治思想產生巨大影響，事實上，他對民主自由的主要論述——即其將不可避免地導致無政府狀態及無法無天，將在漫長歲月中不斷被重複。

同樣地，他對政治奴役的辯護——即普通人屈從於「最好」或「最有智慧」的人，也將對後來的政治思想產生深遠影響。

然而，在他自己的時代裡，柏拉圖的觀點並未得到什麼支持。除了他的一小群門徒之外，只有少數幾位同時代人贊成屈從於「最優秀的人」，比民主自由更為可取。即使是那些同意雅典民主已變得「極端」的人，也迴避了柏拉圖的激進結論。埃索克拉提斯即是一例，他是雅典的講稿撰寫者，也是柏拉圖的教育家事業中最重要的競爭對手，他也曾批評自己生活在其中的政治體制。正如柏拉圖（以及就此事而言的老寡頭），埃索克拉提斯認為雅典民主及其對於公民完全平等的高度強調，導致了最無能者——也就是窮人及無知者的統治。[108]

然而，埃索克拉提斯在他深具影響力的小冊子《阿略優帕基提卡》（*Areopagiticus*）中提出的替代方案，其激進程度遠不如柏拉圖。埃索克拉提斯提出的方案，不是由一個哲人王或一小群無法究責的菁英所統治，而是回到雅典的「原始民主」，也就是政治領袖是由選舉產生，而不是透過抽籤選出。埃索克拉提斯主張，在這種政體下，掌權者會是最有能力的人（因為可指望人民選出他們之中最優秀的人來掌權），而不是從人口中隨機抽選的人，而人們將繼續擁有至高無上的權力。[109]

其他指標也證實，無論貧富，雅典人民都強力支持民主自由。在推翻「三十人」集團的統治之後，直到馬其頓將軍安提帕特（Antipater）在雅典建立了一個寡頭傀儡政權為止，重建的民主又屹立不搖持續存在了八十五年。這八十五年的延續即是民主受到廣泛支持的明證，因為如果沒有得到多數人的支持，或甚至只要有相當數量的少數公民反對，民主，尤其是雅典民主就會很難生存。就整個希臘而言，民主的基礎同樣根深蒂固。根據由歷史學家大衛．提嘉登（David Teegarden）所整理的資料，在我們能取得政體類型資料的希臘城市中，有四成城市曾在西元前五世紀下半葉實行過民主制，而在該世紀上半葉則只有一成八的城市實行民主，甚至在時序進入西元前四世紀下半葉的時候，這些數字仍維持穩定，當時有四成六的希臘城市是民主政體。[110] 這些統計數字表明，儘管有來自老寡頭、瑟拉希梅克斯和柏拉圖等菁英思想家的批評，但民主及其所立基的理想仍持續在人民中得到廣泛支持。

凱羅尼亞之役後：回歸內在自由

在西元前四和三世紀時，新的政治發展，尤其是馬其頓的崛起影響了希臘關於自由的辯論。西元前三六〇年，腓力二世（Philip II）成為馬其頓國王，這裡是希臘北方一個多山地區，居住於此的人主要從事農業。[111] 馬其頓過去只是個無足輕重的國家，但在具有軍事及組織天賦的腓力二世領導下，馬其頓迅速成為一個強大的力量。他平息了馬其頓貴族世家之間的恩恩怨怨，並使他們變成一支強大的軍隊，專精於步兵和騎兵的聯合作戰。接著，他將注意力轉向了鄰近城市及國家，征服了愛琴海北方的數個希臘殖民地。

雖然一開始希臘人並不怎麼把馬其頓的崛起放在眼裡，但腓力二世的擴張野心終於令人不得不正視。雅典政治人物德謨斯特尼斯（Demosthenes）踏上了希臘本土之旅，試圖號召希臘人採取行動。德謨斯特尼斯訴諸希臘人自古以來對自由的熱愛，敦促他們團結起來對抗馬其頓的崛起。德謨斯特尼斯說，腓力二世不是國際舞台上一個可以小覷的角色，他對希臘城市的自由及自治構成了致命的威脅。在回答他自己的問題前，他質問雅典人民大會：「你們的目標是什麼？」「自由。那你們看不出腓力的頭銜和這一目標完全無法調和？因為每個國王、每個暴君都是自由和法律的死敵。當心了……別為了擺脫戰爭，而為自己找了個主子。」[112]

令希臘人採取行動的最重要因素，也許莫過於腓力二世於西元前三四〇年進攻拜占庭，並俘虜了一支載運穀物的艦隊，此次襲擊直接威脅到雅典，因為雅典定期自黑海進口穀物。戰爭已無可避免。儘管經歷了兩年多的談判，雅典聯盟才終於成形，但是由雅典人率領的希臘軍隊最終在西元前三三八年在凱羅尼亞（Chaeronea）與馬其頓軍隊正面交鋒。由腓力二世之子亞歷山大（Alexander）率領的馬其頓騎兵取得了決定性勝利，希臘這方則傷亡慘重。一年後，柯林斯聯盟（League of Corinth）成立，由腓力二世及其後繼者領導，並將希臘城市基本上納入了馬其頓的統治之下。

腓力二世沒能享受他的勝利果實太久，凱羅尼亞一役後不久，他在一個宗教慶典上被謀殺——暗殺者是名年輕的皇家衛隊成員，他也被殺了，而他的暗殺動機始終成謎。腓力二世的繼位者是他的兒子亞歷山大，但後者很快便啟程前往征服波斯，並將希臘的控制權交給他的將軍之一安提帕特。西元前三二三年，亞歷山大猝逝於波斯，造成權力真空，包括雅典在內的幾座希臘城市均做了最後的努力，試圖重新取回它們的獨立。但叛亂很快被安提帕特鎮壓下來，他完全控制了希臘本土。安提帕特對雅典的叛亂深感憤怒，他建立了傀儡政權並將權力交給一小群支持馬其頓的菁英。德謨斯特尼斯及其他反馬其頓的政治人物均被判處死刑，德謨斯特尼斯曾設法逃離希臘，但在一名賞金獵人的追逐下，他最終不得已自殺了（據說他將一支有毒的筆放入嘴裡）。[113]

然而，這並不是雅典民主的窮途末日。[114] 在希臘化時期的大部分時間裡，許多城市仍繼續由通過選舉和抽籤選出官員、集會以及人民法庭，以民主方式進行治理。在整個希臘語世界中，公民仍繼續制定法律和命令、收稅、鑄造錢幣及進行司法裁決，情況和他們在西元前四和五世紀時並無太大不同。希臘化時代不同國王和王位覬覦者之間的連年戰事與競爭，甚至讓希臘公民獲得了些許對外交政策的控制權。直到西元前一五〇年左右，希臘城市已成為日益壯大的羅馬帝國一部分，而最後殘存的民主政體也被廢除，此時情況才有所改變。

然而，儘管許多事物仍然連續，但的確也在一些方面發生了重大變化。在亞歷山大死後的幾個世紀，希臘語世界的權力中心從雅典和斯巴達這類城邦，轉移至亞歷山大征服後形成的龐大帝國。到了西元前三百年，經過數十年的戰事之後，希臘化時期的「三大王國」：埃及、馬其頓和大敘利亞（Greater Syria，由前波斯帝國不含埃及的部分組成）已經建立。希臘城市仍維持名義上的自由，嚴格上並不屬於三大王國，但當地國王和統治者仍有相當影響力，儘管是非正式的影響力。隨著權力中樞向國王及其宮廷轉移，希臘城市中的富人及有權有勢者的重要性也增加了，因為他們是少數能接近國王的人。結果，即使是在名義上仍維持民主體制的地方，普通公民的政治影響力也逐漸下降了。

這些變化對希臘政治思想產生了深刻影響，儘管影響並非立即可見。西元前四世紀、甚至是前三世紀的政治辯論很大程度上仍沿著之前勾勒出的軸線進行，即延續著支持或反對民主的辯論。[115]柏拉圖最知名的弟子亞里斯多德，仍持續思考希臘城邦生活是政治的自然所在。在他最知名的政治論文《政治學》中，亞里斯多德幾乎不承認大規模君主政體的存在，即使他身為亞歷山大的老師，曾如此近距離地體驗過馬其頓政治生活。理解《政治學》的最好方式，是將其視為對早期有關民主及民主自由之辯論的貢獻。[116]

和柏拉圖一樣，亞里斯多德也對民主的關鍵價值——自由，展現出相當的批判態度。亞里斯多德關於自由概念、最持久的討論出現在《政治學》第六卷，他在此討論了當時存在的不同憲法。在這裡，他明確將自由等同於雅典民主的關鍵價值。[117]他解釋，在一個民主政體裡，人民通常被認為是自由的，因為統治者和被統治者是輪流當的，沒有一個人或一群人能管理其他人。延續傳統，亞里斯多德也強調此種民主自由與個體獨立或「按照自己心意生活」的能力相伴而生。他說：「他們說，這是自由的結果，因為奴役的結果就是無法按照自己的心意生活……從中產生了不受任何人統治的需求，或者做不到的話，就是輪流統治與被統治。」[118]

然而，在亞里斯多德看來，這種民主自由有兩個重大缺點。和柏拉圖很類似，他認為民主自由可能會不慎落入無法無天和無政府狀態。亞里斯多德指出，在民主政體中，正如優律皮底斯所說的，每個人都「隨心所欲」地生活，但這很糟糕，它導致人們反抗法治，而這正是民主政體的殞落最常見的原因。[119]其次，也許有些矛盾的是，亞里斯多德也反對雅典民主，因為它賦予人口上的大多數，也就是窮人過多的權力。這會明顯導致不正義，因為，正如亞里斯多德所說：「如果正義是由多數人決定的，那麼他們就會藉由沒收少數富人的財產來施行不義。」[120]

然而，與他著名的老師不同的是，亞里斯多德並不宣揚對哲人王或神性立法者的臣服，作為對雅典民主或如亞里斯多德所稱之「終極」民主的替代方案。和埃索克拉提斯很像，他反而提倡回歸一種更古老、更溫和的民主形式，在這種民主政體中，公職不是由抽籤選出的人擔任，而是從富有或傑出公民中選出。「以這種方式被治理的人民必然會被治理得很好，」亞里斯多德評論道，「公職將始終掌握在最佳的人手中，人民會同意，而不會嫉妒這些正派的人。」[121]

然而，希臘化時代的哲學家們最終開始關注起新的政治現實。在西元前三和二世紀，愈來愈多的論文以類似《論王權》（*On Kingship*）這樣的題目問世。其中大部分已失傳，它們的論述也大部分不為人所知，然而少數留存下來的斷簡殘編，以及吸收此一傳統的後世作品均顯示，他們所捍衛的理想很大程度上乃是受到柏拉圖的啟發。它們始於柏拉圖的一個假設：由一個明智的統治者治理是最有利於人類幸福的。一個真正的國王幾乎就是個超人，他擁有比任何臣民更偉大的智慧，因此有能力引領他們走向美好生活。這個理想與暴政形成鮮明對比，在暴政下，統治者根據自己的利益進行治理，絲毫不考慮民間疾苦。因此，這些希臘化時代作者的主要目標似乎是要勸誡他們推定的讀者（國王與未來的國王們），要遵循哲人王而不是暴政的樣板。[122]

這些變化也影響了關於自由的討論。儘管許多希臘知識分子仍持續頌讚民主自由的可貴，但其他人則開始主張以一種截然不同的方式來理解這一詞。他們認為，自由不必然取決於一個人生活於其中的政治制度，一個人能否過自由的生活，反而更取決於他的性格或自我控制力。即使一個人受到暴君的統治，但他仍可以是自由的，只要他擁有合適的道德力量。因此，希臘化時代的思想家開始提倡一種全然個人的、內在的自由，這反映了普通公民在希臘政治生活中逐漸喪失權力的現實。[123]

這種道德化的自由概念在希臘思想中有極深的根源。[124]早在西元前五世紀，優律皮底斯就在他的劇作《赫庫芭》（*Hecuba*）中指出，大多數人都受到他們對金錢、名聲的渴望或是恐懼所奴役——因此無法真正宣稱自己自由。[125]同樣地，蘇格拉底似乎也捍衛「真正的」自由要求完全控制個人激情這一觀點。儘管蘇格拉底的門徒留下了關於他們老師的不同描述，但他們都同意，將自我控制和自我克制等同於自由是他的基本信條之一。例如：色諾芬就曾說，蘇格拉底曾形容那些受到貪食、淫欲、酒精，或愚蠢而代價高昂的野心所驅使的人，是臣服於「苛酷主人」的「奴隸」。「我們必須要為不受其控制的自由而奮戰，」色諾芬口中的蘇格拉底這樣警告一位年輕的門徒，「夙夜匪懈，有如他們是想要奴役我們的武裝歹徒。」[126]

蘇格拉底似乎也將這些理想付諸實踐於自己的生活中。根據色諾芬的說法，蘇格拉底對自己的外表和個人舒適表現出令人欽佩的無視態度。更令人吃驚的是，他甚至拒收學費。色諾芬解釋，透過這種方式，蘇格拉底是在「致力於他的自由」。相形之下，詭辯家和其他收取學費的人則是「他們自己的奴役者」，他們不是基於自己的喜好自由地選擇自己的學生，而是必須教導那些付錢給他們的人。[127]

其他哲學家對於克己一事的投入甚至更為極端。比如席諾普的戴奧吉尼斯（Diogenes of Sinope）、所謂犬儒學派的創建者，就因專心致志地將自己的生活斷捨離到僅剩生存必需品，而給同時代人留下深刻印象。關於他的故事廣為流傳。例如：有一天戴奧吉尼斯看到一個孩子正在用自己的手接水喝，他就丟了自己的杯子，大聲說：「連一個孩子都比我還會過簡樸生活！」就像蘇格拉底，戴奧吉尼斯似乎將他素樸的生活方式等同於真正的自由，宣稱他「熱愛自治自由勝於一切」。[128]

但是隨著時間的推移，自由的這種道德化概念開始聯繫到其他人，尤其是斯多噶派哲學家季蒂昂的芝諾及其門徒。事實上，只有「智者」（能夠充分控制自己和自己激情的人）才是自由的，後來成為斯多噶派著名的「悖論」之一。這些通常被認為出自芝諾的悖論是些精煉的格言，顛覆了常見的信念，旨在引發思考及討論。斯多噶學派的著作中往往充滿了各種悖論，以及對其意義的簡單說明。[129]

當然，將自由等同於克己及自我控制，是首要倫理原則。當蘇格拉底和芝諾這樣的哲學家主張只有那些全然控制自己激情的人才是自由的，他們不一定是在提出一個政治觀點。然而，斯多噶學派的悖論「只有智者才能自由」，如果是意味著人們的自由取決於他們的道德特質，而非他們的政治境況，那麼它**也許**可被理解為一種政治陳述。從這個意義上理解，「只有智者才能自由」的觀點似乎既是對民主的自由理論的一種批評，也是一種替代方案；這理論認為只有那些生活在民主憲法下的人才是自由的。

當芝諾談到自由作為一種自我控制時，我們很難分辨芝諾是否有意暗示這點，因為他沒有任何作品流傳下來，然而，至少有一些後來的斯多噶派思想家是這樣理解這一聲明的，就如一世紀哲學家斐洛．朱迪厄斯（Philo Judaeus）在一篇文章中提到的。身為一個完全希臘化的猶太人，朱迪厄斯因致力於證明猶太經文與希臘哲學相一致的著作（因而暗示希臘人沒有什麼比猶太先知更有價值的話可說）而令人銘記。但他在可能是年輕時所寫的一篇文章中，也針對斯多噶學派的觀點，即「每個好人都是自由的」進行探討。（朱迪厄斯曾在這篇文章的姐妹篇中詳盡闡述了「每個愚人或壞人都是奴隸」的觀點，但該文並未流傳下來。）[130]

朱迪厄斯直言不諱地表示，他不同意那些將自由等同於人民自治的人，並將這種觀點形容為「短視」。[131] 他解釋，自由真正的標誌不是一個人的政治立場，而是他的道德地位。只有智者才能達成真正的自由，愚人將始終處於被奴役狀態，無論其地位受到多大尊崇，或他們對其他人的權力有多大。

為證明他的論點，朱迪厄斯解釋一個人必須只考慮**自由**和**奴隸**的確切意義。生活於奴役中意味著「對一切都沒有權力，包括對他自己」[132]，但智者卻始終擁有那種權力，即使他在法律上是名奴隸或是臣服於某個擁有至高權力的統治者。「好人的行為永遠是明智的，因此只有他是自由的。一個無法迫使或阻止他做任何事的人，是無法成為奴隸的。好人是無法被強迫或阻止的，因此，好人無法成為奴隸。」[133]

朱迪厄斯舉了希臘哲學家、犬儒主義者戴奧吉尼斯為例。有一次，戴奧吉尼斯被強盜俘虜，他們打算將他賣到奴隸市場。戴奧吉尼斯對事情的發展完全不當一回事。當一個可能的買家問他擅長什麼，戴奧吉尼斯以開玩笑的口吻回答：「統治人。」他接著試圖把自己推銷給另一名買家，一個明顯女子氣的男人，他說：「你該把我買下來，因為我看你似乎需要一個丈夫。」於是，關於戴奧吉尼斯，朱迪厄斯以欽佩的口吻問道：「我們該把奴隸這詞用在像他這樣的人身上嗎？除了自治自由，還有別的詞適合形容他嗎？不負責任的支配對這樣的人是毫無權力的。」[134]

然而，希臘哲學家們不是唯一有能力達成真正自由的人。朱迪厄斯舉出另一個欽佩的例子，印度思想家卡拉努斯（Calanus），他曾勇敢地挑戰亞歷山大大帝。卡拉努斯曾令亞歷山大大帝留下深刻印象，當亞歷山大大帝令他隨自己一起返回希臘時，卡拉努斯回答他不會讓自己被強迫。他說：「您可將身體從一個地方送到另一個地方，但您無法迫使靈魂去做它們不願去做的事，就像您無法強迫磚頭或木棍說話一樣……。沒有國王也沒有統治者能強迫我們做不是我們樂於去做的事。」[135]

簡言之，朱迪厄斯清楚明確地指出，自由取決於一個人的道德特質，而不是他的政治處境。甚至是一個被當成奴隸的人，像是戴奧吉尼斯，或一個生活在獨裁者統治下的人，如卡拉努斯，都可以是自由的——只要他（在朱迪厄斯看來女性似乎不具備這樣的能力；至少他的道德範例中沒有一個是女性）準備好為自己的信念挺身而出，不讓自己因恐懼或野心而卻步。這個含義是很清楚的：即使是那些生活在獨裁政府底下的人，如朱迪厄斯自己，也可以是自由的——只要他們擁有適當的道德勇氣。

然而，展現出真正自由精神有時比只是向權力說真話的要求更高。在一個有關季蒂昂的芝諾的十分可怕軼聞中，朱迪厄斯清楚地表達了這點。根據朱迪厄斯的說法，芝諾曾受到官方刑求，只因為他們想要他說出某件他覺得必須保密的事情。儘管受到火和炙熱鐵塊的烙刑，芝諾還是採取了激烈的行動以防止自己洩露祕密。「他咬下自己的舌頭，把咬下的舌頭射向刑求者，唯恐自己在暴力下會不顧榮譽，不由自主地說出不能說的祕密。」[136]

朱迪厄斯在與種種權力交手的經歷中，似乎也嘗試要活出這樣的理想。在他死前不久，朱迪厄斯的故鄉亞歷山卓（Alexandria）——一個居住著大量猶太人口的希臘城市——被併入羅馬帝國。亞歷山卓的猶太人和他們的羅馬統治者之間的關係變得日益緊張。當猶太人拒絕將羅馬皇帝卡利古拉（Caligula）的雕像安置在他們的會堂時，一場危機爆發了。他們的拒絕激起了非猶太公民的憤怒並引發騷亂，羅馬總督對這種暴力的默許讓已糟糕的情勢更加惡化。身為猶太社區中的一位名人，朱迪厄斯被選中帶領一個由亞歷山卓的猶太人組成的使節團，前往朝見卡利古拉，要求他免除要他們崇拜雕像的要求。[137]

這個使節團並不是沒有冒著風險：卡利古拉的行為已經變得愈來愈古怪、愈來愈暴力。他們在羅馬等候面見皇帝，幾個月後，猶太使節們終於獲得皇帝的接見。這場會面一開始就不順利：卡利古拉指責猶太使節們沒有承認他的神性本質，接著他迅速穿越花園和建築物，檢視工人們正在進行的翻修工程，朱迪厄斯和其他使節則急急忙忙跟上他。卡利古拉忽然停下腳步並問這些猶太人為什麼不吃豬肉，然後便快步離開。他邊走邊告訴走在他肩膀後方的猶太人，要他們談談猶太的正義觀念。朱迪厄斯試著滿足皇帝的要求，但他得邊說邊追上皇帝不斷遠離的腳步，在這同時卡利古拉一直不停與建築工人交談。

如朱迪厄斯所回憶的那樣，這個故事有個美好結局。性格陰晴不定的卡利古拉忽然決定免除他對猶太人的要求。「這些人哪，」朱迪厄斯重述卡利古拉的話，「與其說是邪惡，不如說是不幸和愚蠢吧，竟不相信我已經被賦予了神性。」[138] 然而從朱迪厄斯的敘述中也可看出，他和使節團的其他成員曾多次擔憂自己的生命安全。如果這故事是真的（我們只能找到朱迪厄斯的敘述），那麼似乎斯多噶學派的信條確實能在人們面對絕對權力時，激發出他們巨大的道德勇氣。

然而與此同時，從傳統的民主自由概念轉變至對自由更道德化的理解，也鼓勵了政治的寂靜主義。斯多噶學派信條鼓勵人們將自由視為某種在個人領域中、通過塑造性格的操練來達成的東西，而不是需要進行政治或制度改革的事物。事實上，在朱迪厄斯的大量著作中，他不曾質疑過一人統治的正當性。在他看來，解決卡利古拉性格殘暴問題的方法，就是希望有一個更好的統治者上台。朱迪厄斯承認獨裁統治可能導致任意的暴行，但他寄望於一個更好的國王，而不是由人民控制政府來解決這個問題。

簡言之，卡利古拉之後，希臘對自由的狂熱信仰就發生了緩慢而深刻的變化。希臘知識分子仍持續高舉自由，但證據顯示他們愈來愈將自由等同於一種道德秉性，而非政治處境。然而，民主自由的故事並未結束於西元前三三八年，事實上，從某個角度來說，民主自由的故事才剛剛開始而已。在希臘的西方，另一股力量正在崛起，那就是羅馬，民主自由對羅馬人而言，就和它對希臘人一樣重要。

CHAPTER

2 羅馬自治自由的興衰

西元前五〇九年，羅馬人在通往自治自由的漫漫長路上邁出了重大步伐。當時他們的城市已有兩百四十四年歷史，從肇建之初就一直由國王統治。羅馬城的建立者羅穆勒斯（Romulus）及其繼位者都是溫和明智的統治者，在他們的統治下，城市欣欣向榮。然而羅馬的第七位國王盧修斯·塔昆（Lucius Tarquin）性格卻和其他諸王大相徑庭。暱稱為「驕傲者」的塔昆是謀殺了自己年邁的岳父瑟維斯·塔琉斯（Servius Tullius）而登上王位。在一場戲劇性的攤牌中，塔昆宣布自己才是合法的國王，並將他的岳父從羅馬辦理公務的地方——元老院的台階扔下。當失血過多而幾乎奄奄一息的塔琉斯掙扎著回到家時，塔昆派來追殺他的人抓住了他，並將他送上西天。

這場謀殺揭開了以暴力及壓迫為標誌的統治序幕。塔昆的統治就從拒絕埋葬塔琉斯的屍體開始——這簡直是落井下石。接著，他開始殺那些塔琉斯最重要的支持者，但他的殘忍針對的不僅是與前朝有關的人，凡是他懷疑對其統治抱持敵意的人，還有那些除了透過掠奪、從他們身上得不到任何東西的人，他就處決、放逐或處以罰款。同樣地，窮人在他的暴政下也度日如年。塔昆迫使羅馬人為他好大喜功的工程從事沉重的體力勞動，如建造新的朱庇特神殿（Temple of Jupiter）和馬克西馬下水道（*Cloaca Maxima*），或說「大排水渠」。當這些工程接近完工，大量工人即將成為失業人口，塔昆乾脆將他們逐出羅馬。

因此塔昆的統治以暴力開始，也以暴力終結，也就不令人意外了。壓垮塔昆統治的最後一根稻草，是塔昆的一個兒子強暴了美麗貞潔的露克蕾提亞，她是一名羅馬軍官的妻子。露克蕾提亞讓自己的丈夫和父親承諾為她報仇後，就因無法承受恥辱而自殺了。露克蕾提亞一死，露克蕾提亞丈夫的朋友盧修斯·尤紐斯·布魯圖斯（Lucius Junius Brutus）就從她手中一把奪走仍在滴血的匕首，將它高舉，發誓要讓羅馬擺脫塔昆的統治。當人們抬著露克蕾提亞的屍體在大街上遊行時，盧修斯·布魯圖斯發表了一場激盪人心的演講，提醒羅馬人關於塔昆的殘暴和他強迫人民從事的那些艱苦勞動。羅馬人在群情激憤下起而造反，放逐了塔昆。

在這些事件後發生的事也許更讓人意想不到。叛軍領袖盧修斯·布魯圖斯沒有將自己加冕為新王，而是決定改變權力在羅馬的行使方式。他說，從今以後，羅馬最重要的公職——此後被稱為「執政官」（consul）的人，將由選舉產生，而不是從王室裡選出。同樣重要的是，他們的任期很短——不超過一年，這樣才不會積聚過多權力。執政官和其他重要公職也無法自作主張，他們必須與一群顧問、也就是議員進行商議，議員則從羅馬最有名望的男性中選出。此外，全體羅馬人民，或至少是男性成年公民，被賦予了對最重要決定的最終許可權，因為所有新法律都必須經過人民大會的正式批准。[1]

推翻君主制以及建立羅馬共和國（Roman Republic），或說*Respublica*（人們後來這樣稱呼這個新政權），是個重要的時刻。*Respublica*字面上的含義是「公共的事」，但它也被理解為*res populi*或「人民財產」的同義字，因此暗示著類似「民治政府」的意思。[2]所有羅馬史家均同意，令羅馬邁向人人自由的道路上，這是第一場重要的勝利。但新獲得的自治自由是脆弱的。首先，舊秩序仍對這個初生的共和國構成威脅。一群年輕的貴族發現他們很難適應新的共和制度，他們認為向大眾、甚至是向他們在元老院的貴族同僚卑躬屈膝，都是有失身分的事，他們渴望重返只要能獲得塔昆家族的賞識就有望晉升的好日子。他們密謀策劃了塔昆王朝的復辟，但這些粗心的密謀者不慎在一名奴隸面前洩露了口風，奴隸向當局密報了他們的計畫。

盧修斯．布魯圖斯，最初被選出來的兩名執政官之一，採取了迅速而果斷的行動：他下令圍捕所有密謀者並予以處死。但令他感到萬分灰心的是，他的兒子們竟然也參與了這樁陰謀行動。盧修斯．布魯圖斯拒絕為他自己的親生骨肉破例，即便一些朋友試著說服他這麼做。他親自主持了司法審訊程序，並目睹他兒子們的處決過程。根據一位歷史學家的說法，盧修斯．布魯圖斯看見他兒子被處死時：「沒流下一滴眼淚，沒發出一聲呻吟，也沒有一次移開他的目光；他以一顆堅強的心承受他的不幸。」[3]在這些事件之後，羅馬人便對盧修斯．布魯圖斯於共和國的忠誠深感敬畏，他們甚至在國會前豎起一尊盧修斯．布魯圖斯的銅像，這個他揮舞著一把劍、準備砍下羅馬先諸王雕像頭顱的形象，從此令他永垂不朽。[4]

但即使終於擊潰了舊秩序，也還有許多事要做。人人自由仍是一個有待實現的美夢。儘管推翻了君主制，政治權力仍持續受到一小撮世襲菁英，也就是貴族的把持，且情況日益如此。這些貴族壟斷了元老院及最重要的公職，如執政官職位，而普通的羅馬人——或是後來所稱的平民（plebeian）則被禁止競選公職或加入元老院，平民很快就開始抱怨他們就像在塔昆統治下一樣的不自由。正如一個惱怒的平民政治人物所言：「終極權力是屬於羅馬人，還是屬於你們（貴族）？驅逐諸王是給予你們支配的權力，還是給予所有人平等的自治自由？」[5]

在接下來的兩百年間，羅馬平民繼續為爭取他們的自由而奮鬥，但如今他們對抗的對象是貴族。[6] 儘管這場「階級衝突」（Conflict of the Orders，這場鬥爭後來以此名為人所知）有時會以暴力及流血受到矚目，但平民最終仍設法透過和平的集體行動打破了貴族權力壟斷。西元前四九四年，在一場經濟危機的刺激下，他們發動了數場大型罷工中的第一場罷工（我們的資料來源稱其為「分裂行動」〔secession〕），在罷工的影響下，羅馬城對眾多外敵幾乎毫無防衛能力，這也造成了貴族間的恐慌。於是在接下來數十年間，他們數度故技重施，每次均取得成功。貴族被迫做出一系列讓步，這些讓步最終消除了他們與平民間的所有重大差異，並給予後者平等的參政權力。

最初的一連串改革創造出只對平民開放的公職，這些職位中最重要的就是護民官（tribune），這是由平民選出的官員，維護平民的利益就是他們的特定任務，這為平民行使政治權力開闢了一條新的途徑。但平民的終極目標是要讓每個公職，包括執政官的職位，都能對平民候選人開放。根據後來一位歷史學家的說法，平民改革者認為執政官職權是「他們自治自由的柱石與堡壘」，只有廢除貴族對這個職位的控制，才能將「君主制」「完全逐出」羅馬，「他們的自由才能安穩確立」。[7]平民最終成功了。西元前三六七年，經過保守派貴族數十年的頑強抗拒後，平民候選人終於被允許參與競選執政官職位。

那些強化平民對立法過程之控制的改革措施也同樣重要。和護民官職位的創立一樣，首先是為平民設立一個專屬會議，貴族不得參加，這就是裁決大會（Tribunal Assembly）。裁決大會所制定的法律原本只對平民有約束力，但在西元前二四七年頒布的《霍騰西亞法》（Lex Hortensia）規定了平民投票對全民具有約束力。除此之外，元老院針對人民大會制定的法律進行否決的權力也被廢除了，此舉普遍被認為賦予了平民與貴族同等地位，從而終結了「階級衝突」。

早期羅馬的自由

簡言之，這就是對羅馬早期歷史的標準敘述，如同蒂托斯・李維厄斯（Titus Livius，英文稱為李維〔Livy〕）、哈利卡納瑟斯的戴奧尼索斯（Dionysius of Halicarnassus）及其他歷史學家的陳述；這也是每個羅馬男孩從還在襁褓時就聽說過的故事。這個故事清楚表明自由對早期的羅馬人極其重要，盧修斯・布魯圖斯因自己的孩子密謀推翻共和而處決了他們的故事，或許是對這一點的最尖銳體現。但平民為爭取自治自由（*libertas*）所進行長達數世紀的奮鬥也表明，一般羅馬人同樣重視自由。此外，歷史記載也清楚說明了早期羅馬人準備為之奮戰犧牲的自由本質：那就是治理自己的自治自由，而不是被高高在上的國王或傲慢的貴族所統治（奴役）。

至少在後世歷史學家所描繪的形象中，早期羅馬人聽起來跟希臘人十分類似：他們和希臘人一樣，也珍視自由更甚於任何其他政治理想；他們和希臘人一樣，也將自由的理想等同於人民自治。他們之間的相似之處還不止於此。羅馬歷史學家指出，早期羅馬人珍視自由的原因和希臘人幾乎一樣。和希臘人一樣，羅馬人似乎認為人民自治對於個體安全和個人獨立而言是必要的。塔昆統治的經驗令羅馬人相信，君主制始終存在著演變為暴政的危險。同樣地，有關貴族們暴君式行徑的抱怨，尤其是他們對平民生命和利益的漠視，也在平民推動民主改革時扮演了關鍵角色。[8]

然而，人們很難得知這敘述究竟有幾分符合史實。羅馬建立後最初幾個世紀，確實是長期奮鬥以爭取自由或人民自治為特徵嗎？這是個無法蓋棺論定的問題。我們所知的所有關於羅馬早期歷史的故事，都是由生活在他們所記錄的事件發生後數世紀的個人所寫成。李維是最著名的早期羅馬共和歷史學家，他寫作的時間是西元前一世紀的最後數十年，這時距離傳說中推翻塔昆王朝的時間已有五百多年。他曾閱讀更早、如今佚失的編年史學家和歷史學家著作，如生於約西元前二七〇年昆圖斯．法比烏斯．皮托（Quintus Fabius Pictor）的作品，這意味著至少對西元前三世紀的人而言，李維的敘事仍是基於鮮活的記憶而不是傳說。但李維並沒有查閱過文獻證據，或進行任何事實查核，而這些被現代的歷史學家視為學科基本功。

現代學者往往對李維敘事的許多方面抱持著懷疑態度也因此不足為奇。[9] 露克蕾提亞被強暴的聳動故事幾乎可肯定是捏造，因為它在相當程度上反映了雅典庇西特拉圖家族的衰亡（據推測也是由一樁性醜聞而引發，儘管涉及的不是異性戀強暴，而是不受歡迎的同性戀求歡）。此外，根據推測，塔昆遭推翻的那一年正是雅典暴君西辟亞斯（Hippias）被罷黜那一年——西元前五〇九年，這同樣也暗示羅馬歷史學家刻意捏造出與雅典相似的歷史，並據此形塑他們對早期羅馬的敘事。共和的創立很有可能其實花了更久的時間，也涉及了更緩慢的政治體制轉型，而不是後來的歷史學家所想像的一夕驟變。對「階級衝突」的故事也可抱持同樣懷疑。以羅馬最早的執政官名單為例，其中就包括了幾位平民的名字，這就令人對古代歷史學家的聲稱產生懷疑，因他們認為直到西元前三六七年的改革時，羅馬的最高職位才向平民開放。

人們更難去得知的是，西元前五和四世紀的羅馬人究竟在多大程度上，將推翻君主制及隨後的政治體制民主化視為一場自由之戰。對自治自由的呼籲曾在早期羅馬政治辯論中扮演任何角色嗎？假定確實有個叫作盧修斯·布魯圖斯的人廢除了君主制，他是在自治自由的呼聲下才這麼做的嗎？平民改革者認為自己的奮鬥是場爭取解放的運動嗎？我們不得而知，但後來的歷史學家認為的那些改革者演說，實在不太可能是以史料為基礎。李維和其他歷史學家加諸於平民改革者的那些修辭，也許反映的是後來流行的政治意識形態，而不是「階級衝突」的意識形態。

儘管如此，故事的基本要點至少也是有些事實依據。即便後來的歷史學家弄錯了許多或甚至是大多數的細節，但他們也許有一件事是對的，那就是將從君主制到民選官員制的轉變視為羅馬歷史的重大轉折點——畢竟各種考古及其他資料都能證實，早期歷史中的羅馬確實是由諸王所統治。似乎同樣可能的是，西元前五和四世紀的特徵確實是特權、世襲少數者與其他大多數人的長期政治鬥爭，而這場鬥爭最終導致了至少是後者的局部勝利。畢竟平民與貴族的區別一直延續到歷史時期，即使到那時它已經失去了所有實際的與政治的意義。

最後，似乎可信的一點是，羅馬人開始認為他們爭取人民自治的奮鬥，就是爭取自治自由的奮鬥，即使我們不可能得知這究竟是何時發生的。（在政治脈絡中提及「自由」的現存最早紀錄，是西元前一二六年一枚由執政官盧修斯．卡修斯．隆吉努斯．若維拉〔Lucius Cassius Longinus Ravilla〕發行的錢幣，但這個字也許在更早的資料來源中使用過，只是如今已經失傳。）[10] 然而考慮到希臘與羅馬關於自由討論上的明顯相似性，人們不禁會猜測，羅馬人開始將他們爭取自治的奮鬥說成是為自由而戰，已經是相當晚期的事了；更具體地說，他們是在加強與希臘的接觸後才開始這樣做的。畢竟希臘對早期羅馬思想發展的影響相當可觀，尤其是從西元前三世紀開始，因為當時羅馬勢力向東擴張，與希臘世界的接觸也因此增加。舉例來說，寫於約西元前二四〇年的最早拉丁語劇作即是仿效希臘戲劇；同樣地，最早的一部羅馬史是以希臘文寫成，作者是一位熱中於主張羅馬無論從任何意義上來說都是一座希臘城市的歷史學家。[11]

當然，透過將早期羅馬歷史描寫成一段漫長但最終成功、爭取所有人自由的奮鬥，羅馬歷史學家可以很方便地忽略掉一個事實，那就是羅馬人口的大多數——尤其是婦女和奴隸，仍被相當程度地排除於政治過程之外。和希臘人一樣，羅馬人也將奴隸視為財產，等同於人類的牲畜，因此人們順理成章地將他們從政治中排除，毋需任何辯論，正如在希臘的情形。（然而，應注意的是，羅馬人給予解放的奴隸完整的公民權利，只有某些參與不光彩事業的類別等例外，如角鬥士〔gladiator〕。換言之，自由人和他們的後代均可投票，雖然保守派政治人物經常想要限制他們的選舉影響力。）[12]

就像在古典時代的希臘一樣，羅馬男人也認為將他們的妻子、母親、女兒和姐妹排除於政治過程之外，是再自然不過的事。[13] 然而相較於認為體面的婦人應該待在室內的雅典，羅馬婦女的生活比較不那麼與世隔絕，這給了她們更多機會參與政治。最戲劇化的一幕發生於西元前一九五年，與一場女性政治行動有關，當時的羅馬女性推動廢除《奧皮亞法》（Lex Oppia），這是二十年前推出的一項樽節措施，目的是限制女性服飾以便籌款支應對抗迦太基將軍漢尼拔（Hannibal）率領的戰爭。活躍的羅馬婦女以示威遊行支持廢除該法案。根據李維的說法，示威遊行的規模大到婦女們堵塞了所有街道和通往羅馬廣場的通道，直接違抗了丈夫要她們待在家裡的命令。[14]

傳統老派的政治人物簡直大驚失色。老加圖（Cato the Elder）是名死硬的保守派，他發表了一場冗長而激情的演說反對廢除該法，他警告男性公民，要是在這個問題上對女人讓步，男人最終會失去對政治體制的控制，並從而失去他們的自由。老加圖問他的聽眾：「如果她們在這件事贏了，她們還有什麼不敢去做的呢？」女人會想要廢除傳統上令她們屈從於自己丈夫的所有法律。事情還不會就此告一段落，如果允許女性「不擇手段為自己爭取自由」，並把自己放在「跟她們丈夫平起平坐」的位置上，那麼她們是不會滿意這種狀況太久的。「一旦她們開始跟你平起平坐，她們就會爬到你的頭頂上。」[15]

不是所有男性政治人物都有同樣的憂慮。然而，我們很難將那些支持女性要求廢除《奧皮亞法》的人形容為原初女性主義者（protofeminist）。這些男性支持者主張女性是脆弱、虛榮的生物，她們因為華麗服飾禁令而感覺心碎受傷害。在他們看來，當羅馬婦女看見附近城鎮的女人都能穿金戴銀，而她們卻不被允許這樣做時，她們就生氣了，這種心情也是可以理解的。「像這種事情甚至也會傷害男人的感情，」一位支持廢除法案的男人說道。「那麼你認為它會怎麼影響脆弱的女性？甚至連一點小事也會困擾她們呀！」[16]

更重要的是，為廢除法案辯護的人沒有認真對待一個觀點，那就是：廢除《奧皮亞法》將創造出一條通往女性支配及男性屈從的捷徑。他們嘲弄女性可能會對男性權力構成威脅的這個觀點。老加圖將這個女性倡議，跟最終導致羅馬政治體制民主化的平民分裂運動進行了比較，但是廢除法案的支持者卻說那個比較太荒謬了：在現實中，女性的脆弱本性意味著她們會永遠臣服於男性——而且是心甘情願。「只要她們的男人還活著，女性就永遠無法擺脫她們的奴役狀態，」盧修斯・瓦勒里琉斯（Lucius Valerius）主張，「她們甚至會放棄因她們丈夫和父親的損失而帶來的自由。」[17]

正如這一辯論所暗示的，在羅馬，女性有更多機會採取集體行動，但相較於古希臘或至少是雅典，這也令人對女性的政治參與產生更多質疑。然而與此同時，這場辯論也清楚表明，大多數男性認為女性的臣服乃天經地義，就連女性自己也希望如此。和老加圖有相同焦慮的羅馬男性並不多，《奧皮亞法》最終遭到廢除這一事實說明了這點。簡言之，就像亞里斯多德一樣，羅馬政治人物認為女性不該被視為完全獨立的存在，因此，不被允許參與政治並不會讓女性比她們過去更不自由。

然而，關於早期羅馬人爭取自由的動人辭令，忽略的不只是女性和奴隸的政治排除而已，它也忽略了一個事實：「階級衝突」帶來的結果是個嚴重偏袒富人的政治體制。[18]平民改革者的奮鬥並未導致雅典模式的民主，反而誕生了由富有的貴族和平民所組成的新統治階級。即使在執政官職位向平民開放後，也只有富人才能競選該職。我們無從得知獲得資格所需的確切數字，但資料來源指出這一數字被設定在最高水準，也就是只有在最上層百分之十的人才能擔任公職。這意味著羅馬的統治通常是從極少數菁英中選出，事實上，根據估算，擔任執政官（最重要的公職）這一職位的羅馬人有半數是來自屈指可數的幾個古代富裕家族。[19]

儘管出身菁英背景，但公職人員仍須對廣大人民負責。所有成年男性公民都有投票權，無論財富多寡。任期短暫意味著羅馬政治人物必須持續競選連任，這令他們必須更能夠回應民眾壓力。但投票制度的設計也偏向富人。在極度複雜的羅馬選舉制度中，包括執政官在內的高級公職均由「百人大會」（Centuriate Assembly）選出。在這個大會中，公民根據財富多寡被劃分進被稱為百人團（century）的投票單位。富人在數量上遠少於窮人，但他們仍分配到更多的投票單位，因此相較於較不富有的人所在的百人團，這些單位中的選民人數相對較少。這造成的結果是，一個富有羅馬人的選票比他較窮同胞的選票更有分量。此外，最富有的百人團先進行投票，一旦達到多數，投票就會被喊停，所以如果富人組成的百人團團結起來，他們就可以決定選舉的結果，較窮的百人團甚至沒有投票的機會。

元老院的存在進一步鞏固了富人對羅馬政治體制的控制。元老不是通過選舉，而是由前任公職人員中選出，並且是終身職，這意味著和執政官、其他地方行政官不同，元老可以無視民意而不必擔心民意的反撲。他們的權力很大。元老院據說為執政官「提供建言」，但事實上許多最重要的決定都是由元老院做出，尤其是外交相關政策，例如：接見使節、與外國勢力締結條約的都是元老院，而不是像雅典一樣是由公民來負責。元老院也控制財政，並負責起訴對公共安全構成威脅的罪犯。

然而，我們也不該過於誇大菁英對羅馬政治體系的控制力。[20] 窮人的選票還是可以對政治成敗發揮關鍵作用，尤其是在競爭激烈的選舉。因此，至少是在某些場合，普通人關切的事務仍在羅馬政治中扮演了關鍵角色。有些軼事趣聞相當清楚地說明了這點。瓦勒里琉斯・馬克西穆斯（Valerius Maximus）的《傳世言行錄》（*Memorable Deeds and Sayings*）曾記載了一個叫蒲布琉斯・西皮歐・納西卡（Publius Scipio Nasica）之人的故事，此人出身自羅馬最顯赫的家族之一。納西卡在他職業生涯初期時曾競選市政官（aedileship），這個職位會讓他負責羅馬的公共事務和公共節慶的組織工作。當納西卡正在向可能投票給他的選民拉票時，他握到了一個農民粗糙長繭的手，納西卡開玩笑地問這個人是不是習慣用手來走路。這個正直的羅馬農夫把這句玩笑話當成侮辱，納西卡也輸掉了那場選舉——他活該，馬克西穆斯評論道，因為那是個「冒犯人的笑話」。[21]

羅馬政治人物在結束公職任期後仍要對公眾負責。如果當選的公職人員未能適當地履行他們的職責，他們就可能面臨被起訴的命運。一開始，卸任地方行政官會因懦弱、無能和貪腐行徑而在人民大會前受審，後來他們必須在一個由約五十名羅馬公民組成的陪審團面前接受審判。這些司法程序未必總是有效，因為賄賂行為猖獗，一些明顯喝醉的陪審團成員也是個問題。然而所有程序都是公開的，因此公眾輿論也在追究官員責任方面扮演了重要角色。此外，如果官員威脅要插手公民的財產或生活，羅馬公民也有權對他們提起上訴，官員接著則可以引用自身權利，接受全民審判。

也許更重要的是，普通的羅馬人於立法方面可行使相當大的權力。法律由「群落大會」（Tribal Assembly）投票決定，這一會議比百人大會更為公平。因為群落大會是以地理上的「群落」劃分為基礎，而不是財富，因此原則上富人與窮人的選票具有同等分量。然而和雅典不同的是，羅馬並未為參加「群落大會」的公民支付費用，而這會令富有的公民享有特權，因為這些人才有閒暇從羅馬愈來愈遙遠的領土上長途跋涉到羅馬來投票。以政治家泰比琉斯·格拉克斯（Tiberius Gracchus）的農地法案為例，此法案承諾將土地重新分配給普通公民，「造成人民紛紛湧入羅馬」。[22]

投票大會前經常會舉行公眾集會（*contio*）或討論會，在這些會議中，競爭的官員可嘗試說服人們支持他們的看法。我們無從得知這些會議的舉辦頻率或出席踴躍程度，但有幾個跡象顯示它們提供了一個熱切交流政治觀點的論壇。據說在西元前一世紀時，有一次群眾為了讓他們不同意其觀點的一個講者閉嘴，於是大聲鼓譟，一隻倒霉飛過的烏鴉被這聲音嚇得掉到地上，就像被閃電擊中一樣。這些討論會議的存在再次說明，羅馬政治人物無法簡單地推動新法通過，如果他的提案想要成功，就需要贏得人民的支持。[23]

就某些方面而言，羅馬政治體制明顯比雅典的更為民主。和雅典人不同，羅馬人免費給予解放的奴隸公民權，包括投票權，而西元前八十八年以後，他們也將同等權利給予同盟義大利城市的成年男性——這是個得來不易的讓步，因為直到羅馬的盟友對缺乏權力感到不滿，而在所謂的「同盟者戰爭」（Social War）中拔劍相向時，羅馬人才將這些權利給了他們。結果是羅馬公民的人數大大超越了雅典，不僅是在絕對意義上，就相對意義而言也是如此。在雅典，男性公民的人數從未超過四萬人，然而資料來源指稱，即使在公民權的涵蓋範圍擴大至整個義大利半島前，羅馬公民的總數也沒有少於三十萬人。西元前七十年，同盟者戰爭後，羅馬公民的總數已經超過了一百萬人。[24]

簡言之，雖然對於羅馬宣稱他們的政治體制賦予了所有人自由或自治這點，我們應該抱持著比對希臘人類似的說嘴更多的保留態度，但這個宣稱也不是完全不是真的。在羅馬憲法下，普通公民對於政治領袖的選任及制定他們生活於其中的法律框架，都可以發揮相當的影響力（只要他們是成年男性）。儘管和雅典民主間存在著諸多差異，但相較於亞歷山大大帝東征後建立的希臘化君主制，也就是國王對於決策制定過程掌握絕對權力的制度，羅馬的政體仍更接近雅典模式。

希臘歷史學家波利比烏斯（Polybius）是最早且最具洞察力的羅馬政治體制觀察家之一，他也強調了此一論點。[25]波利比烏斯的家世背景顯赫，西元前一六八年希臘成為羅馬統治地時，三十多歲的他也淪為被帶往羅馬、作為人質的一千名希臘人之一，羅馬人這樣做是為了確保敵人被擊敗後仍繼續服從。抵達羅馬後的波利比烏斯，與當時最重要的一些羅馬政治家交往密切，因而有了近身觀察羅馬政治體制的機會。受到他的東道主深深吸引的波利比烏斯，後來寫了針對羅馬政治體制最早——且極可能是相當早的分析之一。他描述這個體制為一個「混合式」憲法，即以一個重要的民主制要素（各種集會）平衡了君主制要素（執政官）和貴族制要素（元老院）。儘管執政官和元老院的權力巨大，但波利比烏斯強調，它們終究無法離開人民而為所欲為：必須「特別關注政治領域中的群眾並尊重人民」。[26]

為自由而戰：中期至晚期的羅馬共和國

即使在「階級衝突」徹底平息後，自由也始終是羅馬人的核心關注之一。[27]西元前三世紀，羅馬享有了一段內部和平、社會和諧的歲月，也是在此一時期羅馬人擴張了他們的疆域，並從一個區域強權轉變成世界帝國。他們的第一步就是擊敗迦太基，他們在地中海地區的主要競爭對手。羅馬的勝利不是從天而降：迦太基的漢尼拔將軍曾一度跨越阿爾卑斯山，從後方襲擊羅馬，似乎幾乎就要摧毀這座城市，但羅馬大軍卻力挽狂瀾，獲得了最終勝利，主要還是因為他們優越的人力。經過三場漫長的戰爭後，迦太基終於被徹底擊敗。羅馬人繼續向東西兩方擴張其勢力，並通過戰役將西班牙、希臘及馬其頓納入其控制範圍。

但內部和諧的好景不長。西元前二世紀，菁英與普通羅馬人之間的不合再次爆發，情形甚至比「階級衝突」時期更加激烈。不滿的情緒是因種種因素而引發，其中之一是，多場勝利的戰利品絕大多數落入少數富人的口袋，這些人因而積聚了由奴隸開拓的大量農地，並引起窮人的群起反對。與此同時，小地主則從自己的農地上被驅離。菁英對政治體制的控制力日益增強，更進一步刺激了怨恨情緒。

一小群政治人物，大部分是由選舉產生的護民官，很快被稱為人民派（*populares*），或「人民」政治家，他們利用了這股不滿情緒。[28]人民派並未組成一個我們所理解的政黨：他們既不在元老院或人民大會一起投票，也不一起進行競選宣傳。然而他們仍有一些共同的要求，尤其是土地重分配，他們呼籲進行改革，讓政治體制更能回應普通羅馬人的需求。他們也從魅力型領袖那裡獲得啟發。在這方面，格拉克斯兄弟是其中最重要的。

西元前一三三年，格拉克斯兄弟中的兄長泰比琉斯．格拉克斯因承諾推動土地重分配而選上護民官，人民派運動於焉展開。格拉克斯的農地法案首先是為了解決廣泛存在的貧窮問題，但來自元老院的激烈反對，很快將針對格拉克斯法案而展開的辯論，變成一場權力鬥爭，對立的兩造是以人民為靠山的政治人物和元老院。結果，格拉克斯（甚至是受到他啟發的後繼者）開始發起運動，推動政治改革。他們努力引進無記名投票，令人們更難運用賄賂和菁英的影響力來操縱選舉。他們抨擊統治階級普遍存在的腐敗現象，並試圖進行司法改革，令不正直的政客更容易接受懲罰。當他們的反對者反擊，試圖解除甚至廢除護民官職位時，人民派在維護並加強護民官權力的運動中扮演了重要角色。

人民派無疑認為他們的政治改革強化了羅馬人的自由。根據後來歷史學家的敘述，他們的演說充分說明了這點——然而請注意，儘管歷史學家對這些演說的陳述，不該被認為是一字不差的精確報導，但他們仍極可能反映了這些演說的整體調性與修辭，對更早的平民運動的報導更是如此，因為報導人民派演說的那些歷史學家，生活在更接近那些演說者的時代。人民派政治家們一再強調，羅馬正處於落入「少數人股掌之中」的危險。普通羅馬人已如此習於菁英的傲慢，以至於他們甚至開始認為自己有「充分的自由」的原因，只是「因為你們的（普通公民的）沉重負擔被免除了，因為你們有錢的主人開恩，允許你們能到處走動」。沒有比這更大的謊言了，統治菁英牢牢掌握的權力威脅要將所有公民變成奴隸。只有反擊——也就是說，只有支持人民派的改革，普通人才能重新取回他們的自由。「老百姓被當成被征服者來對待，」一個演說家呼喊道，「你們努力要重新奪回你們的自由，但只要你們的壓迫者比你們更努力保有他們的統治地位，這種情況就會一天比一天嚴重。」[29]

其他同時代的真實資料來源，也就是由一些人民派政治家所鑄造的錢幣，也證實人民派確實將自由等同於人民自治，例如：西元前一二六年，為慶祝由護民官若維拉提出的一條法律而發行的銀製第納琉斯（denarius，譯按：古羅馬貨幣）。這條法律規定，公開審訊時實施無記名投票，該法深受人民派的重視。在這些錢幣的一面，我們可以看見一名雙輪戰車女車夫一手握住繫著四匹馬的韁繩，另一隻手則拿著一頂圓錐形小帽子，下方說明寫著「C．卡修斯」（C. Cassi，編按：即為當時護民官盧修斯．卡修斯．隆吉努斯．若維拉的名字縮寫）。我們從那頂帽子知道，女車夫是自治自由女神，因為它指的是奴隸獲得解放時所獲得的那頂圓錐形帽子。在錢幣的另一面則可看見一個戴著頭盔的羅馬人，代表了羅馬城，以及一個投票罈。這枚錢幣的訊息很清楚：增加人們的政治影響力可以讓人們更加自由。[30]

一些人民派對於何謂過自由的生活似乎抱持著較為激進的看法。如果西塞羅的說法可信（他可不是這場運動的支持者），那麼我們知道有一些改革者宣稱羅馬最受吹捧的「混合式政府」並沒有給人民太多的參與空間，也因此羅馬平民實際上僅擁有名義上的自由。「他們投票，他們委託指揮權及官職，他們是候選人爭取選票並尋求支持的對象，」西塞羅敘述人民派的說法。「但他們……被要求給與的是他們自己沒有的東西。無論是權力、公共審議或是由精挑細選的法官組成的小組，都沒有他們的份，所有這些位置都是根據血統或財富來分配的。」事實上，這些「民主派」將雅典視為一個榜樣，並主張：「除了人民擁有最高權力的國家之外，沒有一個國家會有自治自由。」[31]

然而這種過度民主的觀點似乎沒有得到廣大共鳴。人民派的主要目標是改革既有體制，讓貧窮的羅馬人對於他們的治理方式擁有更多發言權。他們中的大部分並不想要把羅馬體制變成雅典民主制度。在他們的華麗辭藻中（根據歷史學家的敘述），「階級衝突」被引用的次數遠多於雅典的例子。他們將這場衝突描述為普通羅馬人對抗菁英、爭取解放的一次成功鬥爭，他們也一再鼓勵自己的聽眾效法他們先人發起的抗爭。「你們的先父們，」一位演說者以震耳欲聾的聲音說道，「主張他們的權利並建立了他們的主權，他們兩次脫離羅馬，並武裝佔領了艾文泰丘（Aventine）；為了保存他們留給你們的自治自由，難道你們不竭盡全力嗎？」[32]

人民派遭到來自所謂菁英派（*optimates*），或「最優秀的人」（best men）的猖狂反對。本質上，菁英派即是維持現狀派，他們反對任何民主化羅馬政治體制的企圖，並準備為此付出一切代價。泰比琉斯．格拉克斯再次當選護民官後不久，便和他的三百名支持者一起被菁英中的強硬派用棍棒打死，屍體被扔入台伯河中。幾年後，泰比琉斯的弟弟蓋尤斯（Gaius）嘗試要延續他的傳承，又和大約三千名支持者一起遭遇了類似的命運。這並不是最後一起慘案，後來又有好幾個人民派政治家被菁英派的人謀殺了。與此同時，元老院則賦予執政官可以保護國家為由、在所謂的緊急狀態期間為所欲為的權力——包括殺死民選政治人物，從而合法化了這些政治謀殺。

對民主化改革持死硬反對立場的菁英派和雅典的反民主派，如老寡頭和克里提亞斯有著明顯相似性。然而雅典的寡頭派既拒絕民主，也反對自由作為重要政治價值這一觀點，羅馬的菁英派和他們不同，他們宣稱自己是為自由而戰，而不是反對自由。在他們看來，格拉克斯兄弟和其他人民派只是想加強自己的權力；他們想要透過呼籲人們反對傳統菁英從他們手中奪取權力，尤其是泰比琉斯．格拉克斯，他被控懷有稱王野心——人們謠傳他想讓自己當上國王。但即使是古代的歷史學家們也認為這種事不可能，希臘作家普魯塔克（Plutarch）冷淡地評論道：「這種不利於他的組合似乎源自富人的恨意與憤怒，而不是來自他們所稱的那些藉口。」[33]然而每次發生新的謀殺案，他們就會重申：菁英派宣稱他們只是想要透過殺死政敵，以保護羅馬的自由不受權力飢渴者的侵害。

當然這些主張都在為自己的目的服務，但確實暗示無論對菁英派或是他們的對手人民派而言，被理解為一種共同體自治的自由是一個重要的理想。當我們研究西塞羅的著作時，這一點也得到了證實。[34]西塞羅出身自一個富裕但相對默默無名的家族，身為一個有抱負的年輕政治家，西塞羅在他職業生涯的一開始原本同情的是人民派。但是當他攀上政治階梯，成為一名財政官員，後來又成為執政官以後，他就投向了菁英派的事業。西元前五〇年代，他的政治生涯沉寂了一段時間，他利用這段空下來的時間寫了一本關於最佳政府形式的論文，題為《論共和國》（*The Republic*）。它的姐妹篇是《論法律》（*The Laws*），這本論文陳述了治理理想國家的具體法律規定。這些作品提供了一扇獨一無二的窗口，讓我們得以了解更具哲學思維的菁英派心態。西塞羅的著作證實，相較於雅典的反民主派，如寡頭派或柏拉圖等人，羅馬的菁英派更加崇奉自由為一種政治價值。

在《論共和國》中，西塞羅對柏拉圖表達了相當的讚許之意，也頻繁引用雅典哲學家的言論。然而這些思想家之間依然存在著巨大差異：儘管柏拉圖認為最佳的政府形式是對哲人王的臣服，但西塞羅仍堅持一個好的政治體制必須為所有人提供自由，儘管是「適度的」自由。他引用作為反對君主制與貴族制的正當理由是，這些政府形式將人民完全排除於決策過程之外，因此將他們變成了奴隸。「受到一個國王統治的人民缺乏許多東西，其中最重要的是缺乏自治自由，自治自由不在於擁有一個公正的主人，而是在於沒有主人。」西塞羅解釋。同一論點也適用於寡頭制。他認為當人們受到菁英統治時，即使統治遵循著「最大正義」的原則，他們的處境也仍然可被描述為「一種奴役形式」。[35]

但同時，西塞羅也反對民主，理由是它給予普通人過多的自由。他聲稱（他廣泛引用柏拉圖以支持此一看法），「過度」自由只會導致無法無天，並從而導致暴政的回歸。純粹的民主制並不可行，唯一可接受的政府是只提供人民適度自由的政府。西塞羅主張羅馬傳統、混合式的體制架構，普通男性公民在政府中擁有一定發言權，但他們的權力受到「君主制」執政官和「貴族制」元老院的制衡。

這並不是個反動的觀點。西塞羅顯然是將他理想中的國家，等同於自「階級衝突」結束就存在的羅馬共和國——換言之，就是人民派聲稱要捍衛的同一套體制。事實上，正如《論法律》一書清楚表明的，西塞羅毫不猶豫地支持人民派最珍視的一些制度和改革。他主張護民官職位是羅馬政府架構中必要的一環，因為他給予羅馬人民「真正的自治自由」，而不是他們在「階級衝突」之前擁有的那種「名義上的自由」。[36] 他甚至支持無記名投票，而這是受到其他菁英派嚴厲批評的制度，儘管他的支持只是基於工具性的理由，而不是對該制度抱持著真正的熱情。西塞羅指出，在實務上，法律並未真正削弱「最優秀的人」的權力，因為普通人無論如何都尊重他們的意見，並繼續追隨他們的領導。所以祕密投票作為一種「自治自由的表面功夫」是無害的，而且可以讓人民感到快樂。[37]

簡言之，正如西塞羅的作品說明的，菁英派和人民派的政治理想並不是毫無交集——儘管兩派都訴諸了實實在在的暴力。兩派都同意保護自由（此自由被理解為共同體自治）是至關重要的，兩派也都有共識，「階級衝突」後隨之形成的羅馬共和國正是此一自由的體現。然而他們對於維持此一自由的最佳方式卻有歧見。根據人民派的看法，為避免菁英再次成為一個封閉、世襲的統治階層，正如驅逐塔昆家族後所出現的情形，因此漸進式改革是必要的。但在另一方面，菁英派卻擔憂給予普通羅馬人過多政治權力，最終將無可避免導致暴君式政治煽動家的崛起。[38]

然而這個意識形態上的共識，卻無法避免共和國垮台的命運。經歷漫長、常常充滿血腥的政治變遷過程後，羅馬共和國最終讓位給一個極其不同的政治體制，即元首制（principate），或帝國。針對這種情況為何發生仍存在許多爭論，[39] 但菁英派毫不令人意外地將共和國的崩潰歸咎於人民派。他們說，由於人民派蓄意煽動針對菁英的仇恨，因此格拉克斯兄弟和他們的追隨者必須為製造社會不和負責，因為這樣的不和最終導致西元前五〇及四〇年代內戰的爆發及政體瓦解。現代史家往往將此說視為菁英從自身利害角度出發的辯解之詞，因此不予理會，畢竟「階級衝突」期間的羅馬遠遠稱不上社會和諧，因此說社會不和是由人民派首先挑起似乎並非事實。如果要說，似乎更可能是菁英派的行為——對人民派的極端反對立場及他們經常訴諸的政治暴力——大大削弱了共和國的正當性，至少在下層階級的公民眼中是如此。

其他因素也在共和國的滅亡起碼發揮了同樣重要的作用。羅馬軍隊在政治生活中的影響力與日俱增（這本身極可能是軍隊民主化的結果）也在共和國的最終毀滅中扮演了關鍵角色。西元前一〇七年，羅馬執政官馬琉斯（Marius）開放沒有土地的公民加入軍隊，軍中隊伍於是開始充滿了仰賴將軍來獲取戰利品的人，這些人的生計仰賴於此。這回過頭來又增強了軍隊指揮官的權力，使得他們有可能利用自己的軍隊來達成私人目的，而不是謀求共和國的益處。羅馬政治體制的穩定性也因源源湧入共和國國庫的財富，而進一步受到削弱。到了西元前五〇年，羅馬帝國的版圖已橫跨當時大部分已知的世界，從這個幅員廣袤的帝國所獲得的財富也大幅成長。政治人物及軍人們愈來愈禁不住誘惑，想要獨自佔有這些獎賞。

西元前八十八年發生了一個事件，這是共和國體質日益孱弱的第一個不祥之兆。那一年，羅馬軍事指揮官盧修斯・柯爾內琉斯・蘇拉（Lucius Cornelius Sulla）為報復個人私怨而入侵羅馬。這是自從傳說人物柯里奧拉努斯（Coriolanus，據說他曾站在沃爾西人〔Volsci〕的一方反對羅馬）以來，第一次有羅馬將軍讓自己的軍隊掉頭轉向羅馬。蘇拉隨後自立為羅馬獨裁官（dictator）。一般而言，這是個短暫的職位，因為是為處理緊急情況而賦予的非比尋常權力，但蘇拉卻任命自己為無限期的獨裁官。他的統治很快就變得十分暴力。他的親信們起草了一份列有數千人名的「褫奪公權公告」（proscription），包括蘇拉視為國家公敵（enemy of the state）、三分之一元老院的元老都在這份清單上。蘇拉將這些人的名字公告於義大利各地，並祭出高額賞金懸賞他們的頭顱。結果正如一位古代歷史學家所言：「丈夫死在妻子懷裡，兒子死在母親懷裡。」大多數被褫奪公權的人都不是蘇拉的敵人，他們是因擁有的財產才遭到殺害，這些被徵收及拍賣的財產讓蘇拉成為一個非常富有的人。[40]

三年後，骨子裡其實是名傳統主義者的蘇拉出人意料地，辭去了獨裁官的職位，解散他的軍團，並重建定期選舉制度。他終於告老還鄉，與年輕的妻子與男性情人一起回到他那座位於那不勒斯灣（Bay of Naples）的鄉間宅邸，他在那裡遠離政治，專心撰寫他的回憶錄。西元前七十八年，蘇拉因自然原因死於自己的床上。對一位軍人而言，這個結局和平得令人驚訝，儘管他的死因似乎格外令人毛骨悚然：蘇拉真的是被蟲子吃掉的。根據一位古代歷史學家的生動描繪，他的肉身受到某種蠅蛆的感染，這種蟲子繁殖極快，無論他如何頻繁洗澡及擦洗皮膚也無法完全清除。[41]

但蘇拉入侵羅馬及其獨裁統治只是一個前兆而已，即將來臨的是更糟糕事情。共和國的最終崩潰發生於整整四十年後，一手促成這事的是另一位野心勃勃的將軍——尤利烏斯·凱撒（Julius Caesar）。身為一個政治人物，凱撒出身於一個血統無可挑剔，卻一貧如洗的家庭（他曾吹噓他的家族是女神維納斯的後裔），在他職業生涯的起步階段，他的立場是傾向於人民派，即刻意操弄退伍軍人及窮人在社會經濟方面的怨恨不滿。然而事情很快就變得很清楚，凱撒不是泰比琉斯或蓋尤斯·格拉克斯那種人，他更感興趣的是發展自己的事業，而不是將羅馬政治體制民主化。西元前五十九年，凱撒實現了他最重要的抱負之一，被授與在高盧軍隊的指揮權（當時高盧是一個尚待征服的富裕省分），但凱撒想要的更多。在十年後發生的著名事件中，作為一名凱旋將軍，凱撒率領一支經驗老道的軍隊渡過了標示著義大利北境的盧比孔河（Rubicon）。

凱撒有效地使自己的軍隊轉頭對抗羅馬，就像蘇拉當年所做的那樣。為了對應這一緊急情況，元老院要求龐培（Pompey）捍衛共和國，龐培是羅馬最有才華的軍事指揮官之一，也曾是凱撒的朋友及合作對象。一場內戰隨之爆發，羅馬的軍隊在整個地中海地區彼此拔刀相向。凱撒最終擊敗了龐培及所有其他敵人。凱撒返回羅馬後，人們很快發現他的目的是要獨攬大權。和蘇拉一樣，他也被任命為獨裁官，任期一開始只是短暫的，但是在西元前四十八年，凱撒取得另一場重要的軍事勝利後，元老院再次任命他擔任為期一年的獨裁官，並於西元前四十六年給了他十年的任期。西元前四十四年初，凱撒終於如願以償，成為終身獨裁官。

凱撒的奪權激起了菁英派的反對，他們共同集結，在自治自由的旗號下對抗凱撒。他們措辭強烈地提醒人們，從前菁英派反對泰比琉斯和其他人民派派改革者時的論點。[42]凱撒的敵人也指控他意圖稱王，正如納西卡（謀殺了泰比琉斯·格拉克斯的政治人物）曾經做過的，只不過在凱撒的情況裡，這類指控也許還比較站得住腳。儘管歷史學家仍對凱撒的終極動機和目標爭論不休，但若干跡象表明，尤其是在其晚年，凱撒曾經打算要徹底廢除共和，[43]因此他開始在正式場合中穿著阿爾巴隆伽（Alba Longa）國王的服裝（他的家族聲稱是阿爾巴隆伽王朝的後裔），這套裝束中包括了一雙長及小腿的紅皮靴，十分引人注目。除此之外，凱撒還自己加上了一個月桂冠，這是軍事勝利的榮譽象徵，還有個好處是可以掩蓋他日漸嚴重的禿頭。在西元前四十四年，他似乎甚至開始穿起金色長靴。

然而人們尚不清楚凱撒對於成為一名國王到底有多認真。在一個著名的場合，當時正在進行一個受歡迎的宗教慶典，他忠誠的軍官馬克．安東尼（Mark Antony）向他獻上一頂周圍綁上月桂葉的王冠，這是王權的象徵。根據凱撒傳記作者普魯塔克的說法，安東尼獻王冠之舉在現場引起了一些掌聲，但是反應並不熱烈，聽起來也不像是自發的，然而當凱撒將王冠推開，全場響起的掌聲卻響亮得多。安東尼再次將王冠獻給他，掌聲依舊稀稀落落，當凱撒再次拒絕它，每個人都報以熱烈的掌聲。儘管意義仍有爭議，但這整個事件明顯是經過精心策劃的一齣戲。一些評論家認為凱撒其實想要接下這王冠，只要群眾的反應更熱情一點，他就會這麼做。但是也有可能他只是想要榮耀地拒絕這樣的獻禮，同時希望能夠終結有關他稱王野心的謠言而已。

即使凱撒沒有想要戴上王冠的野心，但他作為永久獨裁官的地位依舊讓他享有國王般的權力。在他的獨裁官任內，凱撒有權利直接提名一些候選人參加「選舉」，他也在幕後操控其他選舉。他還嚴重削弱了元老院的權力，因為他增加了元老人數，因此讓元老院裡充滿了自己的追隨者。許多傳統上屬於元老院職權範圍內的決策，現在都成了凱撒及其少數助理關上門即可決定的事，連和元老們商量都不用。此外，凱撒也不曾表示自己打算像蘇拉一樣自願交出獨裁官職位。

從一開始，凱撒日益強大的權力就受到多位著名菁英派成員的抵制。凱撒最早也最頑固的對手之一，是烏提卡的加圖（Cato of Utica，譯按：下譯為小加圖），這位政治人物自豪於他對共和國及羅馬傳統制度堅定不移的忠誠。他毫不鬆動地捍衛自己認為正確事物的態度，有時甚至讓他最親密的盟友也感到絕望。西塞羅對小加圖的著名評語是：「以最大的善意及無庸置疑的正直……傷害了國家。他所推動的決議更適合柏拉圖的理想共和國，而不是這個羅穆勒斯的糞坑。」[44]小加圖和西塞羅在揭發凱特林（Catiline）的陰謀一事上，曾一起發揮了關鍵作用——凱特林是個貴族，卻把自己偽裝成下層階級的支持者，企圖在羅馬獲得絕對權力。很快，小加圖就運用自己的政治影響力反抗凱撒和其盟友的意圖，他警告他的元老同僚和願意聽他話的人，凱撒的野心已經失控，需要挫挫他的銳氣才行。

龐培的軍隊被擊潰後，小加圖拒絕接受戰敗，他和其他凱撒的死硬反對者一起接過了元老院軍隊的指揮權，但小加圖的持續反對終歸徒勞：他和他的夥伴設法召集的軍隊最終仍慘敗給凱撒。知道凱撒已擊敗他的盟友，並正向城市烏提卡進軍時，小加圖選擇了自殺，據說是因為他寧可死也不願任由凱撒擺佈。

但小加圖的死沒有讓反對運動告一段落。凱撒凱旋回到羅馬後不久，一小群元老就密謀要暗殺他。他們的動機各不相同——很多參與密謀者都曾在內戰期間支持凱撒，但後來對他不斷擴張的權力感到不滿，其他人則因各自的私怨而反對這名獨裁者。但兩位主謀者馬可斯．尤鈕斯．布魯圖斯（Marcus Junius Brutus）和蓋尤斯．卡修斯（Gaius Cassius）的動機則毫無疑問：他們主要是受到「像凱撒這樣擁有永久權力的人，與一個自由的共和國是無法相容」的想法所驅使。[45]馬可斯．布魯圖斯將他叔叔（也是他岳父）小加圖視為偶像，並曾與龐培一起作戰，然而龐培被擊敗時，他卻向凱撒投降，而不是像小加圖一樣繼續戰鬥。此外，馬可斯．布魯圖斯的家族也以身為傳說中的共和國奠基者盧修斯．布魯圖斯的後裔而自豪。根據馬可斯．布魯圖斯傳記作者普魯塔克的說法，他之所以受到刺激採取行動，是因為有一些匿名的塗鴉者每天都在羅馬各處牆上塗寫標語：「布魯圖斯，你睡著了嗎？」、「你不是真正的布魯圖斯」，提醒他顯赫先祖的光輝事蹟。[46]

西元前四十四年的三月十五日，也就是著名的「三月月圓之日」（Ides of March），是計畫實施的日子。[47]當天早上十一點左右，凱撒一如往常抵達元老院辦公，他在他的金椅子坐下，一名密謀者上前遞交一封請願書給凱撒，其他人則挨擠在他周圍，碰觸及親吻凱撒的手，似乎在乞求他的支持。接著他們之中的一人發出了約定好的信號，密謀者們用藏在他們筆盒裡的匕首刺殺凱撒。一開始凱撒還想反抗，但根據一些人的敘述，當他意識到馬可斯．布魯圖斯（凱撒對他特別鍾愛）也參與了整場計畫時，他便把長袍蓋在自己頭上，讓攻擊的人殺了他。刺殺者人數眾多，而且極渴望參與這場殺戮，以至於他們甚至用匕首刺傷了彼此。凱撒的屍體最後一動不動地躺在元老院的地板上，總共被捅了二十三刀。

這些密謀者認為謀殺凱撒是誅殺暴君，是一次解放行動。凱撒死後，他們遊行到朱庇特神殿，身上仍沾著血跡的他們舉著一根桿子，桿子上掛著一頂傳統上解放的奴隸所戴的小帽，象徵他們重新為羅馬贏得了自治自由。沿路，他們告訴願意聽他們說話的每個人，自己正在嘗試恢復共和，就像第一個布魯圖斯所做的那樣。凱撒被刺身亡後，幾個元老在元老院舉行的一場辯論中，表達了他們對密謀者的支持之意，一些人甚至打算正式認定他們為「誅戮暴君者」。隨後馬可斯·布魯圖斯則嘗試透過發行錢幣來正式背書此一敘事，錢幣的一面描繪置於兩把匕首中間、象徵自治自由的小帽，以慶祝凱撒之死。然而對於這場將他們從凱撒「暴政」中「解放」出來的行動，普通羅馬人似乎不甚熱中，儘管凱撒不尊重傳統憲法，但他一直是個能幹的行政官員，而且人們對於再次爆發內戰的憂慮難以根除。

此外，人們很快就清楚知道謀殺凱撒是徒勞無功的。因為新的王位競爭者立即填滿了權力真空，凱撒最親密的盟友馬克·安東尼是其中最危險的一個——至少許多人都這麼認為。馬可斯·布魯圖斯和卡修斯離開了羅馬（在一群憤怒的暴徒撕碎了一名被誤認為凱撒謀殺者之一的無辜者後，他們因擔憂自己的性命安危而離開了這個城市），年老的西塞羅成為了反對派中的要角。

西塞羅當時已經六十二歲了。[48] 結束了輝煌的政治生涯後——他四十出頭就選上了羅馬最高公職的執政官，他的影響力在晚年日益式微。隨著羅馬日益深陷於政治紛爭與內戰之中，西塞羅也避居到他在市郊的宅邸。他沉浸於哲學中，撰寫關於倫理學及神學的文章；他還曾寫過一篇深具影響力的論文，談論演講的藝術。他大部分的時間都沉浸於個人憂煩之中。他鍾愛的女兒尤莉雅於西元前四十五年二月與世長辭，令他悲痛欲絕，一連數月，他都無法思考與談論任何事情。

但隨著他的絕望慢慢淡去，西塞羅認為他需要最後一次加入戰鬥行列。他沒有參與謀殺凱撒——事實上，他根本不知道暗殺計畫。但現在他利用這個機會表達了他對刺殺者的支持，並警告人們關於馬克·安東尼的意圖。在接下來的幾個月，西塞羅不斷重複這個訊息，並就這個主題在元老院發表了不下十四場演講。他的演講受到同時代人及後世的高度讚許，這些演講後來被稱為《斥腓力書》（Philippics），根據雅典傳奇演說家德謨斯特尼斯強而有力的反馬其頓演講而命名（譯按：腓力即指有併吞希臘野心的馬其頓國王腓力二世，西塞羅將自己的演講與德謨斯特尼斯的演講相比）。

一次又一次，西塞羅不厭其煩地號召他的元老同僚，起而捍衛羅馬的「自由」，反對馬克·安東尼推翻共和並引進獨裁統治的企圖，有必要的話，獻上生命亦在所不惜。「沒有比恥辱更可憎的事；沒有比奴役更可恥的事，」西塞羅告訴他的聽眾。「我們生而享有榮耀與自治自由；要不保護它們，要不有尊嚴地死去。」或是像他在另一篇演講所說的：「和平是平靜中的自治自由；奴役是所有邪惡中之極惡者——要對抗這樣的罪惡，有必要的話，不只是不惜一戰，甚至是不惜一死。」總而言之，西塞羅在他的十四次演說中，提及自治自由六十多次，並曾不下二十六次警告人們對抗「奴役」。[49]

從短期來看，西塞羅的滔滔雄辯是有效的：他設法說服元老院將馬克·安東尼列為人民公敵。但即便這樣做也未能壓制馬克·安東尼及其同夥，即凱撒養子屋大維（Octavian）以及另一位凱撒的忠誠信徒雷庇都斯（Lepidus），在政治及軍事上與日俱增的支配性影響。當這三巨頭開始清洗他們在羅馬的政敵（就像蘇拉曾做過的），西塞羅的名字被列在由數百位元老院及普通公民所組成，一份可怕褫奪公權名單的顯著位置。西塞羅再次避居到他的一處宅邸，但馬克·安東尼的人還是在西元前四十三年十二月找到了他。他們在西塞羅正乘坐轎子逃走時抓住了他，當時他正要最後一搏，準備逃亡到馬其頓。西塞羅當場遭到斬首，他的頭顱及右手被送回羅馬，並被釘在羅馬廣場的講壇上示眾。[50]

不到一年，馬可斯．布魯圖斯和卡修斯也終於在皮利比（Philippi）戰役中被擊敗。他們離開羅馬後，都前往東方執行公務，但馬克．安東尼及其黨羽日益強大的勢力，激勵他們再次拿起武器。他們設法召集了一支軍隊並向羅馬進軍，然而他們在希臘北方一座叫作皮利比的小鎮中，被馬克．安東尼及屋大維的聯軍攔截並擊敗。追隨著小加圖的榜樣，他們都自殺了，據說卡修斯是用他拿來殺死凱撒的那把刀子自刎。

皮利比一役標示著，菁英派為重掌局勢並消滅羅馬崛起中的獨裁制，而發起的最後一搏。當然人們會好奇，像是小加圖、馬可斯．布魯圖斯、卡修斯和西塞羅這樣的人希望恢復的體制究竟為何，它會為普通羅馬人留下多少政治參與空間。從西塞羅的著作顯示，這些人均聲稱想要回到蘇拉時代之前的共和，但是在這同時，他們似乎總是更傾向於將權力和獨立性交還給元老院，而不是護民官及人民大會。然而這將是個永遠沒有正確答案的問題，因為共和時代晚期的這些菁英派甚至從來沒有接近過將其理想付諸實踐的目標。

奧古斯都之後：帝國早期的自由

皮利比戰役勝利之後，馬克・安東尼、屋大維和雷庇都斯劃分了各自的權力，並以軍事獨裁者的方式進行統治，此即所謂的三巨頭執政（Triumvirate）。由於成員各自懷有野心、彼此競爭，此一聯盟最終分崩離析。在進一步爆發內戰的十年後，雷庇都斯被迫流亡並遭到免職。西元前三十一年，馬克・安東尼在亞克興（Actium）戰役敗給屋大維後，便結束了自己的性命。獨攬大權的屋大維最終創立了一種新的政府形式，即元首制，或說帝國。就這樣，屋大維終結了共和，也終結了羅馬人民最後僅存的自由。

他真的這樣做了嗎？其實屋大維不遺餘力想讓自己看起來，像是共和及羅馬自由的恢復者，而不是掘墓人。[51] 西元前二十七年一月十六日，亞克興戰役勝利的三年半後，屋大維出現在元老院，並正式辭去執政官職位。他後來在自傳中說明，如此做，是他已經將政治權力「交還」給元老院及羅馬人民。此後，屋大維一直盡最大的努力避免給人一種他渴望稱王的印象，反對在公開喝采中被稱為 *dominus*，或說「主人」。儘管他的確接受了**奧古斯都**（Augustus）這個頭銜——字面意義為光輝燦爛者（Illustrous One），但這是一個帶有宗教色彩、而非政治色彩的尊稱。西元前二十八年至二十七年間，也就是他「恢復」元老院及人民權力的同一年，奧古斯都發行了刻有「羅馬人民自治自由的維護者」銘文的錢幣。[52] 他還在自傳開頭，宣稱他已經將共和國從「黨派支配」中——這很可能是指馬克・安東尼及他的支持者——「解放」出來了。[53]

奧古斯都的繼任者採取了同樣的策略。他們自制地不稱自己為*rex*，或說「國王」，只使用符合共和國精神的官方頭銜。而且他們比奧古斯都還更熱中於引用「自由」的口號。凱撒的姪孫克勞狄烏斯（Claudius）是第一個發行自治自由女神錢幣的皇帝，可以從與自由帽的關聯認出是女神。在尼祿（Nero）的繼任者伽爾巴（Galba）治下，「眾人的自治自由」（*libertas publica*）成為帝國錢幣上十分常見的說明文字。總的來說，有超過三十位皇帝曾發行以自治自由女神為主題的錢幣，自由帽或出現在女神手上，或掛在一根桿子上。[54]

然而，許多羅馬人似乎對於奧古斯都聲稱已恢復共和自由的說法持保留態度，[55]這一點從阿庇安（Apian）的《羅馬史》（*Roman History*）一書即可清楚看出。阿庇安是二世紀中生活於羅馬的亞歷山卓人，他為自己選擇居住的這個城市寫了部史書，並很大程度地將焦點放在內戰及隨後羅馬政治體制所發生的變化。他對於羅馬在奧古斯都及其繼任者治下，已成為君主制這一點毫無疑問，然而羅馬人卻不願稱他們的皇帝為國王。阿庇安是這樣解釋：「我認為這是出於對古代誓詞的尊重。」（傳統上所有羅馬官員都必須按照此一誓詞宣示放棄君主制）「但他們事實上就是國王。」[56]

其他羅馬知識分子同樣質疑奧古斯都及其繼任者所建立的政權，能否稱為自由。一位安納托利亞省（Anatolian）出身的羅馬元老卡修斯．狄奧（Cassius Dio），在三世紀初撰寫了一部八十卷的《羅馬史》（*Roman History*），清楚表明他認為在馬可斯．布魯圖斯和蓋尤斯．卡修斯的部隊在皮利比戰役中，被馬克．安東尼和屋大維擊敗時，自由就已壽終正寢了。狄奧寫到，皮利比戰役不像屋大維和馬克．安東尼後來的鬥爭，只是一場強人間彼此較量的戰役而已，相反地，由於這些羅馬人是為了決定他們是要走向獨裁或人民自治的方向而戰鬥，因此自由是岌岌可危的。皮利比戰役後，羅馬人明確地失去了他們的自治自由，因為憲法中的民主制要素落敗，而君主制要素則穩佔支配地位。然而，狄奧急忙補充，這不必然是件壞事，因為羅馬帝國早已變得太過遼闊，無法以民主制的方式來統治，因此這種情況將不可避免地以「奴役」或「毀滅」告終——而前者明顯比後者更受人歡迎。[57]

阿庇安和狄奧當然都有道理。儘管直到三世紀，羅馬人仍持續舉行選舉，但公職候選人如今是由皇帝推舉，而當他「推薦」一個候選人，選舉當然是穩贏的。執政官這一最具聲望職位的選擇，一直都是根據皇帝的推薦產生。至於較低的職位，一開始還是存在著選舉競爭的成分，但現在投票是在元老院內，而不是在羅馬人民面前進行，甚至這個過程最後也消失了。元老們同樣也是皇帝指派，雖然事情其實更複雜，因為元老職位也被奧古斯都改為世襲，因此相較於其他皇帝手下的官吏，元老（至少在理論上）更為獨立。最後，成人男性公民失去了他們長期確立能參與立法及擔任陪審員的權利，現在制定法律及伸張正義的人都是皇帝。簡言之，羅馬帝國無論如何都像是希臘化時代的君主制，在這種體制中最終的決策權力始終是一人獨攬。[58]

當然我們可以捫心自問，對大多數人而言，帝國體制下的生活是否真的和共和國體制下的生活有很大的差異？對女性和奴隸而言，共和國之死其實沒有帶來太大不同，我們可以說，在帝國體制下，一些經過挑選的女性和奴隸的地位甚至還改善了。由於與皇帝的關係密切，皇室中的女性（通常是皇帝的妻子及母親）可能擁有相當大的權力。根據歷史學家塔西佗（Tacitus）的說法，奧古斯都年邁體衰時，他的妻子莉薇亞（Livia）成為了王位背後的實質掌權者。她比任何人都積極努力確保她丈夫的繼承人是泰比琉斯（Tiberius）——她前段婚姻所生下的兒子，而不是奧古斯都自己的親骨肉。她的曾孫女小阿格麗娜（Agrippina the Younger）甚至更令人敬畏。小阿格麗娜身為羅馬皇帝克勞狄烏斯的妻子（順道一提，克勞狄烏斯也是她的叔叔），塔西佗不以為然地將她的權力描述為「男性的專制」。據說小阿格麗娜曾吹噓自己是她祖先所贏得帝國的「合夥人」，因此與她的丈夫平起平坐。她也透過革新皇帝的座位安排來傳達此一訊息：同樣根據塔西佗的說法，小阿格麗娜是第一個坐在丈夫旁邊王座上的皇后，她在那個位置上接受人們的崇拜，就和克勞狄烏斯一樣。[59]

皇室裡的奴隸和自由人也獲得極大的權力和影響力。例如：哲學家愛比克泰德（Epictetus）自己就是個恢復自由的奴隸，他曾講述一樁有趣的軼事，說明即使是最底層的奴隸也可以因親近皇帝，而大大提高地位。有一個叫作以帕弗底德斯（愛比克泰德是這樣告訴我們的）的人，他有一個奴隸叫費里奇歐，是個受過訓練的鞋匠，因為工作表現不怎麼樣，被以帕弗底德斯給賣了。這人碰巧被凱撒家裡的一個成員買走，後來成為了皇帝的鞋匠。「你該看看以帕弗底德斯是怎麼向他獻殷勤的，」愛比克泰德竊笑著說。「『好費里奇歐在做什麼呢，求你告訴我？』如果有人問我們：『以帕弗底德斯在做什麼呢？』人們就會告訴他：『他正在跟費里奇歐商量事情呢。』」[60]

然而，從成人男性公民的角度來看，事情在奧古斯都革命後就發生了極大的變化。從前政治人物會努力爭取他們的選票、聽取他們的意見，但如今他們在政治過程中已沒有任何角色可言。奧古斯都掌權對於羅馬公民的自我理解產生了重大的影響。幾個世紀以來，羅馬人都為自己是自由的人而深自慶幸，至少在他們自己眼中，他們是群自己治理自己的人，不屈從於獨裁者的恣意妄為。然而隨著帝國的建立，這種自我形象卻愈來愈難以維持。許多人開始憂慮羅馬人正在退回到他們在「驕傲者塔昆」治下的光景：他們是臣民而非公民，從屬於一個擁有至高權力且經常是苛酷的統治者。即使是身分最尊貴的羅馬人，也就是那些祖上曾出過多位執政官和其他公職人員的人，如今也得隨時聽候皇帝及其親信們的差遣。換言之，就連菁英的景況也不比奴隸好到哪裡去。

一些沉浸於過去共和時代美好回憶中的羅馬知識分子，反映了這個令人不安的新現實。[61]李維就是躲入懷舊之情中的最著名例子。[62]李維是在羅馬以北約三百哩外，一個叫帕多瓦（Padua）的城市裡長大，在年輕時就搬到了首都，這讓他得以近距離目睹內戰所造成的動盪。在內戰期間，李維開始為這個他選擇居住的城市撰寫歷史，並且在有生之年持續進行著這項工作。雖然他所寫的歷史大部分已經失傳，但我們知道他的寫作範圍涵蓋了羅馬的完整歷史，從「建城」直到奧古斯都的統治為止。但他的著作中最聞名於世的（因此這部分流傳至今也就不足為奇了），還是聚焦於羅馬最初幾個世紀的部分。[63]

李維在他的前言中承認，許多他的讀者可能只想跳過前面，直接翻到自己的時代，但他仍決定要把創作精力投入到講述這座城市的建立，以及隨後的時期。李維寫到，因為這樣做讓自己能「轉移目光」，不再關注那些困擾著他所處時代的麻煩，並沉浸在「過去那些勇敢日子」的回憶中。[64]古羅馬人有許多值得欽佩之處，他們在道德上更加正直，更致力於謀求城市的益處，不那麼貪婪，也不那麼容易腐敗。李維清楚表示，所有這些特質都讓他們能夠維護自己的自治自由，對抗暴君或想要成為暴君的人。

尤其值得注意的是，李維《羅馬史》一書最早——也就是第一個「十年」的部分，這也是他的書前十章的標題，內容就是在歌頌早期羅馬人抵抗外國侵略者，以及內部想要成為獨裁者的人，成功捍衛了自己的自由。李維明確指出，只有當羅馬人擺脫他們的國王，並將重大決策權交給每年改選的地方行政官員之後，羅馬人才成為一群「自由的人民」。他強調這是個具有重大意義的時刻，相當於羅馬第二次建城。同樣地，李維的敘事也給了「階級衝突」相當充裕的篇幅，並讓平民改革者們在其中扮演明星角色。在一場又一場的演講中，李維讓這些改革者提出理由，告訴人們他們所要求的制度改革對於自由至關重要。（李維自己的民主思維可能遠不如那些在他筆下雄辯滔滔的改革者。他以作者口吻發表的一些評論暗示，就像西塞羅一樣，他對於像雅典那種純粹民主制的「過度」自由十分戒慎恐懼。）[65]

然而，李維的主要興趣並不是制度史，而是形塑這些制度的人。他的《羅馬史》幾乎每一頁都刻畫著為了李維所謂「自治自由的甜蜜」而奮戰的人。例如：盧修斯．布魯圖斯的故事在李維的敘事中就佔據了極重要的位置。李維將盧修斯．布魯圖斯描述成一個自由鬥士的典範，並介紹他是：「解放羅馬人民的偉大英魂。」[66] 相形之下，李維對盧修斯．布魯圖斯的兒子就絲毫不抱同情，在他看來，當他們捲入那場推翻共和國的政變，不僅背叛了自己的父親，更背叛了他們才剛解放的國家。因此他衷心贊成盧修斯．布魯圖斯處決自己的兒子。（不是所有古代的評論家都同意這種觀點，普魯塔克就斥責盧修斯．布魯圖斯，說他「天性冷酷無情」，並稱處決他兒子是「恐怖的行為」。）[67]

李維不是唯一將共和時代自由鬥士的記憶永誌不忘的人。羅馬帝國早期，也曾有人建立了對凱撒反對者貨真價實的狂熱崇拜。[68]小加圖和盧修斯·布魯圖斯這類人的一生經歷也受到好幾位不同作家的頌讚，這一傳統在他們還活著時就已開始。盧修斯·布魯圖斯和西塞羅都在小加圖自殺後為他撰寫頌詞，而凱撒則以一篇題為《反加圖》（*Anti-Cato*）的毀謗文作為回應。幾年後，西塞羅繼續在《斥腓力書》中頌揚盧修斯·布魯圖斯的事蹟。這種聖徒懿行錄在羅馬帝國早期仍持續風行。李維的同時代人克雷穆提烏斯·柯爾都斯（Cremutius Cordus）就寫了一部頌揚盧修斯·布魯圖斯及其同謀卡修斯的歷史。一個世代之後，曾以史詩《法沙莉亞》（*Pharsalia*）來聚焦描寫羅馬內戰的詩人盧坎（Lucan），將凱撒描繪為一個邪惡的暴君，他並緬懷小加圖，說他是那個時代唯一正直的人。即使是尼祿的教師及非官方顧問、哲學家塞內加（Seneca），也抱持著這種對於共和制的懷舊之情。他在退休後（在尼祿對他的服務表達感謝之後）撰寫的醒世文章及信件中，更將共和國的垮台描繪成自由的終結、一場無以復加的災難，並在譴責凱撒的同時，頌揚小加圖在內戰中扮演的角色。「加圖沒能比自治自由長命，自治自由也沒能比加圖長命。」這句名言優雅地總結了塞內加的觀點。[69]

普魯塔克則賦予了共和國英雄崇拜最具影響力的形式。和李維一樣，普魯塔克也出身外省，他的家鄉比李維的還要偏遠。[70]他在距離雅典約七十哩遠、一個說希臘語的城市凱羅尼亞出生長大。雖然曾四處遊歷，但普魯塔克一生均住在這個城市，並活躍於當地政治。換句話說，普魯塔克是徹頭徹尾的希臘人，但他的思想視野受到羅馬及其歷史的形塑，並不亞於來自希臘傳承的影響（普魯塔克出生時，凱羅尼亞成為羅馬帝國的屬地已超過兩個世紀）。從他早期著作之一《羅馬皇帝生平事蹟》（*Lives of the Roman Emperors*）中可清楚看出，他對羅馬及其歷史深深著迷；這部現已失傳的著作主要聚焦於羅馬皇帝奧古斯都及其繼任者的生平傳記。

普魯塔克最知名的作品是《希臘羅馬名人對傳》（*Parallel Lives*），這是一系列希臘羅馬名人的共同傳記（但普魯塔克不認為有必要為女人寫傳記，一位也沒有）。[71] 這本書內容廣泛，從神話中的英雄人物，如忒修斯（Theseus，據說他創建了雅典）到歷史人物，如馬克．安東尼，均是其聚焦對象。普魯塔克的目標之一是比較希臘和羅馬文化，這就是書中描寫的每個希臘英雄或惡棍都與一個分量類似的羅馬人物配對的原因。但羅馬人的生平也可獨立出來視為羅馬史學著作來閱讀。當以這種方式閱讀，讀者便可明確看出普魯塔克對於共和國歷史，尤其是對晚期共和國自由鬥士的偏愛。普魯塔克寫的小加圖傳記、西塞羅傳記和馬可斯．布魯圖斯傳記都比其他人的篇幅長得多。他將這些人描寫成值得欽佩的楷模，這反映了普魯塔克對他們的重視。

尤其是小加圖更是被描寫成人中豪傑、一位真正的愛國者，他無私地奉獻自己的生命，為了羅馬的自由奮力對抗那些不斷變換的稱王野心家。[72] 普魯塔克說小加圖甚至從還是個小男孩時，就毫不畏懼地表現出對蘇拉這類暴君的痛恨。當他還是個初出茅廬的元老，就反對所有試圖削弱共和國的煽動家，即使元老用暴力想要讓他閉嘴，他還是毫不退讓。最後當凱撒發動內戰，小加圖又親自率領元老院軍隊對抗凱撒。普魯塔克對這位大英雄唯一的負面批評是，他有時過於瞻前顧後。例如：他拒絕了與龐培——凱撒的主要對手之一的策略聯姻，原因是他想要保有根據自己嚴苛的原則而採取行動的自由。結果龐培與凱撒結盟而不是與小加圖，從而加速了共和制的終結。

然而在普魯塔克看來，令小加圖的羅馬自由鬥士形象登峰造極的，不僅是他令人欽佩的生活方式，更是他結束生命的方式。眾所周知，小加圖在凱撒擊敗他的軍隊後自殺身亡。他的死法尤其可怕。他的傳記作家以充滿愛意的細節描繪了這個過程，他講述的故事經過諸世紀，成為數十位畫家的靈感來源。小加圖第一次企圖用自己的劍自殺時失敗了，他的兒子和隨從發現他躺臥在自己的血泊中，腹部有一巨大敞開的傷口，腸子從中懸垂出來，但一息尚存。一位醫生將腸子塞回小加圖的腹部，並試著縫合傷口，但是當小加圖意識到人們正企圖拯救他的生命，便將醫生推開並扯開傷口，然後徒手扯破了自己的內臟。

普魯塔克強調小加圖自殺的原因，不是害怕死在凱撒手中。他知道如果自己願意流亡國外，也許會得到凱撒的開恩，因為這樣會提高凱撒的聲譽。但小加圖不打算這麼做。他一再告訴他的朋友和同伴，絕不願生活在暴君的奴役之下。因此小加圖自殺的動機是他渴望始終是個自由人，拒絕臣服於他人的權威之下。普魯塔克告訴我們，小加圖的劍使得他得以繼續做「自己的主人」，不必在凱撒的權力下俯首稱臣。[73]

馬可斯．布魯圖斯則被描繪為一位犧牲自己的自由鬥士，和他叔叔的模式極為類似。普魯塔克對馬可斯．布魯圖斯生平的描寫聚焦於反對凱撒的陰謀，以及接下來針對凱撒繼承者，即馬克．安東尼和屋大維的反對運動。普魯塔克下了相當大的工夫為馬可斯．布魯圖斯謀殺凱撒的行動辯護，儘管凱撒一直對這個年輕人表現得極為寬宏大量，但普魯塔克主張，這不表示人們就應該指責馬可斯・布魯圖斯忘恩負義或有其他道德瑕疵。確切地說，這正顯示出他對凱撒的反對是多麼「無私而真誠」，「因為他對凱撒沒有任何個人私怨，他是為了人們共同的自治自由而冒著自己的生命危險」。[74]但他對西塞羅性格的描述就不是那麼正面了，這也許跟一個事實有關：相較於共和時代晚期的其他重要人物，西塞羅的生活及思想已經有了更好的（毫不保留的）記載。儘管普魯塔克承認西塞羅是個「真正的愛國者」，但他也詳細記錄了西塞

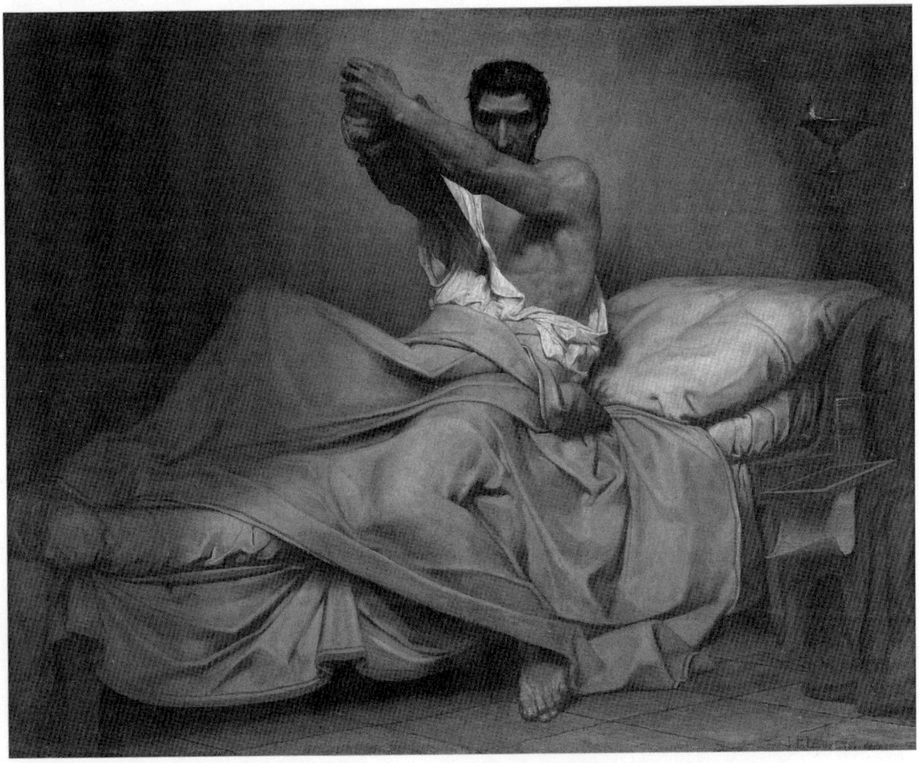

〈小加圖之死〉（*Death of Cato of Utica*），尚－保羅・羅宏繪（Jean-Paul Laurens），一八六三年。

羅的眾多性格缺陷，尤其是他巨大的虛榮心。但他的死——死於馬克・安東尼那些可惡的爪牙之手，就像小加圖一樣，稱為英雄式的死亡也不為過。[75]

李維、盧坎和普魯塔克等作家透過頌讚著名共和時期英雄，如盧修斯・布魯圖斯、小加圖、馬可斯・布魯圖斯和西塞羅的生平與死亡，使得對於自治自由的狂熱信仰在羅馬帝國統治下仍能持續不輟。他們清楚表明，對之前世代的人而言，自由就是有能力統治自己，不聽命任何人作主。他們無懼於強調這樣的自由在帝國下已不復存在的事實。此外，他們的敘事還表明對許多值得欽佩的人而言，這樣的自由值得為之犧牲生命，並從而清楚傳達了這樣的訊息：生活於奴役之中可能比死還不如。

然而面對新的政治現實，退避到共和時代的懷舊之情中不是唯一可能的回應。也許是帝國時期歷史學家中最有才華的塔西佗就採取了一種非常不同的方式，他不是聚焦於共和時代及其英雄，而是以鉅細彌遺、毫無潤飾的手法記錄了帝國最初幾十年的生活，這令他能夠專心描述羅馬人失去自治自由所造成的有害後果。正如他在聳人聽聞的細節中所描繪的，在皇帝的統治下，羅馬人失去了所有的個人安全，羅馬的菁英則變成了畏首畏尾的卑賤奴隸。[76]

塔西佗生於一世紀中，屬於外省菁英的一員，並在最終躋身羅馬權力核心：他被指派擔任羅馬皇帝多米提安（Domitian）底下的元老，最後甚至成了一名執政官、資深執政官，乃至亞細亞這一富裕省分的地方總督——對於他這樣出身背景的人而言，這可是個非凡的成就。[77]但讓他留名後世的卻是他在文學方面的貢獻。他先是為他的岳父——羅馬將軍阿格力寇拉（Agricola）寫了一本傳記，接著又為生活在邊境地區的日耳曼部落寫了一本民族誌，兩本書都是十分傳統的作品。但他的第三本書《歷史集》（*Histories*）講述的則是弗拉維安王朝（Flavian）皇帝們統治下的生活，這本書更有野心也更有創新性。然而，人們很難判斷它所要傳達的主要訊息，因為這部作品大部分已經遺失，通書十二卷只有四卷被保存下來，這些書卷講述了西元六十九年那場災難性的社會及政治動盪，當時的羅馬經歷了四位皇帝走馬燈般接連執政的歲月。

但塔西佗的代表作無疑是他的最後一本著作：《編年史》（*Annals*）。[78]在《編年史》中，塔西佗回溯到比《歷史集》中記載的更為久遠的年代。這本規模龐大的著作（完整本相當於一千頁的現代書，其中約一半的原始文本被保存下來）主要講述的是奧古斯都最後幾年的統治，以及奧古斯都的最初幾位繼任者，也就是泰比琉斯、克勞狄烏斯和尼祿的統治。正如塔西佗在引言中說明的，他選擇這個主題是因為「知名歷史學家」已經對共和時期歷史進行了充分考察，而奧古斯都的統治也得到一些「傑出心靈」的關注——至少在日益「奴顏屈膝」的世風令他們沉默前是如此。但歷史學家們對泰比琉斯、克勞狄烏斯和尼祿卻十分不客觀，因為他們的統治激起了相當的恨意，因此現存的記載對他們充滿了強烈敵意。塔西佗是第一個嘗試給尤里奧—克勞狄王朝（Julio-Claudian dynasty）應得評價的人，他的寫作「沒有怨恨或偏見」。[79]

然而儘管他強調不偏不倚，但他並不怯於對羅馬最初幾位皇帝做出極為嚴厲的評斷。塔西佗完整討論了第一位皇帝泰比琉斯的統治生涯，剛開始他的統治似乎充滿希望，但是在泰比琉斯的兒子、他的當然繼承人德魯蘇斯（Drusus）死後，情況開始惡化。泰比琉斯屈服於禁衛軍長（皇帝的保鑣）盧修斯·愛琉斯·瑟亞努斯（Lucius Aelius Sejanus）的影響力。塔西佗解釋，瑟亞努斯設法說服泰比琉斯從羅馬退居至卡普利（Capri），並從此成為羅馬的實質統治者，他的舉止表現就像是個暴君。但是瑟亞努斯失去泰比琉斯的寵愛後，他和追隨者就在一場泰比琉斯默許的大屠殺中慘遭殺害，甚至連瑟亞努斯的孩子們也未能倖免於難。塔西佗重述了這場事件中一個駭人的插曲，瑟亞努斯還只是個幼童的女兒如何在被絞死前，先被劊子手強姦，因為習俗禁止處決處女。[80]

塔西佗繼續描繪泰比琉斯最後的歲月，這位年邁皇帝的行徑開始日益古怪及專制。他對泰比琉斯統治的描繪結束於一張令人毛骨悚然的清單，清單上列出的都是被控叛國罪而自殺或遭到處決的人。塔西佗講述一位傑出公民在元老院地板上服毒自盡，當時控訴他的人仍在總結對他的指控；接著這人又被迅速送入監獄並遭到勒斃，雖然他已經死了。[81]

克勞狄烏斯也好不到哪裡去。儘管他被公認是位稱職的行政官，但克勞狄烏斯也被描繪成他的妻子及解放奴隸玩弄的人。但塔西佗將他真正的批判火力保留給尼祿。尼祿是個毫無道德人性的怪物，他毫無理由地殺害了自己的母親及兩任妻子。尼祿還逼迫人自殺，只因為他們是奧古斯都的後裔，即使他們對他的權力根本不構成真正威脅。在尼祿的統治下，沒有人能夠安全。身為一個年輕的皇帝，尼祿還有個習慣，就是晚上和他的隨從們在羅馬城四處閒逛，喝得醉醺醺，只為了取樂就把無辜的路人抓來痛毆一頓。曾經有一位受到這幫混混攻擊的羅馬公民反擊，給了尼祿一頓好打（他不知道那是皇帝），結果就被迫自殺了。大批人在一次謀殺尼祿的陰謀敗露後，慘遭無情的屠殺，不分有罪還是無辜。他的教師塞內加也是受難者之一，甚至連一些尼祿最親近的朋友，如詩人佩特羅紐斯（Petronius）也是被迫自殺的。[82]

無論擁有多少的權勢、財富和人脈，只要這位皇帝一個念頭，任何人的小命都可能隨時不保。即使隱藏在暗處、低調行事也不能保證個人的安全，基督徒的命運就清楚說明了這點。尼祿在統治末期為了轉移人們對他放火燒毀羅馬城謠言的注意力，於是對基督徒展開了殘酷的迫害。他對他們施加種種最奇異的刑罰，包括讓他們穿上獸皮，令狗將他們撕碎，還將他們掛在十字架上點火，充作夜間的照明。塔西佗評論道：「結果，儘管這些人罪有應得，但人們卻開始同情他們，因為覺得這些人不是因為公共利益，而是為了滿足一人的殘虐本性而遭到處決。」[83]

和希羅多德十分類似，塔西佗也表明，在帝國統治下不可能有個人安全，並指出這是個結構性問題。帝國統治下缺乏安全是因為獨裁統治不受節制的本質，而不是由於泰比琉斯或尼祿的個人特質。塔西佗在《編年史》的頭幾頁已清楚表明，他認為奧古斯都的統治標示著憲法上的改變，在這次改變中，獨裁統治取代了自由——也就是人民自治。塔西陀在接下來的故事中多次強調選舉已成了逢場作戲，與舊共和時期的選舉形成鮮明對比。奧古斯都繼任者的權力絲毫不受限制，這一事實對於他們的罪行及道德墮落是極大的推動力。泰比琉斯的統治或許是這一點的最佳說明：泰比琉斯一開始是個好統治者，直到他被像瑟亞努斯這樣的邪惡官員引誘而誤入歧途。[84]

希羅多德當然也曾在他的《歷史》中表達過十分類似的看法，然而塔西佗（他描寫的是自己的統治者，而非外國敵人的統治者）在他的故事中注入了一種苦澀與道德義憤，這是希羅多德比不上的。但塔西佗不僅是模仿他的希臘前輩而已，他對獨裁統治邪惡影響的描述，超越了希羅多德對個人安全的關注。塔西佗明確指出，帝國統治還會造成一個同樣有害的後果，那就是：它會培養奴性，摧毀羅馬人民的道德品格。

在塔西佗的敘事中，失去自由所造成的道德影響，最明顯地體現在羅馬菁英的行為舉止上。[85]《編年史》中描繪的大多數元老都對他們的主子表現出令人憎惡的奴性。在一個插曲中，一個叫作李波的不幸年輕人曾試圖反叛泰比琉斯，但最後因事跡敗露而被迫自殺。他死後，幾位元老卻對於皇帝得以倖免於難表現得欣喜若狂，甚至想把李波的忌日訂為國定假日。在另一樁軼聞中，一位羅馬騎士可能是為了展現他對皇帝的欽慕，而訂購了飾有泰比琉斯形象的銀餐具，但他被一些同儕指控叛國，這些人假裝他從有著皇帝形象的餐盤中吃飯是件多麼令人憤慨的事。事實上，元老們的阿諛奉承是如此厚顏無恥、浮誇無度，就連泰比琉斯自己都被激怒了。塔西佗說道：「故事是這樣說的，每當泰比琉斯離開元老院，他總會習慣用希臘語大聲宣布：『啊，人們準備好要當奴才了！』很明顯，儘管他反對給予人民自由，但是他也對他的『奴才們』表現出的那種卑賤屈從態度感到厭惡。」[86]

到了尼祿掌權時，情況甚至更加惡化了。尼祿為了謀殺自己的母親阿格麗娜（Agrippina），精心策劃了一場陰謀，讓一艘船自行沉沒，而元老們卻對此表示讚許。當他為了取悅自己的新婚妻子波派雅（Poppaea），而下令殺害自己無辜的第一任妻子奧可塔維雅（Octavia），並將她的頭掛在一根木樁上示眾時，他們又再次為他鼓掌。當尼祿因一時盛怒不小心把波派雅也殺了之後，元老們再度默許他將這個詭計多端的邪惡女人當成神來祭祀。但也許在塔西佗看來，最低級的時刻是羅馬最古老、最顯赫家族的幾個成員，陪著這位年輕的皇帝在舞台上飾演演員跟歌手，因為這樣的工作通常是留給社會底層中的底層來做的。[87]

然而不是所有元老都表現得如此卑賤。塔西佗對於特拉西亞・派圖斯（Thrasea Paetus）生平事蹟的討論，顯示仍有一些元老試著保存自治自由的精神。身為尼祿治下少數幾個可敬的人之一，派圖斯只要一有機會就會反對這位瘋狂的皇帝。例如：當他的一位同僚因為背誦關於尼祿的不敬詩句而受到處決威脅，派圖斯勇敢地挺身而出為他說話，讓他獲得了較輕的刑罰。

但派圖斯從其他大多數元老那裡獲得的支持少得可憐，並導致他最終退出了公職生涯。然而尼祿仍對他懷恨在心，並教唆以莫須有的罪名對派圖斯進行審判。我們的《編年史》文本在一個動人場景突然中斷了，在這個場景中，派圖斯不打算勉強自己接受審判的羞辱，而是準備自我了結，就像他的榜樣小加圖一樣。如小加圖，派圖斯也清楚表明他寧死也不願在奴役中苟活，他宣稱在向解放者朱庇特（Jupiter the Liberator）進行獻酒儀式時就已經割開了自己的血管。這則故事的道德寓意很清楚：真正自由的靈魂無法與帝國的統治共存。[88]

塔西佗的《編年史》對於缺乏自由會對人們的道德品格產生何種影響，提供了令人感到心寒的分析，然而我們應當注意，塔西佗對於自己時代皇帝的態度，並不像他對尤里奧—克勞狄王朝的皇帝們一樣嚴厲。從他較早的著作中可清楚了解，他認為隨著涅爾瓦（Nerva）的上台，羅馬的政治情勢已改善許多；涅爾瓦於西元九十六年成為皇帝，當時塔西佗約四十歲。塔西佗對於涅爾瓦的繼任者圖拉真（Trajan）表現得甚至更為熱情，圖拉真是第一位出身自外省、而不是出身自羅馬的皇帝。塔西佗甚至在他的第一本書《阿格力寇拉傳》（*Agricola*）中指出，在一位好統治者的統治下，人們可以享有某種形式的自由，至少是於擁有個人安全的意義而言的自由。他寫到，涅爾瓦和圖拉真通過恢復和平與秩序，而完成了一件過去似乎不可能完成的壯舉，那就是他們：「調和了長久以來不可調和的兩樣事物，即元首制與自治自由。」[89] 然而這只是個孤立於外的評論。總體而言，塔西佗的著作清楚傳達了相反的訊息：健全意義上的自由與帝國統治不可共存。[90]

簡言之，正如塔西佗、李維和普魯塔克的著作所清楚揭示的，在奧古斯都後，對自由的狂熱信仰絕對未消失。李維和普魯塔克這樣的歷史學家大力頌讚共和時期為自由奮戰的英雄，從而傳達了這樣的訊息：至少對一些榜樣人物來說，自由更重於生命。就塔西佗而言，他揭露了政治奴役所造成的影響，並清楚表明帝國統治下的生活，充其量也只能說是朝不保夕。除此之外，缺乏自由還對羅馬人的道德品格產生了可怕的影響，曾經以自己為豪的元老們變成一群可鄙的馬屁精，連尊嚴都蕩然無存。

皇帝和他們的顧問對共和時期自由的狂熱信仰，其可能產生的顛覆效應感到擔憂，這點自然不令人意外，一些嘗試保存共和實際記憶的歷史學家和詩人因此吃了不少苦頭，少數知識分子甚至付出了生命的代價。例如：曾頌讚馬可斯．布魯圖斯和卡修斯刺殺凱撒之舉的作家柯爾都斯，就在被判叛國罪、書作被焚後絕食而死。曾讚揚誅殺暴君之舉的還有詩人盧坎，他因參與推翻尼祿的密謀而死。（雖然塔西佗聲稱，盧坎對尼祿的敵意是源於尼祿因嫉妒盧坎的成功，而阻礙他的詩歌生涯，而不是因為盧坎對共和的同情。）[91]

這些嚴厲的措施也許是多餘的。在真實世界中，對自由的狂熱信仰似乎不曾產生過什麼影響。羅馬帝國自西元前二十七年後就始終屹立不搖，中間只有一次人們曾經認真計畫採取行動，試圖重返共和時期，但那次的企圖很快就流產了。西元四十一年，一群心懷不滿的禁衛軍殺死了泰比琉斯的繼任者——皇帝卡利古拉。元老院企圖在因此產生的權力真空期間結束帝國統治。許多元老召開了一場會議，並稱揚卡利古拉的謀殺者為英雄、誅殺暴君者，與馬可斯．布魯圖斯及卡修斯如出一轍。值得注意的是，奈烏斯．三提烏斯．撒圖爾尼努斯（Gnaeus Sentius Saturninus）曾呼籲他的同儕抓緊時機，一勞永逸地終結政治奴役，重新恢復他們祖先曾享有的自治自由。[92]

但元老們的空談沒有發揮任何作用。當他們回到皇宮，禁衛軍早已選好了一位新皇帝——卡利古拉的倒楣叔叔克勞狄烏斯；直到十三年後他辭世為止，克勞狄烏斯的統治從來沒有遭受任何挑戰。這整件事只是再次強調了一點：舊有的政治體制已然一去不復返。卡利古拉之後，許多皇帝都曾丟掉他們的性命與皇位，但這些事件都只是為了用一個統治者，來取代另一個統治者而策劃的宮廷政變而已。羅馬帝國再也不曾受到這樣嚴肅的挑戰。[93]

事實上，許多證據表明，甚至是李維、普魯塔克和塔西佗這樣具有共和思想的知識分子，儘管熱情地歌頌自治自由並尖銳地譴責政治奴役，但他們也不得不接受維持帝國的現實。在他們看來，儘管共和之死令人遺憾，但面對菁英日益腐敗、公民之間的不和與日俱增，這種下場是無可避免的。他們理解到相較於重建自由，帝國瓦解後更可能發生的事是走回內戰的老路。這解釋了為何李維與奧古斯都關係友好，以及為何塔西佗全心全意支持他生活於其中的安敦寧王朝（Antonine dynasty）。同樣地，普魯塔克在《尤利烏斯．凱撒的一生》（*Life of Julius Caesar*）中，將晚期共和描述為一個生病的軀體，凱撒則是治療它的人，道理也在此。[94]

儘管如此，李維、盧坎、普魯塔克和塔西佗等歷史學家，透過令共和初期和晚期的自由鬥士永垂不朽及嚴厲譴責政治奴役的後果，仍然對自由的歷史做出了極重大的貢獻。他們令一群自由鬥士永垂不朽，他們的吸引力甚至勝過希羅多德筆下的斯帕蒂雅斯和布利斯；他們也令一群惡棍永垂不朽，他們甚至比甘比西斯和薛西斯生活得更多采多姿。他們創造了一個名符其實的道德故事寶庫，這些故事均訴說著同一主題：政治臣服帶來的腐化影響。他們的故事將在未來的許多世紀持續啟發著讀者。

帝國晚期：自由狂熱信仰的消亡

然而，不是所有早期帝國的羅馬知識分子，或已羅馬化的知識分子都想要保存這種對於共和自由的狂熱信仰。正如柏拉圖，他們之中有許多人開始認為生活於奴役中並沒有什麼錯——只要這意味著生活在最優秀者的統治之下。塔西佗的同時代人狄奧．克里索斯通（Dio Chrysostom）就是一個例子，他在多米提安的暴力統治下長大成人。但克里索斯通並不像塔西佗，對於帝國時期的到來以及羅馬的喪失自治自由哀嘆不已，他反而讚美多米提安的繼任者涅爾瓦，尤其是圖拉真，說他們是有智慧、為人民謀福利的統治者。臣服於這樣的統治者非但不是什麼災難，反而是一個人可能遇到的最大好事。[95]

身為比提尼亞省普魯薩（Prusa in Bithynia，現代土耳其）的富裕公民，克里索斯通在維斯帕先（Vespasian）皇帝統治的時代經常造訪羅馬。他似乎是個有名號的人物，也與皇帝核心圈子的成員關係友好。然而當多米提安登上王位，克里索斯通的好日子就結束了，他被義大利以及他自己出身的省分禁止入境，可能是因為他與某位羅馬貴族有聯繫，而該人涉嫌預謀叛國。克里索斯通在流亡期間燃起了對哲學的興趣。被切斷金援的克里索斯通盡力從這悲慘的處境中獲益，他嘗試以哲學家—賢者的身分周遊帝國。克里索斯通很快就因其演說技巧而聲名鵲起，並被人們暱稱為Chrysostomos，或說「金嗓子」。西元九十六年，多米提安遭到暗殺，克里索斯通的生活再次面臨轉折。多米提安的繼任者涅爾瓦將克里索斯通從流亡中召回，克里索斯通於是回到普魯薩定居。新皇帝歸還了他的財富，克里索斯通成了家鄉具有影響力的人物，他的同胞們派遣他以大使身分前往羅馬。他在羅馬的職責是在另一位皇帝圖拉真面前捍衛普魯薩的利益——涅爾瓦上位僅僅十六個月就因意外身亡，他死後由圖拉真繼位。

渴望自己的出使能獲得成功的克里索斯通為新皇帝帶來了一份有創意的禮物：《君主演說集》（*Kingship Orations*）一書。這些影響深遠的演說（其中四篇流傳下來）均借鑑了柏拉圖「明君統治是人們所能期望的最佳政府」的觀點。儘管克里索斯通的觀點不具什麼原創性，但他確實用誇張的比喻活化了柏拉圖的觀點。克里索斯通把一位好國王比喻為一個慈愛地照顧他的羊群的牧羊人，也比喻成一艘船的船長，只有他知道如何帶領他的船員安全地返家。事實上，克里索斯通認為可以將皇帝比喻成太陽本身，太陽在夏季帶來溫暖，而溫暖是維持生命的必需品，但太陽也允許寒冷的冬天，因為大地需要雨水的滋潤。正如太陽，好皇帝確保他所照料的一切事物都得其所哉。「透過這樣完美的調節，他（太陽）根據我們的利益照看著他的管轄範圍，如果他接近時近了一點，萬物就要著火，如果他遠離時遠了一點，萬物則要結霜！」克里索斯通喊道。[96]

當然，克里索斯通也明白不是所有統治者均能達到此一理想。他也願意承認，在一個糟糕統治者治下，人們的生活只能說是朝不保夕，在最糟的情況下還會遭受可怕的苦難。但是他也清楚表明——就像希臘化時代的思想家曾經做過的那樣——國王與暴君之間的差異並不是制度的差異。國王的權力和暴君的權力一樣，均不受節制、沒有極限，差別在於他們的道德品格。一個國王可以透過閱讀荷馬史詩（克里索斯通撰述，荷馬史詩「具有真正尊貴、崇高的品質，適合國王閱讀，值得一個正人君子的關注」。）以及遠離阿諛奉承者、加強其自我控制和道德正直的品格，而避免成為暴君。[97]

圖拉真掌權後的幾個世紀，克里索斯通這種熱情擁抱國王統治的態度愈來愈成為主流。隨著共和時期的記憶日漸模糊，在帝國最初的一個半世紀中，由李維、塔西佗、普魯塔克所維持不滅的那種對於自由的狂熱信仰也慢慢消逝了。帝國時期的作家們引用希臘化時代的君主理論（而這套理論又是以柏拉圖的願景為基礎），頌揚君主制為人類所能想像的最佳政體。人們不再提出暴政與自由之間的主要對比；如今人們對比的主要是暴君與國王統治之間的差異——區別來自於統治者的道德品格及過人智慧，而非制度差異。[98]

從皇帝稱謂的命名法，可以看見這些變化的明顯跡象。「dominus」一詞用於公開場合的稱呼時，意味著「主」或「主人」，尤其是用來描述主人與他的奴隸之間的關係。這個詞與獨裁的聯繫使得它不適用於早期的羅馬皇帝，對此一頭銜的拒絕也成為「好」皇帝的傳統標誌。奧古斯都、泰比琉斯和克勞狄烏斯無不大張旗鼓地拒絕了「dominus」頭銜，而像卡利古拉和多米提安這樣的「壞」皇帝就因堅持使用此一頭銜而被指責。然而到了二世紀末、三世紀初，這個詞卻開始成為稱呼皇帝的普遍用語，這些皇帝因此等於是宣稱自己是奴隸—臣民的主人。[99]

一種極為不同的文化發展進一步激勵了這種思想上的轉變，那就是基督教的興起。[100] 到了一世紀中葉，羅馬的基督徒人數已經多到足以讓官方當局意識到他們的存在，尼祿企圖將西元六十四年羅馬城焚毀一事歸罪於他們即說明了這點。但他們的成長十分緩慢，且在很長一段時間裡基督教始終是個邊緣教派，然而基督徒的人數似乎在三世紀下半葉急遽增加，與此同時對多神教祭壇的崇拜卻減少了。這可能引發了三世紀及四世紀最初十年針對基督徒的各種迫害。由皇帝戴克里先（Diocletian）挑起的所謂大迫害（Great Persecution）期間，成百上千的基督徒因為拒絕向傳統羅馬諸神獻祭而遭到了處決。

當然，最後基督教還是贏得了勝利，並在羅馬的權力走廊上取得了一席之地，這主要是戴克里先的繼任者君士坦丁（Constantine）的成就。君士坦丁並未如人們經常宣稱的那樣，將基督教定為羅馬帝國的官方宗教，也沒有禁止多神信仰——即使這樣做，他也會發現這幾乎不可能執行，因為至少在五世紀前，大多數人仍信奉多神教。但是在君士坦丁的統治下，國家對基督教的態度已從懷抱敵意轉變為熱情支持，基督教並得到了金錢與庇護。回顧這段歷史，君士坦丁的統治證明是個重要的轉折點——除了一個（短命的朱利安〔Julian〕）之外，所有他的繼任者均追隨君士坦丁的榜樣並支持基督教，基督教於是成為一股日益重要的文化及政治力量。

早期基督教對政治權力的態度十分曖昧。[101]一些初期的教會領袖，尤其是使徒保羅，認為世俗權威是由上帝所任命，因此基督徒應始終服從他們。正如保羅在一封寫給羅馬教區信眾的書信中那段知名的話：「在上有權柄的，人人當順服他，因為沒有權柄不是出於神的，凡掌權的都是神所命的。所以，抗拒掌權的就是抗拒神的命令，抗拒的必自取刑罰。」[102]然而其他人對帝國的態度卻更為負面。〈啟示錄〉（Revelations）裡一個描寫末日的文本，可能是在多米提安迫害基督徒後寫成，內文將羅馬描述為「巴比倫的妓女」，並預言了她的垮台。[103]

然而在君士坦丁看似天意注定的改宗之後，這樣的曖昧態度就漸漸消失了，基督徒思想家開始全心全意支持羅馬帝國，在這樣做的過程中，他們（某程度上）借鑑了早期的多神教哲學家，如柏拉圖。巴勒斯坦省凱撒雷亞（Caesarea）地方的主教、君士坦丁傳記作者尤瑟比烏斯（Eusebius），就將君士坦丁描寫為配得上王位的人，因為他是自己的主人，同時也是個明智的人——就像柏拉圖的哲人王。在一篇慶祝君士坦丁登基三十週年的演說中，尤瑟比烏斯將這位皇帝描寫成一位「真正的國王」：「超越對財富的渴望、不受性欲左右；甚至戰勝喜好享樂的本性；控制憤怒與激情，而不是被控制。」當然了，這些都是希臘化時代君主傳統的關鍵美德，但是尤瑟比烏斯背離了此一傳統，因為他強調君士坦丁虔誠的基督信仰是他配得上王位的主要資格，並認爲這比他所有其他有利條件都更為重要。[104]

基督教教義也為帝國的捍衛者提供了辯護一人統治的新論述。基督教思想家經常善加利用只有一位神的論點，因此君主制反映了神的統治這一事實。正如尤瑟比烏斯所寫：「只有一位神，不是兩位、三位或更多：因為主張有許多位神等於否認了神的存在。只有一位君主；他的話和他的律法是唯一。」[105]另一個流行的論述是，神允許祂的兒子在第一任皇帝奧古斯都的統治下出生，就已經表明了祂對羅馬帝國的認可。尤瑟比烏斯在他深具影響力的著作《福音的預備》（*Preparation for the Gospel*）中解釋，帝國的誕生是神所命定的。神透過刻意讓奧古斯都成為「唯一的統治者」以結束前帝國時期連年不斷的戰爭與衝突，從而預示一個和平與繁榮年代的來臨，並令福音有機會傳遍全世界。[106]

奧古斯丁（Augustine）也提出一個極為不同，但同樣深具影響力的論點來為帝國統治辯護。[107]奧古斯丁是北非一個羅馬化城鎮塔加斯特（Thagaste）的公民，後來成為主教及基督教護教論者，他生活於羅馬歷史上一個特別動盪的時代。四一〇年，奧古斯丁五十六歲時，西哥德人（Visigoths）洗劫了羅馬，此一事件深深震動了整個羅馬世界的菁英階層。為了反駁來自多神教的指控，說這場災難是因基督教信仰傳播而造成，奧古斯丁寫了一篇辯護文，旨在表明在多神教統治下的情況一直都糟糕得多。但這部以《上帝之城》（*City of God*）之名為人所知的作品遠遠超出了原先設定的目標，演進成為奧古斯丁世界觀、包括其政治觀在內的一個更全面的陳述。

奧古斯丁拒絕了柏拉圖及尤瑟比烏斯為國王統治辯護的方式。期待一位政治領袖可以帶領他的臣民走向幸福是錯誤的，因為只有在來世通過神的恩典才能實現真正的極樂。此時此地的生活只會帶來不幸與痛苦，即使是帝國的建立也無法消除糾纏人類的永久暴力與衝突。正如奧古斯丁的說明，帝國的建立本身即付出了可怕的代價：「所有的可怕戰爭、所有的人類殺戮、所有的血流成河啊！」[108]此外，帝國所帶來的和平只能說朝不保夕：羅馬人從不缺少外敵，帝國仍持續深陷於內亂之中，而內亂甚至比外患更具毀滅性。

在奧古斯丁看來，人類之所以深陷此種悲慘境地，不是出於神的旨意，而是由於我們自身的罪性使然。人類所承受的苦難是人類始祖亞當與夏娃墮落的直接後果。正如〈創世紀〉（Genesis）中所言，最初的人類原本與神在天堂裡過著快樂的生活，他們在那裡沒有罪與痛苦，甚至沒有死亡。然而在蛇的誘惑下，亞當與夏娃違背了神唯一的命令——不能吃那棵特別的樹上的果子，於是神將他們逐出了天堂，他們及其子子孫孫繼續過著艱難痛苦的生活，他們的生命有限，受盡罪欲折磨。

在奧古斯丁的解讀中，人類墮落的故事也幫助解釋了政治權力最初是如何形成的。神原本將人造為平等的人，因此雖然讓人控制不具理性的造物，但卻不能控制其他的人。奧古斯丁寫道：「因此，按其本性，身為神首先創造出的人，沒有人是人或罪的奴隸。」因此政治屈從是非自然的。只有在人類墮落之後，人才開始深陷於彼此支配的欲望，而政治權力就是如此產生。

這一論點全然是對柏拉圖及尤瑟比烏斯的「國王統治為通往人類幸福之路」頌讚的反駁。政治權威不僅無能力引導個人邁向美好生活，而且本身就是非自然的，它是人類罪惡的產物，不屬於神對人原始計畫的一部分。然而，奧古斯丁對於人屈從於帝國統治的支持，卻和尤瑟比烏斯一樣不遺餘力。奧古斯丁主張，人必須服從政治的權威，原因不是因為統治者有能力引導他的臣民邁向美好生活，而是因為那是神的旨意：因為人類的罪，神引入政治屈從以懲罰人類。正如奧古斯丁那段著名的話：「因此，奴役的第一因，就是罪，結果是人因受此情況束縛而被迫屈從於人，這只能通過神的審判發生，在神之中沒有不義，且神知道如何根據犯罪者的功過給予不同的懲罰。」[109]

這種將政治屈從視為神所命定而熱情擁抱的態度，成為基督教式自由概念的特有色彩。也許是由於基督教的原始根源是奴隸共同體，此一自由概念在基督教教義中扮演了重要角色。[110]早期教會文獻中（尤其是保羅的牧函）曾大量提及基督教的解放功能。在寫給加拉太（Galatia，現代土耳其境內的一個地區）基督教共同體的信中，保羅寫到，所有基督徒「在基督耶穌裡都成為一了」，因此在基督教共同體中「並不分自主的、為奴的」。同時，保羅也清楚表示，他所談論的自由是嚴格意義上的內在自由、屬靈自由。他只是透過強調所有人在基督裡都是平等的，來表明基督已將他們從假神中解放出來。[111]

保羅在寫給哥林多信徒的書信中更清楚地表明了這點，他在信中建議奴隸不要反抗他們的命運：「你是作奴僕蒙召的嗎？不要因此憂慮。若能以自由，就求自由更好。因為作奴僕蒙召於主的，就是主所釋放的人；作自由之人蒙召的，就是基督的奴僕。你們是重價買來的，不要作人的奴僕。弟兄們，你們各人蒙召的時候是什麼身分，仍要在神面前守住這身分。」[112]根據這種觀點，自由在基督教教義中扮演著核心角色，但保羅也明確指出基督教的自由許諾，並不意味著批判現存社會秩序，儘管在這樣的秩序中許多男女被當成奴隸來買賣，被剝奪了最基本的自治自由。基督教的自治自由並不意味著要求在政治領域中發生改變。[113]

後來的基督教教父們，如米蘭的安布羅斯（Ambrose of Milan），均清楚傳達了此一訊息。[114]安布羅斯是四世紀末一位有權力的主教，當時義大利深陷於政治動盪中，宗教衝突更令情況加劇——然而當時的主要衝突已不再是多神教徒與基督徒之間的衝突，而是不同基督教教派間的衝突了。在寫給其朋友兼牧者同行辛布里善（Simplician）的一封長牧函中，安布羅斯解釋保羅在〈哥林多前書〉所闡述的自由觀的意義，更具體地說，他闡明了保羅這一警告「你們是重價買來的，不要作人的奴僕」的意義。

安布羅斯對這一金句的詮釋和古希臘斯多噶學派的信條相仿：「每個智者都是自由的，每個愚人都是奴隸。」根據安布羅斯的看法，保羅的話暗示：「我們的自治自由在於認識智慧。」[115]安布羅斯繼續解釋：「智者是自由的，因為按照自己的願望行事的人是自由的。不是每個願望都是美善的，但智者的願望只會是美善的願望；他恨惡邪惡，因為他選擇美善。因為他選擇美善，所以他是自己選擇的主人，因為他選擇了他所做的事，所以他是自由的。」[116]安布羅斯謹慎地強調，此一斯多噶式觀念首先是在聖經中得到闡述，例如：以掃的父親讓以掃服從他的弟弟雅各，因為以掃不夠聰明，無法自立。安布羅斯寫道：「愚人無法管理自己，如果沒有人引導，他就會毀於自己的欲望。」[117]

安布羅斯也提出了一個更富有新意的觀點。如果只有智者才能自由，因為他們真正地遵循自己的意志，那麼只有敬畏神的人才是自由的，因為只有真正的基督徒才能被稱為有智慧的人。安布羅斯寫道：「那麼，只有他是自由的，因為他接受神的引導來尋求真理。」[118]透過強調基督信仰的重要性為一個真正自由人的標誌，而不是強調純粹的知性智慧，安布羅斯對斯多噶派信條做出了重要的修正。斯多噶學派的思想家認為自由是只屬於極少數人的一種狀態——一小群由男性哲學家組成的菁英團體。但安布羅斯卻相反，他將一個大得多的群體納入自由的行列中。和朱迪厄斯相同，安布羅斯也引用了一些能夠保有自由的人作為例子，也就是面對極大壓力仍然能夠控制自己的人。然而，安布羅斯最廣泛運用的例子並不是男性哲學家，而是三個殉道的年輕女孩，強大的信仰令她們在自己的歌聲中坦然走向死亡。「在我們（基督徒）當中，即使是女孩也懷著對死亡的渴望登上直達雲霄的美德階梯。」[119]

然而總體而言，安布羅斯的基督教自由概念仍十分接近斯多噶學派的自由觀念。和朱迪厄斯一樣，安布羅斯也認為真正的自由是一種純粹的內省狀態，不受外在世界權力關係的影響。因此，真正的信徒——真正的智者——即便處於奴役狀態，或是被迫屈從於殘暴的主人或統治暴君的權威，也始終能夠保持自由。就這一意義上，正如其對應的斯多噶學派信條，基督教的自由概念也鼓勵了政治上的寂靜主義，而非革命或改革。

總而言之，在帝國時期的後期，隨著羅馬知識分子開始接受帝國統治，不僅視之為必要之惡，更視為一種本質的善，作為共和國及帝國早期特徵、對自由的狂熱信仰緩慢消失了。基督教的興起更進一步鼓勵了此一發展，因為它為帝國知識分子提供了支持君主制優越性的新論述。此外，無論對多神教或基督教的帝國思想家而言，自由均是一種內在的精神特質，可以透過智慧與信仰的涵養獲得，卻無法透過政治變革而實現。

羅馬之後：中世紀的自由

即使是在五世紀，西羅馬帝國緩慢崩潰後，自由作為一種內在精神特質的觀念仍持續存在。三及四世紀間，羅馬帝國已過於龐大，無法再由一人統治，羅馬皇帝為了分割他們的工作，進行了各種實驗，這最終導致羅馬帝國分裂為東西兩半，即由君士坦丁堡或「新羅馬」治理的東半部以及西半部——即使就法律而言，羅馬帝國仍是一個國家。五世紀，西羅馬帝國面臨日益強大的壓力，最終不復存在，但是在東羅馬帝國，帝國權力仍然像四世紀末以來一樣持續運作。因此在東方，政治思想持續受到尤瑟比烏斯及其他捍衛帝國統治者的深刻影響，也就絲毫不令人意外了。[120] 和尤瑟比烏斯一樣，拜占庭思想家（正如後世歷史學家給他們貼上的標籤）照例將東羅馬帝國皇帝描繪成智慧、美德與信仰的化身，他們是真正配得上王位的人，因為他們能獨力引導自己的臣民邁向真正的幸福。而關於帝國統治的基督教論述，如帝國的神性本質，則持續流傳。在查士丁尼（Justinian）時代，一個叫柯斯馬斯·印第柯普萊斯特斯（Cosmas Indicopleustes，譯按：字面意義為「印度洋航者柯斯馬斯」）的修士曾將羅馬帝國描繪為神的創造：「當基督仍在腹中，羅馬帝國接受了從神而來的權威，成為基督所引入的神聖行政的代理人，因為從那時起奧古斯都的繼承者就開始了永無終止的權力傳承。羅馬人的帝國於是參與了基督王國的至高無上統治，因為它超越了一個世俗國度所能超越的所有其他權力；它將永遠不被征服，直到最終達到圓滿為止。」[121]

偶爾，人們也能聽見異議之聲。六世紀，一位在君士坦丁堡教授拉丁文的教授依歐安涅斯．呂多斯（Ioannes Lydos）曾在一篇討論羅馬地方執政官歷史的論文中哀嘆，帝國的建立導致羅馬喪失了自治自由。[122]但這樣的聲音始終是孤獨的，並受到審查制度的消音。整體而言，即使羅馬帝國只剩它過去規模的一小部分，但拜占庭思想家仍舊維持著和三、四世紀前人相似的看法。於是正如一位歷史學家所言，在東方，尤瑟比烏斯的政治哲學「本質幾乎不受挑戰地維持了一千多年」。[123]

在西方，情況則在五和六世紀發生了更根本的變化。[124]在這裡，自四七六年十月，「蠻人」軍事首領奧多亞塞（Odoacer）推翻了被很恰當地命名為羅穆勒斯．奧古斯都（Romulus Augustulus，意即「小奧古斯都」）的最後一位皇帝後，羅馬帝國就已滅亡。這不是驟然的崩潰，因為奧多亞塞仍持續以東羅馬帝國皇帝的名義行使政治權力。但奧多亞塞給自己的稱號是「國王」，這意味著在四七六年後，至少是直到三百多年後，也就是八〇〇年，教皇利奧三世（Pope Leo III）將查理曼（Charlemagne）加冕為皇帝前，西方並沒有羅馬皇帝。

到了五〇〇年，西方已形成了一幅全新的政治景觀。各式各樣的新國家都意識到自己與羅馬帝國不同，證據是他們開始發行屬於自己的錢幣。這些後繼國家在某些方面，與他們的羅馬前人有著根本上的分歧。尤其是隨著經濟上廢除通用貨幣，新的政治菁英階級愈來愈難以向土地所有者徵收直接稅，於是國王們往往無力負擔常備軍隊的費用；他們改用土地來獎勵軍人，這一策略導致了諸侯的崛起，而這些諸侯的權勢往往不輸國王。

儘管發生這些十分真實的變化，但一些重要元素仍延續了下來。最值得注意的是，所有的後繼國家均採用了君主制的模式。[125]羅馬典範所施加的影響，包括對於不復存在的西羅馬帝國以及位於博斯普魯斯海峽（Bospours）的「新羅馬」的記憶，無疑在此一發展中扮演了關鍵角色。的確，在歐洲的邊緣地帶，一些共同體並不承認王權，例如在冰島，權力操之於全島的人民集會，即阿爾亭議會（Alting）手中。但這些共同體畢竟是特例而非常態，冰島人的人民統治實驗結束於一二六二年，當時的冰島居民邀請挪威國王接手統治。結果到了一三〇〇年，大多數的西歐人民都以某種方式接受國王或女王的統治。

在這個背景下，帝國後期為國王統治辯護的理由，持續發揮著深遠的影響力，[126]尤其是奧古斯丁的觀點更是一再得到附和。塞維爾的依希多祿（Isidore of Seville）是位西哥德人，也許也是擁有最廣大讀者群的中世紀早期作家。他曾追溯奴隸制與政府的興衰起落，和奧古斯丁一樣，他主張人對人的屈從既是對亞當犯罪的懲罰，也是一種由神授權、對其後果的補救措施。其他人則直接依靠聖經權威來表達相同觀點。因此，卡洛林王朝（Carolingian）皇帝禿頭查理（Charles the Bald）的顧問、大主教蘭斯的辛克馬爾（Archbishop Hincmar of Rheims）也曾引用保羅寫給羅馬人的書信，主張所有權力均為神授，因此人人都必須服從。除此之外，在查理曼和奧圖一世（Otto I）先後於西方「復興」羅馬帝國之後，帝國的發言人便再次開始兜售此一觀念，即他們生活在其下的政權和「神聖的」羅馬帝國是一樣的。[127]

這不是說在講拉丁語的西方，所有知識分子都對現有權力絲毫不加批判或是低眉折腰。對於暴政的嚴厲譴責絕非罕見，一些政治思想家甚至願意承認，只要有充分理由認定一個統治者是暴君，他的人民就可以正當地罷黜他。但他們提出的替代暴政選項卻始終是君主制，也就是說，由一位良善的國王來統治。在整個中世紀，一個自由的國家——換言之，即人民自治的國家——是暴政的最佳替代方案的想法，一直很少被提及。中世紀政治思想的關鍵區別是好國王與暴君之間的區別，而非暴政與自由的區別。[128]

與早期的王權捍衛者一樣，大多數後帝國時代的評論者均認為，國王與暴君之間的差別僅在於性情，而非結構性或制度性差異。[129] 一個國王之所以有別於暴君，是在於他的治理方式。他不會掠奪或壓迫他的人民，而是運用他的權力來增進他們的福祉。因此，後帝國時代的思想家對於王權的看法與柏拉圖基本相同——即使在西羅馬帝國滅亡後，柏拉圖的《理想國》已經從西方拉丁語世界的集體記憶中消失了。（當然這之間仍存在著重要差異：柏拉圖強調卓越智慧為理想國王最重要的特質，而中世紀思想家則更強調國王的道德品行，如仁厚與慷慨。）

因此，此一時期最受歡迎的政治思想文體是所謂的「王者鏡鑒」（mirrors for princes），也就不足為奇了。[130] 這些道德主義的教誨文章不是獻給某位統治君王，就是應其要求而撰寫。它們的功用是作為一面隱喻的鏡子，讓接受其映照的人看見，如果他們想要成為一位明君而不是暴君，他們應該怎樣行為。這些文章的作者運用了不同策略來清楚傳達他們的訊息，一些人聚焦在榜樣明君的生平，強調他們的德性及懿行；其他人則為君主的行為列出了一套教戰守則、原則與規範。但他們之間的共通點是，都極為強調統治者的個人美德，統治者的道德品行決定了人民會得到仁慈的統治，還是在暴政下呻吟。

十一及十二世紀期間，西方這種普遍擁抱國王統治的態度，受到了兩個截然不同發展的挑戰。首先是教會，在如格里高里七世（Gregory VII）這樣活力充沛的教皇帶領下受到了激勵，開始主張教會應獨立於世俗權威。[131] 在授職權（investiture）爭議中，教皇與君主針對誰於主教任命有最終決定權發生了齟齬；主教不僅是屬靈領袖，也經常行使相當大的世俗權力。同樣存在爭議的，還有世俗司法管轄權與宗教司法管轄權的界線問題。例如：犯罪的神職人員是否能在皇家法庭上受懲，或是他們應該只服從於教皇的司法管轄權？最後，到了十三世紀，神職人員對於世俗當局的財政義務，以及反過來的，平信徒對於教皇的財政義務，也成了激烈爭論的議題。

在這些爭論過程中，教皇發言人經常援引自治自由的概念來捍衛他們的立場。教皇的辯護者承認世俗權威是由神所立，因此應將國王與皇帝視為神在地上的代表。但是他們宣稱，神賦予教皇的是一種不同的權力——屬靈的權力，因此教皇權威並不從屬於世俗權威，而是與之平起平坐。教皇的支持者認為此一教義具有深遠意涵，意味著教會應擺脫世俗權威的控制；也就是說，教會應該能夠任命神職人員而毋須接受外界干預，也應該能夠徵稅——此一立場經常被描繪成*libertas ecclesia*，或說「教會的自由」（free of the church）。[132]

於是，授職權爭議及類似辯論，讓自由或自治的觀念再次在西方拉丁語世界復興起來，儘管這裡的自治僅限於社會中特定部門，即教會。然而許多教皇發言人最終仍選擇捍衛一個完全不強調自由觀念的立場。事實上，為數不少的教皇發言人主張，不僅世俗權力應有別於屬靈權力，而且前者實際上從屬於後者。因為靈魂的目標（天堂的永恆幸福）高於身體的目標（地上的物質享樂），因此身體的目標必須被引導朝向實現靈魂目標的方向；由於地上物質享樂必須以實現天堂永恆幸福為目標，那麼負責靈魂的權力（屬靈權力）就必須監督並指導負責身體的權力（現世權力）。換言之，正如他們的世俗對手一樣，許多教皇權威的捍衛者最後捍衛的是獨裁統治，但是由一個神學家國王而不是哲人王來統治。[133]

對於王權理想也許更為重要的第二個挑戰，是來自都市力量在義大利及歐洲其他地區的成長。[134]十一世紀以來，隨著經濟日益繁榮，許多義大利城市擺脫了地方主教及諸侯的統治權威，最終創造出在關鍵方面與古希臘及羅馬城邦類似的政府形式。一開始權力仍持續掌握在貴族菁英手中，但尤其是在所謂人民時代的十三世紀，在北義大利的幾個城市，控制權開始落入數量更多的公民手中。即使在當時，仍有大量人口被排除在政治之外：除了女性及神職人員，大多數城市仍繼續排除手藝勞動者及窮人的政治參與。換言之，義大利共同體很難稱得上是真正的民主國家，然而相較於古代城邦以來的任何政權，它們納入政治參與的人口範圍卻廣泛得多。人們意識到這些政府不同於歐洲其他地區的君主制，在描述這些差異時，一些評論家使用了「自由」和「自由政府」這樣的詞語。一一五〇年代，日耳曼主教弗來辛的奧圖（Otto of Freising）在義大利各地遊歷時，他對於阿爾卑斯山以南地區大不相同的權力組織感到相當詫異。他記錄，義大利城市「如此熱愛自治自由」，以至於希望由選舉出來的執政官來統治，而不是接受他們名義上的君主，即神聖羅馬帝國皇帝派來的總督統治。[135] 大約一個世紀後，一位名叫盧卡的托勒密（Ptolemy of Lucca）的義大利修士懷著愛國的自豪感指出，義大利人一直都「較不容易屈從於其他人」，這就是為何他們不像其他歐洲人一樣接受專制政府統治的原因。[136]

儘管如此，這些發展對中世紀政治思想的影響仍然有限。中世紀義大利民治政府的特徵是大量的暴力與公民衝突，許多城市的公共生活均毀於長期且暴力的內部衝突，這類衝突經常是由不同家族間的流血世仇而引發。仇殺是如此普遍，以至於許多城市要專門立法來禁止仇殺（儘管並不成功）。貧富衝突也屢見不鮮，例如：在佛羅倫斯，由於連年戰爭導致勞工及工匠的處境大幅惡化，他們在一三七八年梳毛工起義（Ciompi Rebellion）期間，推翻了當時的政府並短暫攫取了政權。這些內部衝突往往又因圭爾夫派（Guelphs）和吉柏林派（Ghibellines）的持續鬥爭而惡化，這兩派各自打著教皇及神聖羅馬帝國皇帝的旗號，爭奪義大利半島的控制權。[137]

大體而言，義大利民治政府的政治不穩定，令它們無法被視為有吸引力的模範。托瑪斯・阿奎那（Thomas Aquinas）深具影響力的論著《論王權》（*On Kingship*）便提出了這一觀點。阿奎那出生、成長於南義大利，後移居法國，並在那裡成為巴黎大學的一員，起先是以學生的身分，後來則成為教授。他因此以法國國王路易九世（Louis IX）臣民的身分度過了一生中相當漫長的歲月。路易九世是名虔誠的基督徒，死於前往聖地的旅途中，後被封為聖徒。然而《論王權》一書題獻的對象卻是一個較不出名的人物——賽普勒斯國王（King of Cyprus），這指的也許是呂西尼昂的修二世

（Hugh II of Lusignan），他似乎對於多米尼克派（Dominican order，譯按：又譯為道明會；天主教托缽修會主要派別之一）懷抱著特殊情感。[138]

《論王權》的前幾章為君主制辯護，稱它是最佳、最自然的政府形式。在重申了一些關於君主制的更傳統論點後：「蜜蜂之中只有一個國王，整個宇宙中只有一個神，萬有的創造者、萬有之主。」阿奎那訴諸經驗來支撐他的論點，他寫道：「那些不由一人管轄的各省與各城，均因紛爭而勞苦，折騰而無寧日，這樣，神透過先知哀泣之事就應驗了：『許多牧人毀了我的葡萄園。』」很可能他腦海中浮現的是義大利的城邦，因為那是他親身體驗且熟悉的。[139]

義大利的人民自治最終因持續不斷的暴力而衰亡。十三世紀，許多義大利城市支付薪水邀請外地人來接管政府（這些人被稱為長官〔podesta〕），尤其是接管當地民兵，以控制內部異議。隨著時間推移，許多長官成為地方強人，他們運用武力來削弱當初任命他們的民選政府，並將權力據為己有。到了十四世紀末，大多數義大利城邦已成為由世襲統治者治理的公國，和歐洲其他地區無異。[140]

簡言之，羅馬帝國在西方滅亡後的幾個世紀裡，政治思想家仍持續從奧古斯丁及其他晚期帝國作家獲得啟示，而不是從西塞羅或塔西佗那裡——同樣地，從羅馬帝國廢墟中崛起的後繼國家，模仿的範本是羅馬帝國，而不是羅馬共和國。然而，對自由的狂熱信仰絕非永遠消失了，若干世紀後，在一個截然不同的政治背景下，仰慕希臘和羅馬人民自治的文藝復興時期的人們，援引此種自由概念、對他們生活於其下的政權發起攻擊時，這種狂熱信仰再次死灰復燃了。

第二部

自由的復甦

CHAPTER

3 自由的文藝復興

〈地獄遊記〉（Inferno）是《神曲》（*Divine Comedy*）中的序篇，同時也是其中最知名的篇章，佛羅倫斯詩人但丁．阿利吉耶里（Dante Alighieri）在其中描繪了他所見的地獄景象：地獄是許多罪人靈魂的居所，它們來自不同時代的各個地方，殺死自己弟弟亞伯（Abel）、並成為世上第一個殺人者的聖經人物該隱（Cain）也在其中。伊斯蘭教的創建者穆罕默德（Muhammad，但丁認為他是基督教異端者）也是地獄的居民之一。地獄裡還有一些名不見經傳的惡人，例如：但丁同時代人弗拉．阿貝里戈（Fra Alberigo），他在家裡舉辦的宴會中命人殺死自己的弟弟和姪子。這些罪人都接受了為其特殊罪行量身訂製的可怕懲罰，但丁仔細描述了那些令人毛骨聳然的懲罰細節，如否認基督肉身死而復生的無神論者，被困在自己的墳墓中永世不能翻身；算命仙的頭顱被倒扭過來，所以他們永遠都得倒著走路，流淚時眼淚會順著流到他們的臀部。

但是地獄的最底層，也就是留給罪大惡極之人的地方，卻只住著三個人。其中一個是加略人猶大（Judas Iscariot），這點並不令人意外。身為耶穌最初的十二門徒之一，猶大為了三十個銀子將自己的老師出賣給羅馬人，他因此對耶穌被釘十字架負有責任，這令他成了基督教世界邪惡的化身。但丁為猶大設想出一種特殊的懲罰：他將永遠受到地獄主人路西法（Lucifer）的魔口蹂躪——路西法同時也是（根據但丁的描述）一頭龍形的三頭巨怪，這頭駭人的野獸先將猶大的頭顱咬碎，再用爪子從他受害者的背部將皮剝下並撕成碎片。

然而，猶大的兩個同伴的身分也許會引起一些人的質疑。同樣受到路西法蹂躪的是馬可斯．布魯圖斯及蓋尤斯．卡修斯，他們是凱撒的謀殺者——古代最著名的誅殺暴君者。他們在猶大旁邊做什麼？他們是殺了人沒錯，但是但丁下到地獄遇到的其他人也都殺了人，他們可沒遭到如此可怕的懲罰。更令人費解的是，馬可斯．布魯圖斯和卡修斯殺的人是個多神教徒，也是個軍人，雙手也沾滿了血跡，為何但丁卻將凱撒的謀殺者與猶大對救世主的背叛相提並論呢？[1]

從但丁的角度來看，馬可斯．布魯圖斯和卡修斯的下場是罪有應得。但丁在《論君主制》（*On Monarchy*）中詳細說明了這點，這是他在創作《神曲》同時寫的一本學術性政治論著。[2]但丁認為，馬可斯．布魯圖斯和卡修斯背叛羅馬帝國的創建者凱撒，就是背叛了神本身。對但丁而言，羅馬帝國的建立是神的旨意，耶穌誕生於羅馬帝國治下就顯示了此一事實。矛盾的是，甚至連耶穌是在羅馬皇帝的權威下被釘死於十字架上這一事實，都突顯了羅馬政權乃由神授的本質，畢竟基督乃為救贖人類的罪而死。然而但丁主張，如果耶穌的死不具有法律效力，那麼它就不是一個真正的懲罰——這意味著這個要求釘死耶穌的權威在神的眼中是合法的。因此，馬可斯．布魯圖斯和卡修斯殺死凱撒就等於殺死了神最重要的工具之一。

但丁不只依靠神聖歷史來支撐此一主張。「正如經文，人類理性之光教導我們，凱撒的權威是神賜予人的恩惠。」[3]當然，人的終極目標是永恆的極樂，然而人類也需要獲得此世的幸福，為此，他們需要強大而統一的領導。因此，但丁下了結論，只有在君主制下，人才能生活「在理想狀態中」。[4]當馬可斯．布魯圖斯與卡修斯刺殺凱撒，也就是但丁認為的第一個真正君主政體的創建者時，他們就危及了全人類的福祉。

通過將馬可斯．布魯圖斯和卡修斯置於地獄最深處，但丁做出了清楚的政治聲明：君主制是唯一合法的政權。試圖顛覆帝國當局者是可憎的，他們死後將得到應得的懲罰。（順道一提，正如但丁在《論君主制》中闡明的，這一點不僅適用於誅殺暴君者，也適用於以宗教理由挑戰世俗權威者。但丁解釋，教皇自詡其地位高於皇帝，正如馬可斯．布魯圖斯和卡修斯企圖顛覆凱撒的統治一樣，均違背了聖經及人類理性的教導。）

在提出這些主張時，但丁借鑑了西方政治思想中一個源遠流長的傳統。正如我們已看到的，在羅馬帝國的最後幾個世紀，人們已將君主制視為唯一可接受的政治理想，並且這個信念在整個中世紀期間持續得到了迴響。一人統治的正當性得到廣泛的論證支持，有些受到希臘化時代王權傳統的啟發，其他則受到基督教世界觀的影響。但丁在《神曲》和《論君主制》中運用了許多這樣的論證。[5]

然而一個世紀後，正如李奧納多．布魯尼（Leonardo Bruni）在《獻給皮耶爾．保羅．維哲里奧的一段對話》（*A Dialogue Dedicated to Pier Paolo Vergerio*，譯按：以下簡稱《對話》）[6]中指出的，對君主制的熱情支持正在消褪當中。布魯尼和但丁一樣，也是北義大利自治城邦佛羅倫斯的居民。《對話》是布魯尼最早期作品之一，書成於他大約三十歲時。在這本篇幅簡短的小書中，布魯尼將包括但丁在內的「現代」義大利作家，與他們的古代前輩進行比較並做出評價。雖然布魯尼駁斥了關於但丁是個無知之輩、曾經弄錯許多事實的指責，但是他發現要原諒但丁給予凱撒謀殺者的待遇，並不是那麼容易。布魯尼顯然對但丁於這兩人的看法感到十分錯愕，尤其是馬可斯·布魯圖斯，他是個以道德品格、正義感及寬宏大量而知名的人，這樣的一個人為何也要下地獄呢？更有甚者，為何要將他與背叛了神的兒子的猶大放在同一層呢？

更重要的是，凱撒是個十惡不赦的暴君，殺了他並不是犯罪，馬可斯·布魯圖斯及其同伴的行為反而是英勇的愛國行為，他們企圖為羅馬人民「重新奪回自由」，「將它從強盜的嘴裡搶回來」。布魯尼能夠理解但丁對馬可斯·布魯圖斯看法的唯一方法，是將此一角色歸咎於詩性的放縱。「畫家與詩人一直同樣都有什麼話都敢說的能力。」布魯尼做出這樣的結論。但丁的馬可斯·布魯圖斯——一個「具有煽動力的、惹是生非的罪犯」——是個文學「創作」，跟歷史人物馬可斯·布魯圖斯幾乎或是根本沒有任何關係，歷史上的馬可斯·布魯圖斯是「最優秀、最公正的人，是重新恢復自治自由的人」。[7]

簡言之，但丁和布魯尼的觀點可說是南轅北轍。我們應如何理解他們的意見分歧呢？針對羅馬的誅殺暴君者及他們所象徵的自由的價值，是什麼促使布魯尼採取與但丁如此截然不同的立場？因為這兩位作者擁有許多共通點，所以這點就更令人費解。他們都是自治城邦佛羅倫斯的公民，都出身於相對小康之家——但丁的家境可能更有餘裕些，但也絕對稱不上富裕；布魯尼的父親則是名糧食商人。最後，這兩人都以作家的身分成名：但丁是詩人及哲學家；布魯尼則是譯者及散文家。

為了理解存在著如此多相似之處的但丁與布魯尼，為何看法會如此南轅北轍，我們需要考量此一時期發生在政治思想更廣泛的演變——也許甚至可稱為一場革命。儘管但丁逝世於一三二一年，布魯尼出生於一三七〇年，中間相隔不到半世紀，但這段時期卻經歷了近代時期最為重大的文化動盪之一：文藝復興。文藝復興改變了歐洲的文化及政治思想，點燃了對自由之古老狂熱信仰的持久復興之火。這場復興發軔於布魯尼的故鄉——北義大利的多個城邦，最終影響了整個歐洲及其海外殖民地。

義大利文藝復興時期的古代自由：人文主義者

當歷史學家談及文藝復興，他們可能指的是兩件截然不同的事。其中一個意義可追溯至十九世紀瑞士歷史學家雅各·布克哈特（Jacob Burckhardt）的著作，他的《義大利文藝復興時代的文化》（*Civilization of the Renaissance*）是本基礎教科書。布克哈特將文藝復興定義為歷史上的一個時期，義大利和歐洲其他地區均在此一時期先後進入了近代——一個與個體的發現有關的天翻地覆變化。

中世紀時期的人認為，自己是由信仰與傳統所定義的社會群體、家庭或法人團體的成員。相較之下，十四及十五世紀的義大利人則將人視為獨特的個體，有能力按照自己的意願塑造自己以及所處的環境。在文藝復興時期的義大利，我們第一次見證了「自由人格的發展」——正如布克哈特所言，這是現代性的特徵。[8]

這一文藝復興概念直到現今仍未完全過時。[9]然而，大多數歷史學家如今卻將布克哈特對文藝復興的看法視為迷思，而予以摒棄。[10]他們指出，在社會及文化方面，中世紀時期與現在通常被稱為文藝復興的時期之間，存在著相當的連續性。因此，中世紀的義大利人在自認是個體的程度，似乎極不可能跟他們生活在十四及十五世紀的後裔有明顯差異。更重要的是，文藝復興時期男女思想及行為上的不同表達，並不是因為他們忽然變得「現代」了，相反地，他們對於復興希臘羅馬傳承的某些方面十分感興趣。簡言之，我們不應將文藝復興視為現代性的開始，而應視為一場長達一個世紀的運動，其目的是要創建（部分）失落已久的古代世界——即視為一場對古代的文藝復興。

在下文中，我將從第二個、也更為字面的意義上使用**文藝復興**一詞。換言之，當我在自由的歷史上給予文藝復興一個核心定位時，我的意思不是指十四及十五世紀的歐洲人突然打破了長期鐐銬他們中世紀前輩們的信仰及傳統枷鎖。更準確地說，在一股對於古代新萌發激情的刺激下，文藝復興思想家們重新發現並崇拜，一個和他們從古代晚期及中世紀時期所繼承的政治傳統大不相同的傳統——此一傳統將自由（不屈從於各種君主）視為最重要的政治價值。[11]

在這個過程中扮演要角的，是一小群人數雖少卻具有影響力的學者，也就是所謂的人文主義者（humanists）。[12]人文主義者深信古代世界的文化不僅不同於自己的文化，更遠優於自己的文化。

他們展開了一場旨在復興古典作品研究的雄心勃勃運動。他們大力尋找已經佚失的古代著作抄本，將之編輯並傳播出去（印刷術這一革命性新溝通工具的發明幫助了這些工作的進行），也努力確保對這些古代文本的研究成為一種新的「人文主義」教育的核心。

當然了，中世紀文明也十分依賴從古代繼承而來的遺產。這一點從拉丁文在整個中世紀一直是所有嚴肅思想使用的幾乎唯一媒介，即可充分說明。此外，如奧古斯丁這樣的古典權威以及亞里斯多德（十二世紀以降），也持續在中世紀思想及學校教育方面產生深遠影響，古典文學文本在整個中世紀始終得到人們的閱讀及崇尚。例如：但丁崇拜羅馬詩人維吉爾（Virgil），《神曲》中有許多段落均是以維吉爾的代表作《埃涅伊得紀》（*Aeneid*）為本而創作。更令人驚訝的是，維吉爾甚至成了《神曲》中一個主要人物，他扮演了帶領但丁穿越地獄，並登上煉獄山的嚮導角色（但多神教徒維吉爾顯然沒辦法帶他進入天堂）。

然而人文主義者對於古典時代的態度，與他們中世紀的前輩有根本上的不同，後者對古典權威的欣賞本質上是非歷史的。中世紀思想家認為，古代作家的著作中蘊含著永恆的智慧，人們可毫不費力地從中提取並利用這些智慧。例如：但丁特別鍾情於維吉爾的理由之一，是因為他相信（就像許多他的同時代人一樣）維吉爾預言了基督的誕生。相較之下，人文主義者則認為自己的時代有別於古代，他們崇拜古人正是因為古人的智慧不同於他們時代的智慧。因此，從古典作品中學習就意味著透過勞苦而艱困的努力，重建一個富含其歷史特殊性的失落世界。[13]

在很大程度上，人文主義運動的火花是由一個人的熱情所點燃，那就是義大利詩人、學者佩脫拉克。[14]佩脫拉克是但丁的同時代人，但更年輕——在兩人被逐出佛羅倫斯前，他父親是但丁的朋友及同胞。佩脫拉克似乎生來就對古代的作家及歷史充滿熱情。從他還是個少年時，他就將所謂拉丁文學黃金時代的作家們當成崇拜對象；這一時代是從共和晚期到帝國早期，拉丁語言作為文學媒介在此一期間得到了完善。佩脫拉克尤其心儀西塞羅，欽佩其卓越的文風及道德願景。佩脫拉克頌揚古代的「光輝」，稱自己所處的時代是個黑暗年代，特徵是低劣的文化，以及缺乏曾在古代世界中成群出現的偉大人格。[15]

他的主要目標就是透過重新喚起人們對於古典作品的興趣，將他的同時代人從「遺忘的沉睡」中喚醒（正如他在其偉大的拉丁文詩作《阿非利加》〔*Africa*〕中所說的）。[16]佩脫拉克在遊歷歐洲期間開始蒐集斷簡殘編的拉丁文手稿，在這過程中他發現了久為世人遺忘的古典文本抄本，如西塞羅的個人書信等。佩脫拉克也投入較不那麼吸引人，但也許更重要的工作：校訂一些因糟糕的抄寫品質而變得難以理解的抄本。佩脫拉克將保存在不同手稿中的李維《羅馬史》不同「年代」或章節的內容集結成冊，令更廣大的讀者能夠再次閱讀這些文本。但佩脫拉克不僅透過學術工作來接觸及融入古代，他也嘗試模仿及效法他的古典時代榜樣。因此，他仿效西塞羅的風格書寫信件；他的另一部作品史詩《阿非利加》講述了羅馬軍事英雄、漢尼拔的死敵大西庇阿（Scipio Africanus）的故事。

佩脫拉克的熱情證明是富有感染力的。很快地，在充滿霉味的歐洲修道院圖書館中發掘被時間遺忘的手稿，就成了受過教育的義大利人最喜愛的消遣。這些圖書館蒐藏著好幾個世紀都不曾有人打開過的書籍，裡頭的文字幾乎已從人們的集體記憶中消失。正如我們所見，希羅多德、塔西佗及普魯塔克寫作的歷史都在他們發掘出來的作品當中，這些書都在自由觀念的發展中扮演了關鍵角色。此外，佩脫拉克的弟子們還開始以古典作品為藍本，進行自己的文學創作。柯魯奇歐·薩盧塔蒂（Collucio Salutati）是佩脫拉克最知名且具影響力的追隨者之一，就因模仿西塞羅風格的高超能力而被稱為「西塞羅之猿」（Cicero's ape）——這可是個恭維，不是指責。[17]

但是對於古代的重新發現不僅影響了人文主義者的文學風格，同時也對他們的政治想像產生了重大影響。佩脫拉克及其繼承人理解到，這些古代作家珍視自由的價值——設定自己目標及議程的能力，更甚於所有其他政治原則。他們理解到，對這些古代作家而言，只有生活在人民自治或是共和國的體制下，人們才能享受自由的生活方式，正如在雅典或羅馬的情形，在那裡人們自己統治自己，而不是受到任何君主的支配。[18]

在這些發現之後，以義大利人文主義者為首的許多人文主義者均採納了這種思維。他們撰寫論文頌揚生活在自治自由下的優點，哀嘆自己的世界中缺乏自治自由，正如他們也曾這樣做的前輩李維和塔西佗。他們中間最激進的人甚至主張，要終結他們及同時代人所遭受的「奴役」，就必須在現代世界中重建古代的共和國。根據對雅典、羅馬及其他古代政府的研究，他們製作了關於如何實現這一目標的詳盡手冊，也反思在古代世界中促成人民自治的社會經濟及文化條件。

這並不是說所有人文主義者都變成了自由鬥士。在文藝復興時期君主們的宮廷中，許多人文主義者運用他們的新知識來支持其主公的統治，例如：將他與奧古斯都或是柏拉圖的哲人王進行比較。[19]換言之，閱讀古代典籍並不會使一個人自動變成雅典式或羅馬式政府的捍衛者，但確實有為數不少的人文主義者擁抱自治自由，作為他們的核心政治價值。一三三〇年這一年，佩脫拉克展開了這場將他同時代人從「遺忘的沉睡」中喚醒的運動，到了一五五〇年代，北義大利則仍處於西班牙君主制的統治下，而在這之間的歲月中，義大利人文主義者創作了許許多多歌頌古代自治自由及自由鬥士的作品。

佩脫拉克自己就是個顯例。[20]他運用對古典文學的深刻了解，支持科拉．里恩佐（Cola di Rienzo）所發起的運動，里恩佐是一位富有領袖魅力的大眾領袖，在一三四七年推翻了羅馬的貴族及教皇權威。佩脫拉克是在這之前幾年遇見里恩佐，從此成為革命政權的忠實擁護者。在一系列致羅馬人民的公開信中，佩脫拉克將里恩佐描寫成「布魯圖斯第三」，同時也是羅馬人的新解放者。「沒有自治自由，生命就毫無價值，」佩脫拉克這樣告訴他的讀者。「將你過去所受的奴役時刻放在眼前……這樣，任何時候當你必須割捨其中之一時，就沒有人不願意以自由人的身分而死，而以奴隸的身分苟活。」[21]

里恩佐最終敗於貴族之手，但佩脫拉克仍持續支持羅馬自由。一三五一年，教宗成立了一個委員會取代不受歡迎的貴族統治，並給了羅馬人一個新型的政府。委員會成員向佩脫拉克徵詢建議，他把握這次機會，寫了兩封長信說服他們排除貴族掌權，恢復羅馬的人民共和。佩脫拉克大量引用李維所寫的羅馬早期歷史，主張非貴族出身的羅馬人也應有機會擔任公職，就如古羅馬的平民一樣。「基督命令你們重建（羅馬的）自由。」他以戲劇性的口吻做出結論。委員會成員沒有理會他的意見，但佩脫拉克的範例仍持續啟發著後世的思想家。[22]

然而對於復興古代自由的更重要貢獻，來自於像布魯尼這樣的佛羅倫斯人文主義者。[23]佛羅倫斯是義大利北部最富庶、最有權力的城市之一，佩脫拉克最有影響力的弟子都在那裡生活與工作。此外，佛羅倫斯特殊的政治處境，也讓其人文主義者特別容易接受古代思想家以自由為核心的思想。一四〇〇年左右，當人文主義運動開始在義大利受過教育的菁英中成為顯學時，佛羅倫斯就是義大利僅存的幾個自治共和國之一。它絕不是個民主政體，因為一小撮的菁英家族對於行政院（priorate，最高行政機關）的人事任命擁有不成比例的影響力，但他們從未達成對政治過程的全面控制，一般佛羅倫斯人仍有充分的爭論空間，尤其是針對如戰爭及徵稅等爭議性事項。事實上，在十五世紀的前幾十年，佛羅倫斯的寡頭們經常抱怨連連，此一政權的本質過度民主。[24]

然而與此同時，佛羅倫斯的自治正日益受到威脅。不僅如天主教會及鄰近的米蘭等外部敵人威脅要終結其獨立地位，更重要的是，內部發展也正在危害佛羅倫斯的共同體政府，尤其是富可敵國的梅迪奇家族（Medici）與日俱增的權力。柯西莫．梅迪奇（Cosimo de' Medici）及其繼承人雖容忍共同體自治的體制存在，但他們擁有極大的非正式權力，他們緩慢地將佛羅倫斯從一個具相對廣泛基礎的共同體政府，變成了一個獨裁政體。同時代的人形容柯西莫．梅迪奇為「有實無名的國王」。[25]這股走向獨裁制的趨勢雖然不時因為人們企圖抑制梅迪奇家族權力，並恢復更民主的政府而中斷，但這些嘗試均以失敗告終，一五三二年，阿雷桑德洛．梅迪奇（Alessandro de' Medici）繼承佛羅倫斯公爵的爵位，從此決定性地終結了共和體制。

在某些關鍵，十五世紀及十六世紀初佛羅倫斯的政治情勢，頗類似晚期的羅馬共和制及早期的帝國制。因此，大量佛羅倫斯人文主義者開始呼應像西塞羅、李維、普魯塔克和塔西佗等作家的說法，且態度日益堅決，也就不太令人意外了。[26] 一四七九年，阿拉曼諾・李努奇尼（Alamanno Rinuccini）寫了《論自由》（*On Freedom*），這是後古典世界中第一本以此標題問世的論著，同時也是對梅迪奇統治強而有力的控訴。他將羅倫佐・梅迪奇（Lorenzo de' Medici）形容為「佛羅倫斯的法拉利斯」（Florentine Phalaris）——指的是西元前六世紀西西里暴君法拉利斯，他以活烤敵人及吃嬰兒而聞名於世。但李努奇尼也明確表示，佛羅倫斯失去自由不僅是由於糟糕的統治，也是深刻的制度變革造成的結果。李努奇尼強調，除非一群人能夠自己治理自己，並且始終將一切「控制在自己手中」，否則他們不可能自由。[27]

李努奇尼提出這些主張時，某種程度上是參考了個人的經驗。他出身自一個富裕的佛羅倫斯家族，成年後大部分的時間在自己的家鄉一直是個政治要角，直到他得罪了羅倫佐・梅迪奇。但李努奇尼的論述也深受他閱讀的古代作家著作的啟發，他旁徵博引西塞羅、德謨斯特尼斯及亞里斯多德的話語來支持自己的主張，並將古雅典、斯巴達和羅馬奉為自由政府的典範。就連他採用的書寫格式也是古典的。與柏拉圖和西塞羅等人的古典哲學著作一樣，《論自由》也是以語錄的形式寫成，對話者是埃流特里厄斯（Eleutherius，自治自由愛好者）及其兩個同伴：阿利修斯（Alitheus，真實者）和密克羅塔克瑟斯（Microtoxus，誠正者）。

馬基維利是李努奇尼的同時代人，年紀較輕的他對於佛羅倫斯失去自治自由一事甚至更感到沮喪。[28]今天，馬基維利的名字更容易令人聯想到狡猾的威權主義，而不是對自由的熱愛，這一名聲來自於他所著的《君王論》（*The Prince*），這本薄薄的小冊子記載了馬基維利關於如何獲得並保持權力的開創性建議。但馬基維利還有另一面，表露於他的《論李維之《羅馬史》前十卷》（*Discourses on the First ten Books of Livy*，以下簡稱《論史》）中。在這本更宏大、內容也更充實的著作中，馬基維利和李努奇尼相似地哀嘆著佛羅倫斯人（實際上是所有「現代」人）所遭受的「奴役」。

和李努奇尼相仿，馬基維利對古代自由的興趣，也是受到其人文主義教育及個人經驗的啟發。[29]馬基維利雖然出身自一個家境相對較一般的家庭，但仍受到良好的古典教育。他的父親擁有李維關於早期羅馬史的大部頭著作，他教養兒子的方式，就是讓他熟讀英勇的羅馬英雄為了保護或爭取更多自己和同胞們的自由、進而對抗貪得無饜的國王與貴族的故事。

馬基維利自己在獨裁統治下的個人經驗，一定也讓這些教訓更為刻骨銘心。他在佛羅倫斯歷史上令人喜悅的一刻長大成人：當時他的年紀正二十出頭，梅迪奇家族在一場軍事災難後遭到放逐，共同體政府得以恢復。馬基維利在這個政權下發展得不錯，在佛羅倫斯共和國中擁有重要職位，基本上從事著大使的工作。但是在一五一二年，當時他四十出頭，一場軍事政變推翻了民治政府，紅衣主教喬瓦尼．梅迪奇（Govanni de' Medici）被擁立為該城的新統治者。這位紅衣主教立刻將馬基維利從他的職位開除了。

但幾個月後更糟糕的事情發生了，一場暗殺該主教並恢復民治政府的密謀敗露。這場陰謀終告失敗——只有兩個人牽涉其中，但他們犯了一個錯誤，就是寫下他們認為同情這場事業的二十個人的名字。紅衣主教果斷地採取行動，逮捕了名單上的所有人，加上那些教唆者。馬基維利也列在其中，他遭到監禁以及「用繩索」實施的酷刑：這是指將人綁在一根繩子上，繩子連著滑輪從天花板垂掛並突然下落，直到接近地板處才停止。儘管他必定承受了強烈的痛苦——這種酷刑通常會令受害者的肩膀脫臼，但馬基維利仍否認涉案，在二十二天後他才因缺乏證據而重獲自由。

馬基維利不久後便撰寫了《論史》。在他看來，不只是佛羅倫斯，而是整個世界都已淪為邪惡之人輕易支配的禁臠。就這個角度，現代人還比不上古人，馬基維利指出：「所有古代人民都比我們現代的人更熱愛自治自由。」他將這種差異歸因於包括基督教興起在內的長期變遷，這些變遷削弱了對抗未來暴君以爭取自由所需的「猛烈性」。[30]

然而馬基維利（和李努奇尼不同）並不滿足於僅是診斷出問題所在。回歸古代的政治模式即可恢復自由，正如馬基維利在前言說明的，他希望這本書能夠重新點燃人們對古代政治模式的熱情。就像其他人提倡在雕塑或醫學方面模仿古人一樣，馬基維利希望鼓勵人們模仿古人的政治藝術。對馬基維利而言，羅馬是他主要的典範。共和時期的羅馬是成功的自由政府縮影，更甚於雅典、斯巴達及迦太基。它在征服整個義大利和大片世界上其他地區的同時，仍保持了半個世紀的自治自由。如果有人想要自由地生活，那麼他最好的辦法就是模仿羅馬人。在研究羅馬成功的祕密時，早期羅馬史重要權威李維是馬基維利主要的仰賴對象。

那麼，李維和其他羅馬作者到底提供了什麼教訓呢？馬基維利的答案是，「階級衝突」後創建的人民機構扮演了一個關鍵角色。他解釋，在羅馬早期歷史中，平民成功地改變了羅馬憲法，使其保護他們不受國王與貴族的支配。這不是說羅馬曾經是個純粹的民主國家；它的憲法中除了屬於人民的民主制度之外，始終保有君主制及貴族制的要素。然而，羅馬最終仍成為「一個屬於人民的政府」，馬基維利清楚表示，這就是為何羅馬是個自由國家的原因。[31]

馬基維利並不是分析完羅馬的制度框架後就停止了，他也將相當多的心力用於關注使羅馬得以在自由中繁榮興盛的社會與文化特徵。他讚美羅馬人的宗教信仰，這在他們心中灌輸了對於法律及領袖的尊重，從而避免了他們的自由走向無政府狀態。同樣重要的是，羅馬公民不僱用傭兵，他們總是自己拿著武器，這意味著他們從不依賴軍閥的保護，這令他們避免了被外國支配的危險。最後但同樣重要的是，羅馬人還透過「藏富於公庫，但令公民貧窮」的手段來維持社會經濟平等，這對於維護自由也發揮了重要作用，因為財富的極端差異會造成公民之間的衝突，最終導致人民轉而支持威權政府。「沒有平等的地方，就不可能建立共和。」馬基維利警告道。[32]

透過對羅馬政治模式的分析，馬基維利對自由的歷史做出了高度原創性的貢獻。古代世界最勇於發聲的自由捍衛者始終是歷史學家，而不是學政治學出身的學者；他們述說自己政體的歷史並頌揚個別的自由鬥士。馬基維利的取徑更具分析性：他研究制度、習俗、信念及社會條件如何幫助維持自由。他雖借鑑古代的例子，但僅視它們為典範，幫助提供可以在他自己的時代實施的自治自由原則。正如我們將看到的，他的準則對於後來有關自由的制度化的思考產生了相當大影響。

義大利文藝復興時期的古代自由：超越人文主義者

佩脫拉克所發起的人文主義運動只是一小群學者的計畫而已；男性（以及一些女性），他們主要以學者的語言——拉丁文為書寫語言，其興趣經常過於高深奧妙、難以理解。如果情況如此持續下去，人文主義對於義大利和歐洲政治文化的影響或許會相當有限。然而，在佩脫拉克過世後的幾十年間，對古代的激情開始傳播到他門徒的小圈子外，並產生了明顯的結果。例如：新的建築開始點綴義大利風景，相較於十三及十四世紀的歌德風格建築，這些建築與古典時代神廟之間有著更多共同點。但在不那麼具體有形方面，文藝復興的影響也同樣顯而易見。在人文主義教宗，如朱利厄斯二世（Julius II）及利奧十世（Leo X）的教廷，神職人員開始稱呼神為「至高厥偉者朱庇特」（Jupiter Optimus Maximus）、稱呼教堂為「神廟」，並將古典形式引進天主教禮拜儀式中。[33]

為何對古代的激情會流行起來？人文主義如何變成一個重要的文化運動，而不只是少數文人的消遣？這些問題很難回答，但歷史學家們同意，社會變遷助長了人們對一切古代事物的癡迷。[34]北義大利在十二及十三世紀已經成為歐洲最高度都市化、同時也是最富裕的地區。義大利社會不像阿爾卑斯山北部義大利社會地區那樣，是由貴族及神職人員所支配，相反地，城市及其商業菁英決定了整個社會的基調。最重要的受教育群體是律師及公證人，他們起草的契約令貿易成為可能。這些人希望為自己的生活尋找榜樣，並且很快就在古希臘羅馬的世俗菁英中找到了。

如果社會變遷能夠幫助我們理解為何人文主義者的計畫會流行起來，那麼溝通科技的變遷則可以解釋，它是如何先後在義大利及歐洲的其他地區變得根深蒂固。[35] 印刷術的問世將古典文獻及知識傳播到狹窄的人文主義學者圈外極遠的地方。儘管活字印刷術的發明源自德國，但精通這門新技術的德國印刷工人很快就搬往人口更為稠密的義大利北部城市，他們開始在那裡印刷人文主義者們蒐集的古代手稿。許多印刷版本迎合傳統品味，例如：羅馬歷史學家昆特斯．柯提厄斯．如弗斯（Quintus Curtius Rufus）那本曾在中世紀風靡一時、傳奇化的亞歷山大大帝傳記，就曾經多次重印；但新發現的希羅多德、李維、塔西佗和普魯塔克著作也在暢銷書排行榜上。[36]

在延續人文主義對古代的激情上，教育改革也扮演了重要角色。在中世紀晚期的義大利，中學教育側重的是算術和拉丁文語法，但特別是從十五世紀起，人文主義教育家對於教育學程進行了改革。他們重視原始古典文本的研究，認為具有卓越的修辭技巧，也相信這些文本能夠在學生心中灌輸更高的道德觀。當然，在真正的實踐上，人文主義學校往往無法達到教育家們的崇高理想，許多學生始終停留在緩慢而無聊地閱讀極少數幾本書。然而，新學程仍舊灌輸了對於古代文本及歷史的若干知識及敬畏，從而將人文主義的態度根深蒂固地植入一代又一代的學生心中。[37]

這些發展的一個結果是，新的對於自由的熱愛迅速擴散到人文主義學者小圈圈之外的地方。文藝復興時期的視覺藝術家將人文主義者的文字訊息轉譯為圖像，並接觸到拉丁文本讀者以外更廣大的受眾。義大利畫家及雕刻家——尤其是那些為佛羅倫斯（在其斷斷續續的共和制時期）、西恩納（Siena）這類少數倖存的共和國工作的人，他們以頌揚古代共和國及其對自治自由熱愛的壁畫、雕像及畫作來裝飾他們的城市，而羅馬史的主題特別受到歡迎。[38]

〈羅馬史上的寓言及人物〉（*Allegories and Figures from Roman History*），塔迪奧・巴托羅，一四一三年至一四一四年。

在佛羅倫斯以南約四十哩、由有廣泛基礎的寡頭制所統治的城市西恩納，是可以找到這類「共和主義」藝術最早的例子之一。一四一三年，西恩納的領袖們委託一位當地藝術家塔迪奧・巴托羅（Taddeo di Bartolo）在共同體政府所在地的市政廳門廳繪製一組環帶式主題壁畫。[39]畫作於隔年完成，這些壁畫頌揚羅馬共和時期的英雄以及他們捍衛的自由，所描繪的人物包括從共和初期到滅亡時期的英雄，從盧修斯・布魯圖斯、加圖及第二位布魯圖斯均在其列。這些由亞里斯多德介紹出場的羅馬英雄被描繪在連結門廳到議會廳的拱門上。亞里斯多德手持一個卷軸，表明這裡所描繪的羅馬英雄均是自由鬥士的楷模；卷軸上寫著：「作為公民的榜樣，我向你們介紹這些人；如果你們追隨他們神聖的步伐，你將名揚海內外，自治自由將永遠守護你的榮譽。」[40]在亞里斯多德對面牆上的，則是凱撒與龐培這兩個羅馬共和國的掘墓人。如這兩位人物所附的銘文所言，他們是「盲目野心」後果的負面例子，這種野心導致共和國陷入內戰，最終令「羅馬自治自由」歸於「滅亡」。[41]

這組壁畫所傳達的訊息，與布魯尼、李努奇尼及馬基維利等人文主義者傳達的訊息是一致的——事實上，它也許就是直接受到布魯尼在羅馬史上的先驅性著作所啟發的產物。[42]在這一時期的其他藝術作品中也可發現類似的訊息。山德羅・波提且利（Sandro Botticelli）的一組油畫——創作於約一五〇〇年的〈露克蕾提亞的悲劇〉（*Tragedy of Lucretia*）以及〈維吉尼雅的故事〉（*Story of Virginia*）——描繪了李維《羅馬史》中講述的反君主制事件。幾十年後，文藝復興時期最著名的藝術家米開朗基羅・博納羅蒂（Michelangelo Buonarotti）在他的朋友、梅迪奇家族的堅定反對者多納托・吉安諾蒂（Donato Giannotti）的請求下，雕刻了一座馬可斯・布魯圖斯的胸像。儘管米開朗基羅未曾完成這一作品，但他的馬可斯・布魯圖斯卻是一個具有英雄氣概、堅定不屈的形象，曾被形容為「西方藝術史上最激盪人心的共和主義英雄形象之一」。[43]

諷刺的是，在米開朗基羅斯死後，梅迪奇家族獲得了這個胸像。他們在胸像下方加了一句拉丁文警語：「雕刻家雕塑這座大理石雕像時，想起了（布魯圖斯的）罪行並因而停手。」於是該作品就被重新詮釋為一個反對誅殺暴君者的宣傳，而非對此一行為的頌揚了。[44]但胸像始終未完成的真實理由也許更為平淡無奇。吉安諾蒂委託雕刻胸像後的幾年裡，米開朗基羅的健康情形經常不佳，他還得到了其他各種報酬更為豐厚的委託案，使得他無法專心於馬可斯・布魯圖斯胸像的雕刻工作。

古代自由狂熱信仰的復興不僅是段文學及藝術軼事而已，它也啟發了真實生活中的模仿者。尤其在佛羅倫斯，一種真正的布魯圖斯狂熱崇拜在更熱血的人文主義門徒中流行起來。在整個十五及十六世紀，被稱為「托斯卡的布魯圖斯們」的這些人中，有不少曾暗殺梅迪奇王朝的統治繼承人，試圖終結其統治。這些人的努力通常收效甚微，正如最初的布魯圖斯，但這似乎並未澆熄這群梅迪奇反對者對於誅殺暴君的滿腔熱血。[45]

一四七八年，一群心懷不滿的佛羅倫斯人在帕奇（Pazzi）家族成員的率領下策劃了一場推翻梅迪奇政府的陰謀，他們在舉行大禮彌撒的一個擁擠大教堂裡，襲擊了羅倫佐及朱里安諾・梅迪奇（Giuliano de' Medici）。在眾目睽睽之下，他們捅了朱里安諾・梅迪奇十九刀將其殺害，梅迪奇家族領袖羅倫佐則身受重傷，但他活了下來並平息叛亂。帕奇家族的陰謀犯罪者均遭到追捕及絞刑。

陰謀者的動機各不相同，但是對日益獨裁的梅迪奇政權的不滿無疑是其中之一。襲擊發生後，一名同謀立即呼喊「人民與自由」（*popolo e libertà*）試圖將群眾聚集到他身邊。[46]這些陰謀者很快就被比作馬可斯・布魯圖斯和卡修斯等古代的誅殺暴君者，也就不令人意外了。襲擊發生一年後，李努奇尼在他的《論自治自由》（*On Liberty*）中讚美這場殺害羅倫佐未遂的行動為「豐功偉業，配得上最高讚揚之舉」。在他看來，帕奇家族嘗試「恢復自己以及國家的自治自由」，因此他們的行動就像著名的古代誅殺暴君義舉一樣值得讚揚。[47]

帕奇家族只是許多布魯圖斯效法者中的第一批人。一五一三年，皮耶特羅・保羅・伯斯柯利（Pietro Paolo Boscoli）及阿戈斯提諾・卡波尼（Agostino Capponi）密謀反對朱里安諾、喬凡尼（Giovanni）及朱里歐・梅迪奇（Giulio de' Medici），然而陰謀者遭到出賣，他們被判處死刑。在行刑前一夜，伯斯柯利據說曾向歷史學家盧卡・羅比亞（Luca della Robia）承認自己的行動乃是受到布魯圖斯傳說的啟發。伯斯柯利可能喊道：「啊！盧卡，把布魯圖斯從我腦海中趕走吧，這樣我或許可以用一個完美基督徒的身分離開這個世界啊。」[48]

然而，最著名的誅殺暴君者無疑是羅倫季諾・梅迪奇（Lorenzino de' Medici）了。一五三七年，羅倫季諾這位梅迪奇家族的不肖子（他也被稱為羅倫札奇歐〔Lorenzaccio〕，或「壞羅倫佐」）刺殺了他的族人、佛羅倫斯統治者阿雷山德洛・梅迪奇（Alessandro de' Medici）。羅倫季諾的行兇動機從未明朗，據說他與阿雷山德洛的關係密切——事實上，他們經常騎著同一匹馬出現在公共場合。然而，這段友誼可能不像表面看起來的那樣真誠：阿雷山德洛在關於一筆遺產的爭訟中站在反對羅倫季諾的一方，這件事可能在羅倫季諾內心種下了怨恨的種子。

無論是受到何種動機驅使，羅倫季諾・梅迪奇很快地將自己形容為以馬可斯・布魯圖斯及卡修斯為師的自由鬥士，而不是個普通的謀殺犯。他曾在《自辯書》（*Apologia*）中公開為自己的行動辯護，在文中，他將阿雷山德洛比作尼祿及卡利古拉，自己則比作提摩利昂（Timoleon）——一位殺死自己兄弟的希臘誅殺暴君者。「如果我必須為自己的行為辯護，」《自辯書》這樣起頭，「我應該用我全部的力量來證明並提出理由（理由很多），為何人們除了公共生活，也就是自治自由之外，應該一無所求。」[49]羅倫季諾也發行錢幣來慶祝他的事蹟，這枚錢幣和馬可斯．布魯圖斯刺殺凱撒後所發行的錢幣幾乎一模一樣。正如原版的布魯圖斯錢幣，羅倫季諾的錢幣設計上也特意突顯兩把匕首之間的那頂羅馬自治自由小帽，背面則是穿著古羅馬時代衣著的羅倫季諾肖像。

然而，羅倫季諾．梅迪奇的《自辯書》是對義大利背景下復興古代自治自由的最後重要貢獻之一。一四九四年至一五五九年間，義大利幾乎成了法國和哈布斯堡（Habsburg）王朝軍隊的持久戰場，為爭奪半島北半部的控制權，兩方在歐洲各地傭兵的支持下交火不斷。連年戰爭造成巨大的物質損失，並讓正常生活多少陷入了停頓。一五五九年，法國與哈布斯堡王朝統治下的西班牙簽訂和平條約，結束了長達六十年的戰亂。哈布斯堡西班牙如今控制義大利北部的大部分公國，僅有教皇國及威尼斯共和國仍維持獨立政體。哈布斯堡的勝利帶來和平與穩定，並重振了義大利的人口與經濟，但哈布斯堡的支配除了無條件接受君主制統治外，沒有留下其他絲毫可能。[50]

結果，曾經在十五世紀的義大利極為活躍、對於自由的狂熱信仰緩慢消失了。[51]象徵性的終結發生於一五五九年，當時哈布斯堡皇帝查理五世（Charles V）終於在他的梅迪奇家族盟友支持下，擊敗了一群佛羅倫斯及西恩納流亡者——他們在蒙塔奇諾鎮（Montalcino）築起防禦工事。他們在「自治自由」（LIBERTAS）旗號下戰鬥，為抗拒那不可避免的命運試圖最後一搏。正如前幾代的自由鬥士所做的，這群流亡者（或他們的傳記作家）強調他們為自由而從事的鬥爭是受到古代典範人物的啟發：據說他們的領袖皮耶羅．斯特羅季（Piero Strozzi）在戰鬥前夕，曾試著將拉丁文經典翻譯為希臘文來放鬆心情。投降時，他們皆穿著喪服。[52]

蒙塔奇諾一役後，關於自由的討論在義大利就少了許多。當然，義大利人仍閱讀如李維、塔西佗和普魯塔克等古代作家的著作，但十六和十七世紀的義大利人以新的方式來閱讀這些書籍。克勞迪奧．孟特威爾第（Claudio Monteverdi）的歌劇《波派雅的加冕》（*Coronation of Poppea*）就是個很好的例子。[53]這齣一六四三年在威尼斯首演的歌劇，是第一齣以歷史而非神話為主題的歌劇。劇本由威尼斯詩人喬凡尼．布塞內羅（Giovanni Busenello）所寫，內容參考了關於尼祿統治的各種古代文獻，包括塔西佗的《編年史》以及蘇維托尼烏斯（Suetonius）的《十二位凱撒》（*Twelve Caesars*），這些文獻描述尼祿是如何迷上了邪惡且詭計多端的波派雅。下定決心要當尼祿皇后的波派雅，鼓勵尼祿跟他無辜的妻子奧可塔維雅離婚，並將她驅逐。最後，在尼祿的命令下，奧可塔維雅遭到殺害。

布塞內羅在使用文獻方面大量發揮藝術家的創作自由，例如：將塔西佗所述發生於數年間的事件，壓縮於一天之內發生。但總的來說，布塞內羅改變了整個故事的道德寓意。在塔西佗的敘述中，奧可塔維雅遭放逐以及尼祿和波派雅成婚，皆證明了絕對權力的腐敗力量，但是布塞內羅的劇本則傳達了全然不同的訊息：愛情對人的影響大於美德或財富。整齣歌劇的結局傳達了一個與塔西佗全然無關的訊息：愛情能克服一切。當尼祿和波派雅最後結婚，他們以一曲二重唱來頌揚他們的愛情：「我愛慕你，我擁抱你，與你緊緊相繫，不再憂愁，不再悲傷，喔我的摯愛，喔我心愛的／我屬於你……喔我的愛人，告訴我，你屬於我，只屬於我。／喔我心愛的，喔我的摯愛。」[54]

即使在威尼斯這個碩果僅存的共和國，一五五九年後，人們也開始愈來愈強調秩序與穩定，而非自由。[55] 然而更廣泛地說，蒙塔奇諾之役也絕不意味著歐洲自由復興的終結。儘管義大利人對古代自治自由的熱情，因為對戰爭的厭倦與哈布斯堡統治而有所抑制，但阿爾卑斯山另一邊的歐洲人卻開始討論，他們渴望像古希臘羅馬人一樣「過著自由的生活」。儘管發生的時間比義大利晚上許多，但事實證明這股復興的浪潮也持久得多。

阿爾卑斯山另一邊的古代自由復興

正如在義大利，阿爾卑斯山另一邊的自由復興首先仍是文藝復興的產物。在法國、波蘭、荷蘭、英國以及其他歐洲國家，新的對於古代的人文主義知識激起人們對古代自由理想的興趣，同時也讓他們愈來愈意識到缺乏自由的現代世界其實更糟糕。也和義大利一樣，針對這些關於現代歐洲人皆遭受「奴役」的抱怨，北方人文主義者中的激進分子得出了革命的結論。正如馬基維利的做法，他們也宣揚回歸古代共和制——也被描述為「民治政府」、「聯邦」（commonwealth）、「混合式政府」，或是較少見的「民主政體」——並將之視為解放同時代人的唯一途徑。[56]

人文主義知識透過許多方式從義大利傳播到歐洲北部。[57] 由旅行中的學者和軍人所建立的個人接觸扮演了重要角色；外人經常性的入侵義大利，將劫掠而來的義大利藝術作品及書籍，還有義大利人文主義者和藝術家，帶到了阿爾卑斯山的另一邊。到了十六世紀初期，本土的人文主義運動已開始在歐洲北部成形。德西德里烏斯・伊拉斯謨斯（Desiderius Erasmus）、約罕・羅伊希林（Johann Reuchlin）、季堯姆・比代（Guillaume Budé）以及湯瑪斯・摩爾（Thomas More）等人，開始能在技巧及語言學能力方面與他們的義大利前輩匹敵，甚至超越他們。

印刷及教育學也是傳播文藝復興思想的重要載體。十六及十七世紀，幾個歐洲國家的中學推行了新的人文主義學程。學者開始將古典經典著作翻譯為通俗語言，讓更廣大的受眾能夠親近這些遺產。到了十七世紀，絕大部分的古典文本都已經至少有一種歐洲語言的譯本，古騰堡（Gutenberg）發明活字印刷讓它們的讀者比以往任何時候都還要龐大。根據猜測得來的估計，一四五〇年至一七〇〇年間流通的古代史籍（拉丁文或希臘文原文書及翻譯書均包括在內）複本約有兩百五十萬本。（透過比較方式，學者估計整個十六世紀約售出了五百萬本聖經。）[58]

在歐洲北部，人文主義知識發現了一個與義大利截然不同的背景。像法國和英國這樣的國家，它們與古代共和國的相似程度遠遠不如佛羅倫斯這類義大利城市。[59] 這些北方國家領土大得多，人口也更多，通常由國王和皇后統治。與許多義大利城邦不同，它們不曾有過人民自治或甚至是寡頭統治的歷史。這並不是說歐洲國王與皇后擁有絕對的權力。許多歐洲王國都擁有諮詢性的議會——名稱則五花八門，parliament、estate、corte或diet，均被拿來稱呼議會——這些議會在中世紀晚期也開始扮演愈來愈重要的角色。然而這些議會及會議均從屬於國王：他們的成員只是顧問，而非共同統治者。在整個近代早期，他們所擁有的權力也經歷著起伏，例如：法國的三級會議

（Estates General）在整個一四八四年至一五六〇年間從來沒有開過會。

荷蘭、比利時和盧森堡這些低地國家，是北義以外歐洲都市化程度最高的地區，許多鄉鎮都曾有過自豪的一頁自治歷史，但即使是這些國家也無法真正和義大利城邦相提並論。儘管安特衛普（Antwerp）和根特（Ghent）等城鎮擁有很大的自治權，但它們也始終承認如勃根地公爵或哈布斯堡皇帝等的君主權威。它們不自認為是獨立的政治實體，只是一個較大整體中的一部分而已。讓我們思考一下十五世紀初，在布拉班特公國（Duchy of Brabant）爆發的衝突。在一四一五年至一四三〇年之間這段公爵政府的軟弱時期，公爵、城鎮、貴族以及三個等級（貴族、神職人員及平民）之間反覆僵持不下，最後的結果是公爵讓步，同意如果他侵害到三個等級或其成員的任何權利或特權，三個等級可選擇一個新的攝政王。然而這些衝突無一挑戰到君主統治原則本身，相反地，在爆發叛亂的城市，貴族及等級始終都宣稱他們是以君主的名義採取行動。[60]

但是也有一些例外。深藏於阿爾卑斯山後方的歐洲中部，瑞士農民與城市已結為聯邦，稱為瑞士共和國（Swiss Republic）。[61]他們由組成聯盟的十三個州（canton）的代表所統治，這些州在一二九一年至一五一三年間簽訂了一系列的條約，從而建立了聯邦。但瑞士共和國只是個位處邊緣的小國，一五〇〇年時人口僅有六十萬人。瑞士共和國也很貧窮，在整個近代早期，傭兵一直都是瑞士共和國的主要出口產品。十六及十七世紀時，像法國這樣強大的君主制大國才是歐洲的常態。

在這些情形下，像古希臘和羅馬人的自治共同體，想必看起來會比它們在義大利時來得陌生，也難怪許多歐洲人文主義者會無視他們如此欽佩的古代作家們所要傳達的政治訊息。尤斯圖斯・利普修斯（Justus Lipsius）是十六世紀最知名的人文主義者之一，致力於讓古代重現生機。他的座右銘是「*Moribus antiquis*」，或說「照著古代的規矩走」。他所編寫的塔西佗《編年史》和《歷史集》後來成為這些著作的標準版本。但利普修斯絕對不像塔西佗那樣對政治奴役深惡痛絕，在其重要的政治論著《政治或政治指引六書》（*Six books of Politics or Political Instruction*）中宣揚全然服從於國王的意志，將自由等同於無法無天及無政府狀態，並巧妙利用擁有的關於古代大量知識來強化他對國王統治的主張。利普修斯一再斷章取義地引用塔西佗的話，讓後者看起來像是絕對君主制的堅定支持者，而不是相反。利普修斯也寫了一本談論「偉哉羅馬」的書，書中將凱撒的羅馬描繪成人類發展的巔峰。[62]

儘管如此，馬基維利等義大利人文主義者的激進訊息——如果現代歐洲人想要生活在自治自由之中，古代的民治政府不僅可以而且也應該被復興——仍在適當時候得到了來自阿爾卑斯山另一邊的響應。這些理念的表達往往含糊隱晦，尤其是因為所有歐洲國家都實行某種形式的言論審查。但是在危機發生的時刻，當國家控制思想流通的能力崩潰時，歐洲人文主義者及其門徒往往抓住機會，表達他們對於古代自治自由的熱愛。[63]

這首先發生於法國。十六世紀的最後幾十年，長期的繼承危機結合了嚴重經濟衰退及宗教衝突，削弱了法國的君主制權威。[64] 一五五九年，當時年僅四十歲的亨利二世（Henri II）在一場馬上長矛比武賽中不幸身亡，從而引發了一場危機。他年輕的兒子弗朗索瓦二世（Francis II）繼位，但在位不到一年即去世，隨後由他的兄弟查理九世（Charles IX）以及亨利三世（Henri III）繼位，他們各統治了一段相對較短的時期。繼承危機造成的不穩定又因一場生存危機而加劇：在經歷了長期的經濟成長後，自一五二〇年代以來，由於歐洲「小冰河期」的寒冬及潮濕夏天令農作物晚收或過早腐爛，使得法國持續不斷受到大範圍的饑荒侵襲。

宗教改革引起的宗教緊張，更令這種不穩定的複雜態勢雪上加霜。在法國，宗教改革曾立即獲得了成功。尤其是神學家約翰·喀爾文（Jean Calvin）的《基督教要義》（*Institutes of the Christian Religion*，下簡稱《要義》）很快就成為對新的改革宗教最有力而成功的闡述。為逃離法國的反新教暴力，喀爾文來到日內瓦，他從那裡派出受過訓練的傳教士，將法國日益茁壯的新教人口組織起來。這些人很快就被稱為胡格諾派（Huguenots），這是根據傳說中的鬼魂胡格（Huguet）或胡貢（Hugon）的名字而命名，據說他晚上會在法國圖爾（Tours）附近出沒。而這些新教徒也往往在黑暗的掩護下會面，藉以逃避當局的監視。

到了一五六〇年代，法國新教徒人數出現爆炸性激增：據估計，他們佔了人口的百分之十。關於禮拜儀式（胡格諾派尤其鄙視天主教的變質說〔transubstantiation〕，並指控天主教徒崇拜的是「麵團神」）以及宗教聖像的衝突很快就變得十分暴力。一五七二年，發生了一個尤其令人心痛的事件，被稱為「聖巴多羅買日大屠殺」（Saint Bartholomew's Massacre），巴黎和其他幾個城市的天主教徒擔憂新教徒起義，因而殺害了數百、也許是數千的胡格諾派信徒。隨著驚恐的難民蜂擁逃向喀爾文派的大本營日內瓦，情勢甚至變得更加惡化，根據一些說法，約有五萬人死於此次事件。胡格諾派懷疑這些屠殺是由法王查理九世本人唆使。

這一切都導致政治論著及小冊子的大量湧現，其中許多都含有（往往是粗鄙惡劣的）針對君主個人的攻擊。查理九世和亨利三世遭到誹謗及最可憎罪行的指控，包括雞姦及謀殺；他們的母親凱薩琳．梅迪奇（Catherine de' Medici）也遭受同樣的待遇——她擔任兩位年幼兒子的攝政王。但一些胡格諾派著作確實包含了對王權原則較系統性的批判——以自由為名的批判，這是受到來自人文主義對古代熱愛的啟發。

針對法國人所遭受的政治奴役，最早也最激烈的反對呼聲發自於一位名叫艾蒂安．拉波哀西的年輕貴族。拉波哀西出生於一個前途光明的貴族之家，在尼柯羅．加蒂（Niccolò Gaddi）的監護及指導下接受了優良的人文主義教育，加蒂是薩拉（Sarlat，拉波哀西的家鄉）地方的主教，也是一位博學的義大利學者。拉波哀西自幼即大量閱讀如普魯塔克的《希臘羅馬名人對傳》等古代經典，閱讀這些文本在他心中激起了想要從事寫作的欲望，在一五四〇年代，當時仍是青少年的拉波哀西就完成了一篇簡短卻十分有力的文章《論自願為奴》（*On Voluntary Servitude*），他在這篇文章反思了自己的時代與現代歐洲人所處的政治境況。[65]

拉波哀西原本只打算讓這篇文章在私人之間流通；他雖將手稿的複本寄給朋友及同僚，但從未嘗試出版。在拉波哀西死後不久，他的文章流傳至法國胡格諾派信徒手中，在他們的努力下，一五七四年，這篇文章以《*Contr' Un*》為名出版，或說《反一人獨尊》（*Against One*），並擄獲了更廣大的讀者，但令拉波哀西的好友米歇爾．蒙田（Michel de Montaigne）大感驚恐的是，它竟成為胡格諾派攻擊皇室權威的工具之一——儘管拉波哀西本人生前似乎是個堅定的天主教徒。此書一直到正式邁入十九世紀，仍不斷獲得再版。[66]

不難理解為何拉波哀西的文章，對查理九世的胡格諾派反對者如此有吸引力。正如李努奇尼的《論自治自由》，《論自願為奴》也是對一人統治作為一種奴役形式的強而有力控訴。拉波哀西開篇引用了荷馬史詩《伊里亞德》中讚美君主制的一句話，荷馬這樣寫道：「我不明白有好幾個主子到底有什麼好處；只許有一個主子，只許有一個國王。」拉波哀西認為這一觀點「完全違背理性」，臣服於一個主人始終是種「最大的不幸」。當一個人擁有凌駕眾人之上的權力時，他的臣民永遠無法確定他會是個良善的統治者，或是溫和的統治者。在國王統治下的生活是如此朝不保夕，根本不可能有個人安全的保障。從這個角度來看，十六世紀法國的政治狀況是淒慘黯淡的。與拉波哀西同時代的人大多都生活在國王統治之下，因此他們的處境並不比「奴隸」好多少。[67]

拉波哀西悲嘆，相較於將自治自由視為至善的古代人，他的同時代人還不如他們。希臘人在對抗波斯人的英勇戰役很好地證明這點。拉波哀西聽從希羅多德的啟示，強調希臘與波斯戰爭並不是兩個敵對國家之間的戰爭，而是自由與支配之間的戰爭。像是斯巴達使節斯帕蒂雅斯和布利斯，與波斯總督海達爾尼斯發生爭執的這類軼事就清楚說明了這點——這是拉波哀西曾「愉快地」回想起來的一個故事。[68] 拉波哀西也讚揚古代的誅殺暴君者，包括：手刃希帕克斯的哈爾摩狄奧斯和阿里斯托革頓；盧修斯．布魯圖斯，刺殺了羅馬共和國創建者；以及小加圖，他在還是個年輕人時就敢反抗獨裁者蘇拉。

然而值得注意的是，拉波哀西以悲觀的語調結束了他的文章。考慮到習俗的強大力量，他懷疑法國的政治形勢是否有改變的可能。聰明人利用普通人的輕信來提升自己的地位，王朝往往是這樣建立起來的。起初，他們的臣民可能還會對身上的重軛感到憤怒，但是隨著時間流逝，他們便不再感覺到自己身上枷鎖的重量了。暴君也會用施恩及給予回扣的方式，拉攏上層階級參與他們的事業，菁英往往支持國王以發展利益並壯大自己（拉波哀西評論，這樣做很蠢，因為暴君的臣民永遠不能說他們的財產是自己的）。因此，拉波哀西建議他們聽天由命，而不是革命，因為他認為這種情形是不可能改變的。[69]

然而，其他法國人文主義者可就不那麼容易跟現狀妥協了，弗朗索瓦．霍曼（François Hotman）的《法蘭克高盧》（*Francogallia*）一書表明了這點。[70]身為一個古老的律師家族後人，霍曼在一五四六年被任命為索邦（Sorbonne）大學的羅馬法教授。他曾發表大量關於法國早期法律及憲法史的著作，並且很快就以人文主義學者的身分聲名鵲起，然而他的生活卻在一五七二年聖巴多羅買日大屠殺後有了劇烈轉變。身為一名改宗的新教徒，霍曼和家人逃到了日內瓦，他在那裡開始質疑一人統治的原則，就和許多胡格諾派信徒一樣。但與拉波哀西不同的是，霍曼不僅僅是哀悼法國失去的自治自由而已，在《法蘭克高盧》一書中，他運用自己廣博的人文主義知識為法國人勾勒出一個解放他們的政治模式，正如約半個世紀前馬基維利在《論史》中嘗試為佛羅倫斯人做的一樣。

《法蘭克高盧》反覆頌揚古希臘和羅馬人的政府。霍曼解釋，羅馬人曾擁有過一種「混合式政府」，這意味著他們將「最高權威」保留給人民自己以及他們的大會，而不是國王或他的元老院。[71]這種政治體制使得羅馬人成為一群自由的人民，但是在法國卻沒有這樣的自由。事實上，霍曼將法國人與土耳其人作比較，後者是被「一個國王的意願與心情」所統治。這樣的統治是對人格的貶損及人性的否定：單一統治者的臣民「就像牲畜和禽獸」一樣被對待，「正如亞里斯多德在《政治學》一書中正確的觀察」。[72]

然而和馬基維利不同的是，霍曼並不建議法國人採用羅馬模式來擺脫他們的困境，他說他們應該恢復法蘭克高盧的古老憲法——也就是恢復到在莫洛溫王朝諸王（Merovingian kings）統治下的法國，即王權的增長遭到挫敗的朝代。霍曼對此一「古代憲法」意涵的理解，很明顯是來自他對古代共和國的知識。正如羅馬人，法蘭克高盧也擁有一個「混合式政府」，至高權威不是國王，而是由國王、人民及貴族的代表組成的「正式、公共的國家委員會」。[73]事實上，根據霍曼的研究，法國國王最初是由選舉產生——和羅馬的執政官產生方式一樣。霍曼要傳達的訊息十分清楚：如果法國人渴望自由，他們就需要拒絕君主制，恢復他們祖先的混合制憲法，這部憲法與羅馬共和國高度類似。

如拉波哀西和霍曼所表明的，十六世紀最後幾十年，法國政治秩序的崩潰導致了針對作為一種奴役形式的君主制的激烈攻擊。但法國君主制的危機為時相對短暫。一五八九年，波旁親王亨利四世（Henri IV）即位，並恢復了政治秩序及君主制權威。透過改信天主教及同時頒布《南特詔書》（Edict of Nantes）以給予新教徒一定的容忍度，從小就是新教徒的亨利四世成功調停了兩個衝突的派別。儘管一六四八年法國陷入內戰，皇室權威再次受到挑戰，也沒有導致針對君主制作為一種制度的新一輪批評，可能的原因是此次衝突缺乏來自宗教面向的因素。路易十四世（Louis XIV）即位後，君主制秩序日益強大，就如他們古代及中世紀的前人一樣，莫城（Meaux）主教賈克－貝尼涅・博須埃（Jacques-Bénigne Bossuet）等具有影響力的法國思想家們，又開始重新強調政治順從乃是上帝的旨意。[74]

然而，其他歐洲國家的人文主義者也開始談論自由。在波蘭－立陶宛君主政體中，一場結合了宗教分歧的繼承危機，導致了一五七二年選舉君主制的推行。在新的憲法下，波蘭國王任期為終身制，由一個所有貴族組成的會議選舉產生，這些貴族約佔整個人口的百分之六至百分之八，並且對發動戰爭的權利等所有重要決定均擁有最終決定權。除此之外，國王還將接受一群自封為「元老」的人組成的委員會提供的協助，元老們由貴族選出，任期也為終身制。[75]

波蘭人文主義者很快就將他們的新政權——後來被稱為波蘭－立陶宛共和國（Republic of the Two Nations）——與羅馬共和國相較。他們主張，除了威尼斯以外，波蘭－立陶宛國是歐洲唯一的 *respublica libera*，或說「自由共和國」。不像其他歐洲人，波蘭人並不是由單一的統治者所統治；正如古羅馬人，他們自己統治自己。但他們新獲得的自由並沒有讓波蘭人得意忘形，他們在整個十七及十八世紀持續憂慮皇室權力可能侵蝕波蘭人的自由。在許多波蘭人看來，國王們——即使是經由選舉選出的，隨時都可能轉向專制，因此必須永遠保持警戒，才能遏制他們的野心。自由成了波蘭政治文化的關鍵詞，直到獨立的波蘭－立陶宛國於一七九〇年代滅亡為止。[76]

類似的事情也發生於尼德蘭（Netherlands）。一五七〇年代，低地國家的幾個省分反叛了當時的西班牙—哈布斯堡國王腓力二世，[77]增稅及嚴酷鎮壓新教徒政策所引發的憤怒，激起了反對腓力二世統治的浪潮。一五六七年，腓力二世派遣他最出色的將軍阿爾瓦公爵（Duke of Alva）前往尼德蘭恢復秩序，讓人民重新回歸天主教陣營。很快就獲得「鐵公爵」稱號的阿爾瓦成立了一個特別法庭「戡亂委員會」（Council of Troubles），有一萬兩千多人接受該法庭的審判，一千人遭到處決，超過五萬人因此流亡。在知名新教貴族奧蘭治親王威廉（William of Orange）的領導下，這些流亡者發起了一場叛亂。儘管戰爭直到一六四八年才正式結束，但是到了一五八〇年代情勢就已經明朗，哈布斯堡尼德蘭分裂成仍受哈布斯堡國王控制、信奉天主教的地區，但信奉新教的地區則獨立出來，已經是不可避免之勢。到了一五九〇年代，經過數次嘗試均無法找到更好商量的新國王後，新獨立的荷蘭（Dutch）各省分終於下定決心組成尼德蘭聯省共和國（Republic of the United Netherlands）走自己的路。

正如由兩個國家組成的波蘭—立陶宛共和國，自由也是荷蘭共和國政治話語的關鍵詞。[78]荷蘭宣傳小冊子的作者們不厭其煩地，將他們的國家描寫成歐洲少數自由的國家之一；他們清楚表明荷蘭人之所以認為自己是自由的，是因為他們就像古希臘和羅馬人一樣，或是像他們所謂的祖先、傳說中的巴達維亞人（Batavian）一樣，自己治理自己。根據荷蘭法律史學家胡果・格老秀斯（Hugo Grotius）的說法——他曾仔細閱讀過霍曼的《法蘭克高盧》一書——古巴達維亞人的憲法與斯巴達人的憲法十分類似。荷蘭獨立戰爭（Dutch Revolt）則是恢復了這個巴達維亞人的自由傳統。[79]

然而和波蘭—立陶宛共和國一樣，荷蘭人文主義者也對於君主制復辟及政治奴役，持續感到憂慮。即使成立了共和國，但荷蘭政治體制仍保留了一種國王式的人物，共和國軍隊指揮官的行政長官很快就成了奧蘭治家族親王們的世襲職位。整個十七及十八世紀，像人文主義者拉波・赫曼・席爾斯（Rabo Herman Scheels）這樣的反奧蘭治派，皆持續抗議這些只是換了個名字的國王，警告人民他們獨斷的權力最終會終結荷蘭人的自由。在他於一六六六年所寫的一篇題為〈公共自治自由〉（Public Liberty）的文章中，席爾斯承繼了希羅多德、塔西佗和西塞羅的觀點，清楚表明自治自由只有在一個統治者及被統治者經常交換位置的聯邦才可能存在。[80]

英國的古代自由

在英國，自由討論的熱度上升得比法國、波蘭—立陶宛或尼德蘭還要晚一點。但它一旦出現，英國人對古代自治自由的熱愛就格外激烈且持久。一六二〇年代至一六九〇年代的英國經歷了一場長期且經常爆發暴力衝突的政治危機，最終導致君主制秩序的全面崩潰，一六四九年一月，查理一世（Charles I）遭到處決，幾個月後，英國共和國（English Republic）或英國聯邦成立。人們對於這場危機的根本原因有許多的爭論，一些歷史學家較強調來自通貨膨脹及人口成長所引發的長期社會變遷的影響，其他人則傾向將這場危機——尤其是英國內戰——視為由宗教改革引發的宗教戰爭的最後表現。除此之外，還有一些學者指出，人文主義知識傳播所帶來的新政治思想也是個重要因素。[81]

然而無論這場衝突的深層原因為何，斯圖亞特（Stuart）王朝的國王們岌岌可危的財政狀況顯然是導火線。舉例來說，相較於他們的法國鄰居，英國國王獲得必須資金的困難度要高得多，因為他們沒有永久性稅收，然而軍事方面的創新發明卻讓戰爭日益耗費財力。此外，到了十六世紀末，英國的通貨膨脹更讓皇室稅收的實際價值貶值。詹姆士一世（James I）和查理一世都曾企圖讓議會同意他們徵收新的、更多的永久稅，議會則反過來要求他們賦予更大的決策影響力，從而導致英國在十七世紀的最初數十年經常爆發政治危機。

一六三九年，蘇格蘭軍隊入侵英格蘭，情勢上升至危急關頭。蘇格蘭人對查理一世試圖強迫他們採用英國國教的祈禱書十分反感。查理一世需要錢來強化軍隊，於是召集議會籌募資金，然而此一策略踢到鐵板，議會拒絕支付王國的防禦經費並發表《大諫章》（Grand Remonstrance），要求議會有權批准所有皇室顧問。在盛怒之下，查理一世於一六四二年離開倫敦並向議會宣戰。在奧立佛．克倫威爾（Oliver Cromwell）的領導下，議會派先後擊敗了查理一世及其子查理二世（Charles II）的軍隊，贏得了這場後來被稱為「英國內戰」（English Civil War，儘管愛爾蘭及蘇格蘭也捲入了這場戰爭）的戰爭。

一六四八年，查理一世的軍隊被擊敗後，議會令國王接受審判並處決了他，此一史無前例的舉動震撼了全歐，即便是採行共和制的荷蘭也同感憤慨。查理一世死後，英格蘭轉變為共和制，但新政權卻遭到日益劇烈的反對。一六六〇年，在這段空位期一直待在法國的查理一世之子兼繼承人——查理二世恢復了君主制，然而這並不意味著英國從此擺脫了麻煩。復辟的斯圖亞特王朝國王們持續遭到來自老共和派（commonwealthman）及新教強硬派的大力反彈，後者懷疑斯圖亞特家族是祕密的天主教徒。一直到一六八八年，光榮革命（Glorious Revolution）結束了斯圖亞特王朝，並擁立威廉和瑪麗夫婦、以及後來的漢諾威家族（Hanoverians）登上王位，英國才終於穩定下來。

由於這場長年累月的政治危機，在跨越阿爾卑斯山後的歐洲，英國成了復興古代自由狂熱信仰的所在地，而這一點並不是立刻顯現。一開始，人們將國王與議會間的衝突描繪成捍衛傳統權利及自治自由，但是在一六三〇及一六四〇年代，關於古代權利和自治自由的討論，開始轉變成對國王迫使英國人遭受政治奴役的抱怨。[82]當議會在一六四九年採取了處決國王以創建共和——或依照他們的說法，一個「自由的聯邦」——的空前舉動時，他們為此一舉動辯護的理由即是根據經驗，一人統治的政府與自治自由難以相容。議會援引了羅馬、威尼斯、瑞士和尼德蘭的例子說明，在一個聯邦中，「各種人都能享有其良知、個人及財產的公正自由」，因此：「現在聚集在議會中的人民代表認為有必要改變這個國家的政府，從之前的君主制（因其造成許多有害的侵犯）轉變為共和國，這樣再也沒有一個國王能夠在他們身上施行暴政。」[83]

在處決國王後的幾十年裡，英國的共和派仍持續大聲疾呼，反對一人統治，稱其與自治自由不能兼容。[84]倫敦報紙《觀察報》（*Observations*）在一六五四年提醒讀者：「拉凱德曼國（the state of Lacedemon）政府的基礎是，」它用了「斯巴達」的另一個稱呼。「所有人都應該是自由的，所有人都應該能夠參與統治。」[85]另一位作家則引用了「羅馬歷史」，主張：「除非人民能夠召集及解散最高議會、改變政府、制定及廢除法律，否則人民絕不會有任何真正的自治自由。」[86] 三十年後，極力反對斯圖亞特王朝復辟的阿爾傑農．西德尼也提出了同樣的觀點，他在《政府論》中解釋：「至今為止，世人一直認為亞述人（Assyrian）、瑪代人（Mede）、阿拉伯人、埃及人、土耳其人和其他像他們一樣的人，都生活於奴役之中，因為他們的君主就是他們生命財產的主人；然而希臘人、義大利人、高盧人、德國人、西班牙人和迦太基人卻不同，只要他們的人民還保有一絲力量、美德或勇氣，他們就是受人尊敬的自由人民，因為他們厭惡這種臣服。他們只接受自己制定的法律來治理，過去如此，將來也是如此。」[87] 這段話要傳達的訊息十分明確：如果英國人想要自由，他們就必須擺脫他們的國王，像古希臘和羅馬人一樣治理自己。但是如何實踐達成這一點呢？如何在十七世紀英國這個截然不同的背景下，重新建立古代的自由政體？這一問題在共和派中激起了相當多的爭論。對這場辯論最具影響力的貢獻來自於詹姆士．哈靈頓（James Harrington）。哈靈頓是擁有土地的英國紳士，出身英國上流社會——事實上他似乎與查理一世交好，甚至曾照顧過絞刑架上的查理一世。然而查理一世遭處決、英國聯邦建立之後，哈靈頓卻變成一個矢志不渝的共和派，並寫了好幾本政治論著詳細說明，如何在現代世界重新建立古代的民治政府，首次出版於一六五六年的《海洋聯邦》（*Commonwealth of Oceana*），即是這些著作中最知名的一本。[88]

正如哈靈頓在《海洋聯邦》一書引言中所說，和馬基維利一樣，他的目標是要復興「古代智慮」（ancient prudence），或者治國之道，因為這是建立自由的唯一途徑。哈靈頓的《海洋聯邦》一書靈感來自古代的範例，他聲稱援引羅馬、雅典、斯巴達、迦太基、以色列、亞該亞（Achaeans，希臘）的經驗，以及三個現代共和國例子：威尼斯、瑞士和荷蘭共和國。

哈靈頓從這些例子中理解到，人民只有在他交替稱為「民治政府」或「民主」的統治下才能自由。[89]當然，相較於古代的城邦，他也意識到這種類型的政府可能更難在十七世紀的英國推行，因為人們認為古代城邦的規模要小得多。但他也認為，這些差異不該讓現代歐洲人對於仿效古代制度感到卻步。首先，規模的差異被過度誇大，哈靈頓指出，大部分古代邦聯均涵蓋好幾個不同城市的大面積領土。他提到：「拉凱德曼有三萬名公民，散居於拉柯尼亞島（Laconia），這是整個希臘最大的省分之一。」除此之外，代表制原則（哈靈頓透過對其資料來源的創造性詮釋，將此一原則的源頭追溯至古代）也意味著人民不必聚集在一個地方就能夠參與政治。[90]

哈靈頓提議建立兩種代表機構——人民大會以及參議院，皆由僕役以外的成人男性之間接選舉產生，只有富人才有資格在參議院任職。這些代表機構會制定法律，並選出負責行使政府行政及司法職能的公職人員。代表或公職人員一旦結束任期，在一定期間內將無法再次參選。在哈靈頓看來，後面這個「公職輪換」的原則對於要求所有擔任公職者負起責任至關重要。他解釋，這是唯一可以保證這個國家是「人民為王」（king PEOPLE），而不需要依賴「一個人的施捨或慷慨」的方法。[91]

不過，有了政治機構還不夠。哈靈頓也強調，要有某程度的社會經濟平等才能維護自治自由，尤其是土地財富的平等。一份謹慎的歷史研究顯示，權力取決於財產的平衡；或者如哈靈頓的說法，政治的「上層建築」取決於「地基」，即取決於財產的分配，尤其是土地財產的分配，因為這是財富的主要來源。[92] 如果所有的土地都屬於一人，這個國家就會成為絕對的君主政體，就像是土耳其這類國家的情形。如果土地由一小群菁英寡占，國家則會自動變成貴族政體或是有限君主制，正如封建時期的英國。某程度的財產平均分配可以建立起一個「民治政府」或「聯邦」。正如哈靈頓所言：「凡是有地產平等的地方，就必然有權力平等；凡有權力平等的地方，就不可能有君主制。」[93]

對於政治上層結構取決於財產分配的發現，令哈靈頓對於在他自己時代建立民治政府的願景感到樂觀。在封建時代，由於土地集中在一小群貴族手中，使得有限君主制成為最合適的政府形式，但是過去幾世紀發生的各種情況，已經使得英國的財產分配日趨平等。議會對斯圖亞特家族的反抗即是這些社會經濟變遷所導致的不可避免結果。即如哈靈頓所言：「因此是這個政府的解散導致了戰爭，而不是戰爭導致了這個政府的解散。」[94]

儘管如此，哈靈頓仍認為建立一個法律框架（他稱為土地法）是明智的做法，這有助於防止經濟不平等在未來逐漸擴大。[95] 羅馬人的例子最為清楚地說明這類法律框架的必要性。在羅馬共和初期，他們根據其農地法將征服來的土地平均分配給人民，但他們容許這些法律失效，並讓貴族菁英開始寡占所有新征服的土地。結果，許多貴族變得愈來愈富有，最終他們推翻了共和制，於是，羅馬人就這樣「令自己和子子孫孫失去了自治自由這個無價之寶」。[96]

更具體地說，哈靈頓明確要求在一個自由的共和國中，繼承法應該促進財產分配，首先就是要求人們有義務在子女之間平均分配大塊地產。換言之，富裕的家庭將被禁止只將大部分地產留給一個孩子，如他們在哈靈頓時代的典型做法。此外，也必須禁止人們取得高於一定價值的土地。他認為就長期而言，這兩種措施都將導致土地財產得到一定程度的平均分配。[97]

哈靈頓主張土地法為維持民治政府所不可或缺，其參考了馬基維利的觀點，後者同樣認為一個運作良好的共和制需要「平等」，他也借鑒指出其他幾個建議了同樣影響的古代文獻。但無論是相較於馬基維利還是任何古代作者，哈靈頓都在自己的著作中賦予這一提議更顯著的重要性。[98] 事實上，哈靈頓認為，在維護共和制方面——並從而維護自治自由，土地法與旨在實現政治平等的那些制度皆是絕對必要的。哈靈頓強調經濟平等對於維護民主自由至關重要，正如我們將看到的，此一新穎見解將對如何推行自由政體的後續辯論產生重大影響，這些辯論將在美國及法國大革命的背景下登場。[99]

總而言之，在一五〇〇年至一七〇〇年間，對自由的古老狂熱在阿爾卑斯山另一頭的歐洲再次捲土重來。與文藝復興時期的義大利極其相似，人文主義者對一切有關希臘或羅馬事物的激情，導致自由的價值再次被高舉，人們將其理解為人民自治。在法國、波蘭、尼德蘭和英國這些曾經遭遇君主制崩潰的國家，情況尤其如此。在這些國家，拉波哀西、席爾斯和西德尼這樣的人文主義者抨擊他們的生活遭受奴役，正如十五世紀時佛羅倫斯的李努奇尼所做的。更激進一點的思想家如霍曼和哈靈頓，則從馬基維利的教戰守則裡有樣學樣，對於如何重建古代的民治政府發展出詳細的描述。

與此同時，我們需要注意到一點，那就是：人文主義者對自由的熱愛有著清楚的限制。儘管人文主義者高談闊論他們想要創建自由政體的渴望，想讓人民成為自己的國王，但他們對於這類政權的定義往往十分狹隘。事實上，他們之中許多人奉為典範的自由政體往往高度菁英化。因此，波蘭、荷蘭以及（為時更短暫的）英國人文主義者均稱揚他們各自的共和政體為自由政府的典範，然而在所有這些共和政體中，都只有人口中的一小群人才能參與政治：在波蘭—立陶宛共和國，只有貴族（約佔總人口的百分之六至八）能夠在議會中投票；統治尼德蘭的是一小撮被稱為攝政者（regent，字面意義為統治者）的寡頭，他們想方設法延續其統治。同樣地，曇花一現的英國共和國除限定擁有大量財產的成年男性才能擁有參政權外，更將羅馬天主教徒及人們熟知的保皇黨（royalist）排除在外。[100]

這些排除往往不受到承認。波蘭人文主義者似乎認為，這個本應自己治理自己的「國族」只包括了貴族，這事不證自明。[101] 荷蘭共和派也抱持同樣的態度。因此，席爾斯在其對自治自由的讚美詩中，將奧蘭治家族形容為對尼德蘭自由的唯一威脅，卻從未討論過攝政菁英們的長期權力壟斷。同樣地，當更廣泛地討論自由政體時，他將貴族及民主政府均納入此一範疇，而沒有認知到在菁英階層的統治下，大多數人就和在君主制中一樣，被排除了參與自治的機會。[102]

在英國，政治紛爭更加激烈且長期未能得到解決，針對誰應被納入此一政治國族、理由為何的問題也存在更多的辯論。英國的菁英共和派經常指出，將權力給予「粗魯無文的大眾」只會讓君主制復辟——從而終結自治自由。根據詩人及共和主義宣傳家約翰·彌爾頓（John Milton）的看法，羅馬共和的例子突出了賦予人民過多權力的危險。在他看來，羅馬的平民領袖，尤其是護民官必須負起責任，因為他們挑起異議及動盪不安，最終導致共和制垮台，從而給了蘇拉建立其獨裁政權的機會。彌爾頓的結論是，為了維護自由，權力最好交付給那些「有充分資格的人」手中。[103]

然而，人們也不應誇大共和菁英主義的聲量。十六及十七世紀間，許多共和派思想家同樣譴責寡頭政權，認為其對自由的戕害並不亞於君主制。一五七二年，波蘭學者安傑伊・沃蘭（Andrzej Wolan，或他自稱的安哲亞斯・沃拉努斯〔Andreas Wolanus〕）出版了一部題目為《論政治或公民自治自由》（*On Political or Civil Liberty*）的專論，他在書中大力讚揚波蘭—立陶宛國為自由的縮影，因為它是由經過人民同意而制定的法律所統治。同時，沃蘭也批判兩國共和國的寡頭政治趨勢。他警告，若是不加以改革，「少數人權力」的支配將會取代「所有人的自治自由」。[104]

荷蘭兄弟檔約罕及彼特・考特（Johan and Pieter de la Court）的看法甚至更為激進。[105] 身為成功的布商，考特兄弟是尼德蘭最富有的人士之一，並與統治這一國家的貴族菁英有著密切的聯繫。然而，他們卻對荷蘭共和國的寡頭本質感到極為不滿。他們在《國家或政治平衡的思考》（*Considerations of State or Political Balance*）一書中十分清楚地表達了態度，在這部寫於一六六〇年的著作中，他們針對君主制、貴族制及民主制三種政府形式進行了比較。他們先採用古典人文主義的論述，摒棄了被視為奴役制的君主制，接著提出一個更特殊的主張。他們解釋，貴族制終究會成為維護菁英利益的統治，從而使大多數人陷入奴役之中，正如國王統治一樣。因此，考特兄弟在其書結語中提出了實行雅典民主的強烈呼籲，即所有成年男子均有權利參加大會，決定宣戰或和平、頒布新法及指派執行這些法律的行政官員。[106]

但是針對菁英統治的批評最為活躍的地方，也許是在革命期間的英國。[107]曇花一現的英國共和國的排他性質受到了馬克芒・內頓（Marchamont Nedham）的尖銳批評，與彌爾頓的論述完全相反，內頓援引羅馬史來反對菁英政府。內頓主張，羅馬史表明「除非人民利益持續穩定並比另一方的利益更佔優勢」，人民才能夠在享有其自治自由時感到放心。相反，一旦元老院成功地「將人民逐步排擠出權力」，羅馬就「失去了她的自治自由」，並開始邁向凱撒暴政而衰亡。[108]許多同樣具有民粹傾向的共和黨人也提出了類似的主張，例如：約翰・史崔特（John Streater）強調要保護自治自由只有依靠人民才行，貴族往往對君主制有強烈偏好。「人民是當權者的最佳護衛，也是他們自治自由的最佳守護者。」[109]

當然，即使是像內頓和考特兄弟這樣具有民主思想的思想家也有其限制。儘管他們為非菁英者的政治參與做出了強有力的論述，但他們持續排除許多範疇的人參與政治——尤其是女性及僕役。正如他們的古代先賢，他們主張這些人從一開始就不是真正的獨立，因此即使是被迫承受政治奴役，也不會令其有所損失。考特兄弟解釋，女性比男性更容易受到激情驅使，她們每個月都會承受令人虛弱的病痛折磨，因此在身體上依賴男性的協助。她們服從男性完全是自然的，就像孩子們服從成人一樣。[110]

雖然他們的政治視野有著明顯侷限，但北方人文主義者及其門徒，仍在自由的故事中扮演著關鍵角色。正如他們的義大利前人，他們主張過自由的生活才是政治上的至善；他們也清楚表明，只有在古代自治共和國的背景下才能享有這樣的自由生活。他們提出了創新的觀念，包括一個自由的國家必須要社會經濟平等的論述；一些人發展出對菁英統治作為一種奴役形式的強力批判。正如我們將會看到的，這些思想在十八世紀末關於自由的辯論中扮演了重要的角色，尤其是在英國和法國革命的背景下。

重新思考自由？宗教改革的影響

顯而易見的是，文藝復興時期的人文主義對歐洲的政治思想，尤其是關於自由的思考，產生了重大且持久的影響，同時代人均已承認這點。一六五一年，湯瑪斯·霍布斯曾對他認為的希臘及羅馬作家的有害影響發出他著名的牢騷。「在西方世界這裡，」霍布斯抱怨道，「關於制度與聯邦權利，我們被迫接受亞里斯多德、西塞羅以及其他希臘和羅馬人的意見。」這些「生活在民治國家」的希臘和羅馬作家們認為「自己是自由人，所有活在君主制下的人都是奴隸」——這是一個大多數他的同時代人都毫不批判加以接受的看法，霍布斯做出結論。事實上，霍布斯認為君主制和奴隸制之間的人文主義連結是如此穩固而深入人心，以至於必須為斯圖亞特君主政體遭到暴力推翻負起部分責任。[111]

但是文藝復興不是影響十六及十七世紀歐洲政治辯論的唯一重大文化變革，同樣重要的還有另外兩項知識上的發展：宗教改革及自然權利學說（natural rights doctrine）的問世。傳統上會說，這些發展將關於自由的辯論引向更為「現代」的方向，但事情果真如此？我們可以透過追溯這些運動的起源與發展，以及它們對近代早期關於自由辯論所產生的影響來評估此一說法。正如我們將看到的，我們有很好的理由相信，這些影響遠遠沒有傳統上認為的那樣重要。

根據十九世紀（主要是由新教徒歷史學家）所建立的一套敘事，宗教改革在現代性以及古代和中世紀的精神世界之間造成了徹底的斷裂。這種看法認為，中世紀天主教是一種壓迫性的宗教，它迫使平信徒臣服於神職人員的權威，阻止他們擁有自己的思考。宗教改革解放了新教徒，讓俗人與神職人員平起平坐（正如馬丁・路德〔Martin Luther〕所言，宗教改革提出了「信徒皆祭司」），鼓勵平信徒自己閱讀及詮釋經文。這種宗教自由令人們對於個人自由——即不受國家干預而採取行動及思考的能力——產生了新的體會，這使得現代世界不僅有別於中世紀，也有別於令集體自由享有高於個體自由之特權的古典時代。[112]

這是一直以來即廣為流傳的看法，尤其在英語世界中更是如此，但它是建立在許多有問題的假設之上。首先，古代史學者已表明，古代思想家並未將集體自由的權利置於個體自由之上。與之相反，正如我們已經看到的，像希羅多德這樣的作家堅信只有在一自由且自治的國家，個體安全及個人獨立才能存在。他們的人文主義繼承人也抱持相同的看法。當馬基維利或哈靈頓這類人提倡集體意義上的自由或自治，他們這樣做是因為認為這是人們能夠控制自己生活的唯一方法。古代人以及他們的人文主義仰慕者均曾指出，說出一個人的想法或選擇一個人的人生規劃，是生活在一個自由國家（即民治政府）的主要好處之一。[113]

還有其他原因令我們不能過分突出宗教改革在自由歷史上扮演的角色份量。二十世紀時，十九世紀學者的樂觀評估遭到了來自修正主義歷史學家的反對，一位名叫恩斯特．特洛爾奇（Ernst Troeltsch）的自由主義新教神學家即是其中之一，他描繪了一幅色調更為黑暗的宗教改革圖像。正如特洛爾奇和其他人所指出的，儘管大力對抗教皇權威，但主要的宗教改革者宣揚的仍是威權主義的觀點。他們強調的不是宗教自由，而是服從上帝的話語；提倡的不是良心自由（freedom of conscience），而是剷除異端。宗教改革提倡的自由只是一種內在的、追求和解的自由，一種可以和個體對上帝話語、國王或其他政治權威的服從，相容共存的自由。正如特洛爾奇所指出的，宗教改革其實可以說是延長了中世紀，而不是終結了中世紀。[114]

當人們檢視最具影響力的宗教改革者的著作，就會發現特洛爾奇看法的說服力。例如：絕對不能將路德對宗教自由的提倡，詮釋為旨在捍衛宗教多樣性，或是捍衛基督徒根據自己信念而決定信仰或聚會的權利。此一神學概念源自保羅的教導，尤其是他寫給加拉太基督徒的書信，它所指的是一種純粹屬靈與內在的自由。對路德而言，它尤其意味著單純透過信仰基督，而接受稱義與救贖的教義。真正的基督徒在此一意義上是自由的：他們接受其救贖乃是掌握在神的手中，而不是透過善功或是服從像教宗諭令這樣的人為規條而達成。[115]

同樣地，當路德談到良心自由時，他也不是單純指人應有思想的自由，或應被允許以自己的方式來崇拜上帝。對路德而言，只有當良心「被神的話語擄獲」時才是自由的，而聖經所傳達的神的話語則是清楚明白、毫無歧義的。[116]他想像不出有合理的宗教分歧或詮釋存在。（世上沒有比聖經更清楚明白的書了）。[117]當其他人對聖經經文的理解與路德不同時，他認為他們不是被誤導，就是故意藐視神的命令，而當人偏離了真正的信仰——也就是偏離了路德對於經文的詮釋，就應該遭到反擊。一開始，路德不願意尋求世俗權威的幫助來懲罰異端，畢竟他們和其他所有人一樣都是罪人，但是到了一五三〇年代，他開始相信統治者和政府權威有責任打壓天主教彌撒，因為是可憎之事、褻瀆上帝的罪行。他不在乎天主教對於良心自由的呼籲，因為在不受經文指導的情況下，他們的良心只是「表面的良心」而已。[118]

其他宗教改革者也同意他的看法。和路德一樣，喀爾文將基督徒的自由基本上定義為一種屬靈狀態。喀爾文嚴肅地指出，這種自由不意味著一個人在行為和信仰上可以隨心所欲，也不等於暴飲暴食或懶惰的自由。一個基督徒是自由的，僅是因為他或她會「甘心順服神的旨意」。[119]喀爾文也同意路德的看法，即世俗權威有責任維持宗教正統性。在《要義》裡，他清楚表明基督徒統治者及行政官員（他們是神在地上的代理人）的首要職責即是照顧宗教及教會，這意味著保護對上帝的外在崇拜、捍衛完整健全的教義，以及打壓偶像崇拜、褻瀆聖物聖地及褻瀆神。

當然了，宗教改革不只是路德和喀爾文的功勞。自從一九六二年，G．H．威廉斯（G. H. Williams）出版了他深具影響力的研究《激進的宗教改革》（*The Radical Reformation*）後，歷史學家就開始關注那些企圖由下而上實現宗教改革的運動，這些運動是和「權威」的宗教改革者（這樣稱呼他們是因為其改革得到了世俗統治者的支持）一起出現的。不令人意外的是，這些「激進」的宗教改革者更願意質疑現存宗教及政治安排的正當性。例如：重洗派（Anabaptists）就和路德派及喀爾文派不同，他們偏好一個真正自願的教會，因此他們拒絕為孩童施洗（pedobaptism），因為這是強迫孩童在有能力自行決定前，就加入一個宗教共同體。一些人認為重洗派和其他激進宗教改革者是宗教改革中的現代代表，因為他們真正地忠於良心自由。[120]與此同時，人們也應牢記，激進宗教改革只是一個邊緣運動，對於近代早期的宗教及政治辯論影響有限。

近年來，歷史學家也以全新的眼光審視路德和喀爾文的繼承人——即經歷過宗教戰爭的主流新教徒的後代們，其對關於自由的辯論，更具體地說，是關於良心自由的辯論所做出的貢獻。隨著宗教裂痕變成了永久性的裂痕，新教徒開始自相殘殺（如在尼德蘭和英國的情形），一些主流新教徒思想家開始承認，上帝的話語並非如路德和喀爾文所相信的那樣明確而毫無疑義；也就是說，理性的人確實可以不同意對經文的詮釋。這些思想家對良心自由的看法與路德和喀爾文的相去甚遠，卻和我們的更為貼近。既然沒有人可以確定救贖的最佳方式，個體就應該可以遵照自己良心的指示而行。

美國歷史學家佩雷茲．札戈林（Perez Zagorin）近來認為，這類捍衛良心自由的新教徒對於西方宗教寬容的出現發揮了重大作用。與此同時的其他發展，如宗教懷疑主義的興起，以及人們逐漸理解到暴力無法恢復宗教合一，也都扮演了重要的角色。但是這些發展本身無法充分解釋宗教寬容最終得到接納的原因。宗教懷疑主義仍是一小群菁英的專利——而真正的懷疑主義者其實不太有動機為宗教寬容作原則性的辯護。同樣地，彼此鬥爭的宗教派系間勉強達成的妥協其實太不穩定，無法保證長期的宗教自由。因此，若沒有提倡宗教寬容的新教思想家們所提出的倫理論證，良心自由可能就不會出現。[121]

然而，這並不表示我們又回到了原點，或是我們應該歸功於宗教改革引進了對個體自由及自主性，一個新的且更現代的認識。正如劍橋大學政治理論學教授約翰．鄧恩（John Dunn）及其他歷史學家已提醒過我們的，路德和喀爾文繼承者對於良心自由的捍衛，無疑仍是以一種非現代的世界觀為基礎，也就是認為宗教救贖乃是至關重要的這一觀念。換言之，良心自由，恰恰就是遵從個人良心的自由。它絕不意味著隨心所欲地思想或說話的自由；這就是為什麼即便是捍衛良心自由的最激進新教徒，也不會對於禁止無神論或褻瀆神明有所疑慮的原因，因為抱持無神論的人和褻瀆神明的人無法聲稱他們是在遵從個人的良心。良心自由也不會自動導致一個人致力於非宗教領域的個人自主。即使是良心自由的激進捍衛者如約翰．洛克，也沒有必要承認人們有隨心所欲思考的一般性權利，更別說將自己看法表達出來。[122]

簡言之，宗教改革在自由的歷史中扮演的角色，比傳統看法認為的「不重要」得多。路德和喀爾文等主要改革者往往援引自由的概念，並將他們的運動包裝為一股解放的力量，但他們也清楚表明，他們所設想的自由是種純粹屬靈、內在的自由。因此，他們對基督徒自由的提倡可以和宗教及政治的威權主義相容。確實，一小群以新教徒為主的激進改革者在宣揚「世俗權威應避免干預其臣民的宗教信仰」這一觀念上扮演了重要角色，但即使是他們之中反叛性最強的人，也不會去提倡更普遍的思想及言論自由。從宗教改革到這樣的自由觀念——自由包含了個人獨立，其要求保護個人不受唯我獨尊的國家權力之侵害，這之間並不是一條直線。

自由與自然權利

在長篇累牘地討論宗教改革對自由歷史之影響的同時，歷史學家們也相當關注另一個更具學術挑戰性的知識發展，那就是自然權利學說的出現。故事據說是這樣的，十七世紀時，洛克和其他人開始用一種嶄新、更具啟蒙眼光的方式來思考政治。他們否定了權威是由上帝所賦予，或是自然而然的這種流行觀念，反而主張人生而自由；也就是說人擁有某些不可剝奪的個人權利，如財產權等。只有尊重個體天生的自治自由（他們的自然權利）的政府，才能被視為是自由的、具有正當性的政府。因此人們經常認為是洛克等自然權利思想家，發明了人在一個社會中如何能夠自由，或者說作為一個社會如何能夠自由的新概念。有人認為，在自然權利思想發明後，自由隨即被等同於有限政府，這種政府僅維護秩序，並不干預人們行使自然權利。這種思考自由的新方式反映了十七世紀近代商業社會的崛起，在這些社會中，保護個體權利不受國家權威的侵害——尤其是財產權，變得日益重要。[123]

正如宗教改革的故事，這是一個廣為流傳的敘事，即使歷史學家已經大體揭示這其實是個迷思。首先，我們如今知道，自然權利思想的出現與資本主義或近代市場社會的崛起，並沒有太大關係。自然權利傳統的主要信條——人生而自由，這種自由意味著人擁有個體權利——已經在中世紀的政治辯論中得到了闡述。[124]雖然這些觀念在十七世紀變得更受歡迎，但這不是新的經濟發展而導致。這反而是人們必須將自然權利思想在十七世紀日益普及的事實，理解為是對道德及政治懷疑主義的一種反應，這種懷疑主義是因宗教改革及其引發的宗教戰爭而產生。宗教改革令過去公認的建立正當性的方式——尤其是訴諸聖經權威，變得愈來愈站不住腳。在這個背景下，自然權利學說於是成了看似有吸引力的替代選項。[125]

第二，自然權利思想的出現並未導致人們將自由等同於一組不可剝奪、需要保護不受政府干預的個體權力。自然權利思想最重要的支持者比人們一般認為的更加保守與激進。[126]他們中的大多數人都支持絕對君權（royal absolutism），這並不令人意外，因為自然權利學說是從建立不以聖經為基礎的政治義務的需要而產生。即使他們堅持人生而自由，但他們並不會同時質疑絕對君權或是政治現狀的正當性，而是主張自然狀態是高度無政府狀態，因此每個人都可以理解政治權威是有必要的、也是可取的。

被公認為現代自然權利學說創建者的荷蘭法學家格老秀斯，即是個典型例子。格老秀斯在荷蘭共和國長大，但是在捲入一場內部衝突後被迫逃離該國，最後得到法王路易十三（Louis XIII）的雇用。[127]他影響力深遠的論著《戰爭與和平的權利》（*Rights of War and Peace*）即獻給了這位贊助人，許多人將此書解讀為對絕對君權的辯護。格老秀斯強調，人生而自由，因此政治臣服具有一種本質上自願的特質，但他也同樣清楚地表示，絕對的政治服從完全具有正當性。畢竟，自然狀態是一種不受歡迎的無政府狀態，人的權利在這種狀態下朝不保夕。因此，如果人們願意放棄他們與生俱來的自治自由，換取強大的君主權威提供的更多安全，這樣做是合理的，因此也是正當的。格老秀斯解釋，即使是奴役也比死來得好：「正當理性指出……生命遠比自治自由更加可取。」[128]山謬・普芬多夫（Samuel Pufendorf）是隆德大學（University of Lund）的哲學教授、十七世紀最具影響力的自然權利思想家之一，他也提出了類似主張。普芬多夫在其影響力深遠、被全歐各大學奉為主要自然法教科書的《論自然法及國際法》（*On the Law of Nature and of Nations*）中直言不諱道：「一個進入國家的人犧牲了他與生俱來的自由，並服從於（譯按：國家）主權。」[129]

當然，不是所有自然權利思想家均支持絕對君權，也有一些人反對此種政治現狀。他們拒絕格老秀斯的看法，即人會自願放棄他們與生俱來的自由以換取安全，即便這意味著他們要生活在奴役之中。畢竟生活在君主任意武斷的意志之下，勢必和生活在自然狀態中一樣岌岌可危；只有失去理性時，人才會同意臣服於絕對君主制。因此，更為合理的主張是，只有允許人們享受自由時——儘管是公民或政治自由，而非與生俱來的自由——一個國家才會有正當性。但是正如激進的自然權利思想家所清楚表明的，只有在一個人民自治的政府底下，而非最小政府之下，這種公民自由才會蓬勃發展。

因此，深具影響力的荷蘭激進自由思想家班乃迪克・史賓諾莎（Benedict de Spinoza）主張只有民主制才具有正當性，因為只有在這種政府的統治下才能保護人與生俱來的自治自由。在他一六七〇年出版的《神學政治論》（*Theological-Political Tractate*）中，史賓諾莎將民主形容為：「最自然的國家形式，最接近自然賦予每個人的自由。因為在一個民主國家中沒有人需要將自己的自然權利徹底讓渡給另一個人，以至於從此沒有人會徵求他的意見；他將它讓渡給整個共同體的大多數人，而他自己也是共同體的一分子。透過這種方式維持了人人平等，正如他們過去在自然狀態中一樣。」[130]一百年後，盧梭在他對現代政治思想甚至更具影響力的論著《社會契約論》（*Social Contract*）中也提出類似的看法，盧梭認為只有當一個政府允許人民「只服從他自己」，並「保持和從前一樣自由」時——這要求能以民主方式控制權力——才具有正當性。[131]

甚至是洛克，傳統上公認是以權利為基礎，新的思考自由方式的提倡者典範，也抱持著類似觀點。[132]和史賓諾莎（以及後來的盧梭）一樣，洛克也不認同絕對君權（一個無法向君主的決定求償的制度）是具有正當性的政府形式。完全屈從於另一個人任意武斷的意志，會令一個人的生活就像在自然狀態中一樣朝不保夕，不，甚至更岌岌可危。因此，沒有一個理性的人會自願臣服於這種政府，因為人沒有笨到會小心翼翼避免「臭鼬或狐狸的惡作劇造成的傷害」，只為了讓自己「被獅子吞下肚子」。[133]

換言之，洛克極力反對格老秀斯的看法，即認為奴役可以成為一種具有正當性的政治處境。一個國家只會因為允許人們繼續保持自由而具有正當性。然而正如洛克也明白表示的，人們因政治共同體一員的身分而享有的自由（洛克稱其為公民自由〔civil freedom〕）與不存在國家干預，這兩者之間毫無關係。據說洛克曾寫到，自由即是：「每個人都能按照自己的心意行事、生活，而不受任何法律束縛的自治自由。」但這是大錯特錯。公民自治自由——一個人因身為政治共同體一員而享有的自治自由——與能夠在沒有外在干預下為所欲為無關。洛克解釋，「人在政府管理下的自由」是：「擁有一套可遵循著生活的長期穩定規則，其適用於社會中的每一個人，並且是由在這社會中建立的立法權力所制定的。」[134]

如果我們想要理解洛克這個有點謎樣的公式所要表達的意思，我們就必須牢記，洛克認為「長期穩定的規則」，或法律，應該要在人們或是他們明確指定的代表同意下制定。正如洛克在《政府論下篇》（*Second Treatise*）中曾解釋的，只有通過「社會的同意，在社會之上沒有人有權制定法律，只有人民的同意及人民所認定的權威才能制定法律」，而這樣制定的法律才是充分意義上的法律。只有「那些人民選擇並授權為他們制定法律的人所制定的法律」才能約束人民。[135]

長話短說，自然權利哲學家提出了兩種高度分歧的自由觀點。一方面，格老秀斯和普芬多夫等保守的自然權利思想家援引自然自治自由的學說，以證成完全服從於政治權威的正當性，並從而完全拒絕了自由的價值。另一方面，史賓諾莎、洛克和盧梭等激進的自然權利思想家則將自由（或至少是公民自治自由）等同於生活在自己制定的法律之下的能力。當然了，後面這種觀點相當接近人文主義者及其古代文獻所倡導的那種自由的定義，他們同樣將自由等同於，控制自己受到治理方式的能力。

但霍布斯——也許是十七世紀最知名，也最受爭議的自然權利思想家，則是這規則中的例外。身為斯圖亞特王朝的堅定支持者，就像格老秀斯及普芬多夫一樣，霍布斯也運用人之自然自治自由的學說來主張絕對君權的正當性。霍布斯認為，人若沒有政治權威來控制他們，就會濫用他們與生俱來的自由。在自然狀態，人處在所有人對抗所有的戰爭狀態，因此，人們有很好的理由放棄他們與生俱來的自治自由，以換取主權權力（sovereign power）的出現而提供的安全感——即使這個主權權力對他們的生活及財產擁有絕對的控制。

然而，不同於格老秀斯和普芬多夫的是，霍布斯明確主張在過渡到公民社會後，人仍擁有某形式的自治自由，也就是「國民的自治自由」（liberty of the subject）。這種自治自由意味著人們在跟主權面對面時仍保有某些權利——最主要的即是捍衛自己生命不受權威侵害的權利。此外，更重要的是，國民的自治自由意味著人們保留了，可以去做法律沒有表示意見的任何事情的自由。正如霍布斯在《利維坦》（*Leviathan*）一書中所言：「國民最大的自治自由取決於法律的默不作聲，因為在主權沒有加以規定的情形下，國民擁有自治自由，可以根據自己的裁量決定做或不做。」[136]

霍布斯因此提出了一個對於自由的新理解，它十分不同於人文主義者復興的古代觀念。正如昆丁．史金納指出的，霍布斯是刻意這樣做的。霍布斯的目的是透過提出他自己對自由的另類理解，取代人文主義者及其他迷戀古代者所提出的自由定義，他認為這種民主的自由定義具有危險性。人文主義者認為只有當一個人生活在自己制定的法律下時，他才能自由；霍布斯則說，在正確的理解中，自由取決於法律的缺席。因此，他對於自由的新穎理解，令他得以主張絕對君權提供的自由和民治政府一樣多，以自由為名反抗君主制權威因此是毫無意義的。正如霍布斯所言：「無論一個聯邦是君主制，還是屬於人民，自由都是一樣的。」[137]

然而重要的是要強調，霍布斯雖企圖用一種十分不同的新理解來取代自由的古老定義，但他的努力大體而言是不成功的。針對《利維坦》一書對十七世紀英語政治辯論的影響，所進行的一項廣泛調查發現，只有一個作者曾使用霍布斯關於自由的論證。[138]而保皇派思想家和小冊子作者們往往提出十分不同的論證。例如：羅伯．菲爾默（Robert Filmer）譴責自然的自治自由學說，稱其為危險的新學說，並認為臣服於國王既自然又有益，他就說出了許多人的心聲；他的《父權論》（*Patriarcha*）一書的次標題「為國王的自然權利辯護，反對人民的非自然自治自由」，就相當能表明他的看法。[139]

這一切均意味著，針對關於自治自由的一種更現代思考方式的出現，人們應該以懷疑主義的眼光來看待普遍接受的敘事——這些敘事往往聚焦於宗教改革的政治影響，或是有關政治的更開明思考方式的出現。但自由的歷史不曾出現過什麼巨大斷裂；當近代早期的歐洲人思考自由時，他們就像其古代先賢一樣，想到的是自己治理自己的能力。要判斷一個人是否自由，「誰統治？」仍是個必須提出的相關問題。對於近代早期思想家仍顯而易見的是，只有能夠自己治理自己的人民才能稱得上自由（即使他們〔也〕十分樂意排除大量人口，理由是他們從一開始就不是自由的）。

近代早期的字典及寓意畫冊（emblem book）——經常被自由歷史的教科書忽略的資料來源，也證明對於自由的古老民主式理解，持續在十六及十七世紀佔據主導地位。在整個中世紀，學者以不同的歐洲語言編纂單詞表，他們會在這些單詞表中列出一個或多個同義字，以澄清困難單詞或技術性單詞的意涵。但是在近代早期，字典編纂者變得更有雄心壯志，他們開始編寫字典，透過定義及短語範例或經典文本的引文，來說明常見單詞的意涵。

針對幾本這種字典的一份分析清楚表明，古代的自由定義在十七世紀晚期仍佔據主導地位。這種新體裁的最早例子之一，是《法蘭西學院字典》（*Dictionary of the French Academy*）。在紅衣主教黎希留（Cardinal de Richelieu）於一六三〇年創立的法蘭西學院（Académie française）贊助之下，這本字典的編纂花費了半世紀才大功告成，死亡與爭執均是造成拖延的原因（據說，法蘭西學院院士們會在情緒高漲時互扔字典）。但結果仍是值得的：這本於一六九四年出版的字典對法語產生了相當大的影響，因其權威性，外國字典也以自豪的態度援引。該字典幾世紀以來不斷再版，目前正在準備印行第九版。[140]

當讀者翻開沉重的對開本書頁時，他們會看到與希羅多德和塔西佗所支持的自由（*liberté*，自治自由）相當類似的定義。法蘭西學院院士們對自由的定義，是從承認自治自由是有關意志自由的道德及神學辯論核心詞語而展開；在這個意義上，他們將自由定義為「靈魂在事物中進行選擇的力量」，但是這一定義後面隨即又出現了兩個截然不同的定義。法蘭西學院院士解釋，從法律的角度而言，自治自由是奴役的相反。此外，「涉及與國家關係」的自治自由，應被理解為「一種人民享有主權權威的政府形式」。在這最後一個定義後面，又立即出現一個提到羅馬自由的短語範例：「只要羅馬還享有自治自由。」[141]

其他的字典編纂者也同意這些定義。下一本最具影響力的法語字典，是安托萬．弗提耶（Antoine Furetière）的《通用字典》（*Dictionnaire universel*），出版於一六九〇年，比《法蘭西學院字典》早了幾年。它對自治自由的定義，是某種「建立了民治政府及地方行政官員的國家」所擁有的東西，說明這一意義的短句則是：「希臘和羅馬人長期為他們的自治自由而奮戰。」[142]在英國，受到《法蘭西學院字典》和第一部現代英語字典的直接啟發，以法蓮．錢伯斯（Ephraim Chambers，譯按：原文為Ephraim Chamber，應為誤植。）於一七二八年出版了《百科全書》（*Encyclopaedia*），書中以抽象的方式將自由定義為「受束縛、受限制、必須去做」的相反，並指出一個「自由國家」的定義是「由居民自由選舉選出的行政官員所治理的共和國」。[143]

寓意畫冊也證明人們廣泛認同自由等同於古代的民治政府。在印刷革命之後，文本及圖像的複製成本變得日益低廉，這些書在歐洲閱讀人群中變得極受歡迎，其內容包括抽象概念或原則的圖像式呈現（寓意畫〔emblem〕一詞源自希臘文 *émblēma*，意為「飾以浮凸圖案的裝飾」），並以詩句說明其含義。這類寓意畫冊對自由觀念的圖像呈現明確表示，古代的自由定義在其創作者的心中佔據著重要地位。安德烈亞·阿爾恰托（Andrea Alciato）的暢銷書《寓意畫集》（*Emblemata*）光是在十六和十七世紀就曾出版過兩百種版本，該書以一個著名布魯圖斯錢幣的圖案來說明自由國家的概念（自治自由的共和國〔*respublica liberate*〕），並伴隨著如下的解說：「當凱撒被摧毀時，作為重獲自治自由的標誌，布魯圖斯和他的兄弟鑄造了這枚錢幣。」畫面的主角是支匕首，旁邊則是一頂小帽，就和奴隸們獲得自由時得到的那頂一樣。[144] 同樣地，切撒雷·里帕（Cesare Ripa）的《圖像譜》（*Iconologia*）是十七世紀最知名的寓意畫冊，它也將自由描繪為一個手持自治自由小帽的年輕女子。[145]

Emblemata. 641

κατ᾽ ἐξοχὴν Theriacum vocamus. Quæ quidem commemorare libuit, vt non immeritò tot numiſmata cuſa exiſtimemus, quæ ſerpentem habent cum inſcriptione, SALVS. veluti eſt ille nummus in ſpiram collectum ſerpentem habens, cuius inſcriptio, SALVS ANTONINI AVG. In alio eiuſdem nummo ſerpens eſt tractu ſinuoſo tortiliq; obrepens virgæ, quam ſignum ibidem adiectum dextera humi applicat. Atq; in alio Dea ipſa læua virgam gerit, dextera poculum angui porrigit, inſcriptio eſt, SALVS AVG. COS. III. In aliis ipſe ſella ſedens pateram porrigit angui ſuo de loculo exeunti, caputq; pateræ admouenti, inſcriptione adiecta, SALVS AVG. In nummo verò M. Aurelii Seueri Alex. ſedenti ſimulacro pateramq; porrigenti aſſurgit anguis, cum inſcriptione, SALVS PVBLICA In nummo Antiochi Soteris, SALVS Dea Romanis habita pingebatur forma mulieris, habitu regio ſedentis pateram tenentis, iuxta quam erat ara, & ad aram inuolutus anguis caput attollens. Sed ne ſingula commemorem, quæ quidem ſunt innumera, Commodi, Criſpinæ, & aliorum, per angues deniq; omnes Salutem intellexerunt. Pleriq; noſtra ætate viri eruditi coniiciunt, ab Alciato hic tacitam eſſe factam alluſionem ad Ambroſianum illum anguem, qui Mediolani viſitur in marmorea columna erectus ipſa ęde D. Ambroſii. Sed ſatis, vt auguror, anguibus inuoluti hæſimus, age ad libertatem aſpiremus. *Anguis Ambroſianus Mediolani.*

Reſpublica liberata.

EMBLEMA CLI.

EID·MAR

Ss CAESARIS

在一六二一年版由阿爾恰托創作的《寓意畫集》中，一幅由一頂自治自由小帽及兩把匕首構成的圖像說明了「自治自由的共和國」的概念。

十八世紀初的自由

佩脫拉克發明人文主義後，對於自由的古老狂熱首先是在文藝復興時期的義大利，後來則在歐洲其他地方重新復興起來。即使其他重要的知識變革，尤其是宗教改革及自然權利學說的出現，使得關於自由的論辯變得更為複雜，但這些最終並未讓歐洲關於自由的思考轉向其他方向。到了十七世紀末，一個人只有在不依賴其他人的意志時才能得到自由的觀念——意味著個體自由只有在集體自由中才能存在——已經穩固確立，就連字典也證實了這點。

整個十八世紀，對於自由的古老狂熱在歐洲各地持續蔓延，毫無消退跡象。十八世紀末最知名的波蘭思想家之一——史坦尼斯瓦夫·斯塔席茲（Stanisław Staszic）提醒他的同胞，只有在國民控制立法權的地方，自由才能存在：「在立法權不為國民所有的地方，沒有社會，只有一個領主和他的牛群。」[146]在荷蘭共和國，李文·波福（Lieven de Beaufort）在他一七三七年出版的《論公民社會中的自治自由》（*Treatise on Liberty in Civil Society*）一書中也附和了類似觀點。波福解釋，在一人統治之下，只有君主是自由的，他的所有臣民都是「奴隸」。[147]

在英國，政治辯論的演進則有些許不同。在這裡，新的宗教和政治緊張曾再次導致斯圖亞特王朝於一六八八年被推翻。但如今，造反運動的領導人小心翼翼，避免暗示他們的行動是一場爭取自由的革命。議會迫使奧蘭治親王威廉簽署一項權利法案，作為交換他成為新王的條件，這項法案明列了一系列的「權利與自治自由」，侵害其中任何一項均屬於「非法」。但文本中並未提及「自由」

（freedom）一詞。[148] 同樣地，一七〇一年的《王位繼承法》（Act of Settlement）也反覆稱呼議會為「陛下您最忠實的臣民」。[149]

但如果議會不樂意採納自由的概念，其他政治人物就更不可能這麼做了。在光榮革命後，出現了新生代的共和派。確實，他們竭力避免暗示其目標是放棄君主制，因為對曇花一現的英國共和的記憶令他們對於重啟該項實驗興趣缺缺。但他們明確表示，想要透過增加下議院的選舉頻率來增強人民對政府的控制，並抑制王權對下議院的影響力。光榮革命後的共和派世代提出的這些主張，是援引了小加圖等古代自由鬥士，以及十七世紀的前人如西德尼和哈靈頓等人來作論證。[150]

然而重要的是應注意到，在波蘭、荷蘭共和國和英國以外的地方，關於自由的談論則相對無聲。這種情形在一七七〇和一七八〇年代有了劇烈的變化，當時歐洲及其美洲殖民地均深陷革命浪潮中，突然間，似乎整個世界都在談論自治自由的甜美及奴役的有害影響。最引人矚目的是，即使是在法國這個歐洲最強大的君主制國家，也在自由的名義下推翻了王權。大西洋革命（Atlantic Revolutions）是文藝復興時期對古代自治自由之狂熱信仰的頂峰；也就是說，它們是馬基維利與試圖在後古典時代的世界，重燃古代對自治自由之熱愛的其他人文主義者，所達到的最高成就。然而，這場勝利亦將引發對民主自由的強烈反彈。

CHAPTER 4

大西洋革命浪潮中的自由

一七七五年三月二十三日，時年三十九歲的律師派崔克・亨利（Patrick Henry）在美國維吉尼亞州利奇蒙（Richmond）的聖約翰教堂（St. John's Church）發表了一場激動人心的演講。維吉尼亞殖民地的代表們齊聚此地，爭論他們該在美洲殖民地和英國之間的衝突中採取什麼立場——這場肇始於進口關稅爭議的衝突，很快就升級為殖民地爭取從宗主國獨立的抗爭。維吉尼亞州人應準備加入麻薩諸塞以及其他殖民地的行列，武裝起義反抗喬治三世（George III）嗎？還是他們應持觀望態度，看看事情如何發展再說？在發表了簡短而熱情洋溢的演說後，亨利敦促他的維吉尼亞州同胞加入這場起義。

亨利很清楚，戰爭將為美洲殖民地人民帶來巨大的風險，但他仍然認為這些風險是值得付出的代價。正如他向維吉尼亞州同胞們解釋的那樣，這是「這個國家所面臨的最可怕時刻」，這「完全是自由或奴役的問題」。現在退讓，等於讓英國可以不遵守適當的磋商程序就強加關稅，無異於淪為奴隸。「我們毫無退路，除非願受屈服和奴役！」亨利大聲宣告。「囚禁我們的鎖鏈已經打好了！波士頓平原已響起噹啷作響聲！」就是死亡也好過承受這樣的命運，他做出結論：「難道生命如此珍貴，和平如此甜美，竟要以鎖鏈和奴役作為代價換取嗎？全能的上帝，阻止它吧！我不知道別人會選擇哪條道路；至於我，不自由，毋寧死！」[1]

亨利的話語激勵人心，產生了巨大的效果。在他的演講結束時，許多聽眾都重複喊著「不自由，毋寧死」。儘管只有微弱的優勢，但亨利的決議仍獲得通過。隨著維吉尼亞州這個最富庶、人口最多的美洲殖民地之一參戰，這場反抗英國的戰事也徹底改變。本來只是一場目標有限的叛變，現在卻成了貨真價實的獨立戰爭——這場戰爭又持續了七年之久，並導致美洲大陸東岸一個全新的政治秩序誕生。[2]

這場美利堅對抗大不列顛的反抗運動是個起火點，它將點燃一場終將吞沒整個大西洋世界的燎原之火。一七八七年，尼德蘭爆發了一場內戰，希望將荷蘭寡頭政治體制民主化的愛國者，與捍衛現狀的奧蘭治黨人（Orangist）兵戎相向。儘管普魯士軍隊迅速撲滅這場反叛，但烈焰卻隨後蔓延到法國，財政危機在一七八九年引發了對抗路易十六（Louis XVI）政權的反抗運動。革命的熾熱激情從法國向東傳到了華沙，一七九四年時那裡爆發了對抗俄國人的反叛運動，而俄國人前一年才佔領了大片波蘭領土。革命的烈焰也向西方蔓延，跨越大西洋，法國殖民地聖多明哥（Saint-Domingue）爆發了史上最大規模的奴隸反抗運動。最後，當法國軍隊在一八〇八年推翻了西班牙國王費迪南七世（Ferdinand VII），革命之火也燒向了拉丁美洲，殖民地人民利用西班牙處於權力真空狀態之際宣布獨立。[3]

諸多不同因素引發了大西洋革命浪潮。不斷增加的戰爭費用所造成的財政壓力是一個重要原因，一七五六年至一七六三年間的七年戰爭（Seven Years' War），將英、法兩國推到了債務違約的邊緣，為解決財政危機而必須開徵的新稅，在這兩個國家引爆了反抗運動。另一個重要的因素是人口成長，隨著餵飽所有人的肚子變得愈來愈困難，許多歐洲國家的都市居民對現狀日益不滿。當極端天氣導致作物歉收，這些不滿很容易轉為暴力。一七八八年春天，法國遭遇乾旱，部分地區更因一場強大的冰雹而承受額外損失，這些因素導致糧食歉收及隨之而來的饑荒。一七八八年和一七八九年的冬天相對嚴酷，更令情形雪上加霜。儘管這些事件都不是造成革命的原因，但糧食價格高漲肯定是一七八九年夏天爆發革命的導火線之一。[4]

儘管財政政策和人口壓力是導致反抗運動重要的最直接因素，但必須強調的是，大西洋革命浪潮的參與者們並不認為自己只是為了更低的稅收，或麵包和其他食物而戰。他們一次又一次表明，自己是為了某種更抽象崇高的東西而奮鬥，那就是自由。派崔克・亨利於一七七五年演講結語，那句鼓舞精神的「不自由，毋寧死！」，很快就成為美國革命者們採納的半官方口號。一七七五年八月，維吉尼亞第一軍團的士兵們決定用一條盤繞著的響尾蛇作為他們旗幟的圖像，而蛇的兩旁就寫著亨利的那句名言。[5] 屬於大陸軍（Continental Army）的紐約和南卡羅萊納軍團所舉的旗幟，也裝飾著同樣的話語，或是寫上箴言「自由重於生命」（*Vita potior libertas*）。[6]

這些口號以及類似的口號很快開始在大西洋世界重複出現。[7] 在法國，革命者反覆宣稱他們願意為自由而死。國民警衛隊（National Guard）是為保衛革命成果，而於一七八九年七月成立的民兵組織，其成員必須宣誓他們願意「為保衛自治自由而犧牲生命」。[8] 同樣地，尼德蘭的愛國者派民兵舉著飾有擬人化自治自由圖像的標語上街遊行，自治自由往往被描繪為一名手持自由之杖與荷蘭自由帽的年輕女子。[9] 在波蘭，在一七九四年爆發的反抗俄國、普魯士和奧地利強權瓜分波蘭共和國的起義運動中，「為國捐軀是甜蜜而光榮的事」（*Dulce et decorum est pro patria mori*）這句格言得到了持續不斷的迴響。[10] 幾年後，一八〇四年，前法國殖民地聖多明哥獨立，並改名為海地，新領導人尚－賈克．德撒里尼（Jean-Jacques Dessalines）明白表示，海地人寧死也不願失去他們奮鬥而來的自治自由。在一場紀念海地獨立建國的演說中，為了將「自治自由的帝國」帶回他們的祖國，德撒里尼解釋：「我們必須撲滅任何重新被奴役的希望，讓那個令我們長期處於最屈辱、萎靡不振狀態的無人性政府不復存在。我們最後的下場不是獨立而生，就是死亡。」[11]

這樣的革命口號也成了十八世紀末一些最有才華藝術家的靈感來源。最知名的例子，也許是法國傑出的古典歷史畫家之一尚－巴蒂斯特．雷諾（Jean-Baptiste Regnault）。雷諾於一七九三年完成了一幅寓言性畫作，並於一七九五年巴黎沙龍展覽會首次展出，在這幅畫中，他將死亡與自治自由之間的選擇作了戲劇化的呈現。在他的描繪中，象徵法國人民化身的精靈——一個長著翅膀的赤裸年輕男子，正面臨著自治自由（呈現為一個手持自由帽的年輕女子）還是死亡（一具手持鐮刀的骷髏）的抉擇。[12]

各種針對自由的談論突然爆發並不是憑空出現。正如我們已經看到的，在之前的幾個世紀中，隨著文藝復興人文主義者及其門徒，對於長久失落的古代世界的熟悉與了解，對自由的古老崇拜也以緩慢但確實的步伐在歐洲復興起來。但是在十八世紀末出現的自由討論仍是空前的，因為過去從來沒有歐洲人或他們的殖民後裔曾經如此頻繁地提及此一概念。一七七五年，美國革命正如火如荼展開，到了一八一五年，歐洲已從革命邁入重建的年代，在這段時間裡，整個大西洋世界都持續談論著自由。

大西洋革命浪潮的參與者們為之奮鬥的自由是一種特殊的自由：它是治理自己的古老自由。大西洋革命者們處決了國王、推翻了寡頭菁英，並以（至少是從他們的觀點來看）民治或民主政府取而代之。他們也通過旨在促進經濟平等的法律；就像哈靈頓，他們也認為經濟平等是

〈自治自由與死亡，法國精靈的抉擇〉（*The Genius of France Between Liberty and Death*），尚—巴蒂斯特．雷諾，一七九三年。

人民自治的必要條件。啟發這些革命者的，是來自閱讀對古典原典及這些文獻的現代改編。儘管這些革命者也大量談論他們對重新主張人之自然權利的渴望，但是這裡說的自然權利，首要仍指主權在民的權利。

大西洋革命中的民主式自由

一七七六年，派崔克・亨利在聖約翰教堂發表演說的一年後，威爾斯神職人員、美國革命的熱情支持者理查・普萊斯（Richard Price）出版了一本簡短的專題論文，題為《對公民自治自由性質、政府原則以及與美國交戰之正義與政策的觀察》（*Observations on the Nature of Civil Liberty, the Principles of Government, and the Justice and Policy of the War with America*，下簡稱《公民自治自由等之觀察》），這本書立刻成了暢銷書，光是在一七七六年就出了十四個版本，頭幾個月的銷量已超過六萬冊，更被譯為法文、德文及荷蘭文。《公民自治自由等之觀察》令這位之前只在神學家和其他知識分子小圈子中為人所知的一神論牧師一夜成名。他在美國殖民地人民和他們的英國支持者中成了英雄。一七七八年時，新成立的美國國會甚至通過了一項動議，請求普萊斯移居北美，幫助這個新國家解決它的財政問題——普萊斯禮貌地婉拒了。[13]

在《公民自治自由等之觀察》中，普萊斯一開始就解釋，為何他選擇與反抗的殖民地人民站在同一邊。他明確表示因為許多原因，所以英國錯了。英國憲法明文禁止在沒有代表的情況下增加稅收，因此他們訴諸戰爭是違憲的。向大西洋對岸派遣軍隊的成本，可能遠高於從這些殖民地得到的稅收，因此這也是個糟糕的政策。但普萊斯認為最重要的是，英國基於「自治自由的原則」而受到譴責。他們沒有徵詢美洲殖民地人民的同意就擅自向他們徵稅——這是宣戰的理由——這樣做等於是威脅要在美洲殖民地實施「奴隸制」。[14]

普萊斯明白，這個宣稱在他的部分讀者看來似乎顯得言過其實。畢竟相較於真正的奴隸（他們的悲慘命運才剛剛開始在英國引起人們的關注），美洲殖民地人民的處境要好得多，喬治三世也絕對不是要將奴役白人的制度引入殖民地。英國統治美洲殖民地稱不上是過分壓迫。而相較於一般英國人所負擔的稅，向美洲殖民地人民提議課徵的稅其實並不繁重。

然而正如普萊斯所強調的，如果一個人清楚理解自治自由的意涵，那麼將喬治三世的政策形容為「具有奴役人的潛力」也就不那麼奇怪了。正如他解釋的那樣，自由有許多看似不同的類型。你可以從物理意義上談論自由；也就是說，你可以主動採取行動。但是在一個更抽象的層次上，如果你有能力（在任何情況下）都遵循你對於是非對錯的看法，那麼你就獲得了道德上的自由。或者，如果你有能力選擇你認為最好的宗教，人們就會認為你擁有宗教自由。但是最終就其本質而言，所有這些不同的自由都是基於同一個原則：自我治理。在每一個例子裡，一個施為者是否自由端視其遵循自己意願的能力，或是自我主導的程度而定。反過來說，當「一個人被一股與自身意志對立的力量」所支配或指揮時，他就不自由，或「是個奴隸」。[15]

這個道理對於公民自治自由或政治自治自由也同樣適用（普萊斯交替使用這些術語）。原因是，如果自由是由自我治理所構成，循此，一個國家只有自治時，也就是說當它是由人民自己或是人民的代表來治理時，才會是自由的。就像一個人只有在自己意志的帶領下，而不取決於他人的意志時，他才會是自由的；因此，一個國家也只有在「自身意志，或是（為了達到同樣結果）由它自己指派並對其負責的代表機構的意志」帶領下，才會是自由的。反之，一個立法機構不是由人民選舉產生的國家則是「處於奴役之中」。[16]

由此可見，美國人對於英國議會徵收新稅的擔憂是有道理的。不是因為這些稅實在太高，而是因為這些稅是在未事先徵詢必須納稅的殖民地人民同意下決定課徵的。通過宣布：「此一王國擁有權力……制定法律及規定以約束殖民地，以及美洲人民，無論情況如何。」議會將一種「極其可怕的權力」強加於殖民地。「我倒要看看有誰能用更強烈的用詞來表達奴隸制。」普萊斯以戲劇性的語調總結道。[17]

普萊斯對於英國政府企圖奴役美國人民的主張是基於對自由的一種特定理解，那就是：只有在一個自治的國家裡，一個人才能自由。在普萊斯看來，人在一個社會中自由與否，或者一個社會自由與否，都和政府對個人生活的干預程度無關。更精確地說，只要對於自己國家的方向擁有發言權，一個人就是自由的。這並不是因為治理行為本身就能夠讓人自由，普萊斯謹慎地迴避了這類主張。在普萊斯看來，自我治理是充分享受自治自由的必要條件，在專制政府的統治下，私人「可能被允許行使自治自由；……但這只是源於時代精神的縱容或默許，或是政府偶然表現出的溫和態度罷了」。[18]

普萊斯對於自由的理解，得到美國、荷蘭、法國和波蘭革命者的廣泛共鳴。[19] 一七七四年，一名叫作湯瑪斯・傑佛遜的年輕律師、同時也是維吉尼亞殖民地下議院成員，起草了一份措詞強烈的聲明，他在這份聲明中痛述了殖民地人民對英國的各種委屈不平，對貿易徵收高額關稅即是一例。但傑佛遜還有一個更根本的抱怨，那就是殖民地人民正在被變成奴隸。近年來英國議會採取了「一連串的壓迫措施」，「清楚證明這是一個蓄意的、系統性的計畫，為了要使我們淪為奴隸」。更具體地說，英國議會正在透過未諮詢美洲人民意見而強行實施新的法律，削弱美洲殖民地人民的自治自由。「有人能給出一個理由嗎？」傑佛遜沮喪地質問，「為何大不列顛島上的十六萬選民可以將自己的意志強加於美洲四百萬人民，而他們之中的每一位在美德、理解力及體能上都無異於另一群中的任何一位？」他繼續問道：「如果承認了這一點，我們將不再像我們至今以為且決心要維持的那種自由的人民，我們會突然發現自己成為了奴隸，不是一個暴君的奴隸，而是十六萬個暴君的奴隸。」[20]

荷蘭愛國者同意他的看法。彼得・弗里德於一七八三年寫道：「如果你不能治理你自己、你的財產和你的幸福，就不能說你是自由的。」他是一位荷蘭的羊毛商人，在愛國者運動中扮演了突出角色。因此，在政府中毫無發言權的大多數荷蘭人民，就和法國或西班牙國王的臣民一樣不自由——除非他們推翻攝政的菁英們。[21] 在法國，馬布利修道院院長（abbé de Mably）所寫的《論公民權利及義務》（*On the Citizen's Rights and Duties*）也提出了類似主張。這篇論文最初寫於一七五八年，但直到一七八九年才以三種不同版本出版。馬布利修道院院長對於法國君主制做出了尖銳的評斷，在他看來，這種體制令所有法國人淪為奴隸。「我們完全意識到這個事實，那就是我們有個主人，這是我們每天的經歷。」他寫到，並且補充說只有當人民能夠「擔任自己的立法者」，才能說是自由的。[22] 幾年後，反抗俄國支配的華沙起義領導人們明確表示，他們奮鬥爭取的是成為「自治的人民」，從而享有「自由」。[23]

十八世紀的革命者迅速指出，要享有這樣的自由或自治，首先且最重要的是剷除君主制。但是正如他們十六和十七世紀的人文主義前輩，他們也普遍同意自由生活的能力不僅僅取決於廢除王權，推行具有廣泛基礎的民治政府也是有必要的。普萊斯在《公民自治自由等之觀察》中已經清楚闡明了這點，他解釋，不僅是美洲殖民地人民，大部分的英國人也都生活在奴役之中，畢竟英國議會並不真正代表大多數的英國人。根據普萊斯的計算，半數下議院成員是由不到六千位選民選出，而所有代議士中有九分之一是由三百六十四人所選出。因此也可以說，大多數的英國人是不自由的；或者如普萊斯的說法，說他們擁有「自治自由」是對「語言的濫用」，不如說議會的存在「遮掩了奴隸制，並在失落的現實中維持著一種自治自由的形式」。[24]

其他革命思想家及行動者同意這一看法。於是在大西洋世界，大多數革命運動都有一個明確的目標：增加人民對其政府的控制。儘管使用不同術語來表示他們偏好的政府行事——共和、民治政府，或（更罕見的）民主——但它們通常被用來指稱，最重要的公職是通過基礎相對廣泛的選舉過程選出的那些政體。當美國革命者談論他們對共和政府的偏好時，他們清楚表明這指的是受到人民控制的政府。無論在革命初始階段，在不同州的憲法創建之時，還是在一七八〇年代末起草聯邦憲法時，情況都是如此。[25]例如：美國開國元勛之一詹姆士・威爾森（James Wilson）曾在很早期的批准辯論階段，對他的賓夕法尼亞同胞發表了一場演說，他在演說中說明憲法是「純粹民主的」，因為「最高權力……是人民的」。[26]

其他制憲者則對「民主」一詞更加警覺——在十八世紀末，民主一詞意味著暴民統治及無政府狀態——他們更偏好「民治政府」或「共和」。在《聯邦黨人文集》（*The Federalist Papers*）中，作者之一、維吉尼亞政治人物詹姆士・麥迪遜（James Madison）即否認新的聯邦憲法是「民主的」，強調新憲法建立的是「共和」政府，並因而知名。但麥迪遜用這些術語要表達的是十分特定的事物，他的「民主」指的是直接民主：「由少數公民組成的社會，他們親自參與集會並管理政府。」他的「共和」則指「一個實行代議制的政府」，並且他清楚表示這種代議制是「人民」的代議制。在《聯邦黨人文集》的其他地方，一再描述這個新憲法建立了一個「民治政府」。[27]

同樣，荷蘭愛國者也明白表示他們所為之奮鬥的「真正共和主義」，指的是一個立基於基礎廣泛之代議制的政體。後來他們開始用「代議制民主」一詞來描述他們偏好的政府形式。[28]波蘭起義的領導者們也同樣強調，他們奮鬥的目標不僅是讓祖國從佔領它的強權手中獨立出來，他們還要恢復並擴大共和自治，而這意味著貴族與人口中更大的部分都要被包括進來。正如一位革命者所言，波蘭人是在：「為他們已經享有的自由而奮鬥，他們希望將它導回正軌並擴及所有居民。」[29]

在法國，革命以一種更為溫和的調子展開。在這裡，革命最初的目標是採用革命者稱為「立憲君主制」的政體。西耶斯修道院院長（abbé de Sieyès）等具有影響力的革命思想家深信，共和主義在法國是不受歡迎的，法國仍需要一個強大的君主制，因此，一七九一年的新憲法將行政權授與了國王路易十六。然而即便是在這個早期階段，革命者也已經明白表示，立憲君主制要立基於廣大人民的「普遍意志」——這意味著立法權將被分配給人民所選出的代議士。[30] 一七九一年六月，路易十六出逃至瓦雷納（Varennes），暴露出他無心維護這個新秩序，在這之後，革命者的目標就變成建立他們稱為「民主共和」的體制。即使「民主」一詞在雅各賓黨恐怖統治後不再那麼受到歡迎，但法國革命者仍持續表明他們支持有廣泛基礎的民治政府，直到拿破崙·波拿巴（Napoleon Bonaparte）結束了這場共和制的實驗為止。[31]

簡言之，我們有充分理由將十八世紀晚期的革命描述為「民主」革命，正如歷史學家羅伯特·帕爾默（Robert Palmer）在他的經典概論性著作《民主革命的年代》（*The Age of Democratic Revolution*）中所做的。[32] 但大西洋革命者的民主熱情並不只體現在他們對民治政府的熱中，除了採用更民主的政治制度之外，不少革命者也大力推廣旨在強化經濟平等的措施——這是哈靈頓理念的延續。[33] 他們主張經濟措施就像各種代議制度和經常性選舉一樣，對於維持自由均是必要的，如果貧富差距過大，就會形成寡頭並控制政治權力，自由將不復存在。正如一位美國革命者所言：「要建立一個自由政府並確保一個國家的自由長存，只有一個偉大的基本原則，那就是財產的平等分配。」[34]

除了一小群激進分子不提，這並不是說大西洋革命者們對於大規模的財產重新分配，抱持有一丁點熱情，更別說想採用共產主義。畢竟共和政府相對於絕對君主制的主要好處，就是它被認為提供了個人安全——包括財產安全。因此為了達成他們渴望的更大程度經濟平等的目標，大西洋革命者們專注於改變規範遺產繼承的法律。他們主張，遺產繼承法律促使財產集中於少數人手中，例如：透過限定繼承或是獨厚長子等做法，這些法律應該廢除，並從而促使財產在所有自然繼承人之間平均分配。這樣做不僅尊重了財產權，長期下來也能實現更大程度的經濟平等。在美洲，革命的爆發立刻引燃了修改遺產繼承法的運動。殖民地時期的法律規定（至少在沒有遺囑的情況下）不動產歸於長子——此一做法被稱為長子繼承制——否則就是採取另一種做法，即規定長子可得到雙份遺產。限定繼承法也存在於許多殖民地。限定繼承是一種遺囑條件，規定財產只能傳承給特定人士，例如：只能傳給長子，這種遺囑條件的目標通常是為了確保立囑人的財產，持續集中於家族的特定分支。例如：在維吉尼亞殖民地，即使是奴隸也能成為限定繼承的對象，以確保某一莊園能夠代代相傳，從而保有其完整性。[35]

但在《獨立宣言》（Declaration of Independence）發表後不久，美國革命者們就著手修改這些法律。傑佛遜在這些運動中尤其扮演了一個關鍵角色，他成功提議廢除維吉尼亞州的限定繼承及長子繼承制。傑佛遜毫不猶豫地表明，這些提議受到了哈靈頓理念的啟發。正如他在自傳中解釋的，為了「防止特定家族積累並永久持有財富」，廢除限定繼承法是必要的。這些改革是「所有土地法中最好的」，傑佛遜說道。它們是「一個真正共和政府的基礎」，這些法律的實施「毋須動用暴力，也不會剝奪自然權利」。[36]

其他許多美國革命者追隨了傑佛遜的先例，因此到了一八〇〇年，推翻限定繼承及促進遺產平均分配的法律，幾乎已經在聯盟的每個州得到採納。當然也有一些例外，例如：在康乃狄克州，長子仍持續獲得雙份的無遺囑遺產。但總的來說，美國革命後的遺產繼承法律確實鼓勵繼承人之間平均分配財產。[37] 和傑佛遜一樣，這些法案的提案者均明確表達了他們的政治目標。一七八四年，北卡羅萊納修訂了遺產繼承法，所根據的理由是「促進……財產平等」是「一個真正共和國的精神與原則」，因此，「未留下遺囑而死去之人的房地產，應進行更普遍而平等的分配，而非遵循本州目前的盛行做法」。[38] 同樣地，一七九四年於德拉瓦州通過的一項法令開宗明義指出：「每一個共和政府都有義務，也要推出政策，以維護其公民之間的平等，即在符合個人權利的範圍內維持財產平衡。」[39]

在歐洲大陸，尤其是法國，革命者同樣致力於實現這樣的理念，即避免經濟不平等是維護自治自由的必要手段。此一理念得到了有力的辯護，馬布利修道院院長即是一個例子，他曾在一七八九年法國大革命爆發時發表多項著作。馬布利修道院院長在立場最激進的論文中宣揚廢除私有財產，他的名聲如今仍主要與共產主義捍衛者聯繫在一起。然而馬布利修道院院長自己也承認，這類措施也許過於理想化，因此——和他懷著欽佩的心情閱讀其著作的哈靈頓一樣——他主要強調財產繼承法應以長期改善不平等的財產分配為目標。因此，馬布利修道院院長在他的《論立法》（*On Legislation*）一書中為遺產繼承法進行了辯護；這些法律強迫數個有血緣或收養的繼承人分割土地財產，若無繼承人時，財產則歸國家，以分配給貧窮家庭。[40]

隨著法國大革命的進展，立法者欣然採納了這類提案。最早在一七九〇年，當時的法國主要大報《普世箴言報》（*Moniteur Universel*）就已出現數篇文章將真正自由的憲法與「平等繼承權」聯繫起來。[41] 一七九一年四月，制憲大會（Constituent Assembly）首次試圖透過《關於無遺囑繼承分配之法令》（Decree Relative to the Distribution of Intestate Successions）的通過來促進更大程度的經濟平等。這項法令規定，在未立遺囑的情形下，遺產繼承人之間一律平等。儘管並未獲得成功，但一些更激進的代表甚至提議，即使在有遺囑的情形下，也應強制實施遺產繼承平等。政治家馬克西米連·羅伯斯比（Maximilien de Robespierre）就是一個例子，他支持這樣嚴苛的法律，主張「巨大的財富不平等是政治不平等之根本，（亦是）摧毀自治自由之始源」。[42] 儘管這項提案在一七九一年未獲通過，但是一七九三年，雅各賓黨主導的國民公會（National Convention）通過了所有情況一律實施遺產繼承平等的提案。

事實上，雅各賓黨倡議的法國遺產繼承法修正案，相較於美國革命者的更深入許多，因為後者只關注無遺囑案例。後續的法律更加嚴格地執行遺產繼承平等分配，繼承人必須將所有嫁妝及禮物返回至遺產中，只有一小部分的遺產，也就是被稱為「可支配部分」才可以根據遺囑自由分配，並且只能留給非繼承人，如慈善機構等。最後，遺產繼承平等之規定溯及至一七八九年七月十四日，該日被認為是「新秩序」（New Regime）的開始。值得注意的是，雅各賓黨的遺產繼承法引發了抗議的浪潮，尤其是鄉村的土地所有者更是抱怨連連，他們認為自己的地產已經過小，無法再被分割，但國民公會的立場堅定，拒絕撤回新法。[43]

然而，人們不應誇大雅各賓黨人的激進主義，他們就像其制憲議會的前人——或者就這件事來說，他們就像美國革命者，反對強制重新分配財產。因此，儘管由雅各賓黨主導的國民公會支持改寫法國遺產繼承法律，以促進長期的經濟平等，但其成員也同時否決了當下的財產重新分配提案。一七九三年三月十八日，國民公會甚至頒布規定，任何採用這類措施者將被處以死刑。[44] 此事再次提醒我們，雅各賓黨人（就像傑佛遜一樣）渴望促進經濟平等，但並不是將經濟平等本身當成目的，而是因為他們深信這是民主自治的必要前提，因此也是人人自由的必要前提。

民主自由的限制

大西洋革命者深信，要實現人類解放必須對其社會進行激進的秩序改造，朝向更大程度的政治及經濟平等。但，他們的激進主義有著明顯侷限。在大聲抗議高高在上的君王和傲慢貴族令他們成為隱喻意義上的奴隸時，許多十八世紀革命者自己卻擁有真正的奴隸，或是參與了奴隸貿易。這種情形在美洲殖民地尤其明顯，一七七六年時，約有五十萬名奴隸生活於此。在歐洲，包括法國在內的許多國家均在名義上禁止蓄奴，但是在法國海外殖民地卻生活著數千名奴隸，尤其以法國在西印度群島最富庶繁榮的殖民地聖多明哥為大宗。荷蘭也有奴隸殖民地，尤其是在種植園殖民地蘇利南（Surinam），此外，荷蘭商船也在跨大西洋奴隸貿易中扮演關鍵角色。在波蘭—立陶宛共和國，農人的地位有點類似於農奴，因此法律禁止波蘭農民在沒有領主許可下遷移。[45]

十八世紀革命者宣揚的自治自由理想，與大西洋世界動產奴隸制及農奴制持續存在的現實，這之間的差異並非事後來看才變得明顯。恰恰相反，同時代的人對於革命者未能在生活中實踐他們的理想也發出了強烈批判。「我們聽到要求自治自由的最響亮呼聲竟是來自黑奴販運者，這是怎麼回事？」英國托利黨人山謬・詹森（Samuel Johnson）於一七七五年尖刻地評論道。[46] 同樣地，一七七八年，蘇格蘭哲學家約翰・密勒（John Millar）針對美洲殖民者言行不一的行徑發出譴責。當美國人興奮地談論他們的「政治自治自由」和「人類不可剝奪的權利」時，密勒嘆道，他們卻剝奪了「他們一大部分的同胞幾近所有人類應享有的權利」。如果有什麼意義的話，那就是這顯示了「人類行為的底層幾乎不受任何哲學原則的指揮」。[47]

但是這種偽善不只受到大西洋革命者對手的批評，許多革命者和同情革命的人都曾設法對抗過這種偽善。[48] 一七八五年，在一封普萊斯寫給傑佛遜的信中，他指出新獨立的美國各州中存在的奴隸制從根本上破壞了革命的承諾。如果「曾經為擺脫自己身上的奴隸制枷鎖而熱心奮鬥的人可以輕易地奴役他人」，那麼美國獨立就會淪為「貴族暴政及人性的墮落」，而「歐洲的自治自由及美德之友」也將「飽受屈辱」，普萊斯如此寫道。[49] 同樣地，在那些從前的殖民地，革命者也彼此提醒，動產奴隸制和他們為自由而展開的奮鬥無法共存。正如《賓夕法尼亞日報》（*Pennsylvania Journal*）於一七八一年所發表的評語：「一個好輝格黨人應考慮到，對歐洲人民而言，這些州的公民顯得多麼言行不一，他們雖然認識到自己的權利，但卻看不見窮苦非洲人的權利。」[50]

這些發言不僅僅是口惠而已。確實有一段短暫的時間，因對於自由的普遍熱情，大西洋世界革命發生地似乎就要成功廢除動產奴隸制。一七七五年，世界上第一個反對奴隸制的社團在賓夕法尼亞州成立。[51]革命結束後，一些南方奴隸主也自願解放了他們的奴隸。但廢奴主義者在奴隸制不那麼根深蒂固的北方取得了更大的進展。從北罕布夏（North Hampshire）到賓夕法尼亞的所有州都採取了解放奴隸的措施，正如一位專研美國革命的歷史學家所言，這是：「自有歷史紀錄以來，第一次動用立法權來消滅奴隸制。」[52]此外，奴隸們也把這些關於自由的華麗辭藻拿來對付他們的主人。一七八〇和一七九〇年代，北方奴隸引用了「人皆生而自由及平等」原則——該原則已被寫入許多新的州憲法中——透過法律手段來對抗奴隸制。在一些案例中，他們說服了法庭釋放他們脫離奴役。[53]

在法國及其海外殖民地，革命者同樣發起了廢除奴隸制運動。一七八八年成立於巴黎的「黑人之友會」（Society of the Friends of the Blacks），最初的企圖是廢除奴隸貿易，但因種植園主的反對，最終徒勞無功，而代表這些種植園主的是一個在巴黎勢力龐大、資金雄厚的遊說團體。但是在一七九一年，聖多明哥的奴隸起義反抗他們的奴隸主，組成一支軍隊佔領了該島的大部分地區。一七九三年，島上的政府代表在面對西班牙或英國可能趁機佔領該島的威脅下，承諾廢除奴隸制以交換軍隊協助對抗法國外敵。數月後，雅各賓黨主導的國民公會也廢除了其他法國殖民地的奴隸制。[54]

然而在美國，無論是奴隸還是同情他們的革命分子都未能成功根除奴隸制。事實證明，根深蒂固的經濟利益和種族主義，是追求自由之革命熱情的強大阻礙。廢奴運動在南方僅發揮了有限的影響力；事實上，革命末期北方奴隸的數量甚至比革命開始時還要多得多。一七九〇年，一七七〇年代時的五十萬奴隸已經增加為約七十萬。[55] 此外，到了一七九〇年代，情勢已變得十分明顯，那就是這些趨勢不會很快出現變化，因為聯邦憲法的制定者明確拒絕追隨北方的步伐。麥迪遜向維吉尼亞憲法批准會議（Virginia Ratifying Convention）的代表們保證，新憲法將為奴隸提供「比現行憲法更好的保障」。[56]

同樣，在法國，拿破崙也在一八〇〇年撤銷了廢除動產奴隸制，直到一八四八年奴隸制在法國殖民地都是合法的。唯一例外的，是聖多明哥。在德撒里尼的領導下，前奴隸們設法擊敗了拿破崙派遣征服該島的法國軍隊，並於一八〇四年宣布獨立，國名為海地。五十萬人從奴役中獲得解放，但新獲得獨立的海地人必須為他們的自由付出沉重的代價——實際上的沉重。直到一八二五年，法國才承認海地的獨立地位，這樣做的原因只為換取一筆巨額賠款（將近一億法郎），這筆需按年支付的賠款令海地政府長期落入無力償還債務的困境。與此同時，尼德蘭的革命者甚至連廢除奴隸制都拒絕討論，直到一八六三年奴隸才迎來解放。[57]

和大西洋革命者解放世界的運動前後矛盾的，不只是根除動產奴隸制的失敗而已。儘管暢談還權於民的大道理，但大多數的革命者仍舊欣然、無異議地將人口中的大部分（尤其是女性）排除在他們的民主及民治政府之外。此外，許多革命者更希望排除窮人的政治參與，甚至認為只要是窮人就應該被排除，僕役等某些類別的人也在排除之列，因此，除了女性和自由的黑人之外，一七九一年的法國憲法還禁止約百分之四十的成人男性投票。在美國，投票權的規定在不同州之間有很大的差異：儘管在北罕布夏和賓夕法尼亞州有約百分之九十的成人男性可以投票，但是在維吉尼亞和紐約州則有百分之四十的人無法投票。到了一七九〇年代，全國範圍內約有百分之二十的白人成年男性無法參與眾議院選舉投票。（自由的黑人男性往往和白人男性享有同樣的選舉權）。[58]

許多大西洋革命者深信，這些排除絲毫不會損害他們對自由民主理論的忠誠。他們宣稱女性從一開始就不自由，因為她們缺乏理解力，她們激情的天性讓其在日常生活中必須依賴男性，因此剝奪女性參與政府的權力根本不會讓她們損失什麼；這不會讓女性比原本更不自由。正如一位荷蘭革命者所言：「女性是人，但是因為她們受到男性的監督與保護，因此她們不是公民。」[59]

同樣的論點也被用來為排除僕役及窮人的做法辯護，因為他們被認為過於依賴富人。舉例來說，在法國國民議會（National Assembly）辯論期間，有幾位發言者主張應阻止僕役享有「主動的」公民權，因為他們依賴主人的事實讓其選票無法表達他們的自由意志。[60] 此外，一些革命者也指出，讓僕役和窮人享有選舉權不僅是多此一舉，（弔詭的是）更會對維護民主自由形成危險。因此在一七八七年美國制憲大會期間，政治家古弗納・莫里斯（Gouverner Morris）提出一項修正案，僅限擁有不動產產權的業主（freeholder）才能享有投票權，他認為要防止創造出一批盛氣凌人的「貴族階級」，這樣做是有必要的。莫里斯解釋，如果窮人也擁有選票，他們肯定會將選票賣給出價最高的人。因此，選票只能握在「自治自由可靠而忠誠的守護者」手裡，因為這些人的財產保證了他們的獨立性，而這是根據自我意志行使投票權所必須的。[61]

這類說法受到更激進革命者的猛烈反駁。舉例來說，法國劇作家、政論小冊子作者歐朗普・古吉（Olympe de Gouges）就反對這些革命者的論點，並呼籲給予女性選舉權。作為針對一七八九年發表之《人權及公民權宣言》（Declaration of the Rights of Man and the Citizen）的回應，古吉在她一七九一年發表的《女權和公民權宣言》（*Declaration of the Rights of Woman and of the Citizen*，下簡稱《宣言》）中控訴了國民議會的偽善。他們一邊扮演著革命者的角色，宣稱自己擁有平等的權利，但女性卻仍在「男性的永久暴政」之下承受苦難。她在其《宣言》結語中敦促女性覺醒，起而要求自身的權利。男性已經用「理性」來為革命辯護，現在輪到女性壯大這種理性的能力來對抗男性霸權的不公不義了。「女人生而自由，」她撰述，「並始終享有與男性平等的權利。」[62] 這些論點在不同背景中被提起：當荷蘭革命者於一七九五年發表《人權及公民權宣言》，一本作為回應的匿名小冊子出現了：《女性應參與公共政府之論證》（*An Argument that Women Should Participate in Public Government*）控訴了革命者建立男性的「暴政」及女性的「奴隸制」。[63]

更受爭議的是排除貧窮白人男性的做法。在法國，資格性選舉權（census suffrage）的推行，在國民議會中受到一小群強勢代表們的反對，包括羅伯斯比在內。根據羅伯斯比的看法，任何為選舉或被選舉資格製造金錢門檻的條款都不是在創造自由，而是在建立貴族統治；事實是，它會創造出所有貴族中最令人難以忍受的一種貴族——有錢的那種。如果許多成人男性無法投票，那麼這個國家將仍是個「奴隸」，因為被迫遵守它沒有批准的法律。[64] 同樣地，美國制憲大會壓倒性地拒絕了莫里斯的提議——即僅限不動產產權業主享有眾議院選舉權的提案，理由是這將產生可憎的暴政。在英國，班傑明・富蘭克林（Benjamin Franklin）警告，對選舉權的類似限制讓議會可以強制使被剝奪選舉權的人承受「不尋常的勞務與困境」。[65]

然而總體而言，大西洋革命者始終緊守著一個視野侷限的民主願景。儘管古吉是如此雄辯滔滔，但是女性選舉權的可能性甚至不是國民議會的辯論話題。一七九三年君主制垮台後，這一議題因有關新共和憲法的辯論，而在雅各賓黨主導的國民公會中被端上檯面，然而僅少數的公會代表提出支持女性選舉權的主張，此一議題更從未付諸表決。此外，縱使是最具民主思想的革命者也持續主張排除某些類別的白人成年男性，尤其是僕役。在法國，羅伯斯比的雅各賓黨於一七九二年制訂的新投票法允許居住滿一年、依靠自己的收入或勞動維生的成年男性享有投票權，此舉近乎建立了普遍的男性選舉權。但即便是一七九二年的法律也持續將家庭僕役、失業者，以及仍住在父親屋簷下的兒子們排除於選舉權之外。[66]

簡而言之，大西洋革命者的政治願景充滿了矛盾。他們為自由而戰，卻擁有奴隸，且未能根除奴隸制。他們希望人人自由，但許多人卻仍被排除於政治權力之外，就跟君主制和寡頭制的舊制度一樣。激進的革命者指出了這些言行不一，卻被看輕或者不當一回事。然而，儘管他們在政治想像力上有所侷限，在所處的時代背景中，這些大西洋革命者無疑是激進的，正如近來美國歷史學家高登・伍德（Gordon Wood）對美國革命提出的看法。[67]相較於他們所生活的世界，即那個權力集中於極少數菁英之手的世界，大西洋革命者所設想的那種（同時是政治也是經濟上的）權力階層的重新排序，仍舊貨真價實地挑戰了現狀。這就是為何他們的先例仍持續啟發著未來的革命者，甚至正如我們將看到的，啟發著那些基本上從一七七六年和一七八九年承諾中，持續被排除的人們。

對自由之古老狂熱的勝利

舉著民主自由大旗的大西洋革命潮可被視為一項悠久傳統的巔峰，它的歷史可一路追溯至古代。畢竟，當十八世紀革命者自稱是被高高在上的國王或自私自利菁英們剝奪了自由的奴隸時，或當他們談論著推行作為自由前提的共和制政府或民主制時，他們的主張絕對不是原創的。相反，他們與希羅多德、李維和塔西佗等古代作家，以及馬基維利、拉波哀西和哈靈頓等近代早期人文主義者的思想遙相呼應。[68]

這一點也不令人驚訝。在十八世紀，菁英教育仍以人文主義原則為基礎，與十六及十七世紀相較並沒有太大改變，因此，許多最傑出的革命者均受過良好的古典教育。當美國政治家約翰·亞當斯（John Adams）於一七五〇年代進入哈佛就讀時，人們期待他有能力閱讀西塞羅、維吉爾和其他常見的古典作家作品，以及新約聖經等希臘文文本。此外，作為一種修辭策略，引用古代典籍也有明顯的好處。大西洋革命者投身於一場全新且具風險性的政治實驗，因此透過展示他們所承繼的古代知識遺產，淡化了他們目標的激進性，使之更容易被接受。[69]

想想大西洋革命者為鞏固他們的自由抗爭、而祭出的象徵主義及敘事策略吧。正如我們已看到

〈高舉自由柱〉（*Raising the Liberty Pole*），一七七六年。F・A・查普曼（F. A. Chapman）繪製，約翰・C・馬克雷（John C. McRae）刻製（約於一八七五年）。

的，在十六及十七世紀，羅馬的自由象徵——所謂的自由帽，又再次出現在硬幣和寓意畫冊上。到了十八世紀末，這些古代的自由象徵更掀起了一股巨大熱潮。自由帽第一次出現在美洲殖民地，是在一七六〇年代。紐約的殖民地人民豎立起一根木柱，並在上面掛了頂自由帽，以慶祝印花稅法（Stamp Act）的廢除。當英國士兵砍倒那根木柱，殖民地人民又重新將它豎立起來。最後他們共豎立起五根不同的木柱，最後的那根比鎮上任何其他建築物都高。[70]

自由帽在美國政治形像中歷久不衰。一八一四年，約翰・阿奇巴爾德・伍德塞（John Archibald Woodside）創作了一幅畫來紀念一八一二年的對英抗戰。這幅題為〈我們沒有義務效忠君王〉（*We Owe Allegiance to No Crown*）的畫描繪一個手持美國國旗、腳踏王冠和一條斷裂鎖鏈的水手。他的左邊則是一名身著古典風格裝束的年輕女子，象徵自由的化身，她的右手握著一根頂端掛著紅色自由帽的木棍，左手持著月桂冠（軍事勝利的象徵）。

在法國，自由帽最早出現在一七八九年紀念《人權及公民權宣言》的雕版作品及畫作中。例如：克勞德·尼蓋（Claude Niquet）一七八九年的雕版畫〈人權及公民權宣言〉，以及尚—賈克·巴比耶（Jean-Jacques Le Barbier）更著名的同一題材畫作。

一七九二年君主政體垮台之後，此一象徵更是變得到處可見。第一共和的官方用印上刻有一個飾有自由帽和束棒的自治自由擬人形象（編按：束棒〔fasces〕，在古羅馬是權力和威信的標誌）。自由帽也出現在大街小巷。一七九二年，戴著這款帽子一時蔚為巴黎流行時尚。因為紅色與勞工的帽子相關聯的緣故，自由帽也變成紅色的，並因此乘載了對民主的抱負

〈我們沒有義務效忠君王〉，約翰·阿奇巴爾德·伍德塞，約於一八一四年。

〈人權及公民權宣言〉（*Declaration of the Rights of Man and the Citizen*），尚一賈克·巴比耶，一七八九年。寓意法國的女人正在打破她的鎖鏈，象徵名聲的天使坐在宣言之上。兩塊石碑上裝飾著紅色自由帽、一條自噬其尾的蛇以及一頂月桂冠，分別代表自治自由、永恆的團結與榮耀。

與渴望。[71]

大西洋革命者也用其他許多方式來彰顯他們得自古典時代的靈感。美國、荷蘭、法國和其他地方的革命者都明確效法了希臘和羅馬自由鬥士的榜樣。寧可自殺也不願臣服於凱撒的小加圖，在美國革命者中特別受到歡迎。劇作《加圖：一齣悲劇》（*Cato: A Tragedy*）的成功推高了小加圖在美州殖民地的人氣，這齣戲以戲劇手法呈現了普魯塔克對這位羅馬英雄生命末日的描繪。作者是十八世紀英國劇作家約瑟夫・艾迪森（Joseph Addison），一七三五年《加圖》在美洲殖民地南卡羅萊納州的查爾斯頓（Charleston, South Carolina）首演時，距離在倫敦首次演出約已二十年。這齣戲迅速成為美國革命前最受歡迎的劇作之一。[72]

派崔克・亨利發表他的經典名句「不自由，毋寧死」時，他也許正在引用艾迪森的劇作，小加圖在這齣戲中宣告：「現在討論的不是無足輕重的小事，而是鎖鏈或征服；自治自由或死亡。」艾迪森的劇作也在福吉谷（Valley Forge）演出，這是一七七七年美國大陸軍冬季宿營的地方。顯然喬治・華盛頓（George Washington）和其他的軍事將領希望小加圖這樣的榜樣，能夠鼓舞他們士兵的士氣。[73]

希臘的自由鬥士也成了美國革命者的榜樣。亞當斯在一封寫給朋友詹姆士・沃倫（James Warren）的信中，將美國反抗者與對抗波斯和馬其頓侵略者的雅典及斯巴達人相提並論。亞當斯寫道：「這些希臘聯邦（Grecian Commonwealth）是有史以來最英勇的邦聯（confederacy）。」他呼籲美國殖民地人民應振作起來，效法他們令人欽佩的榜樣。「我們不做奴隸，我親愛的朋友，無論是薛西斯或是亞歷山大的奴隸，我們都不做。」[74] 維吉尼亞州政治人物喬治・梅森（George Mason）同樣讚揚「一小群希臘的共和國」，因為它們持續抵抗並最終擊敗了「波斯君主制」。[75]

法國革命者同樣對古代的自由鬥士產生認同，儘管他們更偏愛的楷模人物不是小加圖，而是盧修斯・布魯圖斯，根據李維的記述，這位羅馬英雄幫助推翻君主制，建立羅馬共和國。哲學家伏爾泰（Voltaire）的劇作《布魯圖斯》（*Brutus*）在一七三〇年於法蘭西喜劇院（Comédie française）首演，表現得相對並不成功，但是在一七九〇年重新上演時卻轟動一時。[76] 該劇以塔昆王朝覆滅後的羅馬共和初期為背景，劇情圍繞著羅馬第一位執政官盧修斯・布魯圖斯及其子提圖斯（Titus）的關係。劇中呈現的提圖斯是羅馬軍隊將領，為人剛愎自用卻總能取得勝利。由於野心受挫又受到他對塔昆女兒圖莉（Tullie）盲目的愛情驅使，提圖斯決定加入一場意圖推翻共和的陰謀政變，也因此與他的父親成了對抗關係。但這場陰謀事跡敗露，提圖斯被自己的父親處以死刑。此劇就以盧修斯・布魯圖斯拒絕接受安慰劃下句點。「羅馬自由了，」他宣稱，「那就夠了，讓我們感謝諸神吧。」[77]

在一七九〇年令人欣喜陶醉的氣氛中，此劇關於自由的華麗辭藻被證明具有煽動人心的效果。一七九〇年十一月十七日和十九日，是伏爾泰的《布魯圖斯》在國家劇院的頭兩場演出。觀眾中的保皇黨為那些支持塔昆的對白歡呼喝采，而人數佔大多數的革命者則對盧修斯・布魯圖斯及其他加入反抗隊伍的成員報以掌聲。當盧修斯・布魯圖斯喊道：「諸神啊！賜我們一死吧，別讓我們成為奴隸！」掌聲及歡呼聲「震耳欲聾，揚起厚厚的灰塵，好一會兒才恢復了秩序」。[78]《布魯圖斯》

重新上演的七個月後，法國國王路易十六企圖逃亡至外國失敗，他密謀在外國力量支持下入侵法國的事跡也敗露，人們立刻就將他貼上了「塔昆」這一稱號的標籤。[79]

視覺藝術家也是法國蓬勃興起的布魯圖斯狂熱崇拜的貢獻者之一。一七八七年，法國最傑出的古典畫家之一賈克—路易．大衛（Jacques-Louis David）開始創作一幅巨幅油畫，描繪的是盧修斯．布魯圖斯的兒子們被處決後，屍體送還給他的那一刻。這幅畫完成於一七八九年八月，同年九月於沙龍展覽會展出。最初的評論並未著墨其政治意涵，也許是因為言論審查的緣故，或只是未被察覺。但隨著革命逐漸激進化，人們也愈來愈常用閱讀伏爾泰《布魯圖斯》的角度來詮釋大衛的畫作。大衛自己也對此一新詮釋做出了貢獻，因為他為伏爾泰劇作的重新演出設計場景。該劇以一幕「真人重演畫面」（tableau vivant）作為劇終，演員們真實重現了大衛畫作中的場景。[80]

隨著革命變得日益暴力，一些社運人士開始對不同的羅馬自由鬥士產生認同，而他們所認同的對象，如馬可斯．布魯圖斯等人，往往更加嗜血。在路易十六受審期間，路易．安托萬．聖茹斯特（Louis-Antoine de Saint-Just）呼籲他的革命同志們振作起來效法第二個布魯圖斯：他殺了暴君凱撒，「無視法律，只為了羅馬的自治自由」。[81] 一七九三年，一名吉倫特派（Girondist）同情者夏洛特．柯黛（Charlotte Corday）刺殺了雅各賓派新聞記者尚—保羅．馬哈（Jean-Paul Marat），因為她認為馬哈對共和形成了威脅。據說她前往執行任務時，隨時攜帶的是一本普魯塔克的《羅馬皇帝生平事蹟》。她在被處死之前，曾寫到自己期盼：「與布魯圖斯及一些古人安息在天國的田野中。」[82]

〈侍從將兒子們的遺體歸還給布魯圖斯〉（*Lictors Returning to Brutus the Bodies of His Sons*），賈克—路易．大衛，一七八九年。

除了效法古代的誅殺暴君者外，大西洋革命者也在古代的立法者身上尋找啟發，他們遍覽歷史古籍，尋找如何建立自由政體的範例。《獨立宣言》發表後，大部分美國殖民地都起草了新憲法，此一過程最終導致美國憲法的起草。在隨之而來的辯論中，古典著作成了重要的參考點。例如：在一七七六年，亞當斯就慶幸自己出生「在一個古代最偉大的立法者都會希望生活在其中的時代」。[83] 十年後的聯邦憲法批准辯論期間，美國的開國元勛們仍認同這些古代立法者。因此《聯邦黨人文集》的作者們在該書的共同署名是「蒲布琉斯」——指的是蒲布琉斯．瓦勒里琉斯

（Publius Valerius），在西元前五〇九年羅馬最後的國王被驅逐後，此人和第一個布魯圖斯一起建立了羅馬共和。[84]大部分的批准辯論是在政論小冊子的作者之間進行，他們通常以加圖或布魯圖斯之類筆名發表，也有一些人以希臘傳奇立法者梭倫和萊克古斯（Lycurgus）的名字作為筆名。[85]

在歐洲，憲法辯論期間也曾大量引用古典榜樣。正如哈洛德・帕克（Harold Parker）表明的，在法國大革命初期，立場更激進的革命分子尤其常引用古代的例子。在一七八九年和一七九〇年制憲議會期間，所謂的**君主制派**（monarchien），即倡導為路易十六保留相當權力之有限度改革的人，往往援引古代的例子只為阻止人們效法。相形之下，激進革命者如歐諾黑—加布希葉・西克提（Honoré-Gabriel Riqueti，以其貴族頭銜米哈波伯爵〔Comte de Mirabeau〕更為人所知）、安托萬・巴納弗（Antoine Barnave）以及貝通・巴黑赫（Bertrand Barère）則常呼籲仿效古典共和政體。[86]

人們在國王遭到處決及一七九二年創建第一共和之後，對於引用古人為榜樣甚至更為熱中。當第一共和於一七九三年五月遷入位於杜樂麗宮（Tuileries）的新廳時，成員發現自己坐在一間裝飾著梭倫和萊克古斯、柏拉圖和德謨斯特尼斯、盧修斯・布魯圖斯和羅馬共和時期政治家辛辛納圖斯（Cincinnatus）全身雕像的房間裡，這些雕像全都用仿大理石製成。因此，法國的新共和憲法可說是在古代立法者及政治家的眾目睽睽之下制定的。[87]一七九四年後，這種情形改變了，雅各賓黨的恐怖統治讓法國革命者開始對認同古人感到猶豫。但即便在當時，人們也仍持續引用古代的政治模式，正如他們所取的繼任政權及治理機構名稱所表明的：執政府（Consulate）、護民院（Tribunate）、長老院（Council of Elders）。[88]

在尼德蘭，革命者同樣在他們的演說和政論小冊子中穿插引用古人。新的巴達維亞憲法辯論期間，激進改革者明確引用古代的例子，請求徹底進行荷蘭政治體制的民主化。在所謂《十二使徒宣言》（*Manifesto of the Twelve Apostles*）中，革命者宣告他們的抱負是要「巴達維亞人」改造為「希臘人或羅馬人」。[89] 同樣的情形也出現在德國，詩人及未來革命者弗里德里希・施萊格爾（Friedrich Schlegel）即將古雅典視為自己國家的楷模，他指出：「沒有國家曾達到比阿提卡（Attic，編按：即雅典人）更高程度的自由及平等。」施萊格爾深信「現代人」還有「很多事情要向古代人學習」。[90]

由於這類評論，保守派評論者很快就像一個多世紀前的霍布斯一樣，將時代的革命激情歸咎於古典文獻的煽動性影響也就不足為奇了。英國托利黨主要人物強納森・布雪（Jonathan Boucher）就深信，「許多持自由派立場、慷慨而有教養的人」，已經「因為這種最初從學校養成的只讀古典著作的習慣而迷失了、毀了」。[91] 同樣地，一位居住在威瑪（Weimar）的德國作家克里斯托夫・馬丁・魏蘭德（Christoph Martin Wieland）則將法國大革命的爆發歸咎於古典著作的影響。魏蘭德寫到，「在敏感的靈魂仍對倫理、美及偉大的事物擁有無瑕感受力的年紀」，革命者就「結識了希臘和羅馬最優秀的共和主義者，習染了他們對共和自治自由的熱愛、對暴政及君主制的厭惡，以及他們偏好民治政府形式的弱點」。[92]

然而不是所有十八世紀革命者皆抱持對古典時代不加批判的欽慕態度。他們之中一些思考更為細膩的思想家，對古典時代的過往保持著疏遠的距離；他們強調自己正在建立的共和制與古典先賢的有極大不同，並強調自身的原創性。他們認為自從西塞羅的時代以來，世界已經產生了巨大的變化，古人的知識已不再那麼相關了。美國開國元勛之一亞歷山大．漢彌爾頓（Alexander Hamilton）曾坦白承認，當他閱讀「那些希臘和義大利小共和國」的歷史時，除了「恐怖和噁心」之外什麼感覺都沒有。那些例子根本不是美國人應該仿效的，「熱愛自治自由的啟蒙之友們」應該自己獨立思考。漢彌爾頓指出，值得慶幸的是，「政治科學」在現代已經得到了「極大的改善」。[93]

人們必須從啟蒙運動對政治思想的影響來理解這類主張。儘管十六和十七世紀的政治思想家認為古代是人類文明的巔峰，但是到了十八世紀初，許多受啟蒙運動影響的思想家已開始主張他們所處時代至少不遜於——不，是優於——更早的黃金時代了。這類主張最早是在所謂「書籍之戰」（Battle of the Books）的背景中發展出來的，這是一場激烈而漫長的辯論，歐洲文人之間針對「古代」和「現代」劇作家及詩人分別擁有的特質進行爭論，最終促成人們更加意識到，後古典時代歐洲在政治等其他領域所達到的成就。[94]

然而，即便是那些最迫切欲強調自己與傳統先賢不同的革命者，也仍持續擁抱這種古代的民主式自由概念。當我們開始關注關於代議制政府的辯論，這一點就變得十分清楚。在古代民主政體中，人民直接行使立法權力，法律由全體民眾制定，他們會專門為了立法而在市集或特別指定的公共區域聚集，如雅典的普尼克斯。但是當然了，在大西洋革命者所創建的共和國中這是難以實行的，因為它們的面積與人口都要大得多。因此美國、法國和其他共和國的肇建者們均推行代議制度，尤其是選舉產生的立法機構。如今制定法律的不是所有成年男性公民，而是由一群經過挑選的代議士。如果這是人民自治的話，那麼它肯定與古人的人民自治有極大不同。

代議制度的推行在大西洋革命者間激起了大量的辯論。一些人擔憂這種偏離古代榜樣的做法會破壞人民自治，並因而侵害自治自由。這類憂慮最早由盧梭於一七六二年提出。盧梭在他的《社會契約論》一書中警告公民，將立法權力交給代議士是令自己變得不自由，因為他們生活中必須遵守的法律是由一小群人所制定的，不是自己。他特別點出英國的例子來支持他的觀點。英國人認為自己是自由的，但是在盧梭看來，他們可是「大錯特錯」。盧梭宣稱，情況正相反，他們只有在選舉國會議員期間是自由的，但是「一旦他們選上，(英國人)就成了奴隸，根本一文不值」。[95]

一些大西洋革命者和盧梭有同樣的憂慮。普萊斯在他的《公民自治自由等之觀察》中同意這位瑞士思想家的看法，認為只有在「小國」中才能享有「臻於完美」的自由，因為只有在小國中每個人都可以親自投票並被選為公職。[96] 普萊斯對英國國會運作的親身經歷更加重了他的憂慮。他指出，英國下議院雖宣稱代表廣大人民，但事實並非如此，因為國會議員的任期很長，而且實際上僅代表人口中一小部分人。

和盧梭不同的是，普萊斯並未對代議制宣戰到底，畢竟，在大型的現代國家中實施直接民主是不可能的。但普萊斯確實建議應縮短代議士任期，並讓他們對自己的選民負責。只有當人民能夠嚴格控制自己選出的代議士，才能抵銷代議政府所帶來的弊端。「如果將政府交付在任期短暫的人手中，」他寫道：

如果他們是由國家中代表公正聲音的大多數人所選擇的，並服從於他們的指示，人們就能享受最高程度的自治自由。但如果長任期的公職只由這個國家的一小部分人選出的話，又如果他們在任期內完全不受選民控制，那麼自治自由的理念將不復存在，選擇代議士的權力也只會變成一種權力，即少數人有權力在某個特定時期為自己和社會上的其他人選出一群主人。[97]

然而其他的革命者對代議制則持較正面看法。漢彌爾頓等思想家曾將「偉大的代表性原則」說成是「現代歐洲」最傑出的發明之一。[98] 與漢彌爾頓並列《聯邦黨人文集》作者的麥迪遜同意他的看法，他認為代議制政府有幾個優於直接民主的內在優勢。最明顯的優勢是透過選舉，在理想情況下，立法權將被移交給「一群經過選擇的公民」，他們的智慧足以認清「國家的真正利益」。麥迪遜樂觀地總結道：「在這樣的規則下，極可能發生的情況是，相較於人民為此目的而召開會議發出自己聲音，透過他們的代議士所表達的人民心聲會更符合公眾的利益。」[99]

然而值得注意的是，即便是這些現代主義者也同意，以自由為中心的角度來看，代議制度是有問題的。儘管麥迪遜認為相較於直接民主，代議政體更可能產生好政府，但他也承認它可能輕易導致寡頭政治壓迫。麥迪遜指出，代議士可能會「背叛人民的利益」，因此絕對有必要透過經常舉行選舉來防止立法機構的寡頭政治化。要求代議士的行動應定期受到公眾的監督，將可望阻止他們為了自己的利益而非選民的利益工作。[100]

簡言之，在新生的美國共和國中，即使是最渴望宣告自己的共和國既「新」又「現代」的那些革命者也持續認為，自由等同於某種人民可直接並主動控制他們受治理的政府。麥迪遜即相當明確地提出這一觀點，他在《聯邦黨人文集》中寫道：「共和式自治自由的特質似乎要求……不僅所有權力都應來自人民，而且那些被交付權力的人也應受到任期短暫的約束，而持續看人民臉色行事；即便是在這個短暫的任期中，這份重責大任也不應交給少數人，而應掌握在許多人手中。」[101]

在大西洋的彼岸，啟蒙革命者也表達了類似的看法。跟漢彌爾頓和麥迪遜一樣，哲學家及國民公會代表尼可拉·孔多塞（Nicolas de Condorcet）也急於強調現代共和政體相對於古代版本的優越性。他解釋，希臘共和國不完全適合作為「現代偉大國家」的榜樣，因為它們是建立在奴役的基礎上，且對代議制度一無所知。與此同時，孔多塞也對代議制造成的「間接專制主義」危害提出警告。如果人民無法令代議士定期負起責任，那麼代議制政府就像一人統治一樣，同樣可能淪為暴政。因此，讓代表必須看人民臉色行事的選舉程序對於維持自治自由極為重要。[102]

這一切都意味著，我們有充分理由認為大西洋革命浪潮是「文藝復興的最後一項豐功偉業」，這是歷史學家約翰·波寇克（John Pocock）給它的著名標籤。[103] 從許多角度來看，十八世紀末的自由奮鬥可被視為古代政治思想復興潮的高峰，這股長達數世紀之久的浪潮最初是由佩脫拉克、布魯尼和馬基維利等文藝復興人文主義者所推動。他們重新發掘並普及（並隨後在學校課程佔據了中心地位）的古代典籍，有助於決定性地改變歐洲菁英的政治想像。當然了，我們不能將這些文本視為大西洋革命浪潮的直接推動者（撇開布雪或魏蘭德等保守派的看法不談），但是在將這些革命從目標更有限的反抗轉變為爭取自由民主的奮鬥方面，它們確實做出了許多貢獻。

在這同時值得強調的是，大西洋革命浪潮也是文藝復興的謝幕。一八〇〇年後，自由鬥士們大體上已不再援引那些曾在歐美政治思潮中，扮演重要角色的古代模式和口號。十九世紀和二十世紀期間的改革者和有志革命之士轉而以大西洋革命者為效法對象，而不再望向愈來愈遙遠的古代世界，於是哈爾摩狄奧斯和阿里斯托革頓、小加圖，或是兩位布魯圖斯，均不再是人們引用的榜樣。當他們想要援引歷史先賢的例子，來支持他們為自由民主而奮戰時，十九世紀的激進分子、婦女參政論者、廢奴主義者參考的反而是來自時代較近的榜樣，尤其是美國開國元勛、法國國民大會或雅各賓黨人。

大西洋革命者在轉變他們所處政治世界方面所達成的真正成就，很大程度上促成了這種變化。十八世紀末的革命浪潮在許多地方，造成了與過去世界的深刻斷裂，當然，這點在美國最為明顯，革命者在那裡創建了一個民主程度舉世無匹的全新國家。但他們的法國同行者成就也不遑多讓，畢竟他們成功摧毀了歐洲最強大的君主政體之一。即使法蘭西共和最後仍一一垮台，但是在反動勢力的最大努力下，舊制度卻從未在法國成功地捲土重來。

也因此，當十九世紀和二十世紀激進人士和革命分子持續為民主自由奮戰，他們的奮鬥並未像大西洋革命者一樣參雜了古典色彩，即使在引用古老的象徵符號時，他們也會賦予這些符號全新的意義。於是，儘管自由帽在十九世紀仍是自由的象徵，但是人們已不再將它理解為古典歷史的參考物，取而代之的，自由帽幾乎完全只和法國革命者、尤其是雅各賓黨人聯繫在一起，因此人們也將它畫成在法國大革命全盛時期的顏色：紅色。[104]

美國革命時期的自然權利和自由

在為自我治理的正當性辯護時，大西洋革命者不只求助於古人權威，他們也經常引用像是自然的自治自由及個人權利等概念。無論在北美和歐洲，為了正當化他們對合法君主發起的反抗，革命者都會主張這些君主侵害了他們臣民的自然權利與自治自由。隨後新的革命政府大多會發表官方聲明，條列出人的自然權利，並宣示他們想要比前人做得更好。法國《人權及公民權宣言》以及美國《權利法案》（Bill of Rights）就是這股潮流的最著名例子。

在大西洋革命潮背景下，尤其是美國革命，學者對於著名的權利言論進行了許多研究。更具體地說，如喬伊斯・艾波比（Joyce Appleby）及艾薩克・克蘭尼克（Isaac Kramnick）等歷史學者，一直都將權利宣言視為洛克對美國革命者產生影響的證據，這種影響與經典遺產的影響完全不同，事實上是截然相反。因此，人們不僅可將美國革命視為文藝復興的落幕，還可將它視為一種新的思考自由方式的開端。在這種詮釋裡，十八世紀末革命者在以洛克等十七世紀思想家觀念為基礎的同時，也首先將自由國家等同於有限政府，而不是等同於民主政體。基於這種自由概念，如果一個政府承認並尊重其公民的自然權利，並克制不去侵犯這些權利，就可以被稱為自由的政府——無論掌權者是誰。[105]

人們認為出現了一種對於自由的新理解，並經常在解釋它時提到，美國革命與西方另一場革命結束的時間重合，那場革命就是：市場社會的誕生。這種看法認為，十七世紀時，貨品與勞動力的市場交換，緩慢取代了傳統的直接消費社會，在歐洲及其殖民地都發生同樣的情形。對這一現象的觀察導致了一種新觀念——一種關於自然社會秩序的新觀念，這種秩序雖然不是在強迫下創造出來的，但可以說是透過一隻「看不見的手」而催生。這一觀念激發了美國革命者的想像力，並讓他們認為政府是一個實體，其唯一的責任就是保護個人權利。因此，他們開始將自由政府重新定義為視保護這些權利為己任的政府，尤其是對財產權的保護。[106]

然而我們有幾個理由不同意這一主張——即大西洋革命浪潮讓人們普遍認識到，自由即個人權利保護的這一觀念。首先，這一詮釋是基於對所謂洛克傳統的錯誤解讀。正如我們已經看到的，洛克從未暗示自由等同於受到一個有限政府保護的自然權利。他明確否認「公民自治自由」意味著可以為所欲為的自由，相反，他主張要生活在共同同意的法律之下才有自治自由。換句話說，洛克對於自然自治自由及自然權利的強調，完全符合自由古典的、民主式概念——或者換種方式來說，洛克對自由的理解和盧梭的基本上並無區別，即使後者的自由觀經常被認為代表了一種十分不同、更具民主思想的傳統。[107]

美國革命者自己也十分清楚地表示，在他們的理解中，洛克的著作指向的是一種盧梭式、民主的自由概念，而不只是在宣傳有限政府。因此當他們援引洛克的權威論證時，通常是為了表明他們對於自由的民主概念的堅持。正如我們已看到的，普萊斯將自由等同於人民自治；他也認為其原則「和洛克先生及美國至今最受推崇的所有自治自由作家所教導的並無二致」。[108]美國革命的批評者也同意這一點。威爾斯牧師、美國叛軍的死硬反對者約西亞・塔克（Josiah Tucker）即以「洛克追隨者」來形容普萊斯。塔克也堅持認為「為人誠實、光明正大的盧梭，清楚地看到了洛克式假設必然的終點」——那就是極端的民主政體。[109] 同樣地，哲學家杜戈爾．史都華（Dugald Stewart）也將美國革命的民主化傾向歸因於「關於政治自治自由的錯誤觀念，這些觀念因洛克的著作而在歐洲廣為傳播」。[110]

其次，針對美國革命者所著最重要「洛克式」文件（即他們的各種權利宣言）的分析也清楚表明，這些文件的作者絕對無意挑戰對於自由的古典、民主式理解，或是推行將自治自由視為個人權利保護的新概念。對英抗戰爆發後，許多新獨立的美洲殖民地在創立新憲法的同時，也發表了權利宣言，在這些宣言中有幾份將自由等同於人民自治。一七七四年，首屆大陸會議發表的《宣言與決議》（The Declaration and Resolves）表明：「英國自治自由及所有自由政府之基礎，為人民參與其立法會議之權利。」因此美洲殖民地人民有權在自己的會議中制定法律。[111]

十七年後的一七九一年，聯邦《權利法案》正式批准生效，內容中並未使用如此明確的民主語言，反而列出一系列個人權利，如信仰自由、攜帶武器，以及不允許士兵駐紮於家中的權利。因此，人們有時稱《權利法案》體現了一種對於自由國家的新觀點——即一個有限的、以權利為基礎的國家，而不是自治政府。一七七六年後，爭論持續，對於州層級民主或半民主政體的經驗令許多美國政治運動者相信，在一個共和政體中，對自治自由的主要威脅來自於多數人的暴政，而不是行政權力的過度擴張。因此，自治自由的觀念在一七八〇年代發生了重大轉變。正如一位研究美國革命的歷史學家所言：「人們如今強調的自治自由，是個人或私人的自由，是保護個人權利不受所有來自政府的侵犯，尤其是來自立法機關，而這正是輝格黨人傳統上珍視的機構，他們視之為人民公共自由的唯一寶庫，也是捍衛他們私人自治自由的最可靠武器。」[112]

然而，聯邦《權利法案》的引進，標示著從民主式自由概念轉向一種新的、以權利為基礎的自治自由概念，這一觀點幾乎沒有得到證據的支持。當我們進一步審視環繞著一七八九年夏天《權利法案》的引進所展開的辯論，這一點就變得十分清楚。當時，美國政治菁英已經分裂為兩個競爭的派系。一方是支持一個強大國家政府的聯邦黨人，反對他們的則是深信主要權力應保留在各州手中的反聯邦主義者。除了爭論新憲法外，這兩個群體也就權利法案這個想法展開辯論。聯邦黨人堅決反對引入一部聯邦權利法案，而反聯邦主義者則是強力支持這一想法。然而在整個討論中，聯邦黨人和反聯邦主義者均持續根據相同的民主式自由概念，提出自己的主張。

聯邦黨人反對權利法案的想法，主要是因為他們深信在一個民主共和國中，對於保護自治自由，權利法案是多餘的。如英國這樣的君主政體，也許還有必要列出人民的權利，以防止君王踐踏這些權利，但是在像美利堅合眾國這樣一個人民自治的共和政體，政府不會對自由形成威脅。正如一位聯邦黨人所言，在美國，一部權利法案是「毫無意義的，因為政府被認為源自人民，政府現在擁有的一切權力都是由人民授與的」。[113] 同樣地，漢彌爾頓也在《聯邦黨人文集》中指出，權利法案在人民共和國中「無用武之地」：「嚴格來說，在這裡，人民什麼也沒有放棄；而正因為他們保留了一切，所以他們不需要再特別保留什麼。」[114]

相對地，反聯邦主義者（他們是這部新聯邦憲法的反對者）則強力支持推行權利法案；他們之中有數位確實在一七八八年投票反對這部新的聯邦憲法，因為它的內容中沒有權利法案。但他們支持權利法案的動機，也絕對不是他們堅持用一種新的、更現代的方式來思考自由，與之相反，他們始終堅定支持的理念是，人民只有在能夠控制自己受到治理的方式時，才能獲得自由。他們擔憂新的憲法將建立一種「貴族政體」，而最終會放棄「對人民的一切依賴，方式是透過持續讓自己和自己的孩子一直位居政府要職」。[115] 因此他們希望透過讓眾議院人數增加一倍、縮短參議員任期、允許罷免參議員，以及縮小參議院的正式權力，使這部新憲法變得更加民主，而權利法案也應是這一民主化議程的一部分。反聯邦主義者希望透過此一工具來強化公眾對人民權利的意識，並鼓勵人民，如果發生聯邦政府侵害這些權利的情況，就立即採取行動。[116]

麥迪遜則表達了不同觀點。麥迪遜是聯邦黨人最傑出的發言者之一，就像大部分的聯邦黨人，他一開始也拒絕了權利法案，主張這種「微不足道的障礙」已經一再被證明，對於反抗專制主義毫無用處。[117] 但是他在一七八九年時改變了想法，很大程度是因為他認為權利法案可以挫一下反聯邦主義者的氣焰。麥迪遜希望國會就權利法案所採取的行動，能夠令那些頑固的反聯邦主義者打消召集第二次制憲大會的念頭。麥迪遜隨後在協助國會的《權利法案》這件事上扮演了關鍵角色。

當麥迪遜嘗試說服同僚通過權利法案的必要性，他為這場辯論加入了一個重要的新視角。和反聯邦主義者不同的是，麥迪遜從未將這樣的法案，包裝成強化對政府控制的一項工具；與之相反，他將它形容為一種對抗多數人暴政的保護。正如他在一七八九年六月八日向眾議院所解釋的，行政權力並不像在英國那樣對自治自由形成極大威脅，因此權利法案似乎是多餘的，但它對於保護個人免於另一種危險可能是有用的，那就是「共同體濫用」（the abuse of the community）的危險。正如麥迪遜說明的，權利法案也許是「一項控制多數人不去採取他們原本傾向採取行動的工具」。[118]

然而，如果我們認為麥迪遜獨樹一幟的發言，證明了思考自由方式的更大轉變，即認為自由是保護個人權利免於多數人暴政時，那又是過分誇大了現有的證據。畢竟麥迪遜的聯邦黨同僚裡，沒有一個人贊同他對《權利法案》的特殊詮釋，反聯邦主義者也不贊同他。此外，麥迪遜自己對於權利法案作為保護自治自由方式的支持態度，也一直是不冷不熱。他在向新當選的眾議院面前發表介紹這一法案的演說時，表現得出奇冷淡：他將其形容為「既非不適當，也不是毫無用處」，這實在稱不上是強而有力的認可。[119]

更籠統地說，麥迪遜的著作顯示，在對抗多數人暴政方面，權利法案從來不是他偏好的解決方案。在他一七八〇年代最具影響力的著作中——他為《聯邦黨人文集》所寫的文章——麥迪遜廣泛地反思了多數人暴政的危險。但在這篇文章中，他從未提到權利法案是種解決方法，反而始終認為避免多數人暴政的最佳方式，是建立「擴大的」共和政體。在大型共和政體中，利益的數量和以這些利益為基礎的黨派數量，都會成倍地增加。因此麥迪遜主張：「全體中的多數人將比較不可能有共同的動機去侵害其他公民權利；或者，如果這樣的共同動機確實存在，對所有持有此動機的人而言，也會更難找到自己的力量並採取一致行動。」[120]

簡言之，美國革命者絕對無意透過發表權利宣言，來表明他們採取了一種對於自由的不同思考方式，因此有別於李努奇尼、拉波哀西或哈靈頓等人文主義者。更準確地說，他們繼續認為自由是一種只有透過人民對政府的控制，才能建立起來的東西。他們所發表的那些宣言中，均含有強調民主的言語，強調人民參與政府的權利是所有其他權利及自治自由的基礎。就連《權利法案》也無意要表達將自由視為有限政府的新概念。更準確地說，它的目的是為人民提供反抗政府的必要手段，如果政府踐踏了他們權利的話。[121]

法國人權及公民權宣言

經過細節上的修正，我們可以說法國的《人權及公民權宣言》也是同樣的情形。與事後想起來才發表《權利法案》的美國開國元勛們不同，法國革命者幾乎立刻就著手起草了一份權利宣言。這份宣言的頒布日期是一七八九年八月二十六日，距離「第三等級」（Third Estate）透過轉型為國民議會而發動革命不到三個月，距離通過新憲法更是還有兩年多的時間。[122]

從辯論中幾乎找不到證據表明，法國革命者認為這份宣言彰顯了一種對於自由的新理解。由米哈波伯爵所領導的委員會，於一七八九年八月十七日提交了該份宣言的草案，相較於美國的《權利法案》，這份草案的抽象程度和哲學意涵都高出許多。它並未透過條列方式提出關鍵的個人權利，而是明確說明任何具有正當性的憲法都必須依據的基本原則。第一條規定，人人生而自由平等。在這一聲明後，又有若干條款概述了具備正當性政府——即適合自由平等之個人的政府——的基本原則。這些原則指出，所有政治共同體都建立在社會契約的基礎上，所有權利都來自全體國民（the nation）。公職人員的權威僅僅來自於全體國民的授與。[123]

正如史賓諾沙、洛克和盧梭，米哈波伯爵也明確表示，只有在一種特定的制度背景下，才能維護人們自然的自治自由；這種背景即基於國民主權的政府。宣言草案第六條更清楚地陳述了此一論點，指出「公民之自治自由在於僅受到法律的約束」。[124] 第四條宣告：「除了由國民自身或其合法選舉之代議士所明確批准及同意的法律，國民不應承認其他法律。」[125] 換言之，自由意味著生活中僅服從自己所制定的法律，而非任何君主的獨斷意志。

然而制憲議會否決了米哈波伯爵的草案，理由始終令人費解。最終獲得通過的宣言乍看之下似乎體現了一種十分不同的邏輯。頭兩條條文似乎暗示法國革命者開始認為，自由是維護個人權利免於政府之干預：「一、人生而享有並保有自由及權利平等。社會區別的建立僅應基於普遍福祉。二、所有政治結社之目標均為保護人們自然且不可剝奪之權利，即自治自由、財產、安全及反抗壓迫之權利。」此外，在宣言的第四條、第七條第九款、第十條、第十一條以及第十七條也列舉了個人權利，它們分別是人身自由權利、公正審判權利、宗教自由、言論自由，以及財產權利。

然而經過細思，該宣言仍延續了米哈波伯爵草案中的盧梭式邏輯。所有列舉個人權利之條款均有一免責聲明，說明這些權利可能受到法律的限制，而第六條則規定「法律為普遍意志之表達」，以及因此「每位公民均有權親自或透過代議士參與其創建工作」。簡言之，這份宣言主張個人權利必須得到維護，然而個人權利之確切性質及限度得由立法者——即整個政治共同體——決定。該宣言也清楚表明國民主權是一項關鍵權利，因此宣言第三條規定：「一切主權之原則基本上屬於全體國民。任何實體或個人所行使之權威均須直接來自全體國民。」

當我們檢視《人權及公民權宣言》頒布後引發的辯論，尤其是埃德蒙·伯克的《法國革命的反思》（*Reflections on the Revolution in France*）所激起的政論小冊子之戰，便可確認其中的盧梭內涵。[126]在這本書中，伯克將自然權利視為虛構、「形上學」的觀念並加以拒絕。人可享有參與政府之自然權利的這一觀念，尤其令他感到憤慨。「至於在管理國家上每個人均應享有權力、權威及方向指導，」他寫道，「我必須否認這是人在公民社會中的直接原始權利之一。」[127]

伯克針對《人權及公民權宣言》的猛烈攻擊激起了若干同樣激烈的反應，最引人注目的莫過於湯姆·潘恩（Tom Paine），此人為英國出生的政治思想家，同時也是大西洋革命的熱情支持者。在其暢銷論著《人的權利》（*Rights of Man*）中，潘恩開始為自然權利的原則展開辯護，反對伯克對於慣例及習俗的強調。[128]潘恩也明白表示，他是以盧梭的思考方式來思考這些權利。在他看來，美國和法國權利宣言的主要目標，均是宣告人民對政府的控制：「君主主權——人民的公敵、苦難的根源，已經被廢棄了；主權本身回歸到它自然且原始的所在，即全體國民。」[129]

其他伯克的批評者也表達了類似看法。一位年輕的蘇格蘭律師詹姆士·麥金塔（James Mackintosh）寫下了《法蘭西辯護書》（*Vindiciae Gallica*），該書正如其副標所言，是為「捍衛法國革命及其英國推崇者，駁斥尊敬的埃德蒙·伯克之指控」而寫作。在讚揚法國人以「提出這些神聖且不可讓渡、不可剝奪之權利的莊嚴宣言」展開其革命事業後，麥金塔清楚表示，他認為這份宣言是建立人民對政府控制的一項工具。正如美國的反聯邦主義者，他也將權利宣言描述為「為維持公眾對於黨派利益篡奪的警覺，也許是人類智慧所能設計出的唯一權宜之計」。[130] 麥金塔也主張根據自然法，「人保有參與自己政府的權利」，以及「稍有偏離（此一原則），即會將一切暴政正當化」。[131]

《人權及公民權宣言》的盧梭式解讀並沒有得到全面的認可；一些評論家認為，這份宣言是一更具自由主義色彩的文件。但後面一種詮釋的主要推動力來自法國革命的反對者及批評者，如法學哲學家傑瑞米・邊沁（Jeremy Bentham）。邊沁最初對革命的爆發也持歡迎態度，他認為是他期待已久、推動實現他法律改革倡議的機會。但是在恐怖統治之後，邊沁和許多人一樣改變了他的想法，路易十六的處決尤其令人印象深刻，而邊沁也開始對這場革命展開猛烈抨擊。

他在一七九五年所寫（雖然直到許久後才出版）的短篇論文《無政府主義的謬論》（*Anarchical Fallacies*）證明了他對法國革命帶有敵意的新觀點（他原本的書名《戳破瘟疫般的無稽之談》〔*Pestilential Nonsense Unmasked*〕更毫無保留地說明了他的看法）。邊沁在這篇論文中提出了「自然權利不存在」的著名主張。在他看來，自然權利根本是「脫離現實的無稽之談」。自然權利學說不僅荒謬，也很危險。邊沁警告人們，對這些權利的信念會損害一切政治權威。自然權利是「無政府狀態——混亂即秩序（the order of chaos）——的權利」。[132] 畢竟如果要認真看待，就應將這類權利視為對抗政府權力的王牌——個人如果認為法律侵害了他們的權利，只要打出這些王牌即可視法律為無物。

邊沁的批判禁得起時間考驗。但必須強調，他對《人權及公民權宣言》的閱讀是帶有敵意的。法國革命者自己以及他們在英美的推崇者，都不認為自然權利劃定了一塊絕不受國家權力侵害的私人領域，更不認為是個人為所欲為的許可證。與之相反，他們認為《人權及公民權宣言》是一份宣傳主權在民的文件，是正當性及自由這二者的基礎。換言之，他們的立場始終接近史賓諾沙、洛克和盧梭等激進的自然權利思想家。正如這些思想家，他們也宣稱公民自治自由，即人在社會中享有的那種自治自由，主要是指人僅僅受到經過共同同意制定的法律所管轄的權利。

總而言之，大西洋革命者對自然權利的引用，並未指向一種思考自由的新方式。但這並不是說大西洋革命浪潮期間關於自由的辯論，洛克和盧梭的影響毫無助益。儘管自然自治自由和自然權利的討論並未將辯論引至一個全新的方向，但它確實令關於自由的討論轉為激進。自治的希臘人與羅馬人是對舊君主制及寡頭共和政體的強而有力控訴，但這些例子可能比較難被拿來批判種族或性別形式的壓迫：畢竟古人不僅蓄奴，還排除女性參與政治。相對地，自然權利說，以及其訴諸理性而非歷史先例的做法，則允許激進的革命者批判這些壓迫形式純粹是約定俗成，因此不具正當性。

因此，在大西洋革命浪潮期間，對於政治現狀的最激進挑戰，往往是用自然權利的語言來表達，而不是引用希羅多德或李維的話語。當女性革命者（在數量更有限的男性革命者幫助下）挑戰排除女性政治參與的做法時，她們往往主張這類排除侵犯了兩性之間自然的平等。古吉即是一例，她指出在動物中，實際上是在「一切生物」中，兩性都是「彼此交融」及「和諧合作」的。古吉繼續說道：「只有人類才會胡亂拼湊出一條規定，將自己排除於這一系統之外。」排除女性這一「擁有一切智能的性別」是一種「古怪」且「盲目」的做法，是「最愚蠢的無知表現」。[133]

與此同時，大西洋革命者也清楚地突顯出這種激進潛能的限制。因為自然的權威同樣容易被用來**反對**納入邊緣群體——即以自然而非習俗為基礎，創造出新的種族及性別階層制。因此古吉的論點遭到了男性革命者的反駁，他們宣稱女性的天性讓她們不適合行使政治權力，正如一位法國革命者所言：「從何時起一個人可被允許放棄自己的性別了？從何時起看見女性拋家棄子來到公共場所，在旁聽席、在參議院席前高談闊論，成了一件體面的事了？她用自己的乳房為我們的孩子哺乳了嗎？」[134]

對於自然權利學說的引用也不必然會帶來「一連串」的權利。《人權及公民權宣言》中並沒有什麼必然的內在邏輯，會引導人們去爭取廢棄奴隸制或開放女性選舉權。[135] 此外正如我們將看到的，十九和二十世紀時，權利的討論在政治辯論中扮演的角色發生了根本的變化。在後革命時期，人們愈來愈常引用人擁有個人權利的理念來反對擴大民主。政治行動者開始堅持人民自治不僅不是宗教自由和財產等權利不可或缺的基礎，反而對這些權利形成了重大威脅，因此為了保護權利——以及其所劃定的自由領域，就必須限制以民主的方式控制政府。

總而言之，在派崔克・亨利向第二次維吉尼亞會議（Second Virginia Convention）發表演說後的幾十年間，遍佈大西洋世界的革命運動均以自由為名，對政治現狀提出了異議。費城、阿姆斯特丹、巴黎和華沙的革命者們在閱讀古典文獻，以及對這些文獻的現代改編時獲得了啟發，益發堅定地主張被迫服從世襲君主或寡頭菁英之獨斷權力的人，處境就跟奴隸無異。他們強調，獲得自由的唯一途徑，就是保持對自己統治方式的控制。因此大西洋革命者們處決了國王、推翻了寡頭菁英，換上了（至少在他們自己看來）屬於人民或採取民主形式的政府。這些革命者也通過了旨在促進經濟平等的法律，因為他們認為經濟平等是人民自治的必要前提。

大西洋革命者所提倡的理想，將在未來的數十年中持續啟發革命者。在整個十九和二十世紀期間，歐洲和美國的激進分子均在自由的號召下為男性選舉權而奮鬥，但是在這同時，聲音日益響亮的新運動拾起了最激進的革命者們提出的主張。廢奴主義者開始更熱切地堅持，唯有透過根除奴隸制以及令黑人享有充分的政治及公民權利，才能實現一七七六年和一七八九年的理想。同樣地，婦女參政論者則繼續了古吉反對「奴役」女性的奮鬥，並主張必須賦予女性投票權，女性才能獲得徹底解放。

然而，十八世紀末不只是民主自由理論傳播的關鍵時期，大西洋革命的爆發也激起了一股強有力的反民主力量。這股反對力量導致一種全新思考自由方式的概念化，在這種思考方式中，自治自由與建立人民對政府的控制無關。更準確地說，如果一個人能夠平靜地享受他的生活和財物，他就是自由的——而推行民主制只會威脅這種情況，而不是帶來保障。於是正如我們將看到的，自由的概念逐漸從**爭取**民主的武器，轉變為可被用來**反對**民主的工具。

第三部

重新思考自由

CHAPTER 5

現代自治自由的發明

一七八四年，埃伯哈德發表了《論公民自治自由與政府形式的原則》（*On the Liberty of the Citizen and the Principles of the Forms of Government*）。身為德國哈勒大學（University of Halle）的哲學家，埃伯哈德主要以他開明的宗教觀點而知名。他曾在一七七二年引起了一樁小小的騷動，因為他主張救贖不取決於天啟，因此異教徒也能上天堂。但正如他的一七八四年著作所顯示的，埃伯哈德對於道德及政治問題也擁有濃厚興趣。他說發表這篇論文的主要目的，是參與一場正在進行中的辯論，辯論的主題是在一個社會中自由意味著什麼，或者是自由的社會意味著什麼。他希望糾正那些「年輕的共和黨人」的看法，他們認為只有在民主政體中才能找到自由，君主政體中不存在自由。儘管埃伯哈德沒有具體指出這些年輕的共和黨人是哪些人，但似乎可以合理地認為至少他們之中的一些人曾經受到美國革命的啟發。[1]

事實上，自獨立戰爭爆發以來，美國的自由奮鬥已在人們心中激起相當大的熱情，德語報章雜誌也大幅報導大不列顛及其桀驁不馴殖民地之間的鬥爭。一七八三年，擁有廣泛讀者的《柏林月刊》（*Berlinische Monatsschrift*）即以題為〈美國自治自由〉（America's Liberty）的一首詩來慶祝美國對英抗戰勝利。但一些德國人走得更遠，他們不僅慶祝美國對英勝利，更主張歐洲人也應擺脫王室專制政體，追求自我解放。一七八二年，居住於哈勒、和埃伯哈德一樣身為普魯士國王腓特烈大帝臣民的約罕・克斯提昂・施莫勒（Johann Christian Schmohl），出版了《論北美與民主》（*On North America and Democracy*）一書，他在書中讚揚美國人為「主權在民」而戰，並表達了希望歐洲很快也能擺脫「暴政」枷鎖，並獲得「自治自由」的願望。[2]

埃伯哈德強烈反對這樣的觀點。他認為只有在民主共和政體中才能找到自治自由，是一種「毫無根據的偏見」。腓特烈大帝的臣民已經擁有自由──因此他們也不需要解放，但他們自由的方式有別於人民共和國公民所擁有的自由。為了澄清觀念，埃伯哈德解釋，談到「公民的自治自由」時，人們應該區分兩種截然不同的自治自由：公民自治自由以及政治自治自由。當人民參與政府，他們就擁有政治自治自由。因此政治自治自由只存在於共和政體，並且最廣泛地存在於民主共和政體。相對地，只要未受到法律限制即有權利按照自己意願行事的個人，則享有公民自治自由。這種自治自由並不取決於政府的形式；既可以存在於君主政體，也可以存在於共和政體，難度並無不同。

埃伯哈德對於公民和政治自治自由的區別十分新穎。正如我們已經看到的，一些十七世紀思想家已經開始區分自然自治自由（個人在自然狀態下享有的自治自由）以及公民自治自由（一個人在社會中可以享有的自治自由）。[3]在整個十七和十八世紀的大部分時間裡，「公民自治自由」和「政治自治自由」往往是兩個可交替使用的術語。但是透過鮮明地區別這兩種類型的自治自由，埃伯哈德不僅是在試著更清晰地闡明概念，更是在企圖顛覆大西洋革命者所捍衛的自由理論：這些革命者主張人民只有在能夠控制自己受到治理的方式時才能擁有自由。

埃伯哈德宣稱，政治和公民的自治自由不僅彼此不同，還常有負面的關聯。從經驗教訓中可知，當人民享有更多政治自治自由時，他們擁有的公民自治自由就愈少，而生活在王權專制政體下的人經常擁有許多的公民自治自由。以斯巴達為例，斯巴達公民不能根據自己的見解來教育子女。同樣地，相較於生活在腓特烈大帝的普魯士等專制君主政體下的人，瑞士共和國的人民享有更少的思想自由。而大不列顛的稅負比歐洲大陸君主政體的更重，懲罰也更嚴。這有助於解釋，為何所謂自由國家的公民經常離開自己的祖國，「到一個不受限制的君主所統治的國家尋求自治自由」。[4]

如何理解埃伯哈德口中的這種「古怪現象」呢？他指出，絕對君主的權力往往比共和政府的權力更不穩固，因為後者可以指望更廣泛民意的支持。因此國王和女王們傾向給予臣民更多的行為自由，以免激起人們的不滿。相對地，在共和政體中，對於公民自治自由的限制更容易被接受，因為公民對於他們控制政府的意識可以平衡這種限制。與此同時，民主政體中的主權人民卻往往受到激情與無知的驅使，而採取削弱公共利益和損害個人自治自由的措施。因此，民治政府經常實施專制統治，但是在像普魯士這樣的開明君主政體中，國王及其公僕們卻是基於知識與理性來採取行動。因此，如果一個人想要自由——像美國革命者及他們激進的德國崇拜者希望的那樣，推行民主制並不是個好的策略。更準確地說，應該把希望寄託在「權力無限制的君主政體」上會更好，因為最能維護公民自治自由的不是由無知群眾控制的政府，而是像腓特烈大帝這種智慧開明統治者的統治。[5]

埃伯哈德絕不是唯一持這些觀點的人。在大西洋革命浪潮期間及其後，他對公民和政治自治自由所做的區分愈益得到廣泛的認同。不僅在廣泛閱讀他論文的德語世界中情況是如此，在歐洲和北美各地，認為民主式自由概念是受到誤導，或是不夠細緻的批評聲浪也逐漸高漲。我們必須將這種思考自由新方式的引進，理解為針對大西洋革命潮之普遍反彈的一部分，這種聲音最早是在一七七〇年代後半迅速增長。隨著時間流逝，英國保皇黨、荷蘭攝政王派（Dutch regents）、法國君主制支持者以及其他的反革命人士逐漸匯聚了愈來愈大的聲量，他們企圖動員公眾輿論來捍衛政治及社會的現狀。

在這股強烈反彈之後，歐洲與北美出現了大量的政論小冊子、論文及報紙文章，標題常是「對自治自由的若干觀察」、「公民自治自由主張」或「論公民的自治自由」這一類。這些作品剖析及批判革命的民主式自由概念。正如埃伯哈德，這些抨擊性文字的作者也捍衛一個概念，那就是自治自由（或者至少是公民自治自由）更多是關於一個人能夠過著自己歲月靜好的小日子，而不在於控制自己受到統治的方式。這些作者也重申了一個埃伯哈德的更強烈主張，那就是政治自治自由不但有別於公民自治自由，而且還是後者的潛在威脅。

這些反革命批判的影響將是長期性的。主要原因不是反革命的自由理論在知識上的說服力，更準確地說，這是對於民主的持續反彈所造成的結果。正如我們將看到的，不僅強硬派的反革命者延續了這場反民主運動，歐洲大陸的自由主義和美國的聯邦主義等新的思想運動，也成為一股新的動力。儘管這些運動的政治目標，在許多關鍵方面與反革命者的有所不同，但對於民主政體（因此也是對於民主式自由理論，正如埃伯哈德等人）所抱持的敵意卻是相似的。

自由及反革命，一七七六年至一八一五年

許多人都曾高興地迎接大西洋革命潮的到來，將其視為新時代的開端。一七九〇年代，二十多歲的英國詩人威廉・華滋華斯（William Wordsworth），正在遊歷法國，他就曾在自己的自傳性質詩作《序曲》（*The Prelude*）中以最令人難忘的手法表達了這種情感。「活在此一朝陽初升的年代已是人間至福，」這是該詩第十一卷中著名的詩句。「但若青春正盛則更似天堂！」年輕的華滋華斯所感受到的無上至福，或許與他在法國期間經歷了他的偉大初戀不無關聯，但是對於革命政治的興奮感也是令他迸發熱情的一個原因。華滋華斯希望透過賦予人民權力，法國大革命將會「為全人類帶來更美好的生活」。6

然而在美國、法國、荷蘭和其他國家，引入嶄新且更民主的政治體制也立即激起了強烈反彈。出版於一七九一年、伯克的《法國革命的反思》經常被視為這股反革命運動誕生的標誌，但事實上，早在十年多前，當時的美國革命曾刺激英國保皇黨出版了大量捍衛政治及社會現狀的著作。同樣地，打敗一七八〇年代荷蘭獨立戰爭的不只是普魯士的軍隊，一群保守派作家也參與了這場戰

役，他們以自己的筆而不是劍來捍衛既有秩序。[7]

大西洋革命浪潮反對者的動機來自多方面的考量。一些保守派人士堅持認為，革命企圖根據人類理性而非傳統來改造政府是錯誤的。其他人則對革命將政教分離的努力感到不安，擔心這會讓社會走上無神信仰的不歸路。但是總的來說，反革命者反對轉向民主政體。正如研究這場運動的一位歷史學家所言：「無論它是什麼——是天主教還是新教、是世俗主義還是神權主義、是親英派還是仇英派、是支持還是反對中介機構、是溫和派還是極端派——反革命思想……始終都是深刻地反民主的。」[8]

反革命思想家對於普通人的政治能力抱持著悲觀負面的看法，他們認為群眾等同於孩子，完全缺乏自我管理的能力。在最好的情況下，人民統治只會讓無知愚蠢的人掌權；但最壞的情況下，則可能會導致暴力的野蠻狀態。正如法國保守主義者弗朗索瓦—荷內．夏多布西昂（François-René de Chateaubriand）所言：「人民是孩子；給他們一個波浪鼓，卻不解釋它發出聲音的原因，他們為了找出原因就會把它打破。」[9]因此，儘管他們捍衛的政治體制不同（英國保皇黨支持立憲君主制，荷蘭攝政王派希望保有他們的寡頭共和制，而法國和德國的保皇黨則支持絕對君主制），但反革命者對民主都同樣抱持著反對立場。

反革命者對於民主的攻擊，其中一個主要招式，就是呼籲人們對於自由採取新的理解。在整個大西洋世界，革命者均主張他們的政治改革將讓人們重獲自由。但他們的反對者反駁說這是個空洞的承諾，自由與人民自治沒有半點關係；充其量，參與政府也只是提供了一種劣等的「政治」自由罷了。而如果人們和他們的財產都是安全的，如果他們能夠安安靜靜地享受自己的生活與財產，那麼他們就是自由的——也就是說，他們擁有「公民」自治自由。因此，美國殖民者、荷蘭自治市民以及法國臣民在他們現有的政治制度下已經是自由的了，而想要將這些制度民主化的革命企圖則可能會破壞自治自由，而不是強化它。

普萊斯《公民自治自由等之觀察》的出版，如同向那些力圖切斷自由與民主之間連結的反對者身上放了一把火。[10] 在一七七〇和一七八〇年代，保守主義者至少寫了四十本政論小冊子來直接批判普萊斯的觀點，其中有許多本冊子是在英國政府的委託下撰寫，因為普萊斯強而有力的修辭令他們感到威脅。普萊斯的反對者試圖透過攻擊他根據事實的聲明來削弱他的公信力，例如：他認為對美戰爭將令大不列顛政府破產的主張，即招致了怒氣沖沖的否認。但是很大程度上，對於普萊斯言論的回應聚焦於他關於更具哲學性主張的自由定義。他的批評者反覆重申，自由與人民自治毫無關係；更準確地說，自由是平靜地享受個人的生活與財產。

因此約翰·衛斯理（John Wesley，一位深具影響力的神學家、托利黨同情者）同意普萊斯，美國殖民者對於自由擁有「毫無疑問的權利」。但是他們在英國統治下已經享有完全自由——「因為他們擁有宗教自治自由（選擇自己宗教的自治自由）以及公民自治自由（根據自身選擇及我國法律來安排我們生活、個人及未來的自治自由）。」[11]

蘇格蘭哲學家亞當·弗格森（Adam Ferguson）同意這種觀點。弗格森解釋，「自治自由」在於「我們權利的保障」，而不是有能力控制我們受到統治的方式。從這一角度來看，美國人已經是自由的，因為正如所有人都同意的，英國臣民「享有超出過去任何一群人所曾享有的更多保障」。[12]這些主張迅速在英吉利海峽對岸得到回響。隨著革命熱情及隨之而來的自由呼聲，從美國殖民地傳播到尼德蘭和其他國家，歐洲大陸的反革命者也很快呼籲人們以一種新的方式來思考自治自由。正如他們的英國同路人，往往強調自由是一種真正的價值，值得人們為之奮鬥——但他們也認為應該以不同的方式理解自由，自由不是統治自己的自由，而是安靜地享受自己的生活和財產的自由。因此，大西洋革命者企圖民主化自己生活的政治體制是在傷害自治自由，而不是為其目標服務。

正如我們已經看到的，在德語世界，如埃伯哈德等王權專制主義的捍衛者也發表了這類主張。但是在尼德蘭，反革命者對於重新理解自治自由的呼聲甚至更為響亮。支持現狀的奧蘭治黨人對於愛國者將自由等同於人民自治的主張感到憤慨。阿德里安．克勞茲（Adriaan Kluit）喊道：「看見如此多關於自由的著作出版，然而事實上自由卻被玷污了：看看在我們時代所發生的一切！有誰會相信呢！」克勞茲是萊頓大學的歷史學教授，也是位堅定的反民主人士。愛國者利用「光輝的自治自由名義」來支持「人民的……主權」，但這是對自治自由語言的惡意顛倒黑白，克勞茲因此呼籲「高尚自治自由的真正熱愛者」捍衛既存憲法，因為正是這部憲法數百年來保護了荷蘭的自由。[13]

一七九〇年代，隨著法國大革命的爆發，關於自由之性質與意義的辯論變得更加激烈。隨著革命轉為激進，歐洲與美國菁英也從最初對法國事件發生的迷戀態度轉為謹慎。在一七九二年廢除君主制後，法國大革命進入了一個極度民主的嶄新階段。[14]國民議會選舉的人口普查制度遭到廢除，儘管新的制度仍未落實男子普選權（僕役及任何未有稅收紀錄者均不得投票），但是相較於一七九一年建立的選舉制度仍民主許多。新憲法是通過公民投票（plebiscite）得到正式批准，（在約七百萬潛在選民中）有一百八十萬人參加了這項投票。許多女性也試圖投票，這一現象說明了人民參與的熱情。

然而法國的民主經驗很快就失敗了。由於新政權捲入了國內外戰爭，執政機關——即雅各賓黨主導的國民公會，便宣布擱置新憲法及所有選舉。權力被集中於僅由十二人組成的安全委員會（Committee of Safety）。言論自由被廢除；隨著安全委員會與教會之間的鬥爭日益激烈，宗教的自治自由也被取消。這些事件發生的同時也出現了大量的政治暴力。在恐怖統治的高峰時期，每個星期都有數千人遭到特別設立的革命法庭處決。總之，約有一萬七千人被判處死刑，其中約兩千六百人喪命於巴黎的斷頭台。

恐怖統治受到歐洲與美國媒體廣為報導，並引發了巨大的爭論。[15] 許多激進分子繼續為法國革命政權辯護。他們主張，針對這一剛成立的共和國所面臨的威脅，恐怖統治是個必要回應。（這些威脅無疑是真實的：一七九三年春天，為報復路易十六遭處決，普魯士率領的軍隊入侵法國；同時，法國西部旺代〔Vendée〕地區也因反抗大規模徵兵而爆發叛亂，並迅速演變為一場全面內戰。）其他人則認為相較於舊制度所造成的恐怖，革命暴力根本相形見絀。居住於德國柯尼斯堡（Königsberg）的老邁哲學家伊曼紐爾．康德（Immanuel Kant）即是一例，他始終無悔地支持法國大革命。正如一位康德的訪客所陳述的，康德深信「相較於專制政治對法國的長期荼毒，法國發生的一切恐怖事件根本不值一提，雅各賓黨人做的一切也許都是正確的」。[16]

但是對許多觀察家而言，恐怖統治顯示革命的理想出了問題。暴力事件表明，企圖在法國這類人口眾多的大國推行更民主的體制，最終只會以壓迫和流血收場。蘇格蘭諷刺畫家埃薩克·克魯克先客（Isaac Cruikshank）的一幅雕版畫，以視覺方式傳遞了這一訊息，這幅畫作發表於一七九四年恐怖統治的高峰時期。克魯克先客將「法國的民主」描繪為一隻怪獸，牠舉著被砍下的貴族頭顱，頭戴一頂由匕首製成的自由帽。克魯克先客傳達的訊息十分清楚：民主只會導致恐怖統治和斷頭

〈法國的民主〉（*The Democracy of France*），埃薩克·克魯克先客，一七九四年。

台；它所承諾的人人自由是個危險的幻想。

這一命題似乎在一七九九年再次得到確認，恢復法國政治秩序的企圖，最終結局卻是拿破崙的獨裁統治。即便是最熱情的革命支持者也開始對法國，乃至整個歐洲的自治自由事業感到絕望。華滋華斯就是個例子，受到拿破崙掌權的打擊，他在一八〇二年致法國人的一首詩中表達了他的幻滅感：「可恥啊，你們這些弱者、容易向奴隸制妥協的人！」事實上，華滋華斯對法國大革命的反感是如此強烈，以致他最終成了堅定的托利黨人、對任何帶有民主色彩事物的忠誠反對者。[17]

恐怖統治導致政論小冊子再次大量湧現，強烈抨擊對於自治自由的革命式理解。暴力令一些反革命者極度震驚，甚至導致他們徹底否認自由的價值——天主教辯論家約瑟夫・梅特（Joseph de Maistre）最為有力地表達了此一觀點。梅特成長於薩沃伊（Savoy），這是皮耶蒙王國（kingdom of Piedmont）一個說法語的省分，在那裡，他的仕途一路順遂，最終成了高等法院（Parlement）這一最高司法機關的成員。他投入大部分的閒暇時間和資源建立了皮耶蒙最大的圖書館之一。但是一七九二年，法國革命軍的入侵卻粗暴地打斷了他的生活，當時三十九歲的梅特被迫流亡。很快，他就成了反革命的重要人物之一，否定了自己年輕時的言論，並將革命斥為「邪惡」。[18]

梅特也系統性地在他的許多著作中批判革命的自由概念，尤其將之與盧梭的思想連結。梅特嘲弄盧梭相信人生而自由，聲稱這種「愚蠢的主張」完全不是事實。人類如果任其為所欲為，事實上「將會因過於邪惡而無法得到自由」。因此梅特宣稱（正如一千四百多年前的奧古斯丁），無論是就法律束縛還是政治屈從的意義而言，奴役都是自然且適當的人類境況。只有在天主教信仰的指導下，人才能享有精神自由意義上的自治自由，因此不僅應該在靈性事務上賦予教皇最高權威，也應賦予他世俗世界的最高權威。[19]

然而值得注意的是，梅特對自由毫不妥協的拒絕態度是個例外。大多數的反革命者非但並未拒絕自由的價值，反而試圖宣稱自己繼承了自治自由的理想；正如埃伯哈德過去的做法，他們也常透過區分公民及政治自治自由來達成這一目的。在尼德蘭，奧蘭治黨人約罕・密爾曼（Johan Meerman）出版了題為《公民自治自由之良善後果與人民自治自由之邪惡後果的比較》（*Civil Liberty Compared in its Beneficial Consequences with the Evil Consequences of Popular Liberty*）的論文。這篇寫於一七九三年的論文旨在警告荷蘭人，切勿仿效法國的先例。正如法國發生的事件所表明的，政治自由僅僅意味著將權力賦予政治煽動家，因此對虛有其表、自治的自由所抱持的愛國熱情可能會摧毀荷蘭全民所共享的公民自治自由。「政治自由是與生俱來的……劊子手、破壞者、平民的謀殺者。」密爾曼如此警告。[20]

同樣，在法國，保皇派安端・費鴻（Antoine Ferrand，顯赫貴族世家出身）則嘗試反駁「君主制敵人」的主張，他們認為這一形式的政府破壞了自治自由。費鴻認為，這一主張是基於對自治自由本質的錯誤看法。擁有「政治自治自由」就是指有份參與立法並從而分享主權，但這種自由應與「公民自治自由」區分開來，後者是指從事法律未禁止之事的自治自由。這兩種類型的自治自由不僅彼此有別，更經常意見分歧。當極端情況發生時，享有政治自治自由可能危及公民安全——並因此損及他們的公民自治自由。[21] 另一位堅定的保皇派人士奧古斯特・克魯澤・雷瑟（Auguste

Creuzé de Lesser）同意此一看法。雷瑟在《論自治自由，或共和國史略》（*On Liberty, or Summary of the History of Republics*）中批判，革命將人民自治等同於自治自由。他主張在沒有人民自治的國家更容易維護自治自由，因為民主不可避免地會導致無政府狀態，而沒有秩序就沒有自治自由。「不管人們怎麼說，我不是在鼓吹專制統治，」雷瑟做出結論。「但秩序很重要，沒有秩序就沒有自治自由。」[22]

類似的觀念也在英國傳播開來。在這裡，保皇黨人開始將對於自由的法國式民主理解與「英國式」自治自由進行對比——他們強調後者的內涵與人民自治有極大差異。

〈對比〉，（*The Contrast*，一七九二年），湯瑪斯．羅蘭森：「英國自治自由，法國自治自由，孰為最佳？」

在許多保守派評論家中，伯克是第一個站出來拒絕「追隨最新巴黎時尚」的自治自由，但他強調自己還是高度支持英國憲法所賦予的「有男性氣概、有道德、受到規範」的自治自由。[23] 英國諷刺畫家湯瑪斯・羅蘭森（Thomas Rowlandson）以一幅流行的雕版畫用視覺表達此一觀點。這幅畫將法國自治自由與英國自治自由進行了對比——前者被描繪成在一堆無頭屍上橫衝直撞的蛇髮女妖，手持一柄插著頭顱、裝飾著自由帽的三叉戟；後者則與法治緊密相連，象徵圖像是一位自治自由的女性化身，她一手握著寫有《大憲章》（Magna Carta）的卷軸，另一手則拿著正義的天平。這一形象被複製在陶杯上，提供給那些希望每天都被提醒何謂真正自由的保皇黨人。

公民自治自由與政治自治自由的對比

總而言之，在大西洋革命潮爆發後的幾十年間，反革命思想家一再拒絕了民主的自由理論，他們認為應將自由，或至少是自治自由，理解為平靜地享受自己生活和財產的能力。人們很容易將這些主張斥為自私自利、缺乏意義；事實上，有些反革命宣傳家似乎主張任何一種政府——只要不是民主政府——都能夠保障自治自由。但其他的反革命思想家發展出了更細緻的主張，在構思新看法的同時，他們也重新發掘許多古代的自由批評者已經提出的主張。反革命思想家發展出的一些觀點證明是十分強而有力的，因為在接下來的幾十年，這些觀點仍持續在關於自由的辯論中得到回響。

正如兩千多年前的雅典寡頭，這些更深思熟慮的反革命者指出，民主式自由理論是前後矛盾的。根據大西洋革命者的看法，只有當人們自己統治自己時，他們才能獲得自由，但其反對者認為，即便是民主程度最高的國家，也從來不是透過共同同意的方式來實施統治。更準確地說，在一個民主政體，共同體的大多數人統治著其他每一個人，這就意味著，共同體中有相當一部分人（他們是少數人）必須服從他們沒有同意的法律。民主的自由定義要不是矛盾就是荒謬的；民主並沒有帶來所有人的自由，而是帶來多數人的暴政。[24]

正如柏拉圖，反革命思想家也主張民主會導致無法無天，而不是自治自由。人應自己治理自己的觀念意味著，他們可以藐視任何他們不同意的法律；因此一個以主權在民為基礎的政府只會落入失序與混亂的下場——並從而摧毀自治自由。衛斯理將普萊斯的《公民自治自由等之觀察》形容為一條「危險之路」，如果付諸實行，「將會推翻所有政府，並導致普遍的無政府狀態」。[25] 普萊斯的另一位詆毀者弗格森同樣警告：「如果任何公民都能為所欲為，這將是自治自由的破滅，因為其他所有人也都有同樣的自由。」[26]

民主會導致多數主義暴政以及民主會導致無政府狀態，這兩種主張可能看似互相矛盾，但是在衛斯理和弗格森等思想家看來，情況未必如此。他們的推測是，一開始，民主可能導致多數主義暴政，以及（尤其是）窮人對富人的暴政。由於摧毀財產導致一場所有人對抗所有人的戰爭，這最終會帶來徹頭徹尾的無政府狀態。根據一位普萊斯的匿名批評者的說法，如果給予窮人選票，他們就會利用來剝奪富人的財產，「財產會變成世界上最朝不保夕、毫無保障的東西」，而這將導致混亂，

「以最似是而非的方式定義的公民自治自由，將會摧毀公民自治自由的一切好處」。27

簡言之，在十八世紀末的自治自由大辯論期間，最初由希臘自由批評者提出的主張又被發掘出來。然而，十八世紀的反革命者也在一個重要方向，有別於他們的希臘先賢。正如我們已經看到的，希臘寡頭和柏拉圖均進一步主張應拒絕自由作為一種政治理想。他們認為所有政治都是權力政治，或認為最可取的政治理想是受到「最優秀的人」的政治奴役。但十八世紀的反革命者得出了不同結論。他們並未放棄自由，反而主張應重新定義它。但如果自由並不等同於人民自治，而公民自治自由也不取決於政治自治自由，那麼如何才能維護自由呢？反革命者定義的自治自由所具有的制度性內涵為何？

針對此一問題，反革命者提供了各種不同答案。其中一些人認為，一個自由的國家是政府盡可能不干預公民生活的國家。當埃伯哈德主張普魯士人比許多共和國公民更自由，因為他們享有更大的宗教自由，就是在表示這樣的觀點。密爾曼則提出了類似論點。他認為荷蘭人在現行憲法下已享有公民自治自由，因此民主改革是多餘的，為了支持這一觀點，他指出荷蘭法律允許公民或多或少地按照自己的意願行事。密爾曼表示，「這一聯邦的法律」雖然干預一個人「按照自己認為合適的方式」行事的能力，但是並未干預太多。每一位尼德蘭的居民都能夠決定並選擇自己的衣著、食物、朋友和愛好——事實上，他們能夠選擇整個生活方式。成人可以完全自由、基於自己情感方面的偏好來選擇自己的配偶；荷蘭人享有言論自由，只要他們能夠尊重修養與禮節。28

但其他的反革命者，尤其是托利黨政論小冊子作者約翰・薛比爾（John Shebbeare）即主張只有明智的菁英階層來統治，才能最好地維護公民自由。薛比爾認為，持續享有（就個人安全意義而言）公民自治自由並非取決於對權力的限制，而是取決於一個有執法能力的強大政府的存在。如果公民可以踰越法律界線而不受懲罰，他們就不再是自由的了。下面的事實可以解釋這個明顯的悖論：因為其他公民（或甚至更糟的是，公職人員）也同樣有能力這樣做，因此沒有人的生命與財產會是安全的。

不是任何一個法律體制都能保證擁有法治所提供的自由。薛比爾認為，人們必須區分強化自由與削弱自由的法律體系。只有當人們服從於**公正**的法律，也就是服從於根據客觀的正義標準所制定的法律時，才能被認為是自由的。但是如何決定法律是否公正呢？薛比爾對這一問題的回答是清楚明白的：菁英分子比一般公民更有能力判斷法律是否公正，即法律是否能維護自由。一個自由的政府不是「人民創造出的東西」，一個自由國家應是由「少數人的卓越智慧所創造的」。英國人讓有智慧的少數人來領導他們，這點令人高興。這樣做並未如美國革命者宣稱的那樣損害了他們的自由，反而是維護了它。他們所抱怨的奴役「不過是愚蠢對於智慧的屈從而已」，相較之下，「公民自治自由」則是「少數人制定的法律的產物……基於這種數量上的智能的自然從屬關係」。[29]

另一個得到伯克和其他人支持的流行理論是自由取決於制衡的存在，這種機制防止了統治當局獨斷獨行。均衡憲法（balanced constitution）的觀念在英國政治思想中可謂源遠流長，並且隨著時間推移曾經為不同的論戰目的而服務，伯克及其他英國反革命者則將其轉變成一種反民主理論。他們認為英國人之所以自由，並不是因為能夠控制自己受到統治的方式，而是因為他們的憲法提供了制約專制政府的各種機制。因此正如伯克所解釋的，在英國憲法中——「其所有部分都是這樣形成的，即不僅是服務於其自身的若干目的而已，同時每一部分也要限制和控制其他部分。」[30]此外，這些制衡機制是以有機的方式發展出來的，不是某個哲學家在象牙塔裡一夕之間憑空想像出來的，而是數世紀以來不斷對憲法進行修正補充的結果。因此，要維護均衡憲法（因此也就是維護自由），就必須拒絕過於劇烈的變革。

因此，針對一個自由國家應該看起來是什麼樣子的問題，反革命者提出了相當不同的答案。他們之中的一些人暗示，自由取決於一個人**受到統治的程度**——只要一個人或多或少能夠隨心所欲，那麼他就是自由的；密爾曼即持此一觀點。另一些人則主張，是否能夠認為一個人是自由的，取決於他**受到統治的方式**——即是否受到明智的統治；薛比爾即持此一觀點。然而其他人，如伯克，則深信自由取決於制約與均衡。從理論的角度來看，這些主張當然有著明顯的不同，但重要的是，所有這些主張均在反革命論述中服務於同樣的目的：都被用來作為民主式自由理論的替代方案，這一理論規定一個人是否自由是取決於**誰**在統治。這些自治自由的替代定義也讓反革命思想家可以為英國、尼德蘭和法國的現行體制辯護，主張這些體制完全有能力維護自由——無論有多不民主。

針對這一連串的批評，大西洋革命者也並非毫無反擊。例如：埃伯哈德的文章就激起瑞士共和主義思想家大衛・維斯（David Wyss）的憤怒回應，他在其著作《論公民與政治自治自由》（*On Civil and Political Liberty*）中主張，腓特烈大帝統治下的普魯士所享有的自治自由，不過是幢「蓋在沙灘上的房子」，因為它僅取決於統治者的獨斷意志。[31]同樣地，潘恩也將伯克《法國革命的反思》一書描述為「對法國革命及自治自由原則的粗暴踐踏」，並堅持真正不自由的是英國人，而不是法國人。潘恩宣稱，英國人大肆吹捧的均衡憲法，不過是菁英統治的幌子。「這就是自由？這是伯克先生所認為的憲法？」在列出英國憲法中的所有寡頭統治特徵後，他反問道。[32]普萊斯在他《對公民自治自由的本質與價值之補充觀察》（*Additional Observations on the Nature and Value of Civil Liberty*）一書中做出了更具哲學性的回應，人們可將該書解讀為對薛比爾將自由定義為明智菁英之統治的回覆。普萊斯從一開始就處理了關於他對自由的構想，是鼓勵無法無天及無政府狀態的反對意見。他解釋，當他說每個人都該成為自己的立法者時，不是暗示每個人都應該不受約束地為所欲為。顯然，法律的約束對於維護自治自由是有必要的，他衷心同意反對者的看法，即法治（更具體地說，是依照公正法律的治理）是維護自治自由的必要前提。

但普萊斯繼續闡明他的觀點與其對手的不同之處：對他而言，只有人們集體制定法律時，法律才能維護自由——或者說，法律才是公正的。正如他所說的：「人民絕不會壓迫自己，也不會侵犯自己的權利。」相較之下，若人民將主權權力信託給個人或是一小部分菁英，那麼可以預期統治者將會以壓迫方式進行統治，「最糟糕的惡行」也將隨之而來。因此，普萊斯下了結論，只有在人民自治的情況下才有自由：「如果人民想要獲得免於壓迫的安全，他們必須在自己身上尋求，也絕對不要放棄自己手中的政府權力。只有在那裡他們才能安全。」[33]

儘管普萊斯、潘恩及其他革命思想家做了這些努力，但重新定義自由的反革命宣傳活動，仍對公眾用語產生了相當的影響。我們可在深受推崇的《法蘭西學院字典》中找到這一影響的最初痕跡，在一六九四年的初版中，如我們所見，該字典將自治自由定義為「涉及與國家關係」的「一種人民享有主權權威的政府形式」。[34] 在之後的所有版本中，這一定義大體上均維持不變。但是在一七九八年的第五版，也就是法國大革命及恐怖統治爆發後出版的第一個版本中，法蘭西學院採納了反革命陣營對政治及公民自治自由的區分，他們現在將「政治自治自由」（而不是「自治自由」）定義為「人民參與立法權力的政府」；「公民自治自由」則被定義為「在法律許可的範圍內為所欲為的權力」，並以例句「法律是自治自由的守護者」加以說明。[35]

正如我們將看到的，更重要的是，在十九世紀的最初十年，新出現的思想運動重新拾起了對民主式自由的反革命批判，歐洲的自由主義者及美國聯邦黨人尤其熱中於此。這些運動抗拒將時間倒轉回舊制度的企圖，因此就這個意義上，其政治議程與伯克、埃伯哈德這類人有著深刻差異。但與此同時，自由主義者和聯邦黨人對於民主的警覺心，並不亞於反革命者。

法國波旁復辟時期現代自治自由的發明

一八一五年，歐洲大陸上的王政復辟之火取代了革命浪潮。[36] 六月，拿破崙的軍隊在滑鐵盧戰役中遭到威靈頓公爵（duke of Wellington）及普魯士將軍布呂歇爾伯爵（Count von Blücher）率領的歐洲聯軍擊敗。數月後的九月，神聖同盟（Holy Alliance）成立。作為沙皇亞歷山大一世（Tsar

Alexander I）的心血結晶，神聖同盟以恢復革命前的社會及政治秩序，尤其是其宗教和君主制基礎為主要目標。皇室成員被期許以「家父長」的身分來領導自己的人民與軍隊。很快地，除了教皇及英國攝政王外，所有的歐洲國王均加入了這一同盟。更重要的也許是，這場復辟得到了奧地利帝國（Austrian Empire）軍力的撐腰；帝國外相克勞斯・梅特涅（Klaus von Metternich）下定決心抵擋對於君主制統治的任何威脅。

因此，十九世紀最初幾十年的歐洲，即以新專制主義的崛起為其特徵。整個大陸上，被廢黜的君主、驅逐的王公們都復辟了。即使是從一五九〇年代起就一直維持共和政體的尼德蘭也變成了君主制：當奧蘭治親王威廉自英國流亡歸來，他並不是以執政官（stadholder）的頭銜，而是以新成立的尼德蘭聯合王國（United Kingdom of the Netherlands）國王的身分歸來。就連當下牢牢控制在俄羅斯人手中的波蘭，也從共和制轉型為立憲君主制。亞歷山大一世提出的新憲法雖建立了諮議會以及相對廣泛的選舉權，但波蘭人不再能選擇他們的國王，如今扮演這一角色的是沙皇，他會任命一總督以他的名義進行統治——這令波蘭人民感到相當沮喪，十九世紀期間波蘭人曾發動兩次大規模起義來反抗俄國的統治。

一些國家避免了完全回歸舊體制的下場，如法國。打敗拿破崙的敵人擔心波旁王室（Bourbons）在他們祖國不受歡迎，唯恐王室專制主義的復辟將令法國人民重新燃起革命熱情。為避免這一情形，他們堅持路易十八（Louis XVIII）的權力應受到成文憲法——《憲章》（the Charter）的約束。然而《憲章》與革命的憲法傳承之間，仍存在著明顯的斷裂。儘管路易十八現在被期望與選舉產生的眾議院分享行政權力，但這些代議士仍是由人口中最富有的一小群人所選出：僅有百分之一的成年男性擁有投票權利。相較之下，起草於法國大革命初期溫和階段、一七九一年的憲法，則賦予了三分之二的成年男性選舉權。此外，《憲章》也師法英國，成立了由貴族組成的上議院（Chamber of Peers），因此使得法國的政治體制甚至變得更具菁英色彩。[37]

隨著世襲統治者與傳統菁英奪回控制權，他們開始鎮壓那些威脅令革命動盪捲土重來的觀念與運動。一八一九年，反動思想家奧古斯特・柯策布（August Kotzebue）遭到一名學生政治運動者謀殺，導致對德意志邦聯（German Confederation）中有嫌疑之激進分子的暴力鎮壓；在法國，王位繼承人貝里公爵（Duc de Berry）遭遇暗殺也導致了類似的鎮壓。但是像英國這樣傳統上較少採取鎮壓手段的國家，反應也很強烈。在曼徹斯特聖彼得廣場（St. Peter's Fields）舉行的一場議會改革和平示威遭到騎兵的強力驅散，並造成約十多人死亡、數百人受傷，但即使後來這被稱為「彼得盧屠殺」（Peterloo massacre）的事件引發了報章雜誌的廣泛譴責，英國政府的態度卻絲毫未見軟化。在這場屠殺後，英國各地的改革者都受到了壓制。整個歐洲的激進民主人士及有心革命者均被迫轉入地下。[38]

我們必須將自由主義政治運動的出現放在此一背景下來理解。「自由主義」這一形容詞原本是指慷慨捐贈的人，但是在十九世紀的前幾十年，開始取得了政治意涵，該詞指的是為皇室專制主義及革命民主制中間的第三條路辯護，一群政治人物及政治思想家。自由主義者反對王政復辟讓時間倒流回舊制度的企圖，對於一七八九年摧毀的絕對君主制或是封建秩序都毫無留戀。他們往往支持對天主教會的革命攻擊，許多人將天主教會視為一股反啟蒙主義力量（他們傾向對新教抱持更多同情）。由於這種種原因，他們將自己視為法國大革命的繼承人。[39]

與此同時，自由主義者也強烈反對革命時期留下的民主傳承。由於和雅各賓主義以及拿破崙專制統治的連結，民主已開始被後革命時代的菁英、甚至是許多過去的激進分子，視為一種可憎的政治體制。因此自由主義者的政治方案儘管與反革命者的有極大不同，但就十八世紀革命者所捍衛的那種相對民主體制而言，卻標示著一種立場上的顯著撤退。儘管如普萊斯和潘恩這樣的革命者曾以「寡頭政治及不自由」為由拒絕了英國憲法，但十九世紀自由主義者卻往往對英國模式大加吹捧。他們支持議會政治，也就是認為立法權力的行使者，應該是經由選舉產生的代議士，而不是國王或女王。但自由主義者對議會或代議政府的支持，和對民主的支持完全是兩回事。正如大多數自由主義者均同意的，選舉權力應該僅保留給那些被認為「有能力」的人——在許多自由主義思想家看來，僅有人口中最富裕的一小部分屬於這一類人。[40]

對這場新出現的自由主義運動而言，將自由視為「公民」自治自由，而非「政治」自治自由的反革命概念具有明顯的吸引力。自由主義者是自由的同黨——皇室專制統治的反對者。但自由主義始終謹慎地強調，他們尋求實現的自由不是人民自治所提供的那種自由——即導致雅各賓主義及恐怖統治的自由，與之相反，它是平靜地享受個人生活及財產的那種自由。因此反民主的自由理論成為許多國家的自由主義綱領核心。與此同時，自由主義者並不滿足於只是不斷復述反革命的主要議題。透過將公民自治自由重新想像為「現代」自治自由的精髓，他們也對自由的辯論做出了更具原創性的貢獻，這一觀點令他們得以主張大西洋革命者對於民主自由的呼籲，不但是思想上的錯誤，更是時代上的錯誤。

自由主義運動在法國尤其活躍，並具有思想上的自覺。為避免染上雅各賓主義色彩，法國自由主義者相當努力闡述他們對自由的理解，如何有別於革命世代，以及原因為何，結果他們構思出的幾個觀念對於大西洋兩岸關於自由的自由主義思想產生了久遠的影響。[41] 值得一提的是瑞士出身的法國思想家康斯坦，對關於自由的自由主義思想做出了極重要的貢獻。康斯坦自年輕時即深受法國革命動盪的啟發，他甚至在恐怖統治結束後幾天，就從他的祖國瑞士搬到法國巴黎，只為了能夠更加親臨現場。在這一時期的書信中，他將自己描述為一個「民主主義者」，並為恐怖統治辯護，聲稱這是擊敗自治自由敵人的必要手段。[42] 然而，隨著時間推移，康斯坦對於革命的過分行徑益發感到質疑，他開始將自己描述為反革命者與雅各賓黨人之間，第三條路的捍衛者。康斯坦最終成為十九世紀最具影響力的政治理論家之一，受到從拉丁美洲到俄國自由主義者的閱讀與尊崇。[43]

康斯坦在其一八〇六年至一八一九年間出版及未出版的一系列著作中，批判革命將民主等同於民主自治的觀念。他經常提到反革命者對於公民及政治自治自由的區分。正如埃伯哈德及其他反革命者，康斯坦解釋，公民自治自由（在法律界線內為所欲為的自由）與政治自治自由（參與政府的自由）有著極大不同。他也認同埃伯哈德的看法，認為公民自治自由的重要性遠大於政治自治自由，這也意味著以犧牲公民自治自由的方式，來加強政治自由的企圖是「荒謬的」。[44]

但康斯坦也以一種更具原創性的方式重新闡述了這些觀念，他以「古代」與「現代」自治自由這一框架重塑了政治與公民自治自由之間的區別。他在一八一九年向巴黎皇家藝文協會（Royal Atheneum）發表的一場演講中，對這種對比做出了最著名的闡述，這場演講收錄並出版於他四輯的《憲法政治學課程》（*Lessons in Constitutional Politics*）中。康斯坦說明，當古人談論自治自由，他們要表達的意思與現代歐洲人和美國人對這一詞的理解相當不同。他說，古人的自治自由在於「積極並持續地參與集體權力」，這種「集體自由」與「個人對於共同體權威的全然臣服」是息息相關的。然而自治自由在現代世界獲得了不同的涵義：它不再意味著政治權力的參與或集體自由，而是個體的自治自由：「平靜的享受生活與私人的獨立」。[45]

這種對於自由理解的劇烈變化，康斯坦深信是由兩個重大的歷史發展所引發。首先，古代的城邦國家已讓位給人口眾多的大國主導的世界。在現代歐洲，個人不再可能像在古代世界中那樣行使主權。在代議制民主政體中，公民僅僅是蜻蜓點水般地參與政治，他們對政治決策的影響力幾乎微不足道。因此集體權力的行使變得更像是擾人的差事，而不像是個值得追求的政治理想。其次，現代化的來臨也帶來了從好戰社會邁向商業社會的轉變。古代城邦國家主要是透過戰爭，而不是貿易來獲得供給，但是在現代世界，人的需求是透過商業來供給，毋需國家的干預。因此，現代化培養了一種對個人獨立的新愛好，以及伴隨而來的對於政府干預的憎恨。

然而法國革命者卻錯誤地企圖讓時間倒流回古代。革命者被自己對古人的熱情、還有盧梭和馬布利修道院院長等現代的古代狂熱分子所誤導，未能認識到時間的經過所帶來的改變。他們試圖把法國變成現代的斯巴達，但這一企圖只是讓法國人（作為個體）更加不自由而已。當法國人民反抗，革命者就加倍努力想要實現他們「解放」人民的華而不實理想。但是「恐怖統治」，那股「令人費解的狂熱」，正是他們努力將古代自治自由帶進現代世界的可怕下場。[46]

這是很強大的論述。透過將公民自治自由重新表述為典型的現代自治自由，康斯坦引進了一個反對民主式自由理論的重要新論點。他不但主張將自治自由等同於人民自治是**錯誤**的（畢竟考慮到民主式自由理論如此廣泛傳播的事實，實在難以堅持此一主張），同時也宣稱這樣做是不合時宜。一個人過自由生活的能力取決於他能夠統治自己的程度——這一觀念對古人或許適用，因為對他們而言，自治是確實存在的現實。然而在現代歐洲人口眾多的大國，這一套就是行不通，因此也不符合需要。

如果現代自治自由等同於公民自治自由，而不是政治自治自由，那麼如何才能保障它呢？法國自由主義者對此一問題的回答不盡相同。康斯坦的答案聽起來很像密爾曼，他所捍衛的觀念是，只有當權力盡可能受到限制，國家才能為公民提供自由。他認為，與其擔憂誰來行使主權權力，自治自由之友首先更應專注於小心謹慎地限定其範圍。「必須譴責的是力量的程度，而不是持有力量的人。」[47] 康斯坦在其著作中一遍又一遍地重複了這一觀念。他在公認最成熟的政治著作《評費蘭吉利》（*Commentary on Filangieri*）中，曾以這樣的警告作為結語：「因此讓我們將『鎮壓』、『剷除』這些字刪去，甚至直接讓它們從政府的字典中消失吧。對於思想、教育及工業而言，政府的座右銘應該是：自由放任，放任自由。」[48]

這種擁抱最小政府的態度，也令康斯坦對個體權利產生了新的認識。當然了，權利說在十八世紀末革命浪潮期間已得到了廣泛傳播，大西洋兩岸的政治行動者都曾發表過權利宣言或法案。但正如我們已經看到的，大西洋革命者過去一直認為個體權利與人民自治是息息相關的。與麥迪遜的看法**相同**，他們普遍認為人的自然權利，主要是受到來自暴政或無法咎責的政府威脅，因此他們提倡推行人民自治作為保障自然權利的最佳方式。事實上，自治的權利在十八世紀最後幾十年發表的各式各樣權利宣言中，佔據了相當突出的地位。[49]

然而康斯坦支持權利說的理由十分不同。在他看來，權利應被視為是界定出一塊不受政府干預的私領域——包括不受民主政府的干預，或說尤其是不受民主政府的干預。他發表過各式各樣的憲法範本，這些憲法通常會列出一長串的個人權利清單，尤其是個人自由、言論自由、財產權以及公平審判的權利。令人注意的是，參與政府權利的缺席。康斯坦一貫地強調任何對這些權利的侵犯均是不正當的，無論這個政府在多大程度上受到民主支持。「當立法之手對不在其責任範圍內的人類存在事務橫加干預時，」他寫道，「它的源頭為何重要嗎？是一個人還是一個國家的作為重要嗎？如果是來自除了其所折磨的公民之外的整個國家，它的行為就不再合法了。」[50]

但不是所有法國自由主義者，均同意康斯坦對於最小政府作為保護自治自由最佳方式的辯護。康斯坦的朋友兼合作者潔爾曼．斯塔艾爾（Germaine de Staël）即是這些人中的一位，她認為制約與均衡更加重要，因此主張師法英國實施兩院制。[51] 斯塔艾爾寫道：「一切自治自由的首要基礎是個人安全，在這方面沒有比英國的立法更為細緻的了。」她在對革命年代的回憶錄《關於法國大革命中主要事件的深思》（*Considerations on the Principal Events of the French Revolution*）中，用一長篇對英國憲法的頌讚作為結語，並敦促她的同胞採用這一模式，即便他們因此必須吞下自己的民族驕傲。正如她所言：「說真的，我不明白為何法國或任何其他國家應該拒絕使用羅盤，只因為它是義大利人發明的。」[52]

正如薛比爾，其他自由主義者也偏好由明智菁英組成的父權政府，認為這是自由的最佳保證——這一點也許令人意外。這些觀點尤其得到了弗朗索瓦．季佐（François Guizot）的辯護。一八一二年被任命為索邦大學的歷史教授後，季佐就成了一名具影響力的自由主義思想家及政治人物。正如斯塔艾爾，季佐也推崇英國憲法，並在他深具影響力的著作《代議政府史》（*History of Representative Government*）中追溯了英國憲法的起源。但與斯塔艾爾不同的是，季佐不認為英國憲法所建立的制衡機制有何重要性，他深信英國人之所以自由，是因為他們是由明智的菁英所統治。在他看來，如果要避免專制統治，就應該由「理性」，而不是人民來作主。在一個自由的政府中，政治權力應由「最有能力」的公民來行使，這一原則在英國得到了認可，因為英國的選舉制度是以能力，而不是以「多數人的主權」為基礎。[53]

簡言之，正如反革命者，法國自由主義者也不同意他們的自由理論在制度上的意涵，一些人主張只有盡可能限制國家權力，才能最好地維護現代或公民自治自由，其他人則深信英國式制衡或明智菁英的統治最有利於個人自由。然而，儘管有著這些理論方面的差異，康斯坦、斯塔艾爾與季佐均同意，民主對自由形成了威脅。這三位思想家均深信，擁有高度菁英主義政治體制的英國是最卓越的自由國家，這一事實也反應了這個底層共識。

然而復辟派自由主義者還有另一面，當我們再次考察康斯坦論〈古人與今人自治自由之比較（The Liberty of the Ancients Compared with that of the Moderns）這篇文章時，這點就變得十分清楚。正如我們已經看到的，這篇文章的大部分內容均在闡述應放棄政治自由的理想，因其本質上是種不合時宜的觀念，因此也是危險的。但是在一篇接續這篇文章、值得注意的附錄中，康斯坦卻似乎撤回了自己早前的許多看法。在文章的最後幾頁，他忽然承認政治或集體自治自由不是只會對公民或個體自治自由形成潛在的威脅，也可以在維護後者上發揮正面效果。他現在認為，沒有必要因為支持公民自治自由而放棄政治自治自由，而是「要學習將兩者結合起來」。[54]

這種前後不一變的態度令許多康斯坦的讀者感到困惑。我們必須將康斯坦寫作的時代背景放入思考中，才能得到最好的理解。他對於自治自由的觀念，尤其是他對古代和現代自治自由的區分，最早是在雅各賓恐怖統治結束後形成的。但是當康斯坦在一八一九年發表他針對古人與今人自治自由的演說時，雅各賓黨人已經遭到擊敗多年。在這一階段，康斯坦等自由主義者面對的主要反對者是保皇派，他們的目標是重新推行絕對君主制——或者至少自由派是這麼認為的。一八一五年時，保皇派在選舉中取得了重大勝利，這令自由派人士開始擔憂舊制度可能即將回歸。基本上，康斯坦是在透過指出政治自治自由的價值，來呼籲他的自由派同黨投票，並用其他的公民參與形式來阻止保皇派實現他們的政治議程——因此他才恢復到與大西洋革命者接近的立場。[55]

然而我們應該謹慎避免過度放大這類對於政治自治自由的呼籲。當整體理解康斯坦的著作，便會清楚看見，他強調主權應受到限制及謹慎界定這一觀念，遠勝於強調人民應嚴格控制自己受到統治的方式。對康斯坦而言，恐怖統治的創傷陰影始終比舊制度所帶來的更巨大。因此，無論是對康斯坦還是其他復辟派自由主義者而言，避免過度政治自由的考量往往優先於其他政治目標。[56]

這一優先順序在一八三〇年革命期間再次變得鮮明。七月時，一場反對威權國王查理十世（Charles X）的叛亂在巴黎爆發。自從查理十世在一八二四年即位以來，就與佔代表大會多數的自由派議員針對各種政策爭執不休。受夠了自由派的持續作對，他在七月二十六日解散了代表大會，試圖自己獨自進行統治，但是這導致巴黎爆發了一場民眾暴力事件。經過數天的戰鬥，人數居於劣勢的皇家衛隊投降了。八月一日，查理十世終於接受他無法繼續保有王位的事實，退位並將王位交給他的孫子波爾多公爵（Duc de Bordeaux）。但當攝政王幾乎得不到支持的情況逐漸變得明朗，查理十世和這個男孩於是展開了流亡，而從亨利四世以來就統治著法國的波旁王朝，也宣告永遠結束。[57]

一連數週，情況似乎讓人們以為法國就要邁入一個更加民主的時代。法國畫家厄真·德拉克洛瓦（Eugène Delacroix）在他的代表作〈自治自由帶領人民〉（*Liberty Leading the People*）中歌頌這股因民主而帶來的歡騰情緒。[58] 德拉克洛瓦描繪出一幅自治自由帶領群眾跨越路障的情景，自治自由被擬人化為一名袒胸露乳的年輕女子，她一手舉著作為法國大革命象徵的三色旗，另一手則揮舞著毛瑟槍。重要的是，自治自由女郎還戴著那頂人們熟悉的紅色自由帽，讓這場一八三〇年發生的革命與其十八世紀革命先賢產生了可見的連結。

然而，自由主義菁英不願重蹈一七八九年的覆轍。他們迅速任命了出身自王室、一個較年輕分支的奧爾良公爵路易—菲利浦（Louis-Philippe of Orléans）為國王。此外，他們還將選舉權限制在一小群人：大約百分之二的成年男性。這是個自由化的政權，因此羅馬天主教從國教退居為「大多數法國人的」宗教。但，它不是個民主化的政權。

事實上，掌控一八三〇年革命的自由主義菁英窮盡一切努力傳達一個訊息，那就是：他們在意識形態上和十八世紀末的革命前輩之間存在著距離。例如：重組後的國民警衛隊就收到一幅新的橫幅，取代了讚美保衛自治自由與平等的

〈自治自由帶領人民〉，厄真・德拉克洛瓦，一八三〇年。注意自治自由女郎戴的頭飾：紅色自由帽。

舊橫幅。現在的橫幅宣示著「自治自由與公共秩序」，正如一位歷史學家所言，這表明了「新政權的意識形態限制」。[59] 另一個傳達出明顯訊息的動作是德拉克洛瓦的〈自治自由帶領人民〉被內政部收購，並於盧森堡博物館（Musée du Luxembourg）短暫展出。然而，很快就證明這幅畫的立場太過激進，不符合法國新的自由主義政府的品味——在首長皮耶—保羅．華耶—寇拉（Pierre-Paul Royer-Collard）的命令下，被移走並落腳於儲藏室。正如一位同時代人後來的評論，這幅畫被「束諸高閣，因為太革命了」。[60]

法國的自由主義者在整個一八四〇年代均持續拒絕民主，認為民主具有反自由主義的內在本質。但也有一些人例外，阿勒克西．托克維爾（Alexis de Tocqueville）即是其中的顯例。托克維爾出身自法國一個顯赫的貴族世家（他的曾祖父馬列薛伯〔Malesherbes〕曾在路易十六受審期間為國王辯護），他是在一群君主制堅定捍衛者的圍繞下成長，本可以輕易成為一位保守主義者甚至反動人士，但一八三〇年冬天至一八三一年，一趟長達數月的美國之旅卻令他成為了民主的擁護者。一八三五年，他以自己的旅行經驗為本出版了《民主在美國》（*Democracy in America*）一書，並在書中強力捍衛民主是未來政治體制的觀點。他解釋，就長遠來看，社會平等的成長將不可避免地產生政治平等。

托克維爾認為這是個值得讚揚的發展，因為只有民主體制才能讓人們過自由的生活，菁英政權已經變得不可能了。在現代世界無階級差異的社會中，民主的唯一替代方案就是獨裁，在這體制中每個人都是平等的——每個人都是奴隸。因此，只有民主自治才能維護自由；或者正如托克維爾所言：「因此，不應將民主制度及道德的逐漸發展，視為讓我們擁有自由的最佳途徑，它是我們所剩的唯一途徑。」[61]

托克維爾的書在法國和歐洲其他地區意外地暢銷，然而人們對其接受程度卻有很大差異。復興的共和主義運動熱切地復述他的親民主論點；法國傾共和主義的報紙如《國民日報》（*Le National*）等發表了高度讚揚的評論。但大多數的自由主義思想家則關注書中批評美國民主的那些部分，例如：主張美國民主可能變成多數主義暴政的那一章。相競的著作，如愛德華．阿雷（Edouard Alletz）的《新民主》（*The New democracy*）主張，美式民主遠遠稱不上是未來潮流，它代表的其實是種早期而原始的政府形態。也許這種政府對於不諳世故的美國人而言完全合適，但是在文明開化的歐洲，菁英政府才是未來，而不是大眾統治。[62]

隨著時間過去，托克維爾自己也對民主與自治自由能否相容變得更為悲觀。在其發表於一八四〇年的第二卷書中（在其出版商的要求下也被命名為《民主在美國》，即使該書在許多方面都與一九三五年那卷有極大不同），他更加關注自由在民主社會中受到的威脅。[63] 托克維爾現在警告，民主化產生的可能不是自治自由，而是一種新的專制統治，經由民主程序選出的政府扮演了「父權」的角色，試圖「在兒童時期以不可逆轉的方式」深植人心。[64] 現代民主制度下的公民往往幾乎沒有閒暇時間；他們全神貫注於維持生計，這導致他們只關注自己的私人事務，意味著當他們的政府盡可能從他們手中拿走決策權，只會高興不已。因此托克維爾做出了結論，相較於其他人民，在民主的人民中建立一個獨裁專制的政府會容易許多。

托克維爾從這一觀察中得出了一個十分自相矛盾的結論。他在一八四〇年第二卷中指出，要對抗民主專制統治的危險，最好的方式就是更多的民主。要矯正民主政府將自己變成一個「監護權力」（tutelary power）的傾向，唯一的解決方法就是一個活躍的公民社會。但許多托克維爾的讀者忽略了其中微妙差異，他們只關注托克維爾看到的、那令人毛骨聳然的前景：即將到來的民主專制統治。在整個十九及二十世紀，人們一再重複引用托克維爾一八四〇年卷的《民主在美國》，為反民主的議程辯護。

德國與英國的自由主義式自由

在德國，自由主義運動的興起比法國要慢，這與德國人對革命的不同經驗有很大關係。普魯士從未出現過由下而上的革命，相反，在一八〇六年普魯士於耶拿戰役（Battle of Jena）慘敗於拿破崙手下之後，普魯士就展開了由上而下的改革。為了恢復普魯士的昔日榮光，施泰因男爵（Baron vom Stein）和卡爾・奧古斯特・哈登伯格（Karl August von Hardenberg）等大臣展開了經濟及公共生活自由化的改革，哈登伯格在一八一二年給予猶太人充分平等的公民與政治權利即是一例。這令普魯士成為繼法國之後，最早採取此一行動的國家之一，後者在一七九一年即解放其猶太公民（英國直到一八五八年才實現了此一改革）。普魯士的官員因此與立場偏狹的地方菁英及尋求維護其特殊主義特權的人陷入交戰當中。

改革思維的思想家，如任教於柏林大學的哲學教授黑格爾等，均由衷讚賞這類措施。[65] 黑格爾的《法哲學原理》（*Philosophy of Right*）在很大程度上是為捍衛哈登伯格的改革而寫，要反駁的是來自瑞士法學者卡爾・路德維希・哈勒（Karl Ludwig von Haller）這類反動思想家的批評，哈勒曾在他的《政治科學的復辟》（*Restoration of Political Science*）一書中為普魯士地方菁英的權威辯護，認為其權威是自由而神聖的。當黑格爾將國家描繪為「自由的實現」時，他所指的是哈登伯格和其他改革者所建立的理性國家。[66] 然而黑格爾發表這些主張的時機相當不湊巧。一八一九年時，保守主義作家柯策布的謀殺事件令整個德國急遽右傾，因此當黑格爾的《法哲學原理》問世時，書中對國家是自由的最佳（不，是唯一）保證的主張，令他看起來就像在支持一個反動政府。

隨著政治反應的出現，一場自由主義運動開始對崇拜普魯士國家展開反擊，並要求引進以法治及代議制度為內涵的英國式憲法。然而正如他們的法國同路人，德國的自由主義者也堅決反對雅各賓主義及實施全面民主制度。[67] 萊比錫大學哲學教授托加次・克魯格（Traugott Krug）是最早發聲的德國思想家之一，他在一八二四年的《自由主義史話》（*Historical Account of Liberalism*）一書中概述了自由主義的政治原則，這本書也被翻譯為荷蘭文。克魯格解釋，自由主義者支持自由的探究，他們深信政治當局既不應擁有對人民的絕對支配，也不應侵犯其公民的「外部自由」。因此國家權力應受到相應的限制，立法過程中應通過代議士來徵詢受教育公民的意見。然而克魯格也強調，這並不意味著自由主義者支持民主，他們只是厭惡「雅各賓黨鼠輩」（Jacobinusmus）而已。[68]

正如他們的法國同路人，德國自由主義者清楚表明他們是自由的同黨，而不是民主的同黨。因此他們欣然接受了反革命對公民與政治自由的區別，正如歷史學教授兼多產的自由派新聞記者卡爾・羅特克（Carl von Rotteck）的著作所說明的。一八三八年，羅特克發表〈自由〉（Freedom）一文於頗具影響力的刊物《國家字典》（*Staats-Lexikon*），文中說明，自由絕大部分取決於對國家權力的限制，以及對於個人權利的承認。羅特克也模糊地暗示，也許少量的「政治自治自由」在未來的某個時刻是有好處的，但他也警告，只能在人民準備好時才能推行政治自治自由。如果沒有必要的制約機制就加以推行，人民權力就會導致「暴虐的專制統治」。羅特克寫道：「政治自治自由吞噬或壓制所有個人的特殊權利。」此外，民治政府也往往具有高度不穩定性。因此，共和主義者「沉醉於自由的迷夢，往往屈服於專制主義及暴政」。[69]

不同於一八三〇年時已牢牢控制國家權力的法國自由主義者，德國自由主義者在對抗反動勢力方面並未取得太大進展。一些德國統治者，尤其是巴登大公（the grand duke of Baden），曾為其臣民頒布自由主義憲法並推行代議制機構。但是這並不是個鼓舞人心的經驗，在反覆就預算與自由主義代議士發生衝突後，巴登大公於一八二三年解散議會並自行決定徵稅。該政權開始更多地控制選舉，一項新法頒布，讓預算只需每三年公布一次。結果，憲法陷入了垂死狀態。

面對日益升高的保守主義情緒，一些德國自由主義者對於他們早先拋棄政治自由的做法產生了懷疑。在一篇一八四三年發表的短論《自由主義的自我批判》（*Self-Critique of Liberalism*）中，哈勒大學教授亞諾・魯格（Arnold Ruge）譴責他的自由主義同仁誤將「自由的幻想當成了真實」。德國自由主義者的主要訴求——體現成文憲法中的法治，並不是對自由的充分保護。魯格問，當法律持續在沒有經過公民同意的情形下制定時，還能有什麼程度的法治？「自由人的法律必須是他們自己產生的法律。」他接著做出結論。如果德國自由主義者真的想要自由，他們應準備好為民主以及「革命的人權」而戰。[70]

魯格聽從了自己的建議。一八四八年革命期間，他曾組織法蘭克福議會（Frankfurt Parliament）中的極左勢力；他生活在柏林的那段時間，曾擔任《改革》（*Reform*）日報的編輯。一八四九年，他被迫流亡倫敦，和義大利政治家朱瑟佩．馬志尼（Giuseppe Mazzini）及其他流亡的民主派人士一起在倫敦組成了歐洲民主委員會（European Democratic Committee）。但這並不是大多數德國自由主義者追隨的路徑。相反，正如我們會看到的，一八四八年的革命令大多數自由主義者更堅定了他們的信念：民主和自由是不同的，甚至難以兼容。[71]

在一八一五年後的英國，關於自由的辯論沿著大致相似的軸線演進。法國大革命的戲劇性失敗令英國人獲得了極大的鼓舞，使得他們更為尊重自身的憲法。恐怖統治過後，即使是從前的激進分子也開始同意伯克的看法：民主可能只會導致無政府狀態或民主專制統治，因此英國的均衡憲法才是自由的唯一真正保障。蘇格蘭新聞記者麥金塔曾是一七九〇年代初法國大革命的最強力倡議者之一，他就成了均衡憲法學說最忠誠的捍衛者。

正如我們已經看到的，在其一七九一年出版的《法蘭西辯護書》中，麥金塔曾為法國大革命辯護，認為法國大革命企圖在人權的基礎上，建立一個新且更加自由的政治體制。與此同時，他也激烈譴責伯克將英國均衡憲法視為自治自由守護神的辯護之說。麥金塔指出，無論是上議院或下議院都由上層階級所控制，因此所謂的制約與平衡很大程度上是「想像出來的」，英國憲法根本談不上賦予所有人自由，其建立的是菁英專制統治。只有民主改革才能為英國人民帶來真正的自由——即人民自治。[72]

但是在恐怖統治後，麥金塔的論調完全變了，開始接受一種與伯克無異的立場。他在一七九九年曾撰述，自治自由的最佳定義是「對抗錯誤的保障」。一個自由的政府保護公民不受彼此傷害，也不受地方官的壓迫。這種自由不要求人民對政府的控制，透過制衡機制的建立而實現。麥金塔反省道：「人類智慧所能構思出的最佳保障，似乎是政治權威在不同個體與團體間的分配，彼此的利益與性格皆不相同……每個個體與團體都感興趣於保障自身秩序不受其餘他者的壓迫，也都對防止任何他者獲得排他、也因此是專制的權力感興趣。」麥金塔也毫無保留地表示，這種自由體現在英國憲法中，他將這部憲法形容為「自治自由及智慧的偉大作品」。[73]

一八一五年後，這種伯克式觀點仍持續得到廣大支持。大多數英國政治思想家及行動者均同意，他們那部具有制衡機制的憲法是唯一禁得起考驗的自由保障。然而隨著人們對革命年代的記憶開始淡去，他們也愈有可能對政治現狀採取一種更為批判的態度。輝格黨思想家及政治人物如今偶爾也會將自己形容為「自由派」，他們開始主張需要擴大選舉權（僅限百分之十的成年男性才能享有），將中產階級包括進來。輝格黨及自由派人士均主張為了維護英國的自由，這類改革是必要的。[74]

然而，他們對於選舉制度改革的承諾，並不意味著英國輝格黨及自由主義者認為民主自治是自由的必要前提。相反，他們主張需要改革才能對憲法的均衡進行重新調整，後者是保護自治自由不可或缺的。值得注意的是隨著時間流逝，改革派認為下議院變得過於貴族化，因而與上議院太過相像，這削弱了下議院對上議院的制約能力。選舉權的擴大會讓下議院更能獨立於上議院，從而恢復憲法均衡，並確保權力會受到權力的制約。這並不意味他們對民主懷抱著熱情；英國自由主義者一般皆同意，擴大的民主可能只會導致窮人對富人的專制。[75]

一些更激進的政治思想家確實主張全面民主。值得注意的是，上了年紀的哲學家邊沁也在十九世紀最初幾十年成為民主的強力捍衛者。正如我們已經看到的，邊沁極其憎惡恐怖統治，這使得他（像許多他的同時代人一樣）拒絕了民治政府，認為那是無政府的政治體制。但是在十九世紀的最初十年，邊沁經歷了一場劇烈而始料未及的轉變，使得他成為了民主的信徒。他的心意改變很大程度是受到英國政治菁英對他的改革計畫興趣缺缺所刺激，尤其是那命運多舛的全景式監獄設計，這逐漸令他相信英國政府是被「邪惡利益」所把持。邊沁現在認為君主制及貴族制的基本原則只會為自身的特殊利益服務，並從而損害了集體的利益，因此請求推行實施「實質」普選權的民主共和制——也就是排除文盲的男性普選權。[76]

然而邊沁拒絕使用自治自由的語言來為民主辯護。和一七九〇年代時的自己一樣，他持續拒絕使用有感染力、但在他看來十分空洞的字眼提出訴求，如「自由」和「自然權利」等字眼。邊沁在他的《義務論》（*Deontology*）中寫道：「只有少數字眼及其衍生字，比起自治自由這個字更令人生厭。當它指的不是任性善變與教條主義時，指的是良善政府；如果良善政府有幸在公眾心中，佔據那個被稱為自治自由的模糊實體所據位置，那麼令政治改良的進程蒙羞及延遲的那些罪行及蠢事，就不會發生了。」[77]邊沁及其追隨者們，即哲學激進派（Philosophical Radicals），則主張以效用為基礎的民主改革：防止邪惡利益集團利用政治權力來達成自己的目的，將會帶來良善政府，也就是真正符合多數人利益的政府。

邊沁的民主激進辯護，並未在英國激起關於自由與民主之間的進一步辯論。[78]大多數自由主義及輝格黨改革者持續主張小而漸進的改革，他們認為這樣的改革可以改善憲法均衡，而不是產生人民自治。正如我們會看到的，一八四八年後，大多數英國自由主義者均持續拒絕民主的自由理論。

美利堅共和國初期的自治自由辯論

除了一八一五年後的歐洲之外，新誕生的美利堅共和國也採納了反革命思想家率先開創、新的思考自治自由方式。美國政治運動拒絕了將自由視為民主自治的革命定義，反而主張自由是個人安全及個體權利的維護和保護——尤其是財產權的保護。

這件事的發生本身也許就令人意外。美國革命在州和聯邦層級推行民治政體，但從不曾落入類似恐怖統治的局面。這不是說美國人經歷了一場不流血的革命——按照比例來算，北美洲革命戰爭的死亡人數與法國大革命相似。此外，反對新政權的保皇派被迫移民的人數也遠遠超過法國，其中許多人更失去了他們的財產。但不像他們的法國同路人，美國革命者從未動用國家恐怖力量來打擊敵人，美國革命也從不曾墮入雅各賓黨執政時期特有的自相殘殺內鬥。[79]

然而在革命的塵埃落定之後，一些美國人開始對民治政府是否值得嚮往產生了懷疑。美國持續發生的政治暴力事件，尤其是發生在麻薩諸塞州的謝司起事（Shays' Rebellion），助長了強烈的反對民主聲浪。一七八六年冬天，戰後的經濟衰退給麻薩諸塞州帶來了極大的困境。農民們因無力償還債務，以及因支付戰爭費用所帶來的沉重稅賦，而面臨財產遭沒收的威脅。在獨立戰爭退伍軍人丹尼爾．謝司（Daniel Shays）的領導下，他們拿起武器企圖推翻州政府，儘管麻州菁英們輕易鎮壓了謝司起事，但這場暴亂仍成功激怒了他們之中的不少人。令他們尤其感到震驚的是，謝司黨人引用了自治自由的革命語言來支持自己的起義行動。謝司黨人稱波士頓政府類似「英國暴政」，並聲稱居住在窮鄉僻壤的農民正被帶領著「走向奴役」。[80]

一些菁英階級成員對此做出了回應，他們開始拒絕這些革命原則，聲稱它們導致無政府狀態及暴力。在這場衝突期間，謝司黨人往往被譴責為暴民，他們受到暴力及毀滅性激情所驅使，傾全力破壞財產安全並從而破壞公民社會。有時麻州的菁英階級成員還會將他們的謾罵升級，不僅譴責謝司黨人的行為，就連革命年代建立的整個政治及社會秩序，都成了他們猛烈抨擊的對象。於是，在軍中一路晉升、並於一七八九年成為作戰部長的波士頓書商亨利．諾克斯（Henry Knox）也開始質疑民治政府的想法是否明智。他曾在評論謝司起事一事時寫道：「邪惡的根源在於政府的本質，政府的構成不是為了實現那些抱持著狂熱激情及不當觀點之人的目的。」[81]

可以說，法國大革命的爆發以及（尤其是）恐怖統治，更進一步激起了美利堅共和國內對民主的強烈反對聲浪。一開始，美國人也曾對法國大革命的消息抱持著普遍的熱忱，大多數美國人均感激地回想起他們與大不列顛的革命鬥爭中，法國是如何向他們伸出援手的；當法國人在一七九二年推翻他們的君主政體並創建新共和，正如美國人在十年前所做的那樣時，他們感到歡欣鼓舞。一些人開始配戴法國的三色帽徽、唱起法國的革命歌曲，美國各地都歡慶法國革命軍隊的勝利。在一七九三年一月的波士頓，成千上萬公民參加了一場為慶祝法軍於法國北部瓦爾密（Valmy）擊敗普魯士而舉辦的慶祝活動；這場活動也是北美洲有史以來最大規模的公眾慶典。[82]

即使在恐怖統治爆發後，一些美國人也持續表達他們對法國革命者的支持。肆虐法國的政治暴力絲毫未讓終身親法的傑佛遜動搖。「全世界的自治自由皆取決於這場對抗，」他在一七九三年一月給一位朋友的信中寫道，「而……與其看到它失敗，我寧可看到半個大地荒蕪。假使每個國家都只剩一男一女存活，而且可以自由地活著，那也會好過現在的情況。」一七九四年五月，法國恐怖統治正如火如荼時，傑佛遜表示，他希望法國對外抗戰的最終勝利「能夠將國王、貴族及教士送上他們長期以來用人血澆灌的絞刑架」。[83] 但是像亞當斯和漢彌爾頓等其他美國人，則開始用恐怖的心情來看待法國大革命。在他們看來，恐怖統治宣告的是無法無天的勝利，而不是自治自由的勝利，他們擔憂美國也會染上同樣的無政府主義精神——美國人對自治自由的熱愛，正衰退為對無法無天的熱愛。

正如美國歷史學家蘭斯・班寧（Lance Banning）曾主張的，對於法國大革命的不同詮釋，在美國第一套政黨制度的創建中扮演了重要角色。[84]就像我們已經看到的，在一七八七年至一七八八年間，美國革命者已分裂成聯邦黨人和反聯邦主義者陣營，前者支持強而有力的全國性政府，後者則希望權力集中於各州。然而，在一七九〇年代，由於法國大革命的影響，美國到底應該民主化到什麼程度也成了主要的爭論話題。聯邦黨人跟反聯邦主義者的分裂，現在已經演變成共和黨人跟聯邦黨人的分裂，前者認為自己的奮鬥目標是維護及擴大人民自治，後者則宣稱是秩序的政黨，要抵抗法國無政府狀態及暴力的秩序崩潰。（應注意的是，一七九〇年代的聯邦黨人絕不能和一七八〇年代的聯邦黨人直接劃上等號；麥迪遜是聯邦憲法的主要締造者之一，後來成為知名的共和黨人。）

隨著政治辯論的日益白熱化，更極端的聯邦黨人對一七八八年至一七八九年的革命解決方案，也抱持更加批判的態度。他們提議了幾種憲法變革方案，旨在大幅減少平民對政治體制的影響力。一些立場最強硬的聯邦黨人則呼籲進行激烈的憲法變革，如任命終身職參議員，好讓他們能夠更不受選民投票的影響。有少數人甚至主張，總統一職應為終身制，以便讓這一職位更接近世襲君主制。但聯邦黨人也提議對政治體制進行更細緻的變革。革命後的幾十年間，他們持續一貫地推動司法獨立，使其盡可能脫離人民的掌控，反對共和黨企圖讓法官經由普選產生，以及編寫或直接廢除（法官制定的）普通法。[85]

儘管聯邦黨人試著引導國家繞過雅各賓式民主的陷阱，他們卻經常引用自治自由的概念。（他們的競選歌曲〈亞當斯與自治自由〉（Adams and Liberty），與後來的美國國歌〈星條旗之歌〉（Star-Spangled Banner）為同一曲調。）[86]但聯邦黨人也清楚表明，他們要保護的自由不是人民自己統治自己的自由。民主自由根本不是自由，而是無法無天與無政府狀態。更準確地說，正如英國一七七○年代的保皇黨人，他們的目標是保護在法治的規範下，平靜地享受個人生活及財產的自由。正如歷史學家高登．伍德所指出的，根據聯邦黨人的看法，「真正的自治自由是理性與秩序，而不是無法無天」。[87]因此要恢復自治自由，就必須遏制人民權力的行使。在一七七○和一七八○年代，有太多的美國人讓自由和平等的誇誇其談沖昏了頭，是時候接受一種不那麼民粹主義的政治了。

在發展及提倡這種新自治自由觀方面，諾亞．韋伯斯特是個重要的角色。[88]雖然人們現在主要因為諾亞．韋伯斯特是第一部美國字典作者而記得他，但他也曾密切參與了爭取獨立的抗爭。他是亞當斯、華盛頓和漢彌爾頓的同時代人，也是他們的友人。儘管他沒有參與獨立戰爭，卻是美國建國事業的積極宣傳者。但是在謝司起事之後，尤其是在法國恐怖政治爆發之後，諾亞．韋伯斯特最終放棄了他早期對民主等革命理想的熱情，並回過頭來提倡英國的制度，包括有限選舉權、上議院世襲制及君主制。

諾亞．韋伯斯特從民主共和主義的信仰者，搖身一變轉而支持親英的菁英主義，這種戲劇性轉變也反映在他對自由的思考上。身為年輕的革命者，他曾擁抱普萊斯所宣揚的民主式自由概念。在一本他最早期發表的政論小冊子、一七八五年出版的《美國政策概述》（*Sketches of American Policy*）中，諾亞．韋伯斯特曾建議在美國推行「代議制民主」，並拒絕採納英國憲法作為自由國家模式（他曾送了一本給普萊斯，以表達自己欽佩之意）。他認為，儘管他們經常自我吹噓，但英國人事實上並不自由，因為他們的政府是「獨立於人民之外的」。[89]

但是在一七八〇年代末、一七九〇年代初時，諾亞．韋伯斯特開始重新思考對自由的理解，法國恐怖統治的爆發在此一發展中扮演了關鍵角色。一開始諾亞．韋伯斯特就像大多數的美國革命者一樣，對於法國爆發革命抱持著歡迎的態度，並認為這是一場爭取自治自由的革命。「自治自由女神，她溫柔搖曳首先祝福了這些海岸，接著跨海而來。」他在一首詩中表達了自己喜悅的心情。[90]但是這樣的熱情到了一七九四年已經消散了。在〈法國的革命〉（Revolution in France）一文中，他對這一姐妹共和國的事態發展表達了關切。諾亞．韋伯斯特尤其憂慮的是，雅各賓黨企圖將政治權力直接交到人民手中，而這樣做只會導致無政府狀態及混亂失序，人類需要「法律的糾正力量」來阻止他們侵害他人的權利。因此，真正的自由需要來自強大政府的約束，而這正是雅各賓式民主無法做到的。諾亞．韋伯斯特寫道：「要讓每個人享有自由，就必須有足夠的行政能量來約束任何人和任何團體，防止他們傷害社會中任何個體的人身或財產。」[91]

隨著時間推移，諾亞．韋伯斯特對民主自由的觀念益發持批判的態度；最後他不只拒絕了雅各賓主義，也拒絕了美國式代議民主，認為與真正的自由無法兼容。諾亞．韋伯斯特寫到，美國人錯誤地深信「民主制和共和制政府」，想當然耳，都是「自由政府」。[92]但事實上，防範人民「不受控制的權力」與防範國王和貴族的暴政是同樣必要的，美國建國先驅忽視了這一真理；他們沒有推行足夠的防範措施來對抗人民權力。因此，美國自建國以來經常遭受無政府狀態及無法無天的茶毒，他說：「人民，或人民中的部分人，大批大批地崛起，凌駕於一切法律之上，侵害財產權及人身安全。」[93]

為了解決這個問題，諾亞・韋伯斯特建議限制普通民眾對政府的權力。具體而言，他主張參議院應由富人選舉產生，以保護他們的權利不受窮人多數權力的侵害；行政和司法公職也應更加獨立於人民權力之外，所有法官及最重要公職均應給予終身任期。諾亞・韋伯斯特做出結論，這一方案可以單獨確保美國的自治自由。「如果人民沒有國王，他們就必須要有權力大到讓所有人必須服從的法律和行政官員。如果不是這樣，就沒有自由政府。」[94]

諾亞・韋伯斯特不是唯一持這些觀點的人，許多其他聯邦黨人也有同樣的看法。知名的聯邦黨領袖魯弗斯・金恩（Rufus King）曾寫過一篇文章談論「意義錯誤的詞語」，他舉的第一個例子就是「自治自由」，他認為這個詞被他的同時代人濫用了，因為他們將它等同於民主。[95]另一位聯邦黨傑出人物約翰・傑伊（John Jay）則強調，公民自治自由是所有公民有權在「平靜、安全及不受騷擾的情況下」，從事法律允許他們做的任何事。[96]

簡言之，要求以新的方式理解自治自由，成為聯邦黨黨綱的核心內容。[97]然而在美利堅共和國中，聯邦黨以反民主的方式來重新定義自治自由的企圖，持續受到爭論及抵制，情形比起歐洲有過之而無不及。在後革命時代的歐洲，無論是共和派或民主派均因言論審查及壓制而被迫銷聲匿跡時，在美國，革命的理想仍持續受到聯邦黨人的反對者，即共和黨人的極力捍衛。[98]正如傑佛遜在他的總統就職演說中說明的那樣，共和黨人代表了「對於人民選舉權利的高度關心」以及「對於多數人決定的絕對默從」。這些是美國立國原則，並應持續成為「我們政治信仰的信條、公民教育的教科書、檢驗我們所信任者是否不負所託的試金石」。[99]

麥迪遜也拒絕對自由的聯邦黨式理解，並在一七九二年為《國家公報》（*National Gazette*）所寫的一系列文章中闡明他的立場。「誰是人民自治自由的最佳守護者？」麥迪遜問道。他解釋，美國政治人物對這個問題給出了兩種十分不同的答案。「反共和黨人」深信「人民是愚蠢、多疑、無法無天的」，因此他們認為人民應該「什麼都不想，服從就好，把呵護他們自治自由的任務交給更明智的統治者」。麥迪遜繼續道，相形之下，共和黨人則認為「人民自己」就是他們自治自由的最可靠守護者，因為「把神聖的信任放在那些最有興趣維護它的人手中是最安全的」。[100]

共和黨人最終贏得了這場鬥爭的勝利。共和國初期民主程度不斷升高的選舉制度，創造出廣大的選民，但不出意料的是，許多聯邦黨人高瞻遠矚的菁英思想，並沒有讓這個政黨受到他們的歡迎。儘管聯邦黨人亞當斯於一七九六年當選總統，但他卻在一八〇〇年的選舉中遭共和黨領袖傑佛遜擊敗。一八〇四年，傑佛遜再次以更懸殊的票數擊敗了聯邦黨總統候選人、來自南卡羅萊納的查爾斯・科特斯華茲・平克尼（Charles Cotesworth Pinckney）；聯邦黨隨後出現內鬨，並停止參加公職競選。事實上，聯邦黨人已經曝露出他們與美國大多數民意是如此脫節，以至於其中的許多人甚至完全退出了公眾生活；也有不少人不僅退出公眾生活，更退出了社會。[101]

挫敗的經驗令聯邦黨人對美國的自治自由前景感到十分悲觀；他們開始相信共和制很快就會像法國一樣，完全讓位給凱撒主義。一八〇三年，議員費雪・艾莫斯（Fisher Ames）為聯邦黨政綱寫了份事後檢討報告，標題帶著不祥意味：「美國自治自由的危險」（The Dangers of American Liberty）。他敘述，直到最近，美國人始終深信「我們的公共安寧」及「我們的自治自由」是安全而穩固的，但這如今已被揭穿是個錯誤印象。「我們一直都隨波逐流……在川流不息的事件中，直到我們現在明顯地深陷於革命的巨大漩渦之中，而一切屬於自治自由的事物，都將在下沉過程的巨大衝擊中粉碎。」[102]

美利堅共和國顯得岌岌可危，尤其像傑佛遜和麥迪遜這樣的維吉尼亞州政治家，不斷散播「民主的無法無天」之下，他們的目的是將所有權力一股腦全部扔到「民主狂熱分子或雅各賓黨無賴」的手中。聯邦黨人企圖警告他們的同胞，厄運即將到來，但他們的努力遭到人們的無視及嘲笑。與之相反，大多數美國人會「堅持認為我們的自治自由堅不可摧，直到無可挽回地失去它為止」。事實上，艾莫斯絕望地說：「群眾們甚至誇耀，我們的政府制度是純粹的民主制。」[103]但正如羅馬歷史以及法蘭西共和國最近的經驗教訓告訴我們的，民主制難以避免淪為凱撒主義：

> 民主制無法持續。它的本性注定了它的命運，它的下個轉變會是成為軍事專制，也許在所有已知的政府中，它是最容易三心二意，改正惡習的速度也是較慢的。原因是所謂人民所實施的暴政及刀劍所實施的暴政，兩者的作用都是使人墮落與腐化，直到再也沒有人擁有渴望自治自由的精神，再也沒有任何道德有力量維持正義為止。正如熾烈的瘟疫摧毀了人的身體，除了害蟲，沒有什麼能靠著身體的瓦解而生存下去。[104]

艾莫斯樂意承認，美國民主也許不會像法國民主那樣迅速淪為軍事專制。美國沒有像倫敦或巴黎那樣的大城市，這讓它的政府較不容易受到都市暴民的激情左右。軍隊規模也小得多，這令建立軍事專制比在古羅馬或法國更困難。但自治自由終究會屈服，這是毫無疑問的。正如艾莫斯的結論：「布里索（Brissot，吉倫特派領導）終究會敗於丹東（Danton，雅各賓黨人）手中，而他將會被羅伯斯比取而代之。革命將以完全相同的方式前進，但是速度不會像在法國那麼快。」[105]（編按：布里索被雅各賓黨人送上斷頭台，而丹東則被羅伯斯比送上斷頭台。）

艾莫斯自己也沮喪地承認，人們基本上對這類美國自治自由前景的悲慘警告充耳不聞。在一八〇〇年至一八三〇年間，隨著大多數州議會取消了對白人男性的所有選舉限制，美國政治進一步民主化。正如一位歷史學家所言，到了一八三〇年代，像艾莫斯和諾亞・韋伯斯特這樣的人已經像是「政治遺跡」了。[106]（對自由的黑人男性以及對女性而言，情況就大不相同：就享有選舉權的程度而言，這些人正受到日益嚴重的剝奪。一八〇二年，俄亥俄州成為剝奪自由黑人選舉權的第一個州；其他州亦追隨在後。一八二八年，只有不超過八個州仍正式允許自由黑人投票。女性甚至受到更徹底的排除：紐澤西州曾是女性享有選舉權的唯一一個州，但在一八〇七年推翻了這項規定。）[107]

然而聯邦黨重新定義自由的宣傳活動，對於共和早期的政治文化產生了比乍看之下更大的影響。聯邦黨影響的一個載體是美國第一本，也是最著名的一本字典，諾亞・韋伯斯特的《美式英語字典》（*American Dictionary of the English Language*）。諾亞・韋伯斯特在一八〇〇年開始他的字典編纂工作，他在很久以前就已經把年輕時對民主的激情，轉換成對菁英政府的投入奉獻。因此他小心翼翼地避免將自治自由與民主連結，反而將自治自由定義為：「不受他人獨斷意志左右，這種豁免受到現有法律的保障，法律約束所有人皆不得傷害或控制他人。」換言之，法治對於自由至關重要。「因此，法律的約束對公民自治自由至關重要，」諾亞・韋伯斯特強調。「與其說一個人的自治自由取決於解除對他的一切約束，不如說取決於對他人自治自由的適當約束。」[108]

甚至更重要的是一八三〇年代的一場新政治運動——輝格黨又重新拾起了聯邦黨的自由概念。[109] 在聯邦黨的內鬨將戰場留給了共和黨人（他們開始自稱為民主共和黨人）之後，意識形態紛爭就明顯減少了；在這之後的一黨統治歲月經常被形容為「愉快年代」（Era of Good Feelings）。但隨著盛氣凌人的民粹主義將軍安德魯・傑克遜（Andrew Jackson）於一八二八年當選總統，新的政治斷層線浮現了。當傑克遜稱他的追隨者為「民主黨人」時，一股自稱為「輝格黨」的反對勢力也開始成形。在接下來的二十年裡，輝格黨與民主黨將構成學者稱為第二政黨體制（the second party system）的兩大政黨。輝格黨人與民主黨人在許多議題上立場相左，包括經濟及財政事務、外交政策及奴隸制——儘管兩黨均有成員致力於維護奴隸制，但民主黨人對於維護南方奴隸制曾做出官方承諾，而輝格黨人並未這麼做。

兩黨對於自治自由的意義與本質也存在分歧。正如傑佛遜派的共和黨人，傑克遜派民主黨人將自由等同於多數人統治及民治政府，儘管只限於白人男性。輝格黨的觀點更為複雜。一方面，輝格黨人對傑克遜的獨裁行徑深感困擾，身為一名退役軍人，傑克遜習慣發號施令，經常明確表示他容不下任何反對意見。身為總統，他否決的國會法案比所有前任總統加起來的還要多。許多輝格黨人開始認為傑克遜是個惡霸和暴君，對於共和國的自治自由構成了危害。因此，他的反對者開始稱他為「安德魯國王」，並自稱「輝格黨」，以紀念一七七六年時站出來反對美國前任君主喬治三世的輝格黨人。[110]

但許多輝格黨人不是只批判傑克遜的個人權力而已；他們也對主權在民作為自由的基礎有著同樣疑慮。[111] 考慮到傑克遜的政策受到大多數白人男性選民的支持，使他得以執政八年，隨後又由他欽選的繼任者馬丁・布倫（Martin van Buren）繼續執政了四年，這似乎並不令人意外。在這個背景下，聯邦黨的自由概念，由於強調自由的基礎為法律與秩序，而非人民權力，似乎再次變得相關了起來。以何瑞修・葛里利（Horace Greeley）為例，葛里利是頗具影響力的輝格黨報紙《紐約論壇報》（*New York Tribune*）的創辦人和編輯，曾撰文說自由的本質在於法律凌駕於人意之上。「無論是一人之意，少數人之意，還是多數人之意，」葛里利繼續說明。「如果統治者——無論是君主或大多數人——凌駕於法律之上，那麼這個政府就是個專制政府；但如果統治者及被統治者都受到穩定的、有明確定義的法律所支配，那麼這個國家就是個自由國家。」[112]

這一切意味著什麼仍然十分模糊。不同於諾亞・韋伯斯特及艾莫斯這類聯邦黨思想家，美國輝格黨明智地避免主張參議院終身任命，和其他不受歡迎的措施。取而代之的，他們會談論憲法作為對抗不受約束之人民權力的堡壘。（一八四〇年總統競選期間，輝格黨的座右銘是：「哈里森、泰勒及憲法自治自由。」〔Harrison, Tyler and Constitutional Liberty.〕）[113] 他們主要將希望寄託在最高法院以及更一般性的司法獨立，作為制約人民權力的機制。[114]正如我們將看到的，直到輝格黨壽終正寢許久之後，司法獨立的至高重要性，仍是美國反對民主式自由理論人士的核心信條。

打扮成「國王安德魯一世」的安德魯・傑克遜，約一八三二年。一名匿名藝術家的漫畫作品，用於輝格黨競選活動。

CHAPTER

6

現代自治自由的勝利

一八五三年，一部名為《論公民自治自由與自治》的大部頭巨著在美國費城出版。作者法蘭西斯・李伯是普魯士軍人出身，儘管英勇保衛祖國抵抗法國侵略者（他在滑鐵盧一役中受了重傷），李伯仍因支持德國統一而觸怒普魯士當局。他因此移民美國，並迅速接連成為波士頓一所體育學校的校長、新聞記者、百科全書編輯，以及南卡羅萊納學院（South Carolina College）的政治及歷史學教授（他還設法在這之間取得了博士學位，雖然是數學博士）。在《論公民自治自由與自治》這本獻給他學生的書中，李伯希望一勞永逸地回答一些棘手的問題，包括自由是什麼，以及如何在一個政治共同體中最好地建立自由等。這本書厚達五百多頁，顯示他發現這不是個容易的任務。但他的同時代人肯定認為他做對了某件事，因為李伯的書成了暢銷書，這本書再刷達八次之多，最後一次是一九一一年，距離他逝世已有四十年。這本書是好幾代耶魯大學學生的大學課程指定用書之一。[1]

那麼，自由是什麼？李伯沒有直接回答這個問題，作為一名適格的專業學術工作者，他的回答是從一段關於自由歷史的冗長離題開始。特別是，他從一開始就明確表示自古代以後，自由的定義已經發生了顯著的變化。「古人對於自治自由的理解，」他敘述，「本質上不同於我們現代人所謂的公民自治自由。」對古人而言，自治自由在於「參與政府的程度」，因此，他們認為自由是某種僅能在國家中，並透過國家來實現的東西。相較之下，今人對自治自由的理解則十分不同──事實上，與古人的思考方式幾乎完全相反。現代人將自由等同於「對個體的保護，以及在社會或小或大的圈子中不受干擾的社會行動」，因此不同於古人，今人深信自由的實現不是透過國家，而是透過讓國家遠離個體生活來實現。[2]

李伯的自由定義，明顯地受到康斯坦對古代與現代自治自由區別的啟發，儘管這位德國思想家也加入了一些自己的變化。[3] 康斯坦將古代到現代自治自由的轉變歸因於社會變遷，尤其歸因於商業社會的崛起，以及隨之而來的個體主義觀。李伯則指出了文化轉型的因素，即基督教信仰的興起。基督教教義賦予每個人「無價的個體價值」，通過這樣做，它對古人將國家置於個體之上的傾向造成了重大打擊。此外，在羅馬帝國覆滅後，日耳曼部族帶著他們「個人獨立的條頓精神」大批湧入歐洲大陸，也有助於「個體權利的觀念」發展。[4]

但是在其他方面，李伯則忠實地按照康斯坦在幾十年前所寫成的腳本。李伯提醒人們關注古代與現代自治自由的差異，不僅僅是基於歷史興趣，也是因為正如其法國先行者，他也深信古人的政治理想對現代世界產生了有害的影響。從受到「盧梭主義」及「普魯塔克主義」共同促成的法國大革命開始，所有重新推行古代自治自由的企圖都以專制統治告終。[5] 因此，任何復興古代自由的嘗試──將自治自由等同於民主──都必須受到抵制，並且必須重新定義自治自由。個體只有在盡可能不受干預時才能獲得自由，這就意味著，在一個政治社會中，人就享有最多「無拘無束的行動」意義而言，才是自由的。6

正如《論公民自治自由與自治》所闡明的，政治思想家們在整個十九世紀都持續宣揚一個觀念，那就是適切的、現代意義上的自由一詞，指的是人身安全及個體權利的保護，而不是民主。原因並不難理解。十九世紀期間，法國大革命失敗引發了對民主的不信任，而這種不信任在後續的政治發展始終存在著。在歐洲，一八四八年革命扮演了關鍵角色。一八四八年革命是大西洋革命潮後全歐洲重新推行民主制的首次嘗試，結果卻以另一場暴力事件告終，隨後引進了波拿巴獨裁政權。美國後來的發展，尤其是十九世紀最後幾十年，因黑人選舉權及大規模移民引發的強烈反民主情緒，同樣激使政治菁英排斥民主式自由理論的態度日益堅決。

結果是，十九世紀在大西洋兩岸出現了大量的書籍，這些書籍強調自由與民主間的對立，並將自由重新定義為對國家權力的限制。然而這些重新定義自由的嘗試，絕不是不曾遇到任何挑戰，激進民主派持續為革命的自由概念辯護。此外，對於自由的自由主義理解也在約莫在世紀之交時，受到了來自新政治運動的挑戰，尤其是來自婦女權利運動者、社會主義者、民粹主義者和進步分子的挑戰。因此，人們愈來愈認為對自由的自由主義理解，幾乎是在不加掩飾地捍衛菁英的利益，而不是種具有吸引力的政治理想。然而在第二次世界大戰後，這樣的批評聲音基本上消音了。在冷戰的背景下，自由作為個人安全及個體權利的理解（反革命者是這一理解的原始開創者）被重新構思為西方文明的核心價值。

一八四八年後：現代自治自由在法國

一八四八年，歐洲各地爆發革命。動盪始於西西里，當年一月，一小群叛亂分子走上巴勒摩（Palermo）街頭抗議高稅收，並要求立憲。兩西西里王國（Two Sisilies）國王幾乎立刻就讓步並承諾進行政治改革。一個月後的二月，巴黎爆發了類似的抗爭，導致了國王路易－菲利浦宣布退位，隨後臨時政府成立，許諾將在法國施行共和制、引進男性選舉權。在兩個禮拜內，受到這些勝利鼓舞的群眾就出現在慕尼黑、維也納、匈牙利的佩斯（Pest）、波蘭的克拉科夫（Krakow）、威尼斯及許多其他歐洲城市的街頭。這些抗爭取得了成果：在整個中歐和東歐，國家議會均被要求起草更為民主的新憲法。歐洲大陸首次受到如此大規模的革命巨變席捲，這是空前，也是絕後。王政復辟時代似乎即將宣告結束。[7]

就像半個多世紀前一樣，一八四八年的民主抗爭也被表述為一場爭取自由的奮鬥。紅色自由帽的再度現身強調了這種與過去的連續性。在巴黎，革命者再次戴著這頂帽子走上街頭，在公共建築物的牆上也能看見它的身影。厄真・德拉克洛瓦的畫作〈自治自由帶領人民〉（帶著對紅色自由帽的傑出描繪）再次從七月王朝（July Monarchy，編按：法國七月革命後建立的王朝，一八三〇年至一八四八年）寄存的蒐藏室中被挖了出來，並在盧森堡美術館展出。法國藝術家歐諾黑・杜米埃（Honoré Daumier）著名的諷刺漫畫〈前大臣們的最後會議〉（*Last Council of the Ex-Ministers*），再次描繪出這個自治自由的古老象徵重新取得的重要性，這幅畫發表於一八四八年三月九日的《喧鬧報》（*Charivari*）。杜米埃的素描中畫著一名帶著自由帽的女子，她大力打開通往七月王朝政府黑暗房間的大門，讓新秩序的耀眼光芒照了進來；當自治自由女郎以自信的步伐邁入房間，陷入恐慌的前大臣爭先恐後地搶著從最近的窗戶逃走。[8]

事情的發展證明，一八四八年革命浪潮在另一個重要方面與其一七八九年前輩們相似，那就是他們都失敗了。法國第二共和就像第一共和一樣，被波拿巴專制政權取代。拿破崙的姪子路易・拿破崙（Louis Napoleon）在一八四八年選舉中意外獲勝，成為第二共和總統。一八五一年，他以解散國民議會的方式發動了政變。一年後，路易・拿破崙建立第二帝國。在德語世界，人們的反應則較為傳統。普魯士國王腓特烈・威廉四世（Friedrich Wilhelm IV）拒絕與發動革命的法蘭克福議會合作，他運用對軍隊的控制力及改革運動的內部分歧，擊敗了起事者。但奧地利皇帝在恢復秩序方面遭遇到更大的困難，最終仍在俄羅斯部隊的幫助下，成功撲滅了國內的所有起事行動。

革命失敗的原因十分複雜。在法國，拿破崙一世的繼承人在一八三〇和一八四〇年代處心積慮地培養人民對他的崇敬，這個因素在其姪子的勝選中扮演了重要角色（許多第一次獲得選票的人唯一知道的名字就是路易・拿破崙）。世襲君主的名望在中歐和東歐也發揮了類似作用，雖然傳統官方持續享有軍隊的支持，也是一個同樣重要的因素，這些軍隊往往是由一群對革命毫無熱愛的貴族軍官團所領導。最後也是最關鍵的因素是，資產階級、溫和革命者及更激進民主派人士之間的爭執傾軋，成了革命的絆腳石。儘管前者也許對王室專制統治感到不滿，但他們也十分懼怕雅各賓主義的復興。一八四八年六月，巴黎工人群起反對新共和，因其違背了早前解決失業問題的承諾，這一事件更進一步加劇了原已存在的意見分歧。這場後來被稱為六月起事（June Days）的反抗運動令全歐洲有產階級陷入驚駭中，並導致許多溫和革命者決心與王政復辟的捍衛者共赴存亡。[9]

在自由主義思想家看來，一八四八年證實了他們一直以來已知的事實：民主只會帶來專制。因此，他們在十九世紀下半葉極力鼓吹並重新強調，應放棄以民主來定義自治自由的古老做法，採取更為現代的理解。他們認為，企圖透過民主化政治體制來解放人類的革命往往

〈前大臣們的最後會議〉，歐諾黑・杜米埃，於《喧鬧報》一八四八年三月九日。

帶來幾乎相反的效果，正如一八四八年革命的失敗再次證實的，不受約束的民主只會帶來無政府狀態——就像六月起事期間的情況，或帶來暴政，正如波拿巴主義的回歸所說明的。真正的自治自由與此相去甚遠——它在於個人安全及個體權利的保護，而就自由一詞的意義而言，與男性選舉權並無關係。

這些主張在法國得到了最有力的提倡，一八四八年的革命導致自由思想在此開出了新的花朵。路易．拿破崙攫取權力後，法國公共辯論便立即因言論審查而僵硬無趣起來。但是第二帝國在一八六〇年後採取較為自由主義的作風，同時放鬆了對新聞界及選舉制度的控制（第二帝國時期仍允許一個由男性選舉產生的代表性機構持續存在，但是該政權亦習慣性地操縱選舉）。自由主義思想家利用這些新的機會，針對一八四八年所犯的錯誤進行廣泛反省。正如半個世紀前的康斯坦，他們也迅速做出結論，認為關於自治自由的錯誤觀念在第二共和的失敗中扮演了要角。

愛德華．拉布拉葉（Édouard de Laboulaye）是名政治人物、康斯坦的熱情仰慕者，也是自由主義在法國最具影響力的聲音。身為聲譽崇隆的法蘭西學院法學教授，拉布拉葉最初的興趣是古代及中世紀的歷史。但是在他三十七歲那年爆發的一八四八年革命，成為了他學術生涯的轉捩點。他在二十五年後解釋，一八四八年發生的那些事件「使我成為一名政治作家」。[10] 尤其令拉布拉葉開始深信，一八四八年革命失敗的原因，至少部分是由於他的同胞一開始就是從錯誤的政治觀念出發——特別是錯誤的自治自由概念。正如他所言，七月王朝「貴族制度」的垮台是由於法國缺乏「自由主義觀念」。他反省道：「我們所犯的錯誤始終是抱持著關於國家的錯誤觀念。我們將選舉主權及議會主權與自治自由混為一談。」[11]

拉布拉葉開始了一場密集的一人宣傳活動，想要轉變法國人的情感與思想。一八六一年，他重新發行了康斯坦的《憲法政治學課程》，內容包括康斯坦一八一九年論古代及現代自治自由的著名文章。一八六三年，拉布拉葉出版了《國家及其限制》（*The State and Its Limits*）一書，在書中闡述了自己對這些觀念的看法。他在標題文章以及名為〈古代自治自由及現代自治自由〉（Antique Liberty and Modern Liberty）一文中，開始追溯他所謂自由觀念的「系譜學」，並重申了康斯坦對古代及現代自治自由的區別。正如康斯坦，拉布拉葉詳細解釋，由於法國的革命領袖一直受制於過時的「古代」自治自由概念，因此使法國走上了專制而非自由的道路。[12]

與此同時，拉布拉葉的著作也強調，一八六〇年代的自由主義者與他們復辟時期前輩之間的重要差異。康斯坦和其他復辟時期自由主義者均明確抵制民主制作為政治體制；他們將英國視為主要榜樣。相較之下，拉布拉葉的世代則因為托克維爾而深信，在一個社會日趨平等的時代，民主的到來是不可避免的。也許更重要的是，在一八四八年後的法國，有關限制選舉權的談論已經變成一個政治上無法碰觸的話題。第二帝國建立在主權在民的原則之上，並擁有以男性選舉權為基礎的定期選舉——儘管嚴重受到該政權操縱。因此在一八六〇年代時，法國的自由主義者仍傾向接受民主為一既成的事實。

這對自由主義政治思想產生了相當大的影響。儘管斯塔艾爾及季佐等更早的自由主義者主張，只有引入帶有強烈貴族政治元素的混合憲法，或是將政府權力交給明智的菁英們，才能最好地保護自治自由，但是在十九世紀下半葉時，這類鮮明的家長式主張基本上是被擱置在一旁的。就像康斯坦曾經做過的那樣，自由主義者反而開始主張，自由首先取決於對國家權力的限制。這令他們可以宣稱自己支持民主——或至少可以宣稱並不反對民主，條件是政府權力受到足夠的限制，以便讓新獲得選舉權的群眾維持在無法運用他們的選舉權力，來實施民主專制的狀態。

拉布拉葉謹慎地強調，他並不反對民主制度本身。他支持普選權，正如在〈自由主義黨〉（The Liberal Party）這篇與《國家及其限制》同時發表的競選宣言中曾明確表示過的。但他覺得必須制約民主的危險傾向——制約方式不是透過剝奪人民的政治權力，而是透過確保國家權力受到約束。因此拉布拉葉的競選宣言中，有很大部分致力於探討所有國家都必須保護的「自治自由」及「自然權利」——其中包括財產權、宗教自由、教育和結社自由。更概括地說，他主張政府的組織方式必須遵循「**自由放任，放任自由**」這一「現代社會準則」。說到底，一六八八年、一七七六和一七八九年的革命，不全都是為了將「主權歸還」給個體才發動的嗎？[13]

拉布拉葉也以不同的方式清楚表明了這一觀點。正如比他年長的同時代人托克維爾，拉布拉葉也是個堅定不移的親美人士。但是不同於托克維爾在一八三五年時，將美國描寫為因生活在民主體制下而自由，拉布拉葉則深信美國人是因生活在最小政府的統治下而自由。他投入大量精力宣揚美國式小政府，將之作為法國的政治模式。這是他一八五〇年在法蘭西學院開設美國歷史課的授課重點，這門課的內容後來出版並成為一本成功的書籍。[14] 拉布拉葉對於美國崇拜最具影響力的貢獻是《巴黎在美國》（*Paris in America*）一書，這部短篇小說出版於一八六三年，曾被翻譯為英文、德文及希臘文，直到二十世紀初仍再刷不斷，並被書評家形容為「當代最具原創性及娛樂性的書籍之一」。[15]

《巴黎在美國》述說的是巴黎醫生荷內．列非弗爾（René Lefèbvre）的故事，他和他的家人在一夜之間神奇地從巴黎來到美國的一個小村莊。雖然他的家人一點也不記得在巴黎的生活，但這位善良的醫生卻記得，一開始他除了抱怨他的新環境之外什麼也沒做。列非弗爾不明白為什麼房子裡有間浴室，浴室裡還有冷與熱自來水（在巴黎，他已經習慣使用公共浴室了）。他還震驚地發現他的美國女婿是個雜貨店老闆，而不是名官僚。總的來說，列非弗爾對美國呈現在他面前，那種無法無天狀態感到恐懼。「完了！我在美國，什麼也不知道，孤身一人在一個沒有政府、沒有法律、沒有軍隊、沒有警察的國家，在一群野蠻、暴力、貪婪的人民之中。我完全迷失了！」[16]

但是沒過多久，這位法國平民就習慣了美國生活。他尤其欣賞美國的一點是，與其說美國無法無天，不如說美國很自由。他驚訝地發現，在這裡所有人——即使是女性，都能自由地做自己想做的事。為了閱讀速度慢的讀者著想，列非弗爾的美國指南詳細說明了法國與美國之間的對比。他說明，在法國，立法者從未考慮過社會（也就是個體團結起來的自由行動）可以在一個國家的政治生活中扮演什麼角色。但是在美國，社會卻被賦予了盡可能廣泛的角色。美國是「做任何事都是為了自己家庭的集合體」，在法國找不到什麼可以與此相比擬。相反，在法國只有一種東西：政府，它是——「一隻巨大的珊瑚蟲，它把自己的觸角深入每一角落，緊緊抓住每一樣東西，奪走一切也窒息一切。」[17]

在這部小說的結尾，列非弗爾完全相信了美國的生活方式，也就是完全相信了這個觀念：政府必須盡可能遠離人民自己的事，人民則應該做一切事情都是「為了自己」。當他再次在巴黎的家中醒來，他試著說服他的家人和朋友（以及被請來照顧他的一位醫生）相信，他在美國享有最高的自由：

「美國有政府嗎？」他的律師朋友問，「或你曾經不小心發現政府存在的痕跡？」

「先生，」我回答，「他們擁有的政府是所有政府中最出色的：它管的事情最少，給它的公民最多的自由來管理自己的事。」

「鴉片令他神智不清了！」歐里布許斯醫生說。「每個人都知道美國根本是無政府狀態！」[18]

正如拉布拉葉的著作說明的，即使當他們回過頭來思考民主本身，許多十九世紀的自由主義者仍持續主張民主化本身不是維護自治自由的關鍵——即自治自由不該與民主混為一談。奧古斯特·內夫澤（Auguste Nefftzer）曾經更有力地表達此一觀念，他是一八六〇年代出版的《政治大字典》（*General dictionary of Politics*）中，〈自由主義〉（Liberalism）一文的作者。內夫澤在文章中區分了「自由主義精神」及「民主精神」的不同。民主派追求一種特殊的政府形式，相較之下，自由主義則聚焦於維護自治自由。這些追求不必然互相衝突，但也絕不是等同的。換言之，沒有自治自由的民主——或是沒有民主的自治自由，都是完全有可能發生的。因此，除了在一七八九年短暫的初始階段，法國大革命始終都是「過度的民主」，但「絕不是自由主義」。[19]

這種認為民主與自治自由即便或許相容，但絕不是同一回事的洞見，也引出了一個新概念：自由主義民主。這個在二十世紀的最後幾十年變得十分流行的名詞，是由自由主義者夏赫勒．蒙塔朗貝赫（Charles de Montalembert）在一八六〇年代引進的。[20] 一八六三年，在馬林內（Malines）向比利時天主教徒發表的一場演說中，蒙塔朗貝赫嘗試說明為何他認為民主的必然勝利，對天主教徒會是有利的——只要它是正確的民主。他區分「自由主義民主」及「完全平等主義的民主」，並說明未來最大的挑戰將是如何調和民主與自治自由。這不是個容易的任務，蒙塔布朗赫解釋，因為歷史證明民主與專制及革命有著「天生的親和性」。為了讓民主變成自由主義的民主，承認個人權利神聖不可侵犯——如宗教自由的權利，於是就成了最重要的事。[21]

一八四八年後：英國及中歐的自由主義自由

英國在一八四八年時大體上並未受到革命動盪的衝擊。因此與法國相比，這裡的革命在受過教育的菁英間也較少激起深刻反省。然而許多英國輝格黨人——這群人愈來愈常以自由主義者來稱呼自己——將一八四八年視為一個警世故事，說明了民主帶來的偏狹影響。湯瑪斯．麥考萊（Thomas

Macaulay）就是個例子，麥考萊是名輝格黨政治人物、歷史學家，一八四八年革命浪潮爆發時，他在驚恐中做出了反應。雖然他對食古不化的哈布斯堡帝國並無太多同情，但他認為匈牙利民主主義者意圖創建屬於自己的自由主義國家，這對歐洲權力平衡而言是不可接受的威脅。但最重要的是，麥考萊對於法國自由主義的七月王朝遭到推翻一事感到十分沮喪。六月起事後，他對二月革命的厭惡變得更加強烈，對於工人叛亂遭到殘暴鎮壓則感到高興。當路易・拿破崙推翻第二共和建立獨裁政權時，麥考萊主要的反應是鬆了口氣。[22]

一八四八年革命浪潮後，麥考萊變得比過去更深信：透過挑起階級戰爭，民主只會導致自治自由的滅亡。「我長久以來深信，」他在一八五七年寫給一位美國舊識的信中說道，「完全的民主制度，無論早晚，都必然會摧毀自治自由或文明，或是摧毀兩者。」一八四八年在法國建立的「純民主」即充分說明了這點。「在很短時間內，」他寫道，「我們有理由預期看到一場普遍的掠奪、國家破產、土地重新分割、價格飆漲至天價，以及為了供養那群遊手好閒的窮人，而強加於富人肩上的毀滅性稅負。」開心的是，多虧了路易・拿破崙發動政變，才避免了這樣的危險。正如麥考萊所言：「自治自由消失了，但文明得救了。」麥考萊「毫不懷疑」推行民主政府會在英國產生完全一樣的影響：「不是窮人掠奪富人，並導致文明滅亡，就是由一個強大的軍政府拯救了秩序及繁榮，並導致自治自由死去。」[23]

但不是所有英國自由主義者都因一八四八年的驚嚇，而將民主貶得一文不值，視之為窮人對富人的暴政。維多利亞時代中期，最具影響力的新聞記者沃特・貝基哈特（Walter Bagehot）就表達了更複雜細緻的觀點。貝基哈特斷然拒絕民主會造成「屠殺與財產充公」的想法，認為只有「無思考能力的人」才會相信。儘管原始法國大革命的「立即恐怖」（instantia terrifica）確實暗示了這類危險的存在，但近期經驗則指出了一種不同的危險。畢竟第二帝國是以普選權為基礎而建立起來的，這個政府卻沒有變成一個紅色共和國，相反，路易・拿破崙的統治建立在「無數農村業主的恐懼及無知」之上。簡言之，民主也許不會導致社會的毀滅，但它會導致無知者的統治，從而使得更聰明的選民遭到「奴役」。[24]

為了避免這些危險，英國輝格黨人及麥考萊和貝基哈特這樣的自由主義者，持續堅持菁英統治。有別於他們的英國同道，他們不認為對民主的約束或妥協能產生什麼效果。麥考萊鼓吹嚴格遵循一八三二年的決定，即賦予約百分之二十的成人男性投票權。事實上，他那部廣受歡迎的巨著《英格蘭史》（*History of England*）（前兩卷出版於一八四九年）的目的，即是為了慶祝一八三二年的《改革法案》（Reform Bill），認為它代表了光榮革命的圓滿實現。貝基哈特雖然對於改革抱持著比麥考萊更開放的態度，但他認為選舉權只應該擴大到「工匠的知識階級」，並且應該不惜一切代價避免民主。因為群眾是「極其無知的」，根本沒有能力參與治理。[25]

在英國知識階層的反民主潮流中，也有一些重要的例外。最著名的就是約翰・史都華・彌爾，他與拉布拉葉相同，最終都捍衛一種受到制約的民主。身為邊沁的教子，約翰・彌爾長大後成為一個堅定的激進分子（一位舊識形容年輕的約翰・彌爾為「邊沁主義者的使徒」），[26] 因此約翰・彌爾一生都是民主的捍衛者，也就不令人意外了。事實上從某些方面來看，約翰・彌爾比邊沁和他的父親詹姆士·彌爾（James Mill）更為激進，因為他支持女性選舉權，這點和他們不同——詹姆士·彌爾曾主張女性不需要投票，因為她們的父親或丈夫會自動代表她們的利益。[27]

然而約翰·彌爾對自由及民主的成熟觀點，更接近拉布拉葉等法國自由主義者，而不是邊沁和他父親的觀點。在一八三〇和一八四〇年代，他對於邊沁及詹姆士·彌爾毫不妥協地捍衛多數主義民主的立場日益感到幻滅，在逐漸疏離了他所謂純粹民主的同時，他發展出一種「修正形式」的民主。正如約翰·彌爾在自己的《自傳》（*Autobiography*）中說明的，這個發展與他閱讀法國作家的著作有很大關係，尤其是托克維爾的著作——巧合的是，也大約是在這一時期，約翰·彌爾開始自我認同為一名自由主義者，而非激進分子。[28]

一八四〇年，約翰·彌爾在《愛丁堡書評》（*Edinburgh Review*）上發表了一篇針對托克維爾《民主在美國》的長篇書評，他在這篇文章中首次表明了自己的自由主義立場。閱讀托克維爾的著作令約翰·彌爾深信，事實上，民主在現代社會中已經不可避免。但托克維爾的論述也說服了約翰·彌爾，在這些新的民主社會中，自治自由將持續受到多數人暴政的威脅。此外，民主的多數派不只是傾向於濫用權力來制訂壓迫的法律而已，正如托克維爾指出，而約翰·彌爾也衷心同意的，民主也許也會導致群眾的多數主義暴政，因而使得民主的壓迫傾向更加難以遏制。於是，約翰·彌爾指出，當反天主教的縱火犯燒毀麻薩諸塞州一座吳甦樂修會（Ursuline）的聚會所時，沒有一個法官願意將他們定罪。[29]

這些觀念在約翰·彌爾最著名、也是針對自由定義的最具影響力反思，在一八五九年發表的

《論自由》（*On Liberty*）一文中表達出來。約翰．彌爾在這篇文章一開始就寫了長篇的引言，追溯自治自由這一概念的系譜。他解釋，十八世紀末的革命者們最初將自治自由理解為人民自治，然而隨著人們對於民主的經驗增加，這些經驗也表明了在民主政府統治下發生「權力的濫用」的可能性（尤其是多數人的權力濫用），就和在其他任何類型政府的統治下一樣大。因此，很明顯，自由首先就要求「限制……政府對個人的權力」，[30]那麼，問題就在於如何劃定界線了。在這方面始終是邊沁門徒的約翰．彌爾並沒有去談論作為界定私人獨立領域的自然權利，他反而提出了著名的傷害原則（harm principle）：一個政府只應禁止那些可能傷害他人的行為。

在為限制政府權力辯護時，約翰．彌爾並不關心人民對財產權的攻擊。更準確地說，和貝基哈特一樣，他憂心的是「有天賦者」的「少數群體」，相較於其他人，他們必然「更個人取向」，因此有受到「集體平庸」壓迫的危險。[31]這對約翰．彌爾而言始終是個關鍵課題，因此他在《論自由》發表兩年後出版的《論代議制政府》（*Considerations on Representative Government*）中再次處理此一課題。在《論代議制政府》中，他再次憂心民主會「將主要權力交到那些日益低於共同體最高教育水準的階級手中」。[32]

透過主張受到制約的民主制，約翰．彌爾得以調和他年輕時的激進主義，與他後來對「有天賦者」受到壓迫的憂慮。與此同時，約翰．彌爾啟發自法國人對於多數人暴政的關注，則將他的注意力從邊沁和詹姆士．彌爾所關注的問題上轉移，那就是少數主義暴政的問題——尤其是寡頭菁英的暴政，他們運用對英國政治體制的控制來推進自身的利益。從後見之明的角度，這一關切似乎比約翰・彌爾對於「集體平庸」的憂慮更恰當些。將這個維多利亞時代中期的國家形容為「服務少數人、傷害多數人的政府」也許不盡公平，但這一描述似乎比多數主義暴政來得更恰當。畢竟《論自由》一文發表時，英格蘭只有約百分二十的成年男性能夠投票，而任何擴大選舉權的提議都受到統治菁英的極力反對。

在中歐和東歐的自由主義者中，一八四八年革命浪潮最初激起的反應就和在法國與英國大致相同。匈牙利政治人物尤塞夫・厄特沃許（József Eötvös）在《十九世紀的主導觀念及其對國家的影響》（*The Dominant Ideas of the Nineteenth Century and Their Impact on the State*，下簡稱《主導觀念》）中明確表達了這點。厄特沃許以捍衛猶太人解放等這類傳統自由主義事業而知名，他曾支持一八四八年初期自由主義階段的匈牙利革命。但是當革命走往更激進的方向，他感到幻滅。一八五三年，他發表了《主導觀念》一書，企圖找出佩斯乃至整個歐洲到底哪裡出了問題。[33] 正如恐怖統治後的康斯坦，厄特沃許也主張自治自由的概念，受到了革命者以及大部分歐洲人的誤解。更具體地說，在盧梭及法國革命傳統的影響下，全歐洲都已將自治自由與「人民至上原則」（the principle of the people's supremacy）混為一談，但這樣的混淆只會導致民主專制。因此，厄特沃許在他的書結尾呼籲採取一種不同定義的自治自由，即將自治自由理解為對於「應得權利」（well-earned rights）的尊重。[34]

厄特沃許對民主之偏狹傾向的憂慮，在中歐及東歐自由主義者中得到了廣泛認同。總的來說，一八四八年革命浪潮的經驗，令這整個地區的溫和自由主義改革者，以及更激進民主派人士之間出現了裂痕。在哈布斯堡帝國，一八四八年革命浪潮後隨之而來的，是嚴酷的鎮壓和專制主義回歸。於是，包括厄特沃許在內的許多自由主義者退出了公共領域，直到一八五〇年代末，新專制主義政權開始解體才重新展開政治討論。一八六六年，普魯士在七週戰爭（Seven Week's War，編按：即普奧戰爭）中擊敗哈布斯堡帝國，在這之後哈布斯堡政權是被自由化了，但是這絕不意味著民主化：奧地利和匈牙利新議會的選舉權仍然受到極大的限制。然而對許多自由主義者，尤其是對那些站在匈牙利一方的自由主義者而言，一八六七年的修憲似乎為爭取自治自由的奮鬥劃下了成功的句點。[35]

在德國，一八四八年同樣也造成溫和自由主義者及民主派人士之間的持久分裂，不同派別的自由主義者持續將一八四八年推行普選權一事，視為年少無知的錯誤。[36]然而當威廉一世於一八六二年任命奧圖·俾斯麥（Otto von Bismarck）為內閣首長時，自由主義者很快就面臨強大威權政府的再次崛起。俾斯麥開始將德國各地團結在普魯士的統治之下，從而實現了自由主義者長期以來的夢想，但他在外交政策上的各種勝利讓他的權威變得難以撼動。因此在一八六〇和一八七〇年代，德國自由主義者日益擔憂的是新專制主義，而不是民主對自由的威脅。

海德堡大學政治學教授約罕·卡斯帕·布倫茲利（Johann Kaspar Bluntschli）對於王權專制主義對自由主義價值的威脅尤其直言不諱。布倫茲利是個世界主義思想家，與國際自由主義網絡有緊密聯繫（拉布拉葉及李伯為其朋友），他也支持許多公認的自由主義觀念。[37]在《國家理論》（*The Theory of the State*）這篇發表於一八七〇年代中期的討論憲法的論文中，他和康斯坦一樣，對現代及古代對國家權力的態度做了鮮明區別。「古代國家」擁有「太多權力」，他解釋，公民「除了是國家的一員之外，什麼也不是」。相較之下，在現代世界中，人沒有「被國家吞併」，反而擁有自己的獨立發展；他們不是依據主權國家的意志來行使權利，而是以「自己的想法」為依據。[38]

然而從布倫茲利的角度來看，民主對於這種現代、自由主義的秩序並不構成立即的威脅，在他看來，威權主義再起的危險性要大得多。君主制如今前所未有的強大，「在西歐擁有一種最決定性的優勢」，布倫茲利因此告誡歐洲的「統治王朝」將「他們的中世紀偏見」放在一旁，為「人民」（the demos）的意志留出更多空間。[39] 當然了，這一看法與拉布拉葉及麥考萊所表達的觀點有極大差異。然而，我們不該因此認為布倫茲利或其他德國自由主義者就是民主派人士。雖然他主張讓公眾對立法過程擁有更多的控制，但也斷然否認他所謂的「普羅大眾」（proletariate）可在政治中扮演任何角色——他們並不是人民的一部分。相反，和麥考萊和貝基哈特一樣，他偏好的政治模式是高度菁英主義的代議制度。[40]

十九世紀末歐洲：自由主義 vs. 集體主義

簡言之，一八四八年後，歐洲各地的自由主義者再次堅持認為，對於自由的最佳理解是個人權利，而非民主自治。但是關於自治自由本質及意義的辯論並未就此打住。這場辯論在十九世紀的最後幾十年進入了下一階段，隨著在歐洲出現了一股重新推動民主的力量，尤其是在法國和英國，對於多數主義暴政的自由主義關切又再次被點燃。在法國，轉向民主的過程發生得十分突然且混亂，第二帝國在一八七〇年羞辱性地敗給普魯士之後就被推翻，整個國家也再次陷入亂局。

巴黎爆發暴亂，工人們建立了屬於自己的政權，即公社（the Commune），但是遭到迅速而血腥的鎮壓。極度渴望秩序與穩定的法國人，似乎已做好擁護傳統君主制復辟的心理準備。但是當覬覦王位的香波伯爵（Comte de Chambord）堅持採用白色旗幟——那是波旁王室的傳統顏色，包括軍隊在內的法國建制派拒絕讓步，他們只願意在三色旗下作戰。一八七五年，在不考慮君主制的情況下，法國菁英們建立了第三共和，一個以男性選舉權為基礎的民主共和。出乎所有人意料之外——也許最意外的是法國人自己，這一新政權竟驚人地持久。[41]

在英國，民主的降臨至少乍看之下是個緩慢的過程。一八六七年，托利黨政府推行《第二改革法案》（the Second Reform Act），將投票權擴展到約百分之三十的成年男性人口。正如議會中的辯論所揭示的，此一選舉權擴張之舉是在均衡憲法的原則上制定的，因此一八六七年法案不應被當成民主道路的里程碑。為回應保守派對此次改革的批評，負責指揮讓《第二改革法案》通過議會審查的保守派領袖班傑明·迪斯雷利（Benjamin Disraeli）冷冷地指出，排除三分之二的成年男性「不太像一個具有壓倒性力量的民主政體會採取的形式」。[42]

十七年後，一八八四年的《第三改革法案》（the Third Reform Act），將投票權賦予了百分之六十的成年男性人口。從二十一世紀的角度來看，一八八四年改革最引人注目的地方是持續將多少人排除在政治參與之外：相當大一部分的成年男性選民及所有的女性。但是當時的人深信這一法律為英國帶來了全面性民主，而該法的主要發起人、自由派領袖威廉·格拉史東（William Gladstone）提出的論述更強化了此一印象。在工人階級中十分受歡迎的格拉史東逐漸深信，男性工人就和上層階級一樣適合行使權力，於是他不再使用均衡的說法，反而聲稱每個男性（原則上）都有權利投票——從而表明了改革的終極目標應該是落實真正的男性選舉權。[43]

民主在英法兩國的突然降臨，重新喚起了自由主義者對於民主的恐懼，而民主似乎與許多人所謂的「集體主義」息息相關，更是加深了這種恐懼。在一八八〇年代，歐洲各國政府開始立法保護勞動者、降低金融風險，並為生病及年老的公民提供保險。這些萌芽階段的福利國家，誕生的背後有著各式各樣的動機。歐洲政府開始關注本國男性人口的惡劣健康情形，因為這讓他們無法勝任作戰。宗教關懷也扮演某種角色，正如對自發性罷工及其他工人階級反抗形式的擔憂，同樣發揮了作用。但是對自由主義反對者而言，集體主義的興起似乎最主要是大眾對政治影響力與日俱增，所帶來的副產品。[44]

英法兩國自由主義思想家對於這些發展的回應，就是不斷重複他們如今已為人熟知的民主危險說。但是在一八八〇和一八九〇年代，自由主義話語也出現微妙的變化。從康斯坦以降，自由主義者始終關切民主對財產權利的攻擊。「先是對財產的專斷，」康斯坦警告，「接著很快就會出現對人的專斷。」[45]但這只是眾多擔憂之一而已，康斯坦對宗教自由及出版自由也同樣感到憂慮。他懇切呼籲的自由放任政策，從來不僅僅是個經濟學說，而是對政府不應干預其公民生活的一般性警告。

但是在一八八〇年代，由於歐洲各國政府日益採取干預主義，自由主義者也日益關注對現有財產分配及自由市場構成的威脅。這一轉變與主張自由放任的經濟學家在關於自由的辯論中表現日益突出息息相關。儘管麥金塔、拉布拉葉及麥考萊都是律師，但是主導一八八〇和一八九〇年代公共辯論的自由主義思想家，通常接受過古典經濟學家的訓練。他們認為八小時工時制及強制疾病保險等干預主義政策，皆危險地偏離了正統經濟學的觀念。自由主義經濟學家走出他們的象牙塔，並試著說服他們的同時代人，這類政策不僅是對經濟成長、更是對自治自由的致命威脅。

在法國，勒華—波留最有力地表達了自由主義者對集體主義的關切。勒華—波留出身於自由主義傾向的高級資產階級（haute bourgeoisie），並在聲譽卓著的法蘭西學院擔任經濟學教授，他一開始曾對第三共和的建立持歡迎態度，因為第三共和存在的最初幾年是由自由主義政治人物所主導。他也讚揚法國新領導人恢復秩序及鎮壓公社的做法。但是幾年之後，勒華—波留開始關切他認為的新政權揮霍無度行為。一八七七年，他針對政府的新預算發表了一篇尖銳的批評，他的論點很簡單：國家花太多錢了。[46]

勒華—波留寫了一系列的文章及書籍，試著用文字來對抗這些邪惡發展。他的努力在《現代國家》（*The Modern State*）這本書中達到了高峰，這本書的基礎是他在法蘭西學院所做的一系列講座，出版於一八九〇年。勒華—波留直接在書中發出了高度危言聳聽的告誡。他在前言中警告，「西方文明」正在受到一種「新農奴制」的威脅，這種威脅來自對國家權力的偶像崇拜。他說這是推行民主的直接後果。現代國家已經讓捍衛普遍利益變成了不可能的事，因為多數主義民主必然根據工人階級的利益進行統治。因此，所有現代國家的「自由主義的商業體制」都受到了威脅，即使客觀上來說這是最好的經濟體系。[47]

這不是說勒華—波留就贊成廢除民主制度。他明確反對像普魯士這樣的「官僚制」國家是更好模式的觀點，但確實強調現代國家需要受到約束。國家唯一必須做的事是保護已經存在的「自然權利」。他的書大部分內容都在詳細分析國家應行使哪些職能，以及（尤其是）國家不應行使哪些職能。如果人們沒有聽進他的警告，他的結論是現代國家不斷擴張的權力，就會導致「集體主義」、自治自由的終結，甚至是「西方文明的毀滅」。[48]

在英國，自由主義思想家赫伯特・史賓塞（Herbert Spencer）也同樣宣揚對於自由未來前景的悲觀看法。身為教師之子的史賓塞，第一份工作是為新興的鐵路產業服務。但是在一次職涯中斷期間，他開始了關於政治及經濟事務的寫作事業。身為一位自學成才的學者（史賓塞從未上過大學），他持續寫作了大量且各式各樣深具影響力的著作，主要內容是反對他所謂的「過度立法」（over-legislation）。在談到史賓塞的逝世時，《曼城衛報》（*Manchester Guardian*）將他列為「十九世紀下半葉最具影響力的兩三位作家」之一。[49]

在學術生涯一開始，史賓塞對民主與自由的兼容性原本抱持樂觀的態度。他覺得工人階級明白小政府對他們是有利的，因此擴大選舉權不會威脅個體的自治自由。但是隨著選舉權改革的可能性愈來愈大，史賓塞也改變了他的論調。在一八六三年的〈議會改革：危險與保障〉（Parliamentary

Reform: the Dangers and the Safeguards）一文中，史賓塞反省了擴大選舉權的提議對自由構成的威脅。他尤其對工會與日俱增的影響力感到憂心，認為工會的存在顯示工人們對於「基本社會關係」抱持著「錯誤」的看法，他們對契約自由的反對表明其「不理解自由的本質」。換言之，這樣的人「似乎幾乎沒有能力保衛自己及同胞們的自由」。[50]

到了一八八〇年代時，史賓塞對工人暴政傾向的關切，已演變成對於用民主方式強行實施社會主義的全面恐懼。在他最知名也最具爭議性的著作《人與國家》（*The man versus the State*）中，史賓塞曾令人印象深刻地將「社會主義」（他指的是累進課稅等改革主義方案）描述為一種將不可避免地導致「奴役」的體制，因為強迫人將自己勞動的成果交給政府。「奴隸這個觀念的本質是什麼？……從根本上區別奴隸的，是被迫勞動以滿足他人的欲望……他的主人是單獨的個人還是整個社會，這件事並不重要。」[51]

根據史賓塞的看法，人民同意下推行的國家強制政策所具有的壓迫性不會更少。因此，他在《人與國家》一書中，開篇就長篇大論地抱怨英國近期推行的各種社會改革。他強調，這些新規定是由一個向人民負責的政府強加的，但這件事並不重要。「由人民選舉產生的機構之權威，」他附和康斯坦的觀點並寫道：「就像君主制的權威一樣，不再能被視為無限的權威；並且……就像真正的**自由主義**過去曾質疑君主制無限權威的預設一樣，真正的**自由主義**現在也將質疑無限議會權威的預設。」[52]

許多十九世紀末的自由主義者都和勒華—波留及史賓塞有同樣的看法。史賓塞的主要支持者之一艾爾可爵士（Lord Elcho）是名政治人物，他最知名的事蹟是曾竭力反對一八六〇年代的議會改革。到了一八八〇年代初期，艾爾可得出了結論，那就是：他對階級立法的最大夢魘已經成了現實。這刺激他成立了「自治自由及財產保衛聯盟」（Liberty and Property Defence League），這一壓力團體的目標是挫敗「集體主義」立法以及進行政治宣傳，以便對抗社會主義在所有階級中的影響力。該聯盟派遣「自治自由傳教士」到倫敦各公園去進行宣傳，還組織「自治自由主題娛樂活動」及反社會主義燈展。[53] 在法國，勒華—波留的兄弟阿內托（Anatole）則創立「保衛社會進步委員會」（Committee for the Defense of Social Progress）以反制社會主義的影響力。該委員會乃是有意識地效法艾爾可的保衛聯盟而成立。[54]

簡言之，到了一九〇〇年時，英法兩國的自由主義者對於自由正受到民主威脅的憂慮，已達空前程度，民主如今被認為將不可避免地導致集體主義。德國自由主義者較不關切民主對自治自由的威脅，主要是因為相較於法國或英國，這種威脅似乎始終遙遠許多。俾斯麥在一八七一年建立德意志帝國（German Reich）的舉動不過強化了王室權威而已，德國官員持續在很大程度上不須對一般公眾負責。在這樣的情況下，馬克斯・韋伯（Max Weber）等德國自由主義者認為官僚制才是現代自由的最大威脅，而非民主。[55] 但是在大西洋彼岸，勒華—波留及史賓塞的恐懼找到了更容易接受的聽眾。

一八四八年至一九一四年：美國的自治自由

一八四八年時，北美逃過了一次革命動盪。但正如在歐洲，這一年的事件促使人們開始重新反省自治自由的本質及意義。[56] 美國的兩大政黨——輝格黨及民主黨，對歐洲革命，尤其是法國二月革命的反應出現了分歧。民主黨人對於法國推翻君主制的反應熱烈，一八四八年通過的民主黨黨綱對於新成立的法蘭西共和國表達了「兄弟般的恭賀」，認為他們遵行了「主權在民」的「偉大政治真理」。事實上，民主黨人對於新的法蘭西共和國是如此深受吸引，他們甚至採用其官方標語作為自己的標語。民主黨總統、副總統候選人路易斯．卡斯（Lewis Cass）和威廉．巴特勒（William Butler）的競選綱領即是「自治自由、平等及博愛，真正民主的基本原則」。[57]

輝格黨對二月革命的看法則較為模稜兩可。一方面，在黨內佔相當大比例的人道主義改革者自然同情其法國同路人；當新法蘭西共和國廢除殖民地奴隸制時，他們尤其感到歡欣鼓舞。但是在另一方面，許多輝格黨人認為法國人愛好的是無法無天，而不是自由，這點也令他們十分憂慮。他們擔心二月革命會被證明是另一場暴民統治的不幸實驗——六月起事時出現的暴力行為似乎證實了這種憂慮。輝格黨最重要發言人之一參議員丹尼爾．韋伯斯特（Daniel Webster）即對於「受到規範、約束並合乎憲法的自治自由」是否有機會統治法國感到絕望，似乎只有「暴烈的民主」才符合法國人的口味。[58]

德國出生的知識分子李伯將輝格黨對一八四八年革命的關切表達得最為清楚。李伯被他的歐洲友人形容為「一個既是人又是知識分子的自由主義者」。[59]但是在美國的背景下，輝格黨人對他是個更好的標籤。他在近三十歲移民美國後，結交了喬瑟夫．斯多利（Joseph Story）等傑出的輝格黨人，斯多利是最高法院法官，以強力捍衛財產權的立場而知名。李伯也與輝格黨明日之星查爾斯．薩姆南（Charles Sumner）關係密切，薩姆南是當時最重要的廢奴主義者之一，儘管李伯本人反對激進的廢奴主義——他傾向的廢奴方案是用農奴制取代奴隸制，這樣奴隸就得到賺錢的機會，於是聰明和勤奮的人就有能力買回自己的自由。[60]

一八四九年六月，二月革命爆發後一年，李伯發表了一篇題為〈英式與法式自治自由〉（Anglican and Gallican Liberty）的文章，在文中闡述了許多與丹尼爾．韋伯斯特相同的憂慮。但李伯不僅是猛烈地抨擊了法國人而已，他也闡明法國人走錯路的原因。在他看來，關於自治自由本質和意義的錯誤觀念，十分有助於解釋法國人面臨的困境。「法國人，」他敘述，「在組織中尋求最高程度的政治文明，也就是尋求公權力最高程度的干預。這種干預是專制還是自治自由完全取決於一個事實：誰干預，以及是為了哪個階級的利益而干預。」只有遵循這一邏輯，才會把他們「現在的獨裁」誤以為是自由。[61]

李伯將這一有害的「法式」自治自由概念，拿來對比英美兩國的「英式」自治自由概念。他解釋，在英美兩國，人們不會將自治自由與民主混淆。英國人理解的自由是：「私人企業可以做的都應該保留給私人企業，人民應在可能的最大程度上享有競爭的成果。」[62]李伯在分析的尾聲，呼籲歐洲國家仿效英國，而不是法國的例子。「無論民主專制的影響有時如何令人目眩神迷，」他做出結論，「但它仍然不是自由，自由如露水，一枝草一點露，於是產生了生機勃勃自然界這個偉大的結合現象。」[63]

數年後，李伯在《論公民自治自由與自治》中進一步發展了這些觀念，這是他對自由辯論最野心勃勃、最廣泛涉獵的貢獻。透過區別古代和現代的自由概念，他現在以一種康斯坦的風格展開他的分析。但李伯也重申了他稍早的觀點，即這種區別可以用法式與英式自治自由的差異來有效地詮釋。因為新教及條頓民族的文化遺產引導英國人及其殖民地後裔——即美國人，採用了現代的方式來思考自由，然而法國人卻仍陷在古老的概念中無法自拔。[64]

根據這個理論，將自由等同於民主不但不合時宜，而且也不符合美國文化。考慮到一八五三年時的美國遠比歐洲民主的這個事實，這一主張當然令人十分意外，當時的歐洲主要仍是獨裁及寡頭統治。李伯因此花了許多時間解釋美國政治制度的基礎不是主權在民原則，而是基於「制度性」自治。這一概念的確切意義始終模糊得令人著急，儘管李伯用了大把篇幅來解釋。主要似乎暗示在美國，權力受到來自兩方面的制衡：許多不同政府機構之間的分工，以及司法機構所擁有的審查法律合憲性的權力，而這個司法機構具有獨立性且不經由選舉產生。但是李伯對於一件事情的看法十分清楚，那就是：制度性自治與純粹的民主有很大不同。李伯承認，美國經驗顯示「沒有民主的要素，自治自由是難以想像的」，但這不是他進行論述的動力。取而代之，他強調「平等與民主本身遠遠無法構成自治自由」，或者換句話說，「專斷的權力不會因為是許多人權力的結合，而變得比較不專斷」。[65]

李伯這類保守派輝格黨人在狹窄的菁英圈子外，並無太大影響力。李伯關於自由的觀念遭到民主黨人的徹底拒絕，甚至在輝格黨人中，他區別自由及民治政府的嘗試，也許也沒有得到廣泛認同。整個一八四〇年代，輝格黨的權威人士和政治人物都傾向描述為行政越權，而不是將多數人統治形容為對自由的威脅。[66]

這樣的情況在美國內戰後發生了變化，美國內戰不僅敲響了奴隸制的喪鐘，也帶來了（至少在一開始）美國自一八二〇年代推行白人男性選舉權以來，最大的民主擴張。此外，一八七〇年代與一八八〇年代時，大量的工人階級湧入美國，移民令美國無產階級隊伍開始壯大起來。這兩項發展都令美國菁英更容易接受歐洲自由主義者對民主制度長期抱持的焦慮。事實上正如我們將看到的，「自由主義者」一詞正是在此時被首次引入美國的政治辯論當中。

美國內戰的成因，是南北各州針對奴隸制擴張日益激烈的爭論。[67]從一八四五年至一八四八年，德州併入美國及美墨戰爭都為美國帶來了大量新領土，引發了是否應允許這些新州實施奴隸制的問題。這一課題之所以益發重要是因為，奴隸制向新領土的擴張將更鞏固國會中奴隸主的勢力，並讓原已困難重重的和平廢除奴隸制變得更不可能。針對自由州產生的爭論導致輝格黨分裂成「良心」輝格黨及「棉花」輝格黨兩派。在一八五〇年代，一個完全由北方組成的全新政黨——共和黨出現了，這個黨致力於抵制奴隸制往新領土、尤其是堪薩斯州的擴張。北方民主黨人逐漸拋棄自己的政黨投入共和黨懷抱，這進一步激化了反奴隸制的北方及蓄奴的南方之間的對立。一八六〇年，共和黨總統提名人亞伯拉罕・林肯（Abraham Lincoln）贏得了總統大選，十一個南方州對此的回應，是脫離聯邦並於隔年二月成立一個獨立的邦聯政府。林肯認為脫離聯邦是非法的，除了再次征服南方之外別無選擇。一八六三年，林肯發表他著名的《解放奴隸宣言》（Emancipation Proclamation），徹底根除奴隸制成為了這次戰爭的目標。

到了戰爭結束時，有一些人開始主張解放奴隸這件事本身，並不足以讓非洲裔美國人獲得自由。南北戰爭前，自由的黑人被貶為次等公民，因為他們無論在南方和北方基本上都被剝奪了選舉權。美國內戰後，黑人廢奴主義者強調，真正的自治自由不僅關乎法律地位，也要求享有政治權利。正如曾為奴隸的廢奴主義演說家弗里德里克・道格拉斯（Frederick Douglass），在南方於一八六五年投降後不久所說：「黑人擁有選票日，才是奴隸制廢除時。」剛獲得自由的南方黑人們衷心同意他的看法。南北戰爭後，自由人開始組織地方及州的集會，並向國會提起選舉權的請願。為了自己的目的，他們挪用革命傳承，起草宣言，主張他們不可剝奪的權利，其中就包括了投票的權利。[68]

南方白人的反應十分激烈。為了維護他們的支配地位，試圖推行否決黑人政治權利的黑人法令，但共和黨主導的國會做出了回應。《一八六六年民權法案》（The Civil Rights Act of 1866）及《憲法第十四修正案》（Fourteenth Amendment to the Constitution）均宣布所有美國人與生俱來的公民身分及平等權利。一八七〇年，《憲法第十五修正案》（Fifteenth Amendment）禁止各州將種族訂為投票必要條件。「這件事非做不可，」該修正案發起人、內華達州參議員威廉・史都華（William

Stewart）堅定地說。「這是真正廢除奴隸制的唯一措施。它是唯一的保證……保證每個人都有權利保護自己的自治自由。」[69]

正如美國歷史學家艾瑞克・佛納（Eric Foner）提醒我們的，美國內戰激發了一種對自由全新且熱烈的熱情，這種自由被理解為人民自治。就像在一七七六年革命期間一樣，美國民主的擴張（這次是擴展到黑人身上）鼓舞人們提出新的包容訴求，尤其是來自女性。傑出的廢奴主義者伊莉莎白・凱諦・史坦頓（Elizabeth Cady Stanton）宣告女性不比黑人更差，她們已經進入了「從奴役到自由的轉變時期」。史坦頓及其他女性主義領袖尤其高度期望，內戰結束後，共和黨人會將選舉權擴展到女性及黑人男性身上——不過這些希望很快就落空了，給予女性選票的提議甚至從未被認真考慮。儘管《憲法第十四修正案》禁止剝奪成人男性選舉權，卻含蓄地支持將女性排除在投票之外。[70]

但重建時期（Reconstruction）的激進主義也引發了對民主及民主式自由的強烈反彈。美國民主擴大到黑人男性的措施幾乎一提出就遭受攻擊。一八七七年，當共和黨人同意將剩下的聯邦軍隊從南方撤離時，南方白人立刻就著手撤銷了重建時期的成果。在接下來的三十年，各州立法者制定了一系列規定，透過各種手段剝奪黑人選舉權，包括父祖條款（grandfather clauses，即僅賦予在內戰前祖先曾投過票的黑人選舉權的法律）、投票稅（poll taxes，為投票而收取的費用）、白人初選（white primaries，規定只有民主黨人能夠投票、只有白人才能成為民主黨人的法律），以及識字能力測驗。白人也訴諸暴力手段，恐嚇那些原本可能行使權利的黑人。黑人選舉權議題在全國性議程上，消失了近一個世紀，直到一九五〇年代的民權運動才重新浮上檯面。[71]

然而，隨著美國菁英愈來愈憂慮來自歐洲的大量移民，針對民主的強烈反彈很快也擴展到貧窮的白人男性身上。到了一八九〇年，六千三百萬的美國總人口當中，已有九百萬人為外國人出身。雖然過去也曾有移民突然大量湧入的情形發生，但這波新移民潮的規模卻比過去任何一波都大，因此引發的焦慮也高得多。此外，戰後移民主要湧向城市，而不是像他們的前輩一樣湧向鄉村，紐約和芝加哥等城市的人口爆炸性成長，對政治體系產生了重要影響。政黨機器建立了，「政黨頭目們」提供選票及其他政治恩惠，交換金錢與回扣。[72]

政治騙徒的承諾似乎腐化了許多新移民者，不但如此，一些人好像還被灌輸了社會主義及無政府主義思想。一八八〇及一八九〇年代，雇主與以移民為主的勞動人口間，爆發了一系列暴力衝突，情況看起來就像幾乎全部的移民都在致力於推翻政治及經濟現狀。例如：一八八六年五月四日，芝加哥乾草市場廣場（Haymarket Square）舉行了一場支持八小時工時制的和平集會，由於一名身分不明人士向警察投擲了炸藥，和平集會於是演變成暴力活動。炸彈爆炸及隨後的槍擊導致七名警察、至少四名平民死亡，另有數十人受傷。爆炸事件後，八名無政府主義者（其中大多數是德國出生的移民）遭判刑，但並無證據顯示其中任何人應為此次爆炸案負責。[73]

多位政治觀察家，包括數個共和黨人在內，開始憂心民主將令美國自治自由走上滅亡之路。法蘭西斯．帕克曼（Francis Parkman）出身自波士頓一個富裕家族，也是聲譽卓著的歷史學家，他曾在一八七八年抱怨「南卡羅萊納州黑鬼統治的種種畸形現象」，但他對於充斥著「大量來自外國的無知者及世代遺傳的無能者」的「人口眾多城市」同樣感到震驚，認為這造成了「紐約的市政腐敗」。這些民主橫行霸道的例子對於自治自由造成了威脅：「自治自由是我們祖先的口號，因此也是我們的。但是在他們心中，這個國家的群眾懷抱的願望不但與之不同，而且也不相符。他們想要平等多過於想要自治自由。」[74]

為了表達這些憂慮，鍍金時代的美國民主批評家，引用了聯邦主義及輝格黨政治思想的本土傳統。但鍍金時代的思想家也受到歐洲自由主義者，尤其是史賓塞等英國思想家的啟發，因此也開始自稱為「自由主義者」，甚至在一八七二年時成立了自由共和黨（Liberal-Republican Party）。他們附和史賓塞的看法，主張為了維護自治自由，必須盡可能地限制政府權力。[75]

這一新的自由主義思想方式，最具影響力的提倡者是孫末楠。[76]身為英國移民工人之子，孫末楠成功地成為一名享有高人氣的耶魯大學政治及社會科學教授。他在一八三七年接受任命，並在這一職位上持續待了四十年。他在學術圈以身為具開創性的社會學家及社會達爾文主義者而聞名，但同時也是一名頗具影響力的政治及法律思想家，許多史賓塞的觀念都是由他負責引進美國。此外，孫末楠也經常為大眾報刊雜誌撰稿，這令他享有的影響力比只是身為一位教育者要大得多。

孫末楠曾重複許多一七九〇年代的觀點，這些觀點是由像艾莫斯這類立場強硬的聯邦黨人所發展出來。正如艾莫斯，他也深信只有當人民權力受到強有力的反多數主義制度制約，自治自由才能繼續存在下去。事實上，他明確否決了民主政府，反而主張支持「共和政體」。孫末楠透過這個區別，為「共和主義者」一詞賦予了全新的意義。美國革命及其餘波盪漾期間，「共和政體」曾多少是民治政府的同義語，因此傑佛遜派這一早期美國最支持民主的派系，曾自稱是共和主義者。然而在孫末楠看來，共和政體與民主政體之間有很大的不同，因為共和政體並不取決於多數決原則。相反，共和政體建立各種保障措施，保護個人不受「人數佔優勢者」的侵害。[77] 孫末楠認為總統否決權、參議院權力，以及最重要的——一個獨立的司法機構，乃是「民主政體最重要的制度性制約工具」。[78]

孫末楠費盡心思說服他的讀者，美國建國先驅也對民主抱持著同樣的懷疑態度；事實上正如他所解釋的，拒絕民主正是美國政治體系的基石。「革命時期的公眾人物，」他撰述，「並不是民主派人士——他們害怕民主……因此根據憲法建立了一套限制民主的制度。」[79] 但建國先驅精心打造的這個「憲政共和國」，已經被下一代人改造成了「民主共和國」。在這個混合體中，「民主要素」是個「具有侵略性的要素……永遠在試圖征服憲政共和國的制度」，並從而「建立民主專制」，一直以來保護美國的是其「憲政主義遺產」。[80]

在史賓塞的影響下，孫末楠還相當重視一個觀念：只有盡可能限制國家的活動範圍，才能最好地保護自由不受民主專制的侵害。這位耶魯教授在〈國家干預〉（State Interference）一文中解釋，君權神授的教條過去被用來正當化任何國家權力的擴張。而繼承了國家權力的「新的民主政體」則表現出「和任何其他統治體一樣，無情地運用國家權力的一切傾向」。[81] 但孫末楠警告，即將來臨的民主專制遠比最差勁的羅馬皇帝暴政還要糟糕。他描繪出一幅夢魘般的未來情景：「當一個人的鄰居就是他的主人時；當他做任何事情，『輿論的道德力量』都無時無刻壓在他身上時；當他被指派一個位子，而這個位子成為監禁他的地方時，這不是皇帝或他的隨從所為，他們不可能隨時隨地這樣做，是這個『村落共同體』的其他成員所為，只有他們才辦得到。」[82]

孫末楠認為可以透過盡可能地限制政府的活動領域，來避免民主專制的危險。即使做的是好事，只要是國家監管都是自治自由所厭惡的。當然了，「普魯士式官僚制」確實有能力為其公民提供美國所缺乏的各種服務，但孫末楠警告，如果美國人想要「像普魯士人和法國人一樣受到照顧」，那麼達成這一目標就意味著「犧牲一些他們的個人自治自由」。[83]在一個自由的國家裡，成年男性必須可以自由地訂立自己的契約，並為自己辯護。孫末楠做出結論，「自由放任」——「管好你自己的事」，「恰恰是自治自由的學說」。[84]

在重新塑造美國政治方面，像孫末楠這樣的鍍金時代自由主義者，表現得比他們的聯邦黨或輝格黨前輩們好多了。然而，這一點乍看之下可能並不明顯，畢竟從選舉政治的角度來看，新奇的自由主義表現得並不是相當成功。正如過去的聯邦黨人，鍍金時代自由主義者發現很難說服人民投票支持他們的反民主計畫。自由民主黨只是個曇花一現的政黨。一八七二年時，他們曾推舉葛里利參選總統，那次的選舉對這個新政黨是場災難：共和黨人在國會參、眾兩議院囊括了三分之二的多數席位，葛里利在梅森—狄克森線（Mason-Dixon line，編按：爲美國賓州與馬里蘭州、馬里蘭州與德拉瓦州之間的分界線）以北沒有拿到一張選舉人票。自由主義者從此便打消了成立一個獨立政黨的念頭。歷史學家因此把他們形容成「沒有追隨者的領袖」。[85]

但人們不應低估他們的政治影響力。事實證明，美國法律菁英對於他們的論點接受度相當高。

十九世紀末時，最高法院及其他司法機構曾發布過幾項裁決，宣告尋求監管勞動條件的聯邦及州級法令無效。法律菁英的動機與其說是出於想保護商界的原始願望，不如說是因信奉自由放任的經濟學說使然。他們想要保護的反而是自由，他們認為自由正受到多數人暴政——也就是工人階級的威脅。聯邦法官、美國律師協會（American Bar Association）主席約翰・F・狄倫（John F. Dillon）即是個例子，他曾將所得稅形容為「最窮凶惡極的階級立法」，顯然「侵害了財產所有者的憲法權利」。[86]

更令人側目的鍍金時代特徵是，普遍推動增加投票的困難度，而針對的對象不僅是黑人，也包括居住在北方擁擠城市中的白人及貧窮移民。美國北方與西部有愈來愈多州引入了識字能力的要求；此外，居住要求變得更為苛刻，領取過公共援助的窮人被排除投票權利。這一切都導致了一位歷史學家所描述的，在第一次世界大戰前的幾十年中，「全國性的選舉權利持續收縮」。儘管這些措施經常被包裝為打擊選舉舞弊的必要舉措，但鍍金時代自由主義者發展出的反民主論述，無疑也扮演了重要角色。[87]

歐洲人也注意到這一發展。事實上，一些歐洲自由主義者現在開始讚揚起美國的政治制度——美國長期以來被視為民主的燈塔，因為有能力制約民意。[88] 一八八五年，頗具影響力的英國法律史學家亨利・緬因（Henry Maine）發表了題為《民治政府》（*Popular Government*）的系列文章。如這些文章所表示的，緬因對於正進行民主化的英國政治已不再抱有幻想。（他的書在《第三改革法案》通過一年後出版，該法案將選舉權擴大到百分之六十的成人男性人口。）他擔憂民主制的興起將對財產安全構成重大威脅，並從而對自由主義的進步構成重大威脅。在他看來，成熟的民主就好比：「一群叛變的船員，他們盡情享用船上的糧食，大口吃肉、大口喝酒，但卻拒絕把船開到港口。」[89]

然而緬因對美國民主的未來卻樂觀許多，原因正是因為在他看來，美國未來的民主程度將不如英國。和孫末楠一樣，緬因深信美國建國先驅的目標是創建共和國，而不是民主國，這就是為何在一七八七年他們刻意讓選舉權「在美國許多州都極端受到限制」的原因。[90]此外，參議院、最高法院以及總統所擁有的廣泛權力，也都是為了節制人民的意志而設計。緬因指出，這些措施背後的想法全都「發祥於英國」，事實上，美國憲法就是十八世紀末英國憲法的一個版本。但是透過將實質權力集中在日益民主的下議院，不可預見的發展正將英國現存的安全閥全部拔起。相形之下，事實證明，美國建國先驅建立的民主制約機制則更為持久。

因此緬因將美國憲法及其對人民權力的各種制衡機制，與「我們衰微中的（英國）憲法的所有弱點」進行了正面比較。美國個人主義尤其受到了契約自由的保護，而緬因將契約自由視為對抗「民主躁進及社會主義幻夢」的主要憲法保障——但緬因忘了提及美國最高法院是在十九世紀最後幾十年才開始主張契約自由為憲法權利。[91]儘管早前的幾代人曾讚揚（或詆毀）美國為民主的原型，但緬因的書揭示，到了十九世紀末，歐洲自由主義者已開始將美國政治制度視為自由的保障，因為相較於歐洲議會民主制，對於人民要求重分配的壓力，美國制度的反應較為遲鈍。

這種對美國自由本質的新理解在費德希克．奧古斯特．巴托勒迪（Frédéric Auguste Bartholdi）

的形象雕像〈自治自由照耀世界〉（*Liberty Enlightening the World*，譯按：即矗立於美國紐約港的自由女神像）中得到了象徵性說明。自由女神像創作於一八七〇及一八八〇年代，它是法國親美人士拉布拉葉的構思產物，他認為它是法國人民送給美國人民的禮物（其支付費用來自群眾捐助）。今天，自由女神像已成為美國最著名的自治自由象徵，它的身影曾出現在無數電影、電視影集及卡通中。因座落於埃利斯島（Ellis Island）附近的緣故，人們也常將自由女神像與對移民的開放態度連結，在雕像樹立後約二十年，一塊增加的銅製牌匾更強化了此一意涵，這塊牌匾上刻有詩人艾瑪·拉撒路絲（Emma Lazarus）的詩句，歡迎著疲憊、困頓及「擠挨著，渴求呼吸自由空氣的人們」。

〈自治自由照耀世界〉，費德希克·奧古斯特·巴托勒迪的形象雕像，一八八六年。請留意自由女神手中的「法板」。

然而雕像原本要傳達的訊息卻與此截然不同：它本意是要宣揚十九世紀自由主義者對於自由所抱持的反民主理解。拉布拉葉及其他這一計畫的支持者希望，這座雕像能激發人們連結自治自由與秩序及個人安全的印象，這就是為何他們刻意拒絕採用傳統的自由象徵——自由帽的原因。拉布拉葉強調：「這不是頭上戴頂紅色小帽、手上拿著長矛，從倒下的屍體上踩過去的自治自由。」（他指的很可能是德拉克洛瓦的畫作）。因為這座雕像的用意是培養對有秩序的自治自由的尊敬，巴托勒迪同意應換下自由帽，並找到了另一個象徵：星狀王冠。他也給了自由女神像一塊被拉布拉葉形容為「法板」（tablets of the law）的石板，這塊石板反映了自由的最佳守衛者是法治，而不是人民自治這一觀念。[92]

簡言之，在十九、二十世紀之交前後，反革命的自治自由概念已在美國得到了空前廣泛的接納。儘管在十九世紀的大部分時間裡，一直都只有相對少數人在公共辯論中，為這一思考方式提出辯護，其中大多數都是心懷不滿的菁英階級成員，但是在內戰及大規模移民激起對民主制度的強烈反彈後，情況已有所改變。對黑人及新移民政治能力的質疑，令鍍金時代自由主義者主張必須保護自治自由不受民主的傷害，而確保這種保護的方式則是限制國家權力、建立反多數主義機構，以及限制選舉權。

一八八〇年至一九四五年：歐洲的現代自治自由爭辯

在一八八〇和一八九〇年代，大西洋兩岸的自由主義者對民主威脅的關切，已經達到十分激昂的程度。但與此同時，也出現了對這些自由主義自由觀念的公然挑戰。在歐洲，大西洋革命者對民主自由的提倡得到了復興，婦女權利運動的蓬勃發展是最重要的原因。自從一七九一年古吉對男性支配提出質疑以來，女性主義者就一直在挑戰以自由之名，將女性排除於政治領域之外的做法。到了十九世紀末，這些努力已催生出一場群眾運動。在英國，由艾米琳・潘克斯特（Emmeline Pankhurst）領導的婦女參政主義者，為爭取女性投票權而發起一場激進的運動，舉行群眾集會並開創了絕食等新的公民不服從形式。[93]

潘克斯特及其盟友在為女性選舉權奮鬥時，明顯以大西洋革命者的理想為榜樣。因此，在一次美國之旅中，潘克斯特提醒她的聽眾，人們為美國自由曾經付出過的犧牲。她附和派崔克・亨利的名言，宣布婦女參政主義者也有心理準備，寧可選擇死亡也不願受人奴役。「我們不會自己這樣做，」潘克斯特說明，「但我們會讓敵人不得不在給我們自由，或讓我們死亡之間做出選擇。」[94]其他女性主義者也同樣援引這些早期自由鬥士的例子。一八八四年，法國女性主義者余貝庭・歐克蕾（Hubertine Auclert）以十分戲劇性的口吻向她的美國同路人梅・萊特・斯沃爾（May Wright Sewall）及蘇珊・B・安東尼（Susan B. Anthony）求助，希望她們在這場反抗男性支配的鬥爭中伸出援手。

「我們召喚妳們前來幫助我們，因為一個世紀前，妳們的同胞也曾懇求法國幫助他們擺脫英國的支配。當拉法葉侯爵（Lafayette）和他的軍團飛奔去援助妳們時，妳們不來幫助我們嗎？」[95]（編按：拉法葉侯爵〔Gilbert du Motier, marquis de La Fayette〕，法國將軍、政治家，曾參與美國革命與法國革命，被譽為「兩個世界的英雄」。）

顯然，法國女性主義者和英國的婦女參政主義者，不同意史賓塞和勒華—波留等自由主義的看法，後者認為擺脫農奴制的最好方式，就是盡可能限制國家的活動，但她們認為民主才是最好的方式。潘克斯特創立的婦女社會政治聯盟（Women's Social Political Union）的會員卡上，寫著投票權是「一切自治自由的基礎」。

婦女參政主義者不是唯一繼承大西洋革命者衣缽的一群人。在十九世紀的最後幾十年，一場全球性經濟衰退——長蕭條，在大西洋兩岸引發了強烈的政治不滿。[96]在歐洲和美國，激進主義、社會主義、民粹主義及進步主義，新的政治運動在不同的名字底下成形。這些社會運動者雖然觀點各異，但他們都拒絕自由主義的自由概念，視為對階級利益的狹隘辯護——一種虛假的自由。他們認為真正的自由，必須建立對政治及經濟領域的民主控制。正如我們將看到的，他們的論點將產生相當的影響，最終甚至說服許多以自由主義者自稱的人，接受了一種更廣泛的自由概念。

激進主義者、社會主義者、民粹主義者及進步主義者皆支持民主改革；他們常與婦女參政主義者並肩作戰，爭取婦女權利，也常為旨在加強人民對政府控制的其他措施辯護。但他們更專注於將民主擴大到經濟領域。正如社會改革者所同意的，一個人如果缺乏對自己工作生活的控制，他們就

婦女社會政治聯盟的會員卡，由希維雅・潘克斯特（Sylvia Pankhurst）設計，一九〇六年。

不能說是真正自由。因此，自治自由要求比給所有人投票權更多的東西，還要求改變經濟制度，減少工人對工廠主及金融菁英的依賴。[97]

在提出這類主張的同時，激進主義者、社會主義者、民粹主義者及進步主義者也延伸了大西洋革命者的思考方式，並加以激進化。十八世紀末的革命者固然已認識到政治自由取決於經濟平等，然而對大西洋革命者而言，經濟平等與政治自由的關係是間接的：要避免寡頭統治就需要經濟平等。經濟平等是政治自治自由的一個必要前提，本身並不是自治自由的一種形式。他們的十九世紀後繼者不同意這個看法。對他們來說，治理自己的自由不應僅限於政治領域；它應該也是經濟領域不可或缺的一部分才對。破除經濟支配本身就是一個目標。

十九世紀改革者對現存經濟秩序的批判也激進得多。除了一小群外圍者以外，大西洋革命者（包括雅各賓黨人）從未質疑過財產權，或自由市場經濟的神聖性，即使他們希望將財產分配給盡量多的人。十九世紀社會改革者則認為這樣做還不夠。他們認為在工業化國家，建立一個擁有財富的民主——基本上就是建立一個由小農組成的國家——這一夢想已變得遙不可及。他們主張另類的經濟安排，盼望這些安排能令工人掌控自己的勞動。他們之中更激進的人主張廢除私有財產及生產工具國有化，儘管這可能意味著各種不同的事情（可能意味著要求對土地等某些國家資源徵收更高的稅，而不是要求國家接手管理這些資源）。許多人也主張國家有責任主動介入經濟，掃除公平競爭障礙，因為如今的競爭環境已過度向富人及有權力者傾斜。

在法國，提出這些論點的主要是激進主義者或激進社會主義者（他們交替使用這兩個名稱）。

一八七六年，法國議會首次出現激進黨（Radical Party），團結了想要捍衛進一步民主化法國政治體制主張的議員——尤其是參議院，因為參議院選舉是間接而不是直接選舉。一些激進黨人也支持其他的民主化改革，如仿效瑞士的公投制度。但很快地，社會改革就成了他們的主要焦點；社會保險制度、累進所得稅制、勞動保護及農人低利貸款，尤其是他們辯護的對象。直到一九三六年為止，他們始終是最大的左翼政黨，儘管一九〇〇年後受到來自馬克思主義政黨日益增加的競爭壓力。[98]

法國激進主義者將他們的社會改革奮鬥，表現為大西洋革命者為自治奮鬥的延伸與激進化。這點在一篇題為《激進政策》（*Radical Politics*），概述官方政黨學說的論文中得到了明確闡述，該文作者是歷史學家及新聞記者費迪南．比松（Ferdinand Buisson），他也是激進黨的議員。比松寫道，一個現在普遍被接受的觀念是，人們需要擁有主權，「所有人才能獲得自由，所有人才能享有平等權利」。但如果人們每天都仰賴別人的「善意」才能維持生計，那麼他還能被稱為真正自由嗎——即使是就政治上而言的自由？當然，這樣的人擁有的只是「名義上的、少得可笑的自由」。因此，為了完成開始於一七八九年的革命，就必須推動社會改革。由法國大革命引進政治秩序中的人民自治原則，如今必須擴大到經濟秩序中。[99]

激進黨的左翼主要競爭對手——法國社會主義者也表達了類似觀點。直到一九〇〇年時，社會主義黨（Socialist Party）在選舉中一直極少取得成功，但是它的選票份額在直到第一次世界大戰的那些年裡持續穩定增長，並在一九一四年拿到了百分之十七的選票。該黨是由正統馬克思主義者及更具獨立思想的社會主義者混合組成；隨著該黨的日益成功，後者的影響力也逐漸增加。從許多方面來看，社會主義者的政治綱領和其激進派競爭者的沒有什麼區別；然而和激進主義者不同的是，社會主義者至少在理論上致力於廢除私有財產。[100]

正如他們的激進派同道，法國社會主義者也強調自己是自由的政黨。一九〇二年成為社會主義黨領導人的哲學教授尚．喬黑斯，在其各種著作中均強調了這一點。喬黑斯解釋，一個人要擁有真正的自治、自由，他們就必須擁有工具才能行動、才能自由，這意味著在政治權力上人人平等，沒有人需要站在別人的陰影中。但這也意味著每個人都應該對生產工具，有同等的控制權，如此一來：「沒有人必須仰賴他人才能維持生計，於是也就沒有人被迫，即使是部分自己的勞動或自治自由，讓與那些控制生產力的人。」簡言之，社會主義的主要信條就是「既不是國王，也不是資本家」（ni roi, ni capitaliste，譯按：這句話的前一句是「人的上面沒有主人；人之中也沒有主人」。合在一起來看，就是：「人的上面沒有主人，人之中也沒有主人。國王不是人的主人，資本家也不是人的主人。」）[101]

正如比松，喬黑斯也聲稱社會主義繼承了法國大革命的解放議程。他的四卷本《法國大革命社會主義史》（*Socialist History of the French Revolution*）即宣稱：「我們是民主及法國大革命的政黨。」喬黑斯解釋，法國大革命「充分肯定了民主的理念」，讓人人皆享有權利及自治自由的觀念得以確立。「社會主義，」他繼續說道，「宣告這些新權利並建立在其基礎上。它是個最高程度的民主政黨，因為希望在經濟和政治領域建立人民主權。」[102]

法國激進主義者和社會主義者將他們的目標，描述為將民主主權從政治延伸至經濟領域，透過這樣的方式，他們提供了一種不同的自由觀，十分有別於勒華—波留等秉持自由放任理念的自由主義者所持的自由觀；勒華—波留主張維護自由的唯一方式就是盡可能限制國家活動。當要在這兩種概念之間進行選擇時，法國選民壓倒性地站在了比松和喬黑斯這邊。一八七一年，第三共和初建，自由主義者在議會中形成了一個龐大團體，斯塔艾爾的孫子阿爾貝・波格利（Albert de Broglie）等人擔任關鍵的領導職位。但在接下來的幾年，選民成群結隊拋棄了該黨，自由派議員也減少成為一小群少數派。相較之下，激進主義者和社會主義者則看著他們在一九一四年投票中所佔的份額，成長到近百分之四十。[103]

在英國，新興起的社會主義運動同樣捍衛其議程，將其視為民主之自由概念的復興與延伸。西德尼及碧翠絲・魏伯（Sidney and Beatrice Webb）夫婦是頗具影響力的費邊社（Fabian Society）創辦人，這是個隸屬於剛成形的工黨（Labour Party）的研究機關；他們認為社會主義的目標是將民主從政治擴展到經濟領域。在他們擁有廣泛讀者的《產業民主》（*Industrial Democracy*）一書中，魏伯夫婦指責美國及法國革命者，因為他們未能明白不僅應將「個人權力」從「王座」及「神壇」趕下來，也應將其從「農田、工廠和礦坑」中趕出來。產業民主——費邊社會主義的目標，是完成政治民主，並建立充分意義上的自由。相較之下，「契約自由」或「企業自由」這類原則與自由完全無關。相反，通常是擁有財產的階級才會援引這些觀念，「以迫使其他較缺乏權力的人們接受他們的條件」，這種自由因此「與強制密不可分」。[104]

許多英國自由主義者渴望避免重蹈他們法國同道的覆轍，這些社會主義批評促使他們從根本重新思考自己的意識形態承諾。一九〇九年，英國經濟學家、社會改革者約翰・霍布森（John Hobson）在《自由主義的危機》（*The Crisis of Liberalism*）一書中指出，自由主義在大多數歐洲國家均告失敗，因為它的起始點是一套「狹隘的知識原則」。霍布森解釋，從歷史來看，自由主義者往往將自治自由等同於「缺乏約束」，但如今情況已經變得十分明顯，那就是需要有一個「更具建設性的」自治自由觀念來振興自由主義運動。自由主義者尤其需要採納的一個觀念是：只要國家權力是被用來創造經濟上的公平競爭環境，國家干預就可以強化、而不是傷害自由。[105] 許多英國自由主義者同意這觀點。在一九〇〇年至一九一四年間，必須將自由視為某種「積極」而非「消極」之物的觀點變得廣為流傳。[106]

李歐納德・霍布豪斯（Leonard Hobhouse）是新自由主義（new liberalism，譯按：此處的新自由主義不同於強調自由市場機制、反對國家干預經濟的新自由主義〔neoliberalism〕，而是正好相反）最重要的發言人。霍布豪斯畢業於牛津大學，在成為倫敦大學社會學教授前，曾做過新聞記者及工會幹事。他有數本頗有影響力的著作，尤其是《民主與反動》（*Democracy and Reaction*）及《自由主義》（*Liberalism*），他寫這些書的目標是要讓自由主義者不再頑固地堅持自由放任的自由概念，而這種自由概念卻是史賓塞和勒華—波留所捍衛的。[107]

「十九世紀也許堪稱自由主義的年代，」霍布豪斯寫道，「但它的結束卻見證了這一偉大運動的命運跌入谷底的時刻。」無論在國內外，那些代表自由主義思想者均遭遇了「毀滅性的挫敗」，但這還是需要焦慮的原因中最不重要的一個，霍布豪斯強調。自由主義遭遇的事比選舉挫敗還糟得多，那就是：「自由主義對自己日漸失去了信心。它似乎已完成了自己的工作。其信條帶有一種行將就木的氣息。」[108] 對於自由放任原則的頑固堅持，尤其讓自由主義陷入了困境。

舊的自由主義主要是消極的，霍布豪斯解釋，它尋求打破阻礙人類發展的屏障。在民主出現前，這種本質上具破壞性的計畫有其合理性。「早期自由主義，」霍布豪斯撰述，「必須和教會與國家的威權政府周旋。它必須維護個人、公民及經濟自由的要素；在這樣做時它證明了自己對人權的立場。」自由主義於是與政府功能是有限和可限定的這一觀念，結下了不解之緣。自由主義者開始深信，政府應在社會允許的情況下，精確地保留人的自然權利，「此外什麼都不做」。[109]

但是在現代社會的環境中，霍布豪斯繼續說明，這種自由主義已不再適合。在經濟領域，自由放任帶來的不是所有人的自治自由，而是強者對弱者的壓迫。同樣重要的是，既然國家已受到人民的控制，那麼對自由放任的頑固堅持也已不再合適。隨著政府成了「屬於整個共同體的機構」，即便未盡人意，但改善工人階級命運的措施已不再具有父權色彩，而是自治的表現了。在現代民主政體中，政府是人民的「僕人」，而政府的行為也因此被視為人民自己的行為。[110]

簡言之，面對社會主義批判，英國自由主義者有意識地重新思考了他們對自己意識形態的承諾。這一策略似乎奏效了：在英國，自由黨（Liberal Party）並未如在法國一樣式微。當然，英國自由主義者持續在選舉方面取得成功，或許也應歸因於其他各種非意識形態的原因。格拉史東的政績是其中一個重要原因，他的個人人氣為英國自由黨打下了遠比法國自由主義更廣泛的基礎（編按：威廉・格拉史東曾擔任英國首相十二年，擔任四次財政大臣，在工人階級中的聲望為他贏得了

「人民的威廉」的美譽）。選舉權的限制（直到一九一四年，英國仍僅有百分之六十的成人男性人口擁有選舉權）也許也發揮了作用。但無論原因為何，英國自由黨在選舉方面更大的成功，提高了這種新的自由主義的聲望。[111]

在德國，對一種新的思考自由方式的呼籲，則呈現出不一樣且更具烏托邦色彩的性格。這與卡爾．馬克思（Karl Marx）對德國社會主義的影響有很大關係。一八六七年，馬克思這位過去幾乎不為人所知的記者及政治運動者，因其巨著《資本論》（*Capital*）的出版而一夜成名，《資本論》是對傳統政治經濟學的尖銳批判。馬克思的觀點後來被德國社會民主黨（Social Democratic Party of Germany，以下簡稱社民黨）所採納，德國社會民主黨創立於一八七〇年代，其宗旨是代表工人的利益。儘管俾斯麥在一八七八年取締該黨，但是一八九〇年再次合法。社民黨在接下來的選舉中取得了百分之二十的選票，到了第一次世界大戰時，已成為德國最大黨。社民黨是馬克思觀念的有力推廣者，但德意志帝國的專制本質限制了它對政策的影響力。[112]

對自由主義之自由理論的拒絕是馬克思主義政治思想的核心。在他最早期著作之一《共產黨宣言》（*Communist Manifesto*）中，馬克思及合著者弗里德里希．恩格斯（Friedrich Engels）對於自由與財產權保護無關的這一觀點，做出了嚴厲批評。「財產，」他們寫道，「據稱是所有個人自由、活動及獨立的基礎。」但在現實中，私有財產的存在卻只是讓「少數人剝削大多數人」，這不是自由，這是「資產階級的自由」——某個階級的自由（《共產黨宣言》最初在一八四八年出版，當時只有一小群人閱讀過它，但於一八七二年再版時，它獲得了更廣大的讀者）。[113]

但馬克思主義學說在自己對自由的另類概念上就不是那麼清楚了。馬克思及其正統追隨者避免用一種「這是可以在此時此地實現的東西」的方式來談論自由。在馬克思看來，自農業發明以來的整部人類歷史，可用階級鬥爭及壓迫一言以蔽之。在任一個特定時期，一個階級由於其經濟力量而支配所有其他階級。而像法國大革命這種表面上看似解放，事實上完全不是這麼回事：一七八九年只是將權力從貴族轉交給資產階級而已。馬克思教導人們，只有即將到來的無產階級革命才能為所有人帶來真正的自由，方式是廢除私有財產，並從而終結無數世紀的階級鬥爭。馬克思預言，在這個新社會中，「每個人的自由發展」將是「所有人自由發展的條件」。[114]

但由於無產階級革命將與過去的歷史徹底決裂，因此基本上難以知曉其後誕生的新共產主義社會的輪廓為何。政治經濟學的科學可以預測資本主義體制的垮台，但無法預測深淵的另一邊會是什麼。社民黨主要理論家卡爾．考茨基（Karl Kautsky）曾於一八九一年說道：「人類歷史上從未有過一個革命政黨，能夠預見它努力追求的新社會秩序的形式為何，更別說是決定它的形式了。」因此，要求社會主義者必須勾勒出「一幅他奮鬥追求的國家圖像」，是種「孩子氣」的行為，他惱怒地繼續說道。[115]

馬克思主義者有時確實會思考社會的未來形式。恩格斯在一八七八年出版了《反杜林論》（*Anti-Dühring*），他在這本影響巨大的馬克思理論闡釋書中提到，在共產主義社會中，作為一壓迫機構的國家將會「消亡」，因為沒有任何人可以壓迫了。馬克思自己同樣暗示，自由社會也許會採取一種無政府主義形式。在《法蘭西內戰》（*Civil War in France*）中，馬克思稱讚曇花一現的巴黎公社——曾在一八七一年接管巴黎的工人政府，因為它粉碎了現存的國家權力。馬克思指出，如果巴黎公社當時成功了，會「把國家寄生蟲到目前為止吸取的一切力量歸還給社會——國家從社會身上吸取力量，並阻礙社會的自由行動」。[116]但馬克思及恩格斯都不曾充分證實過這些意見。

簡言之，馬克思理論對於自由國家是什麼樣子的問題，留下了許多問號。因此，儘管馬克思明確拒絕烏托邦主義，但馬克思理論還是在社會主義思想中，注入了某種明顯的烏托邦色彩。[117]但就實際政治而言，馬克思主義者絕非狂熱的革命者。社民黨的綱領非常類似於法國的激進社會主義者，或甚至是新的自由主義者所提出的。例如：在社民黨一八九一年的競選宣言埃福特綱領（Erfurt Program）中，霍布豪斯就看見了許多優點。[118]埃福特綱領的第一項要求是包括婦女在內的全民選舉權，其第二項要求是「人民自決及自治」。這份綱領也尋求進行各種社會改革，如免費醫療及累進所得稅等。更概括地說，馬克思及其追隨者一貫主張民主是通往共產主義必經的道路：他們主張無產階級人數的持續增加，必然導致社民黨在選舉中獲勝，從而讓它得以廢除資本主義。[119]

因此到了一九一四年時，民主自由的呼籲雖在歐洲猛烈地捲土重來，但也發生了深刻的轉變。在英法兩國，新的激進及社會主義運動主張真正的自由必須終結政治及經濟的支配——因此必須將民主從政治擴大到經濟領域。在德國，馬克思主義思想家發展出一種更具烏托邦色彩的概念，可替代自由主義的自由概念。所有這些運動均將自由主義自由，視為對階級利益的狹隘捍衛，而加以摒棄，認為是種虛假的自由，而不是令人信服的政治理想。「舊的」自由主義在歐洲各地似乎都處於守勢。事實上，仍在蓬勃發展的唯一一種自由主義就是英國的新自由主義，它拒絕了自治自由即為自由放任的那種消極概念，而支持以一種更廣泛、更積極的方式來理解自由一詞。

第一次世界大戰後，歐洲關於自由的辯論因一系列戲劇性的政治發展，而變得更加複雜。一九一七年三月，俄國在沙皇政權垮台後建立了民主共和國。但數個月後，這一新生的共和政體就在十月革命期間，遭到馬克思主義團體布爾什維克（Bolsheviks）推翻。布爾什維克最終贏得了隨後的長期內戰，並於一九二二年建立了蘇維埃社會主義共和國聯邦（Union of Soviet Socialist Republics）。俄國發生的事在歐洲引燃了一波更廣泛的共產主義革命浪潮，這波浪潮持續到一九二三年才結束。然而，即使布爾什維克政權延續了下來，但此時還沒有其他馬克思主義運動能成功地保有權力。[120]

弗拉迪米爾・列寧（Vladimir Lenin）及其他布爾什維克理論家，將他們的新政權形容為「無產階級專制」（proletarian dictatorship，譯按：中國共產黨稱為無產階級專政，本書主題為自由的歷史，為突顯 dictatorship 與自由的關係並協助恰當地理解前後文，故譯為「專制」）。他們是從馬克思和恩格斯那裡借用了這個概念，後者用它來描述無產階級革命後的政治狀況，但布爾什維克讓這一概念出現了全新的變化。大半生都在鼓動人們爭取民主及全民選舉權的馬克思和恩格斯宣稱，這種專制是經由選舉的和平手段建立，而不是透過如布爾什維克這樣的小型先鋒隊所發動的政變。馬克思和恩格斯始終認為，無產階級專制會是個相對較短的過渡期；這一過渡期將讓無產階級得以控制生產工具並建立新的共產主義社會，而新共產主義社會的建立將自動終結階級鬥爭，以及無產階級專制的需求。因此在一九一七年以前，無產階級專制的概念在馬克思理論中，始終只是個無足輕重的小角色。[121]

然而，這個概念在布爾什維克的政治學說中，卻開始佔據了更核心的位置。在〈關於資產階級民主及無產階級專制的論文及報告〉（Theses and Report on Bourgeois Democracy and the Dictatorship of the Proletariat）一文中，列寧將無產階級專制描繪成「資產階級民主」的主要替代選項。列寧解釋，在資本主義國家「只存在資產階級民主」，因此，為了戰勝企圖維持其支配地位的剝削者，有必要建立受壓迫階級（無產階級）對其壓迫者和剝削者（資產階級）的專制。列寧繼續敘述，新聞自由和集會自由不過是富人說謊和推翻無產階級一切努力的自由而已。廢除這些虛假自由於是成為建立新共產主義社會的前提條件，這個新共產主義社會將為所有人帶來真正的自治自由。[122]

布爾什維克革命在社會主義運動內部，引發了關於政治自由及經濟自由關係的激烈辯論。許多重要的馬克思主義思想家嚴厲拒絕，專制（即便是無產階級專制）可以是人類自由基礎的這一觀點。在一九一八年發表的一本政論小冊子《無產階級的專制》（*Dictatorship of the Proletariat*）中，考茨基強烈反對社會主義與專制、或甚至與任何帶有「家父長制」氣息的東西可以相容的觀點。社會主義政黨的目標，他寫道，不只是廢除私有財產，還要「廢除種種的剝削與壓迫，無論是針對一個階級、一個政黨、一種性別，或是一個種族」。雖然這需要進行一場「無產階級鬥爭」，但不是不惜任何代價——因為正如考茨基所言：「沒有民主的社會主義是難以想像的。」考茨基終其餘生都持續捍衛這些觀點。一九一七年後，他把大部分的知識精力都花在批判布爾什維克主義——布爾什維克也予以還擊；列寧曾指責考茨基是「叛徒」，並寫了好幾篇用詞激烈的戰文來反對這位德國思想家。[123]

與此同時，布爾什維克的成功令不少歐洲馬克思主義者（他們開始自稱為共產主義者）深信，蘇維埃式無產階級專制是通往社會革命，與最終通往自由的最佳路徑。一九一九年，這一團體成立了第三國際（Third Internaitonal），正式承諾共產主義政黨將致力於無產階級專制的原則。正如《共產國際宣言》（*Manifesto of the Communist International*）所言，「只有無產階級專制」才能解決「目前的危機」。議會民主根本不是真正的民主，因為在現實中，「金融寡頭們」把持了所有的重要決定。現存的民主政體剛剛「正式宣布了權利與自治自由」，但是無產階級無法享有這些權利和自治自由。蘇維埃式政府會提供工人們「工具」，讓他們可以享受其「權利與自治自由」。但這不是要摧毀民主，而是建立一個「更高的工人階級民主」。[124]

十月革命也對社會主義運動以外的自由論辯產生了重要影響。布爾什維克的威脅導致對於消極自治自由的呼籲在歐洲出現了微弱的復甦。以路德維希・米塞斯（Ludwig von Mises）為例，他是奧地利經濟學家，也是守夜人國家（night-watchman state，編按：一種國家形式，政府的大小以及所扮演的角色最小化）的強硬捍衛者，曾在一九二七年發表過一篇長達一本書篇幅的文章為自由放任的自由主義辯護。米塞斯聲稱，真正的自由主義宣揚的是最小政府意義上的自由，國家只要做一件事，就是保護生產工具的私有制。如米塞斯所言：「在自由主義者看來，國家唯一且專屬的任務就是保障生命、健康、自治自由及私人財產，使其不受暴力的襲擊。超出這個範圍以外就是在為惡。」[125]然而米塞斯承認，這種自由主義正受到威脅。在歐洲大陸，自由主義作為一股政治力量幾乎已經消失，自由主義者只有在英國仍能維持住政治運動的活力，但是在米塞斯看來，他們實際上是「溫和的社會主義者」。[126]

在米塞斯的分析中，「真正」自由主義的消亡與來自共產主義者日益激烈的競爭有很大關係，因為他們向容易上當的大眾給出了各種虛假的許諾。自由主義的復興因此有其必要，但是不需要用「流行口號」來贏得「群眾的支持」。米塞斯做出結論，自由主義——「沒有黨花也沒有黨色，沒有黨歌也沒有黨偶像，沒有符號也沒有口號。它有的是實質內容與邏輯論證，這些必能引導它走向勝利。」[127]

但事實上，這個策略在兩次大戰之間的歐洲並不是個會贏的策略，因為正如米塞斯自己似乎也明白的：「如果人們無法被啟蒙，如果他們堅持錯下去，那麼災難的發生就無可避免。」[128] 即使在一九一四年前，歐洲許多地方的自由主義政黨也已陷入了衰退中。但第一次世界大戰後選舉權擴張，它們的衰退速度就像是自由落體。即使在英國，自由黨也因一九一六年針對戰爭指揮的災難性分歧而搖搖欲墜。一九二九年爆發的經濟大蕭條，令主張自由放任的自由主義更加不受歡迎，因為這場危機致命地削弱了自由主義經濟學的知識權威，而在一八七〇至一八九〇年代的長蕭條後，這種知識權威就已遭到了相當程度的破壞。[129]

這種紅色恐慌的主要受益者不是主張自由放任的自由主義，而是法西斯主義——一個公開的威權主義運動。布爾什維克革命鼓動了新右翼運動的興起，義大利班尼托．墨索里尼（Benito Mussolini）的法西斯黨（Fascist Party，成立於一九一九年）及阿道夫．希特勒（Adolph Hitler）的國家社會主義德國工人黨（National Socialist German Workers' Party，成立於一九二〇年）即為代表。因為許多國家的統治菁英表現出他們「首先是反共人士，其次才是民主派」，在歐洲各地，這些新右翼運動均設法推翻民主政體。結果歐洲的政治辯論出現了深刻的轉變。當代英國歷史學家馬克．馬佐爾（Mark Mazower）對此下了註解，到了一九三〇年代中期：「自由主義已見疲態，有組織的左翼勢力被摧毀，針對意識形態及治理的唯一鬥爭發生在右翼內部——發生在威權主義者、傳統保守主義者、技術官僚及激進的右翼極端分子之間。」[130] 直到一九四五年為止，關於自由的辯論始終保持沉寂。

向美國鍍金時代的自由主義提出異議

正如歐洲，美國在一八八〇及一八九〇年代出現了新的政治運動，這些運動對於鍍金時代的自由主義及其將自由等同於自由放任的觀點，提出了挑戰。這些運動中第一個出現的是民粹主義，崛起於因農產品價格下滑，而受到沉重打擊的美國農民之間。但民粹主義也吸引了煤礦工、鐵路工和其他勞動者，他們深信自己的悲慘處境主要是政治弊端所造成。民粹主義者認為擁有企業及金融實力的人，利用他們對政府的控制力操縱經濟體系，營造對自己有利的環境。民粹主義者的反應是要求政府必須回應一般人民關切的事，因此他們為諸如公民投票、祕密投票及直選參議員和總統等各種措施進行辯護。但他們也提倡透過國家干預來直接減輕窮人的苦難、創造公平的經濟競爭環境，並給予每個工人應得的勞動報酬。民粹主義者企圖透過成立人民黨（People's Party）來實現這一方案，人民黨在一八九二年及一八九六年的總統大選中都曾推出候選人參選。[131]

一九〇〇年前後，隨著世界經濟的改善，農民財富隨之成長，這場民粹主義運動也以失敗告終。但當時，所謂的進步主義者扛起了推動政治及社會改革的重任。通常出身中產階級的進步主義者，信奉的是一種明顯不同風格的政治行動主義。正如一位歷史學家所言：「民粹主義者鬧得天翻地覆；進步主義者讀政論小冊子。」[132]但他們吸收許多民粹主義者的政治及社會要求，並將之普及化，諸如採行祕密投票、參議員直選，以及累進所得稅等各種干預主義措施。他們沒有成立新政黨——雖然曾有個曇花一現的進步黨（Progressive Party），但這主要是希奧多・羅斯福（Theodore Roosevelt，編按：美國第二十六任總統，一般稱老羅斯福）實現個人抱負的工具——不過到了一九〇〇年時，民主及共和黨人都已有進步側翼。一九一四年後，許多密切關注英國知識進展的進步主義者開始將自己描述成「新」自由主義者，以強調他們跟霍布森及霍布豪斯等英國社會自由主義者的一脈相承。[133]

正如歐洲的激進主義者和社會主義者，民粹主義者和進步主義者也發展出一套火力全開的論述，批判鍍金時代自由主義者的自由概念，將這套批判表達得最為完整的人是伍德洛・威爾森（Woodrow Wilson）。身為富裕南方家庭之子的伍德洛・威爾森原本不是成為進步派旗手的可能人選。他最初是名保守的民主黨人，曾反對威廉・詹寧斯・布萊恩（William Jennings Bryan）等民粹主義者對民主黨政治帶來的影響（一八九六年，人民黨及民主黨人皆選擇布萊恩作為總統候選人)。但隨著時間過去,伍德洛·威爾森改變了他的心意,他在一九一二年以進步主義者的身分出馬角逐民主黨總統候選人的提名。事實上,他積極尋求布萊恩的支持,並且不出所料地獲得其支持。[134]

競選期間,伍德洛·威爾森承諾要為美國帶來「新的自由」(一九一三年時他的競選演說即以此為書名發表成書)。[135] 他說明要實現此一目標,就必須進行政治改革,將權力歸還給人民;於是他承諾要推行總統初選、限制企業的競選開支,以及參議員直選。伍德洛·威爾森解釋,「美國政府的主人」是「資本家和製造業者」,但他們對政府的控制帶來的「是奴役而非自由」,美國人需要有機會奪回他們對政府的控制。因此,伍德洛·威爾森的目標是「把政府還給人民」。[136]

伍德洛·威爾森主張,這些必須的政治改革不是對國家「共和制度」的攻擊(如孫末楠等人曾宣稱的);這種指控是「荒謬的」。人民應該統治國家的觀點是美利堅共和國的「基本原則」,他引用了《維吉尼亞權利法案》(Virginia Declaration of Rights)來說明自己的論點。因此,加強人民對政府的控制,不過是讓美國回歸到它的最初原則罷了。「凡是了解這些共和國立國原則的人,對於重新恢復人民對自身事務控制的溫和(但十分有效)措施,都不會有絲毫畏懼。」[137]

然而,伍德洛·威爾森繼續說到,這類民主改革還不足以將自治自由還給美國人——經濟改革也是必要的。因此他提出累進所得稅制、聯邦政府控制下的中央銀行,以及種種反托拉斯政策。他主張,對自由而言,經濟改革和純粹的政治改革同樣是必須的,因為美國人在目前的經濟條件下並不自由。「為什麼?因為這個國家的法律不阻止強者碾壓弱者,」伍德洛·威爾斯怒吼。「這就是原因，因為強者壓倒弱者，所以強者支配了這個國家的產業和經濟生活。」[138]

從這個角度來看，孫末楠和主張自由放任的自由主義者所捍衛的自治自由，是虛假的自治自由，伍德洛．威爾森毫不遲疑地說明了這一點。他解釋，在現代經濟條件下，個人及企業利益之間不可能存在公平競爭，因此「政府警覺的干預、堅決的干預」是必要的，這樣做才能恢復到有利於沒有經濟力量者的平衡狀態。「今天的自由」必須「不只是自由放任而已」，他做出結論，「自由政府」的計畫「在這樣的時代裡，必須是積極的，不能只是消極的而已」。[139]

美國鍍金時代自由主義者拒絕了這些主張，這自然不令人訝異。在這些自由主義者中，伍德洛．威爾森在一九一二年總統大選時的競爭對手、共和黨人威廉．霍華．塔夫特（William Howard Taft，編按：美國第二十七任總統）也是其中之一。塔夫特來自俄亥俄州一個富裕家庭，曾就讀耶魯大學，孫末楠是他當時的教授之一。在他後來的人生中，塔夫特曾單獨指名孫末楠對他的思想產生了重要影響。[140]在大選中敗給伍德洛．威爾森後，受過法律學者訓練的塔夫特成為耶魯大學教授，並在那裡講授有關現代政府的課程。一九一三年，塔夫特將他的課堂講稿出版，題為《民治政府：其本質、持久性及危難》（*Popular Government: Its essence, its Permanence and its Perils*）一書。儘管是部學術著作，但仍對伍德洛．威爾森的進步主義自由概念提出了明確控訴。[141]

塔夫特認為自治自由與多數統治原則無關；一個自由的政府是能夠保障個人權利、尤其是財產權的政府。塔夫特撰述，任何拒絕承認個人權利神聖不可侵犯的政府，以及任何「讓公民的生命、自治自由及財產，隨時受制於絕對支配及無限控制之下——即使是最民主的權力託管機構」的政府，都只能用專制主義來描述之。「確實，這是許多人的、多數人的專制統治，如果你想要這樣稱呼它，但仍是一種專制統治。」[142]

從這個角度看來，民主不是自治自由的關鍵。塔夫特支持民治政府，他解釋，但不應該將其變成一種「盲目崇拜」。「我們支持在一個民主政體中由盡可能多的人來實施統治，因為這將確保會有一個好的政府。」他寫道，但「僅此而已」。[143]相形之下，塔夫特認為聯邦司法機關是「個人自治自由的保障」。塔夫特指出，大陸國家也有關於自治自由及財產權利的「抽象宣言」，但這些都只是些虛設空言，因為缺乏英美司法體系所提供的具體保護，即個人可向法院提出上訴，以保護他們的權利不受「大多數選民的侵害」。[144]

簡言之，到了一九一四年，美國政治辯論已環繞著兩個極為不同的自治自由概念而展開。一方面，塔夫特等鍍金時代自由主義者堅持，自由首先是對個人權利的保護，尤其是對財產權利的保護。就民主威脅這些權利而言，民主必須受到限縮。另一方面，伍德洛．威爾森等民粹主義者和進步主義者則主張，只有重振美國民主才能帶來真正的自由。實現這一目標的方法是創設人民統治的新工具，如公民投票、實施參議員直選，以及立法讓美國人對自己的經濟生活有更大的控制權，減少他們對變化莫測的市場的依賴。

第一次世界大戰對這場辯論產生了一個特別重要的影響，那就是：顛覆了關於民主式自由之性別化本質的古老觀念。女權運動者自一八九〇年代起就開始爭取女性選舉權，這場運動在一九一七年時達到高潮，女權運動者當時舉著「總統先生，女人要等多久才能獲得自治自由？」的橫幅聚集在白宮外抗議。與此同時，美國捲入這場全球性衝突，也令婦女參政主義者有機會為戰爭做出貢獻，並且透過這樣做來突顯女性同樣適合擁有選舉權。婦女參政主義者處理戰爭危機的幹練表現，再加上對國會及總統的持續政治施壓，終於在一九一八年一月得到了回報，總統宣布他支持一項「作為戰爭措施」的聯邦選舉權修正案。[145]

在其他方面，這場戰爭對於在美國的辯論只有很小的影響，因為不像歐洲，美國的馬克思主義運動始終積弱不振，但這並未阻止一九一九年夏天出現的一場短暫紅色恐慌。在發生一連串無政府主義爆炸事件後，數千名無政府主義者及社會主義者遭到逮捕及驅逐出境，其中許多人回到了俄國。兩名義大利裔無政府主義者及移民尼可拉．薩科（Nicola Sacco）和巴托洛米歐．范澤蒂（Bartolomeo Vanzetti）因莫須有的謀殺指控遭到逮捕，隨後被處決，這令某些政治及司法菁英對於左翼政治行動者的敵意無所遁形。然而，相較於歐洲因對布爾什維克主義的恐懼，而導致法西斯主義和納粹主義崛起，以及對所有左翼思想的暴力鎮壓，美國對共產主義威脅的回應實在稱不上極端。[146]

但如果共產主義沒有在美國激起極右翼的強烈反彈，或許在復興鍍金時代自由主義上扮演了一個角色。一八二〇年代時，這種自由主義最重要的代言人是赫伯特．胡佛（Herbert Hoover，編按：美國第三十一任總統），他除了是名工程師、商人之外，也是共和黨政治人物。在一九二八年總統大選的最後勝選演說中，胡佛對於國家可以、也應該干預經濟的觀點做出了批評。「我們國家運作的官僚化，每一步都在毒害自由主義的根基，那就是政治平等、言論自由、集會自由、新聞自由，以及機會平等，」他警告道。「這條路不是通往更多自治自由，而是通往更少的自治自由。自由主義應該要做的不是努力推廣官僚制，而是努力限制官僚制。」胡佛宣稱這種自由主義（也就是有限政府的自由主義）是美國信條的精髓：「一百五十年來，自由主義是在美國體制、而不是在歐洲體制中找到它真正的精神所在。」[147]

但鍍金時代自由主義的優勢地位並未維持太久。一九二九年，華爾街股市崩盤，大蕭條衝擊美國。美國人過去也曾經歷過經濟不景氣，但那和大蕭條不可同日而語。經濟情況在一九二九年至一九三二年間幾乎如自由落體般直線下滑。由於貨幣體系在危機後亦搖搖欲墜，美國失業率從一九三〇年的百分之九，攀升至一九三一年的百分之十六，甚至一九三二年的百分之二十三。在一個沒有社會安全網的年代，失業對許多家庭而言猶如一場災難。即使食品價格暴跌，但每四個美國人中仍有一人因挨餓受苦。事實上，食品價格已經低到不值得將收成送到市場販賣的程度。當城市居民挨餓，小麥卻無人收成，只能在田裡腐爛，大城市周遭開始出現大量貧民窟。[148]

美國選民很快就明白胡佛對大蕭條根本無計可施。小羅斯福在一九三二年徹底擊敗胡佛，並開始實施新政，這是一項抱負遠大的改革方案。在被形容為「立法狂歡」的改革過程中，小羅斯福和他的內閣解決了失業危機；他們也以一種更根本的方式改變社會契約，為那些運氣背到谷底的美國人創造了一個安全網。小羅斯福及其盟友拯救了失去抵押品贖回權的農民，建立失業給付制度，投資公共建設讓賦閒工人重新回到工作崗位。一九三五年通過的《全國勞資關係法》（National Labor Relations Act）允許工人更自由地組織起來，並與雇主達成更有利的協議。[149]

正如胡佛，小羅斯福也自稱自由主義者，但他十分明確地表示，他認為的自由主義與他的手下敗將所代表的那種反國家主義的自由主義大相徑庭。小羅斯福追隨霍布豪斯等英國新自由主義者的腳步，深信一種更廣泛的自治自由概念。他曾做過多次的爐邊談話（fireside chats，編按：小羅斯福總統開創，利用廣播聯繫民眾的方式），有一次他告訴美國人民，他拒絕——「回到那種自治自由的定義，在那種定義下，自由的人民多年來逐漸被嚴格控管，成為服務少數特權人士的工具。」他還說：「我更支持一個更廣泛的自治自由定義，我相信你們也跟我一樣，在這個定義下，我們正邁向更多的自由、更大的安全感，那是普通人在已知的美國歷史上從未享有的。」[150]

因此，小羅斯福一九三二年的勝選，可被視為是更新、更加社會的自由主義，對舊鍍金時代自由主義的一次勝利。哥倫比亞大學教授、同時也是新政的熱切支持者約翰·杜威（John Dewey）對這點做了明確闡述。杜威是位多產且頗具影響力的公共知識分子，他是《新共和國》（*New Public*）及其他媒體的固定供稿者。正如與他友好的霍布豪斯，杜威也主張在「專制統治」的時代，將自治自由等同於「將個人和政府對立起來的某種東西」的「早期自由主義」曾經是有意義的，但是現在政府已經變成「人民的」政府，這個舊觀念正在退化為胡佛那種極其菁英主義的「偽自由主義」。在現代世界，「將自治自由想像為企業家的自治自由，卻忽略工人被迫受制於嚴密控管，這是荒謬的」。[151]

小羅斯福強調，他對自治自由的思考方式深刻紮根於美國的歷史，是美國革命承諾的延伸與激進化。一九三六年，在民主黨全國代表大會發表接受提名演說時，這位總統就引用了早期為自治自由奮鬥的例子。美國人曾在獨立戰爭中擊敗了喬治三世的政治暴政，現在是時候摧毀經濟暴政了，因為面對日益嚴重的經濟不平等，美國人在一七七六年贏得的政治平等已變得毫無意義，因此——「我們誓言要將更大的自由還給人民的時候到了；就像建國先驅把它給了一七七六年的美國人一樣，我們要將其還給一九三六年的美國人。」[152]

不是所有人都同意他的看法。在小羅斯福當選後，商業利益集團成立了自治自由聯盟（Liberty League），主張「憲法自治自由」，並試圖將小羅斯福對自由的更寬廣概念，詮釋為非美國的理念。一九三六年時，前進步派民主黨人艾爾．史密斯（Al Smith）在令他許多昔日支持者沮喪的情況下，加入了自治自由聯盟，他堅持認為，在舊有的美國自治自由與新出現的共產主義獨裁邪惡之間，沒有中間地帶。他在華盛頓五月花飯店發表的一場演說中宣稱：「只能有自由美國的清新空氣，或是共產俄國的惡濁氣息。」儘管自治自由聯盟卯足了全力，但小羅斯福仍以壓倒性的票數贏得了連任。[153]

一九三六年小羅斯福連任，從鍍金時代自由主義的崛起開始，延續半世紀關於自由本質與意義的辯論也暫時告一段落。在他的領導下，美國人似乎已為他們的新自由做出選擇，將美國革命的承諾，即讓普通公民得以控制治理他們的方式，從政治擴大到經濟領域。但是在戰後時期，鍍金時代自由主義及其將自治自由等同於自由放任政治的伴生思想，卻出現了驚人的東山再起。為了了解這種情況是如何發生的，我們需要考慮冷戰如何影響美國及歐洲的政治辯論。

冷戰後的自由

一九四五年，盟軍贏得勝利後，最初幾年，人們理所當然地認為這場戰爭捍衛的自由，就是小羅斯福在一九三六年捍衛的那種自由。這種觀點在美國被表達得最為明確。當小羅斯福再次於一九四四年連任時，他談到為了保證經濟安全，有必要制定第二份《權利法案》。

他在國情咨文中解釋，建國先驅們曾給了美國公民不可剝奪的政治權利，但近來美國人開始同意一件事：「沒有經濟安全和獨立，就不可能存在真正的個人自由。」小羅斯福解釋道：「窮人不是自由人，挨餓、沒有工作的人是獨裁統治興起的基礎。」因此，國會應推行最低生活工資、體面的住房及醫療保健制度，以強化美國人的經濟保護。[154] 許多人同意他的看法，如一九四五年九月的《新共和國》就曾讚揚是「經濟過程中的民主政府參與」，這種參與「擴大了自由的領域」，而不是危及自由。在現代世界，政府是自治自由的「保護者」，充分就業則是「通往自由道路上的一個里程碑」。[155]

大西洋彼岸也響起了類似的鐘聲。在英國，工黨在一九四五年普選中自豪地「代表自由」，並贏得了壓倒性勝利。[156] 同樣，在法國，源自非共產主義抵抗的人民共和運動（Popular Republican Movement），在一九四四年的第一份宣言中宣布支持發動一場「革命」，以建立一個「從財富所有者的權力中解放出來」的國家。[157] 但並非所有歐洲人都渴望革命，尚未從戰後餘波中完全恢復的德國，有興趣援引這種偉大原則的人就少了些。回歸正常穩定的願望壓倒一切，這點自不令人意外，例如：德國基督教民主黨就成功地打出「Sicher ist sicher」（安全就是安全）的競選口號。[158]

然而，關於自由的辯論很快就出現了戲劇性的新轉向。在一九四〇及一九五〇年代，勒華—波留、史賓塞及孫末楠曾經捍衛的自由放任的自由概念再次復活了（這種自由概念在過去幾十年一直因過分消極而廣泛受到摒棄）。一個由大西洋兩岸知識分子組成的聯盟（其中多處成員皆自稱是自由主義者）愈來愈堅持主張，應該僅將自由理解為不存在國家干預的情形。任何國家干預都必然是對個人自治自由的侵害，即使是民主政府實施的國家干預也一樣。事實上，在這個有限、消極的意義上，自治自由如今被重新想像為西方文明的核心價值。

為了理解自由放任的自治自由在一九四五年後的顯著復甦，我們必須先理解戰後時期出現的一個新發展：冷戰的降臨。到了一九四六年，人們已愈來愈清楚意識到納粹主義及法西斯主義的戰敗，並未帶來普世和平；相反，新的裂痕誕生了，如今這道裂痕存在於美國和蘇聯這兩個曾經的盟友之間。對於國家安全的關切是這場衝突的部分導火線，但意識形態願景的差異無疑加劇了彼此的不信任。在徹底擊垮納粹主義和法西斯主義後，在美國許多人將俄國共產主義視為對美國生活方式的最大威脅，反之亦然。國際體系很快就被分成了自詡為「自由世界」的西方世界，以及共產主義的東方世界。[159]

冷戰對美國和歐洲的知性生活產生了重大的影響。共產主義以驚人速度取代了納粹主義的位置，成為國內外與之鬥爭的主要意識形態。第二次紅色恐慌席捲美國，強度遠勝於一九一八年至一九一九年那次。政府將共產黨宣告為非法政黨，並採取了打擊共產主義在工會中蔓延的措施。此外，為打擊對美國政府及好萊塢電影工業的假定滲透，還展開了一場反共產主義運動，這場運動在參議員喬瑟夫．麥卡錫（Joseph McCarthy）對共產黨員及其同路人惡名昭彰的獵巫行動中，達到了高峰。在歐洲大陸，共產黨在一些國家也同樣遭到取締，尤其是西德和希臘。其他國家雖容忍共產黨的存在，但共產黨員經常受到騷擾。

除了這些高壓手段之外，政策制定者及知識分子也轉而運用意識形態的力量。如果西方要在冷戰中取得勝利，就必須拿出具有吸引力的選項來替代共產主義——由於事實證明共產主義對許多西方人具有吸引力，這件事情於是更加迫切。在西歐一些地區，由於在抵抗納粹主義方面的傑出表現，共產主義政黨在戰後隨即舉行的選舉中贏得了顯著的勝利：在法國，法國共產黨（PCF）在一九四六年選舉中囊括了百分之二十八的選票，而義大利共產黨也在同年的選舉獲得了百分之十九的選票。[160]

為應對這些發展，一個跨大西洋的知識分子聯盟於焉成形。他們創造了一種明顯反馬克思主義的新意識形態——冷戰自由主義。冷戰自由主義者不一定反對國家干預或促進經濟安全，但他們深信，國家權力作為一種必要之惡，只能在抱持最大審慎態度下行使之，絕對不能將國家當成一種解放的代理人——即使是個民主國家。因此，冷戰自由主義者支持鍍金時代自由主義者所捍衛的那種有限的自由概念，儘管其他人認為過於「狹隘」、「消極」而加以拒絕。[161]

弗里德里希．海耶克（Friedrich Hayek）的《到奴役之路》（*The Road to Serfdom*）是闡明這些

觀念的早期嘗試之一，並發揮了極大影響力。海耶克是奧地利經濟學家，一九三一年因接受了倫敦政經學院的教職而移居倫敦。在這個新環境中，海耶克迅速成為自由市場的主要捍衛者。《貝佛里奇報告》（Beveridge Report）的成功尤其令他深感不安，這份報告建議在英國建立社會安全網。一九四二年該報告出版時賣出了一百多萬本，顯示英國極度渴望經濟改革。作為對該報告的回應，海耶克於是寫了《到奴役之路》，一九四四年時《到奴役之路》在英美兩國出版。一九四五年，《讀者文摘》（*Reader's Digest*）出版刪節版，令更多美國人得以接觸這本書。[162]

海耶克反對「社會主義」或「計畫（planning）」（他交替使用這兩個詞）是基於政治，而非經濟的理由，他認為計畫導致奴役及極權主義。計畫意味著人們必須決定一個社會目標或共同的目的，以組織一個社會。海耶克解釋：「經濟計畫的制定涉及在衝突或相競目的之間做選擇——不同人有不同的需求。」但只有專家才知道哪些需要要被滿足、哪些不用，因此最後所有最重要的決策都是由專家做出，這必然會產生不信任，而這種不信任將侵蝕民主本身。因此，民主「只有在能夠通過自由討論達成大多數人共識的有限領域內」才能發揮作用——而在海耶克看來，這將所有重要經濟議題排除在外。[163]

對海耶克而言，納粹德國及蘇維埃國家，即是社會主義計畫狹隘傾向的最明顯例子。但他強調計畫也會削弱民主社會內部的自由，因此有必要隨時提高警戒，以免西方民主社會步上奴役的後塵。海耶克在〈我們之中的極權主義者〉（Totalitarians in our Midst）這一章中明白闡述了這一觀點。「民主社會主義，」他敘述，「是近幾代人的偉大烏托邦，不僅無法實現，而且……為實現它所做的努力還產生了截然不同的結果，即自由本身遭到了破壞。」[164]

更概括地說，海耶克警告人們不要「盲目崇拜民主」。他解釋，他的同輩人太常談論民主，卻太少談論民主所服務的價值。民主「本質上是個手段，一種維護內部和平及個人自由的實用工具」，因此，民主絕不是不會犯錯的。事實上，民主制中多數派可能和最糟糕的專制政權一樣，具有壓迫性，這點「至少是可以想像的」。與此同時，歷史也教訓人們，「獨裁統治下的文化及精神自由可能遠高於在某些民主國家」。[165]

海耶克主張，由於關注極權主義對民主的威脅，許多人開始接納一種「誤導且毫無根據的信念」，即「只要權力的終極來源是多數人的意志，權力就不會是專斷的」，但這顯然不是真的。「防止權力免於專斷的不是權力的來源，而是其限制。以民主方式控制權力，也許能防止權力變得專斷，但光是民主的存在做不到這一點。如果民主決心要從事一項必然涉及權力使用的任務，而這權力無法受到固定規則的指導時，必會成為專斷的權力。」[166]

《到奴役之路》受到來自左派新聞記者及知識分子的猛烈抨擊，他們覺得有充分的理由認為，海耶克的書不僅是對納粹主義和共產主義的攻擊，也是對民主社會主義及新政自由主義的攻擊。但《到奴役之路》得到的熱情接納也顯示，冷戰的降臨如何為這一觀點提供了新的可信度：任何形式的國家干預——無論擁有多大程度的民主支持，都必須被視為對自治自由的侵犯。《讀者文摘》一九四五年發行的《到奴役之路》刪節版，銷量超過百萬冊。海耶克在那一年稍晚抵達美國，進行五週的巡迴演講，結果造成了轟動。紐約市政廳俱樂部（Town Hall Club in New York）主辦的一場演講吸引了三千多名聽眾，並透過廣播播出。[167]

然而，不是只有海耶克等強硬的自由市場主義者，復興了自由放任的自治自由概念。英國哲學家以撒．柏林（Isaiah Berlin）等對國家干預經濟不持反對意見的政治思想家，也開始為類似觀點辯護。[168]柏林絕不是自由市場論的教條捍衛者，事實上，他對經濟辯論不太感興趣。但柏林一生都是堅定的反馬克思主義者，這使得他對強勢國家（strong state）的觀點投以懷疑目光。他主張，國家應在提供經濟安全上扮演合法角色，使人們較不易受到經濟學家意識形態的蠱惑；但國家權力的擴張也是危險的——它破壞了人們的自由。因此，對於進行國家干預始終必須抱持審慎態度。[169]

柏林在一九五〇年發表的論文《二十世紀政治觀念》（*Political Ideas in the Twentieth Century*）中明確闡述了這點，在文中反思了他所謂的「極權主義」態度影響力漸增的現象，此一現象甚至出現在自由的西方國家。他認為，人類對安全（最重要的是經濟安全）懷有一種可以理解的渴望，這種渴望促使人們默許一個日益強大的國家。但這種「巨大轉變」及其實實在在的物質好處，必然伴隨著個人自治自由的喪失。[170]在西方國家，「有愈來愈多人準備好要購買這種安全感，甚至不惜付出允許大部分生活被人控制的代價，這些控制者（無論是否有意識）以系統性的行動，將人類活動的範圍縮窄到容易管理的大小，將人類訓練成為更容易組合的物件——可以互換、幾乎是預先製作好、完全從模子倒出來的物件」。[171]

這股趨勢在美國較不是那麼明顯，柏林讚許地觀察到，「十九世紀的生命力遠比任何其他地方強大」。[172]但是在西歐，「父權式國家」嚴重限制了個人的自治自由，理由是「為了他的好處（非常真實的好處），即他的福利或健康、安全、免於匱乏和恐懼的自由」，結果，為了創造「一個更簡單、受到更良好監管的生活」，「有效率的工作秩序，不受痛苦的道德衝突困擾」是這種生活的保障，個人的「選擇範圍」於是「變得愈來愈小」。[173]

然而，柏林跟海耶克不同，他沒有在文中做出請求限制國家權力的結論。他承認，為了維護一個可接受的生活品質，計畫是必須的，「我們不能犧牲自由或最低的福利標準」，他反而主張一種「曖昧的妥協」，既然計畫已成為現代社會的必備工具，那就不應該放棄，但也不必熱情擁抱它。柏林堅持認為，應該鼓勵公民以一種健康的不信任眼光，來看待國家及其科學規劃者。「我們不該因為權威是不會錯的，而屈服於權威，我們只會因為嚴格而公開的功利主義理由而屈服，將之視為一種必要之惡。」[174]

這些看法也影響了柏林對自由的思考。在一九五〇年至一九五八年間，柏林針對自治自由撰寫了一系列書籍、文章，並發表公開談話，最後集大成於他那影響深遠的論文《兩種自治自由概念》（*Two Concepts of Liberty*）。在他的演講和談話中，柏林捍衛了一個重要觀念：作為不干預的自由（他稱為「消極」自治自由）是唯一值得擁有的自由，任何其他對這一個概念的更積極定義都是種混淆，或是個謊言。[175]「最初意義」上的自由就是個「消極概念」，他在《浪漫主義時代的政治觀念》（*Political Ideas in the Romantic Age*）中如此寫到。「要求擁有自由就是要求不讓人類活動阻礙我的活動」，相較之下，「積極自治自由的觀念」則「建立在混淆之上，這種混淆令許多人付出了生命為代價」。[176]

應該注意的是，柏林用「積極自治自由」一詞來描述許多相當不同的自由概念，包括斯多噶學派的觀點——一個人只有能夠主宰自己的激情時才是真正的自由。但他也清楚表明，在拒絕積極自治自由的同時，自己也拒絕了民主的自由理論。他在援引康斯坦的論證時寫到，民主可以壓迫自由但同時仍是民主的，自治自由因此「主要與控制的區域，而非控制的來源有關」。或者，正如柏林所言：「在這個（消極）意義上的自由，（至少在邏輯上）與民主或自治是無關的。」換句話說，自由與某些類型的威權政體，或至少是缺乏自治的政府，兩者之間「並不互相矛盾」。[177]

柏林的立場與霍布豪斯和杜威等新自由主義者的立場明顯有別，事實上，是完全相反。在柏林看來，唯一真正「自由主義」的自由定義是全然消極的：自由是免於國家干預的自由。柏林讓這種自由形式重新擁有了道德高地，社會改革者曾認為這種自由是荒謬或自私，而予以摒棄。他將其描述為一種最適合現代世界的思考自由方式（再次和康斯坦高度類似）。在《兩種自治自由概念》中，他主張消極自治自由是「現代世界中的自由主義者從伊拉斯謨斯（有人會說是十四世紀邏輯學家奧坎〔Occam〕）的時代，到我們的時代所構想出的自治自由」。[178]

但柏林也引進了一個新觀點：消極自治自由是西方文明的精髓——而不是「東方文明」的積極自治自由。例如：他在英國國家廣播電台（BBC）所做的「自由及其背叛」（Freedom and Its Betryal）系列演講中，他談到消極自治自由是「英法的自由觀念」，而不是德國哲學家約罕・葛特里布・費希特（Johann Gottlieb Ficht）在他著作中詳盡闡述的那種「德國的」自由概念。[179] 而且在

《兩種自治自由概念》中，他甚至將消極自治自由的故鄉定義得更為狹隘：不是源自英法的觀念，而是「古典英國政治哲學家」定義的自由。[180] 柏林也讚美消極自治自由是「就個人及共同體而言，皆是高度文明的標誌」，其衰退「標示著一個文明的死亡，一整個道德觀的消逝」。[181]

柏林的主張並未說服每一個人。美國哲學教授馬歇爾・柯恩（Marshall Cohen）就認為柏林的《兩種自治自由概念》的出版，「與其說是個發生在哲學上的事件，不如說是個發生在冷戰中的事件」。柯恩宣稱，柏林將自治自由傳統等同於消極自治自由，從而忽略了「自由主義者對於人民主權及政府干預經濟事務，所提出的偉大歷史要求」。[182] 然而總的來說，柏林對於自治自由辯論所做的貢獻得到了熱情歡迎，其關於自由的演講及論文在大眾媒體得到了廣泛討論。在《泰晤士報文學副刊》（*Times Literary Supplement*）刊出的一篇熱情洋溢的書評中，《兩種自治自由概念》被形容成是對約翰・彌爾《論自由》的一次重要而及時的重申。[183]

一些冷戰自由主義者則採取了一種更微妙的立場。法國哲學家、頗具影響力的反馬克思主義者雷蒙・阿宏（Raymond Aron）同時拒絕了自由主義及社會民主的「極端主義」，他認為並不是只有「一種排他的自治自由定義」。[184] 他在一九六三年的一系列演講曾詳細解釋過這點，這系列演講後來集結為《論諸自治自由》（*An Essay on Liberties*）一書。阿宏一開始同意了海耶克（他反覆引用海耶克）的看法，即民主和自由主義（至少在原則上）是很不同的東西。他說「自由主義是一種構想國家權力的目標及限制的方式」，但「民主則是一種構想欲指定哪些人行使權力的方式」。[185] 某些國家干預的例子，即使是經由民主正當程序，仍會對自由產生不利影響。阿宏在舉例時提到他那個時代的高稅率——最高收入級距的稅率是百分之九十。他認為很難證明這些稅率的正當性，因為並沒有帶來那麼多的收入，也容易避稅，而且最重要的是這些稅率源自一個錯誤的信念，即國家可以決定如何在社會中分配財富。

與此同時，阿宏也清楚表明自己拒絕「自由主義的教條主義」，正如他同樣拒絕「民主的教條主義」。[186] 即使某些形式的國家干預確實可以被看成在傷害自由，但是認為任何干預總是在侵犯個人的自治自由也是不正確的。簡言之，認為國家必然是解放者或壓迫者的想法是錯誤的；更準確地說，國家可以是解放者，也可以是壓迫者，端視情形而定。要決定一個社會是否自由，就必須將各種不同的標準都考量進來。如果一個人無法認識到可以用不同的方式，來正當地定義自由概念，那麼他就有可能被迫主張某種形式的壓迫是正當的，只因為是民主的。同樣地，一個人可能宣稱某一特定的國家干預行為是壓迫的，即使在這種干預過程中失去的自治自由，遠不及從中獲得的。

正如阿宏的著作所表明的，一些戰後自由主義者持續拒絕，明確擁抱自由作為一種非干預的觀念。[187] 然而，即使是阿宏也捍衛一個觀點，那就是自治自由與民主之間存在著根本差異。他在《論諸自治自由》的結論中主張，在他那個世代，受到最嚴重威脅的，是像海耶克這樣的思想家所提倡的那些自治自由，因此也是最需要捍衛的。[188]

冷戰自由主義者不僅復興了十九世紀關於自治自由的觀念而已，他們還帶回了最初由法國自由主義者在一八六〇年代引進的自由主義式民主。在《自由主義式民主：其優點與展望》（*Liberal Democracy: Its Merits and Prospects*）中，J・羅蘭・潘諾克（J. Roland Pennock）提出這一觀點：

只有當民主致力於傳統自由主義的基本原則時，民主才值得捍衛。潘諾克解釋，這意味著一件事：應該限制民主的多數人為所欲為的權利，以免他們損害了「真正的自由」。防止民主淪為「非自由主義」或「公投式」民主的最好方法，是建立司法對立法權的監護權。[189]潘諾克的書在一九五〇年出版時遭到一些人批評為「保守主義」，但許多其他人認為這本書來得「正是時候」。正如一位評論家所言，儘管其代表著「十八及十九世紀哲學事業的回歸」，但這是「我們都可能會參加的一次復興」。[190]

當然，冷戰自由主義也同樣受到了質疑。在自由主義陣營外，正如漢娜・鄂蘭（Hannah Arendt）的著作表明，知識分子們持續主張對自由採取一種不同的、更民主的理解。身為芝加哥大學和新社會研究院（New School）的哲學教授，鄂蘭是冷戰自由主義者最具影響力的批評者之一。在《人的境況》（*On the Human Condition*）及短論〈何謂自由？〉（What is Freedom?）中，鄂蘭對於柏林等自由主義思想家提倡的自由理解，提出了強烈的抗議，她將這種理解形容為枯燥而空洞。鄂蘭反對她所謂的「自由主義信條」，即「政治愈少，自由愈多」，她反而請求人們從符合真實的角度採取一種政治的自由概念——即自由是透過政治參與而實現的自由。[191]

但在此同時，鄂蘭的著作也說明了冷戰自由主義如何地深入戰後人心。因為儘管鄂蘭捍衛一種截然不同的思考自治自由方式，但她仍同意柏林關於自由系譜的看法。正如柏林，她深信更政治的自由理解在西方政治思想史上僅扮演邊緣角色。她寫到，自由是「擺脫政治」的自由這一觀點始終是「整個現代時期」的核心，來自「早期基督徒對公領域的懷疑與敵意」。「我們的哲學傳統，」

鄂蘭做出結論，「幾乎一致同意，人們離開許多人居住的政治生活領域，就是自由開始的地方。」[192]

總而言之，一九四五年後，「自由等同於沒有國家干預，而不等同於民主」的觀念再次得到復興——猛烈的復興。在冷戰的美麗新世界中，激進主義者、社會主義者及進步主義者所捍衛的那種更廣泛的自由理解，似乎變得十分危險。在他們尋求對抗專制敵人（包括蘇聯及西方社會自身內部的「極權主義者」）時，海耶克和柏林等戰後自由主義者拒絕了國家的強制，可以強化民主的宣稱，即使是由民主政府實施的強制。如今，人們再次習慣談論自由時，將自由當成某種只能透過限制國家權力來實現的東西。於是，一七九〇年代發明的反革命自由概念，重新被想像為西方文明的精髓。

結語 二十一世紀的自由

在一個社會中擁有自由或是一個自由的社會，到底意味著什麼？廣的來說，本書所講述的自由歷史對此一問題提出了兩種十分不同的答案。在早期時，一般被描述為西方的政治思想家和運動，將自由等同於人民自治，即等同於人民有能力控制自己受到統治的方式。這個定義下的自由是一種奮戰的概念。多個世紀以來，包括雅典民主派、羅馬平民、佛羅倫斯的人文主義者，以及大西洋革命者在內的男男女女，以自治自由為名挑戰了既有的權力結構，並要求對這些權力結構擁有更大的控制。通常這些自命為自由鬥士的人，最終會以新的階層制取代舊有的權力結構，但他們所使用的自由語言是開放式的。他們口中的自由取決於「民主」、「自治」和「民治政府」，但是不取決於，例如：「男權政治」（androcracy）。自由因此始終維持著一種開放狀態，任何持續被排除於政治之外的群體均可挪用之。

然而在十九和二十世紀期間，民主的自由概念變得愈來愈具爭議性，這與十八世紀末出現強烈反對大西洋革命浪潮的聲浪息息相關。一七七六年之後的幾十年，從波士頓到華沙，革命者對於政治現狀發起了根本性的挑戰，他們主張（在有些情況中甚至做到了）大幅增加人民對政府的控制——以自由為名。大西洋革命者對自由的承諾也導致他們致力推動讓其社會變得更加平等的法律框架，因為許多人深信，和人民自治一樣，財產在某程度上的平均分配對於維護自治自由也是必要的。

但這種對現狀的激進挑戰激發了對民主的強烈反彈，反彈的力道也波及了民主的自由理論。民主的反對者宣稱真正的自治自由——公民或現代自治自由——不是透過人民自治，而是透過保護個人安全及權利來維護的。民主不僅不是自治自由的堡壘，還危及了自治自由。在大西洋革命浪潮爆發後的數十年間，反革命者是提倡此一觀點最有影響力者。但是不久後，歐陸的自由主義者、聯邦黨人和輝格黨人也開始採納此一觀點，並都主張不受約束的民主對自治自由構成了威脅。

這些群體的出發點是各種不同的關切。當強調民主可能損害自治自由時，反革命者、自由主義者、聯邦黨人及輝格思想家，有時是出於對暴民統治及無政府狀態的恐懼，他們認為這些是民主不可避免的結局。約翰．彌爾等其他人則擔憂民主對自由思想家等弱勢群體的壓迫。但最常見的情形是，對於民主之重新分配效應的恐懼，激發了人們對其狹隘本質的關切。人們開始認為經濟平等不僅不是自治自由的重要支柱，還是它最大的敵人。人們主張推動平等直接、間接地傷害了自由，直接是因為侵害個人財產權，間接則是因為誘使人們將權力移交給一個家父長式國家，或凱撒主義的獨裁者。

但這種對於自由的「現代」理解的轉變，也不是未曾受到挑戰。持續支持革命式自治自由概念的那些思想家們就曾發出激烈抗議，他們主張將選舉權擴大到黑人、女性及窮人。此外，從一八八〇年代以來，激進主義者、社會主義者、民粹主義者及進步主義者就開始復興大西洋革命浪潮傳統，他們主張一種更廣泛的自由概念——這種觀點最終甚至說服了許多自稱自由主義者的人。但是在一九四五年後，反革命的自治自由概念重新獲得新生。在日益兩極化的冷戰背景下，「即便是得到民主許可，任何形式的國家干預皆是對自治自由之侵害」，這一觀念再次獲得人們的廣泛接納。事實上，這種對自治自由的特殊理解，甚至被重新想像為西方的核心理想。

當然了，冷戰結束久矣。即便如此，我們仍持續對最初由大西洋革命浪潮的反對者發明、冷戰自由主義者復興的那個自由概念感恩戴德。今天，西方最熱情的自由鬥士（這些人更可能自稱為保守主義者而非自由主義者）仍持續且更關切限制國家權力，而不是加強人民對政府的控制。在政治辯論上，人們經常援引這一自由概念，以便指出民主社會主義，或是更籠統的民主本身，對個人自治自由所構成的威脅。自由今天是反對民主的利器，而不是支持擴大人民對政府控制的理想。

在美國，那些政治光譜上的右翼人士，全心擁抱這類關於自治自由的冷戰觀念（或者若你願意，也可以說是十九世紀的觀念）。海耶克的原著《到奴役之路》至今仍持續印行，但美國保守主義者也能援引二〇一〇年時由英國保守黨政治人物及權威人士丹尼爾．漢南（Daniel Hannan）出版的《到奴役的新路》（*New Road to Serfdom*），來警告美國人民提防「社會民主制的幽靈」，[1]或者他們也可能會拿起《自治自由與暴政》（*Liberty and Tyranny*）這本曾連續十二週盤踞《紐約時報》暢銷書排行榜第一名的著作。此書作者馬克．勒文（Mark Levin）是位保守派電台主持人，他直接呼應史賓塞的觀點，堅稱「私人財產與自治自由密不可分」，因此「不正當地剝奪或減少其私有財產，讓人成為他人的奴隸，並剝奪了他的自治自由」。[2]類似主張在許多其他書籍中均可找到，包括經濟學家華特．E．威廉斯（Walter E. Williams）的《自治自由 vs. 社會主義暴政》（*Liberty versus the Tyranny of Socialism*）以及議員朗．保羅（Ron Paul）的《定義自治自由》（*Liberty Defined*）。[3]

右翼權威人士及政治人物不只是將自由拿來當成自己的口號而已，他們也持續推廣由十九世紀輝格黨人和鍍金時代自由主義者所發明的其他修辭。也因此，在右翼人士中仍然流行著孫末楠等思想家所發明的觀念——即認為美國是個共和國、不是個民主國，這兩者之間存在著關鍵差異。人們經常引用這一概念來論證一些事的正當性，例如：在司法審查中對於民意的制度性約束。這些限制被認為是美國「共和主義」（意即非民主）遺產的一部分。正如在十九世紀，針對這類約束的辯護理由往往是因為有助於維護自治自由，使其免於多數主義暴政的侵害。[4]

但如果我們想要了解十九世紀的自由概念是如何完全取代了它的民主對手，我們考察的範圍必須超越保守主義思想。在當前的辯論中，也許最引人注目的就是，即使是在以中間派或自由主義知識分子自稱的人之間，也存在一股趨勢，認為民主主要是對自治自由的一項威脅。捍衛這一看法最有影響力者是美國有線電視新聞網（CNN）主持人及自由派權威人士法理德・札卡瑞亞（Fareed Zakaria）。在他的暢銷書《自由的未來》（*The Future of Freedom*）中，札卡瑞亞主張，唯一值得維護的民主形式是**自由主義式**民主（liberal democracy）——因為為了維護自由，這種民主形式對於民意的表達設置了嚴格的限制。在札卡瑞亞看來，自由主義式民主主要是在西方以外的地方受到了壓力；他的主要寫作動機是主張美國應改變其外交政策，不再盲目地支持其所謂的「公投式民主」。但札卡瑞亞也警告，美國的自由主義式民主也正遭到破壞；他指出「公眾壓力」對於國會的影響力日益增加，以及「初選及民調佔據支配地位」，均是自由主義式民主遭到侵蝕的令人擔憂跡象。因此，他寫書的目的是為了：「呼籲自我控制、恢復民主與自治自由之間的平衡狀態。這不是在主張反對民主，而是要聲稱民主是過猶不及——民主過了頭就不再絕對是件好事了。」[5]

這一看法在美國自由主義者間廣為流傳。再舉一個例子，在最近一本受到眾多討論的書《人民 vs. 民主：我們的自由為何岌岌可危以及如何拯救它》（*The People vs. Democracy: Why*

Our Freedom Is in Danger and How to Save It）中，德裔美籍知識分子亞沙．芒克（Yascha Mounk）主張：「自由主義式民主的兩個核心要件——個人權利和民意，彼此的衝突正日益升高。」芒克和札卡瑞亞不同，他認為這種衝突至少有部分是由於西方現行政治體制日益遲鈍的本質所造成，而這種無反應的本質又回過頭來，受到菁英不民主的偏好所驅動。但正如札卡瑞亞，芒克也聲稱「我們的自由」正受到「人民」「狹隘」看法的威脅。結果，芒克做出結論：「自由主義式民主，長期以來北美及西歐大多數政府，所特有的一種個人權利及人民統治的獨特組合，正在分崩離析。」[6]

在幾乎每個美國政治陣營中，自由應等同於個人安全及個人權利的觀念，都佔據了支配地位。但也許我們也應記住，自由的故事還有另一面。畢竟許多個世紀以來，自由始終被視為一種令人信服的理想，因為它要求建立人民對政府的更大控制，包括運用國家權力來增進集體福祉。我們尤其應記住，對我們現代民主制度的締造者而言，自由、民主及平等之間並不存在緊張關係，始終是相互交織的。

謝辭

我是在二〇〇九年開始構思這本書的。當時我住在加州柏克萊大學附近。有天我在路上偶然遇到一群保守主義抗議人士，他們舉著的標語牌上，巴拉克・歐巴馬（Barack Obama）的臉被畫上了希特勒的招牌鬍子。這令我開始思考：把美國第一任黑人總統比作希特勒，這件事到底要怎樣理解？歐巴馬是破壞了什麼樣的自由呢？為了回答這些問題，我展開了這趟穿越兩千年的時光之旅，回顧了從希羅多德一路直到現在，人們究竟是如何思考及談論自由。

也許這個任務比解答原先的謎題要困難一點。因為我花的時間比預期要長得多。（當一個學者說她的第二本書會寫得短一點，千萬別相信！）但總的來說，這是趟愉快的旅程，尤其是在大西洋兩岸朋友、同事的陪伴與慷慨相助之下更是如此。我要特別感謝艾隆・貝爾金（Aaron Belkin）、拉斯・貝里希（Lars Behrisch）、約塞・布洛克（Josine Blok）、蘿拉・費拉齊歐利（Luara Ferracioli）、荷內・寇扣克（René Koekkoek）、伊多・韓恩（Ido de Haan）、馬丁．希斯（Martin van Hees）、琳．杭特（Lynn Hunt）、布魯諾．雷堡德（Bruno Leipold）、薩繆爾．莫恩（Samuel Moyn）、瑪爾騰．普拉克（Maarten Prak）、索菲亞．羅森費爾德（Sophia Rosenfeld）、恩佐．羅西（Enzo Rossi）、艾瑞克．謝利瑟（Eric Schliesser）、昆丁．史金納、丹尼爾．斯泰因梅茲—任金斯（Daniel Steinmetz-Jenkins）、瑪莎．舒爾曼（Martha Schulman）、席普．斯圖曼（Siep Stuurman）、懷格．弗雷馬（Wyger Velema）以及麥可．祖克特（Michael Zuckert）花費時間閱讀（部分）手稿並提供了寶貴意見。

我也深深感謝羅賓．密爾斯（Robin Mills）、雅德里安．布勞（Adrian Blau）以及艾瑞克．布特（Eric Boot），他們在倫敦國王學院（King's College London）及萊頓大學（Leiden University）舉辦的工作坊，使我有機會能與一群陣容堅強的專家討論我的整本手稿。我要對這些工作坊的全部參與者表達我最大的感謝。也非常感謝我工作效率驚人的研究助理安尼洛特．簡斯（Annelot Janse），她幫助我完成註釋，以及尋找並取得藝術品及插圖。最後但同樣重要的是，我要表達對凱特琳．麥可德莫特（Kathleen McDermott）、西蒙．魏克斯曼（Simon Waxman），以及哈佛大學出版社（Harvard University Press）匿名評論者的感激，他們深思熟慮的評論及建言提高了這本書的水準。

如果不是尼德蘭高等研究院（Netherlands Institute for Advanced Study）的支持，使我在二〇一五年及二〇一六年得以研究員身分在這裡心無旁騖地完成了我的手稿，這本書就不可能問世。事實證明，這是讓這部手稿從想法變成現實的關鍵助力。在高等研究院中，與我同為歷史學家的法蘭西斯・安德魯斯（Frances Andrews）與凱倫・哈吉曼（Karen Hagemann）鼓勵我更加精鍊地思考自己想要說的話。我也想要感謝獨立社會研究基金會（Independent Social Research Foundation）的慷慨資助，使我能夠在二〇一八年及二〇一九年有充分的研究時間來完成這本書。感謝德國洪堡基金會（Alexander von Humboldt Foundation）在二〇一五年授予我獎學金，儘管我因個人因素無法接受他們的慷慨資助。

最後，我想要感謝家人好友的愛與關懷，以及明智建議。我特別要跟藍斯・博德（Rens Bod）大聲道謝，他是第一個建議我從古代而不是（按照原定計畫）從十八世紀著手的人；對於這項計畫的完成時間又推遲了兩年，他要負起全部責任。但從另一方面來說，我也要感謝多明尼克・瑞爾（Dominique Reill），如果不是他，這本書可能會像充氣球一樣變成一部談全球自由歷史的書，那麼這項計畫就鐵定完成不了了。感謝麗莎・瑪格（Liza Mügge）啟發我持續追問女性在自由歷史中的地位。如果沒有我的父母，這本書是絕不可能問世的，因為他們總是鼓勵我去追求自己的夢想。最後也是最重要的是，我要感謝我的妻子譚雅（Tanya）以及我們的女兒諾拉（Nora），在（從這本書）通往自由的漫長艱辛旅途上，感謝她們有愛相隨。我愛妳們。

圖片來源

頁	來源
58	© iStockphoto.com/ZU09
69	American School of Classical Studies at Athens, Agora Excavations
138	Musée des Augustins, Toulouse
185	Palazzo Pubblico / Wikimedia Commons
234	Kunsthalle Hamburg / Wikimedia Commons
253	Prints and Photographs Division, Library of Congress, LC-DIG-pga-02159
254	The Picture Art Collection / Alamy Stock Photo
255	Musée Carnavalet / Wikimedia Commons
259	Louvre Museum / Wikimedia Commons

291 Lewis Walpole Library / Wikimedia Commons

294 Musee de la Revolution francoise / Wikimedia Commons

312 Louvre Museum / Wikimedia Commons

333 Wikimedia Commons

339 2015.143.1040, Corcoran Collection (Gift of Dr. Armand Hammer), courtesy of the National Gallery of Art, Washington

371 Daniel Schwen / Wikimedia Commons, CC BY-SA 4.0

375 © Museum of London

結語　二十一世紀的自由

1. Daniel Hannan, *The New Road to Serfdom: A Letter of Warning to America* (NewYork: Harper Collins, 2010).
2. Mark R. Levin, *Liberty and Tyranny: A Conservative Manifesto* (NewYork: Threshold Editions, 2009), 17–18.
3. Walter E. Williams, *Liberty versus the Tyranny of Socialism: Controversial Essays* (Stanford: Hoover Institution Press, 2008); Ron Paul, *Liberty Defined: 50 Essential Issues That Affect Our Freedom* (New York: Grand Central Publishing, 2012).
4. 最近針對此一觀點的細膩辯護，請參見：Randy Barnett, *Our Republican Constitution: Securing the Liberty and Sovereignty of We the People* (New York: HarperCollins, 2016).
5. Fareed Zakaria, *The Future of Freedom: Illiberal Democracy at Home and Abroad* (New York: W. W. Norton, 2003), 20, 24–27.
6. Yascha Mounk, *The People vs. Democracy: Why Our Freedom Is in Danger and How to Save It* (Cambridge, MA: Harvard University Press, 2018), 14.

179. Isaiah Berlin, *Freedom and its Betrayal: Six Enemies of Human Liberty* (London: Chatto & Windus, 2002), 73, 67.

180. Berlin, *Two Concepts,* 8.

181. Ibid., 14.

182. Marshall Cohen, "Berlin and the Liberal Tradition," *Philosophical Quarterly*10, no.40 (1960): 216–217.

183. "The Fate of Liberty," *Times,* December 6, 1952.

184. Raymond Aron, *Essai sur les libertés* (Paris: Calmann-Lévy, 1965), 230; mytranslation.

185. Ibid., 149; my translation.

186. Ibid., 228; my translation.

187. 一個關於朱迪絲・施克拉（Judith Shklar）的類似論點，請參見：Moyn, "Before—and Beyond—the Liberalism of Fear," in *Between Utopianism and Realism: The Political Thought of Judith Shklar,* ed. S. Ashendem and A. Hess (Philadelphia: University of Philadelphia Press, 2019), 24–46.

188. Aron, *Essai sur les libertés,* 230.

189. J. Roland Pennock, *Liberal Democracy: Its Merits and Prospects* (New York: Rinehart and Company, 1950).

190. Glenn Negley, review of J. Roland Pennock's "Liberal Democracy: Its Merits and Prospects," *Political Science Quarterly* 67, no. 2 (1952): 289–290.

191. Hannah Arendt, "What Is Freedom?," in *Between Past and Future: Eight Exercises in Political Thought* (New York: Penguin Books, 1954), 149. 請參見：Kei Hiruta, "Hannah Arendt, Liberalism, and Freedom from Politics," in *Arendt on Freedom, Liberation, and Revolution: Philosophers in Depth,* ed. Kei Hiruta (Cham: Palgrave Macmillan, 2019), 17–45. 請注意，根據蛭田圭（Hiruta Kei）的看法，鄂蘭也許並不熟悉柏林的《兩種自治自由概念》。

192. Arendt, "What Is Freedom?" 150, 157.

162. Bruce Caldwell, introduction to *The Road to Serfdom: Texts and Documents. The Definitive Edition,* by F. A. Hayek, ed. Bruce Caldwell (Chicago: University of Chicago Press, 2007), 1–36.

163. Hayek, *Road to Serfdom,* 100–111, quote on 110.

164. Ibid., *82.*

165. Ibid., *110–111.*

166. Ibid.

167. Caldwell, introduction to *The Road to Serfdom,* 18–19; Theodore Rosenof, "Freedom, Planning, and Totalitarianism: The Reception of F. A. Hayek's Road to Serfdom," *Canadian Review of American Studies* 5, no. 2 (1974): 150–160.

168. 關於柏林的生活及事業，請參見：Michael Ignatieff, *Isaiah Berlin: A Life* (London: Vintage, 2000).

169. 但請對照：Jan-Werner Müller, "The Contours of Cold War Liberalism (Berlin's in Particular)," in *Isaiah Berlin's Cold War Liberalism,* ed. Jan-Werner Müller (Singapore: Palgrave Macmillan, 2019), 37–56. 穆勒（Müller）認為柏林為福利國家的辯護只是從原則，而不是從實用主義的觀點出發。

170. Isaiah Berlin, "Political Ideas in the Twentieth Century," *Foreign Affairs* 28, no. 3 (1950): 383.

171. Ibid., 377.

172. Ibid., 378.

173. Ibid., 383.

174. Ibid., 385.

175. 一個對柏林《兩種自治自由概念》的不同解讀，主張柏林同時是消極及積極自由的捍衛者，請參見：Joshua L. Cherniss, *A Mind and Its Time: The Development of Isaiah Berlin's Political Thought* (Oxford: Oxford University Press, 2013), esp. chap 8.

176. Isaiah Berlin, *Political Ideas in the Romantic Age: Their Rise and Influence on Modern Thought* (Princeton, NJ: Princeton University Press, 2014), 90, 205.

177. Isaiah Berlin, *Two Concepts of Liberty* (Oxford: Clarendon Press, 1958), 48, 14.

178. Ibid., 12.

150. Franklin D. Roosevelt, "Fireside Chat 6: On Government and Capitalism," September 30, 1934, https://millercenter.org/the-presidency/presidential-speeches/september-30-1934-fireside-chat-6-government-and-capitalism. 關於羅斯福的自由主義，請參見：Rosenblatt, *Lost History of Liberalism,* 260–261.

151. John Dewey, "The Future of Liberalism," *Journal of Philosophy* 32, no. 9 (1935): 227.

152. Franklin D. Roosevelt, "Speech at the Democratic National Convention," June27, 1936, https://millercenter.org/the-presidency/presidential-speeches/june-27-1936-democratic-national-convention.

153. Hackett Fischer, *Liberty and Freedom,* 488–494, quote on 491.

154. Franklin D. Roosevelt, "State of the Union Message to Congress," January 11, 1944, http://www.fdrlibrary.marist.edu/archives/address_text.html. 亦請參見：Foner, *Story of American Freedom,* 235.

155. 引自：Foner, *Story of American Freedom,* 235.

156. Labour Party, "Let Us Face the Future: A Declaration of Labour Policy for the Consideration of the Nation" (1945), http://www.politicsresources.net/area/uk/man/lab45.htm.

157. 引自：Sheri Berman, *The Primacy of Politics: Social Democracy and the Making of Europe's Twentieth Century* (Cambridge: Cambridge University Press, 2006), 177.

158. 引自：Jan-Werner Müller, *Contesting Democracy: Political Ideas in Twentieth-Century Europe* (New Haven: Yale University Press, 2013), 144.

159. Odd Arne Westad, *The Global Cold War: Third World Interventions and the Making of Our Times* (Cambridge: Cambridge University Press, 2007).

160. Tony Judt, *Postwar: A History of Europe Since 1945* (New York: Penguin, 2005) 211, 207.

161. 關於冷戰時期自由主義的不同陳述，請參見：Jan-Werner Müller, "Fear and Freedom: On 'Cold War Liberalism,' " *European Journal of Political Theory,* 7 (2008), 45–64.

134. John A. Thompson, *Woodrow Wilson* (London: Longman, 2002), 43–64.

135. 伍德洛・威爾森的《新自由》（*New Freedom*）是美國自由主義的奠基之作之一，因此一直是歷史學家的討論話題。他們曾提出過兩種十分不同的詮釋。亞瑟・林克（Arthur Link）將新自由描述為一個企圖擴大人民對政府控制、雄心勃勃的方案，並強調伍德洛・威爾森重新分配收入，以及限制企業權力的心願。相較之下，馬汀・斯克拉（Martin Sklar）則將伍德洛・威爾森的方案描述為肯定企業－工業資本主義。關於這場辯論的優良綜述性著作，請參見：W. E. Brownlee, "The New Freedom and Its Evolution," in *A Companion to Woodrow Wilson,* ed. R. A. Kennedy (New York: Wiley and Sons, 2013), 106–132. 本書作者同意林克的詮釋。

136. Woodrow Wilson, *The New Freedom: A Call for the Emancipation of the Generous Energies of a People* (New York: Doubleday, 1913), 55–78.

137. Ibid., 243–244.

138. Ibid., 15.

139. Ibid., 284.

140. Henry F. Pringle, *The Life and Times of William Howard Taft*, 2vols. (NewYork: Farra & Rinehardt, 1939), 1: 34.

141. William Howard Taft, *Popular Government: Its Essence, Its Permanence and Its Perils* (New Haven, CT: Yale University Press, 1913), 34.

142. Ibid., 66.

143. Ibid., 15.

144. Ibid., 197–199.

145. Keyssar, *The Right to Vote,* 216.

146. Brogan, *History of the United States of America,* 503, 512–513.

147. Herbert Hoover, "Principles and Ideals of the United States Government," October 22, 1928, https://millercenter.org/the-presidency/presidential-speeches/october-22-1928-principles-and-ideals-united-states-government.

148. Brogan, *History of the United States of America,* chap. 22.

149. Ibid., 542

122. V. I. Lenin, *Collected Works, Vol. 28 (1918–1919)* (Moscow: Progress Publishers, 1974) 455–477. 關於無產階級專制的概念，在布爾什維克學說中的角色，請參見：Neil Harding, "The Russian Revolution: An Ideology in Power," in *The Cambridge History of Twentieth-Century Political Thought*, ed. Terence Ball and Gareth Stedman Jones (Cambridge: Cambridge University Press, 2008), 257–261.

123. 請參見：Massimo L. Salvadori, *Karl Kautsky and the Socialist Revolution, 1880–1938* (London: Verso, 1990), 251–293.

124. Communist International, *Manifesto and Governing Rules of the Communist International (Adopted by the Congress of the Communist International at Moscow, March 2–6, 1919, and Signed by Comrades C. Rakovsky, N. Lenin, M. Zinovjev, L. Trotzky, and Fritz Platten)* (Chicago: Chicago Labor Printing, 1919). 關於馬克思社會主義在民主及共產主義陣營之間的區別，請參見：Eley, *Forging Democracy,* chap. 9.

125. Ludwig von Mises, *Liberalism: The Classical Tradition,* ed. Bettina Bien Greaves (Indianapolis: Liberty Fund, 2005), 30.

126. Ibid., 30, viii.

127. Ibid., 119, 151.

128. Ibid., 120.

129. 關於自由主義在兩次世界大戰之間出現的衰退現象，尤其是在英國，請參見：George Dangerfield, *The Strange Death of Liberal England* (London: Constable, 1935) 的經典分析。近期關於衰退原因的辯論，請參見以下分析：G. R. Searle, "Did the Liberals Still Have a Future in 1914?," *Historian* 35 (1992): 10–12

130. Mazower, *Dark Continent,* 27.

131. Charles Postel, *The Populist Vision* (New York: Oxford University Press, 2007).

132. Jill Lepore, *These Truths: A History of the United States* (New York: W. W. Norton, 2018), 363.

133. 關於進步主義及新自由主義在美國的發展，請參見：Douglas Charles Rossinow, *Visions of Progress: The Left-Liberal Tradition in America* (Philadelphia: University of Pennsylvania Press, 2008).

見：Lisanne Radice, *Beatrice and Sidney Webb: Fabian Socialists* (London: MacMillan, 1984), 10.

105. John Hobson, *The Crisis of Liberalism: New Issues of Democracy* (London: King, 1909), 93, xii.
106. 請參見：Peter Clarke, *Liberals and Social Democrats* (Cambridge: Cambridge University Press 1978); Michael Freeden, *The New Liberalism: An Ideology of Social Reform* (Oxford: Clarendon Press, 1986).
107. L. T. Hobhouse, *Liberalism* (London: Williams & Norgate, 1919), 57.
108. Ibid., 214.
109. Ibid., 48, 54–56.
110. L. T. Hobhouse, *Democracy and Reaction* (London: T. F. Unwin, 1909), 222–223.
111. 關於嘗試從比較性視角解釋英國自由主義如何維持活力，請參見：Kahan, *Liberalism in Nineteenth-Century Europe,* 172–192.
112. Gregory Claeys, *Marx and Marxism* (London: Pelican, 2018), 173–187.
113. Karl Marx and Friedrich Engels, *The Marx-Engels Reader,* ed. Robert Tucker (New York: W. W. Norton, 1978), 484–485.
114. Ibid., 491.
115. Karl Kautsky, *The Class Struggle (Erfurt Program),* trans. William Bohn (Chicago: Charles H. Kerr, 1910), 122–123.
116. Marx and Engels, *The Marx-Engels Reader,* 556. 關於馬克思及恩格斯對國家的看法，請參見：Gareth Stedman Jones, "The Young Hegelians, Marx and Engels," in Jones and Claeys, *History of Nineteenth-Century Political Thought,* 579–585.
117. Claeys, *Marx and Marxism,* 232–243.
118. L. T. Hobhouse, *Democracy and Reaction* (London: T. F. Unwin, 1909), 235.
119. Eley, *Forging Democracy,* chaps. 1 and 2.
120. Mark Mazower, *Dark Continent: Europe's Twentieth Century* (London: Penguin Books, 1998), 8–11.
121. Gareth Stedman Jones, *Karl Marx: Greatness and Illusion* (London: Penguin, 2016) chap. 12, note 66.

CA: Stanford University Press, 2000), 154.

96. 值得注意的是，十九世紀晚期的特徵為「長蕭條」這一觀點，具有爭議性，因為經濟史學家指出，大多數國家在這一時期的經濟產出均持續成長。然而，正如艾瑞克・霍布斯邦（Eric Hobsbawm）曾指出的，當時的人在這一時期經歷了長蕭條及經濟低迷，因為價格及獲利相較於過去幾十年均出現了衰退，這一事實是毫無疑問的。請參見：Hobsbawm, *The Age of Empire, 1875–1914* (New York: Vintage Books, 1989), 34–36.

97. 關於一八八〇年至一九四五年歐洲的左翼運動，請參見：Dick Geary, ed., *Labour and Socialist Movements in Europe before 1914* (Oxford, NY: Berg Publishers, 1989) and Dick Geary, *European Labour Politics from 1900 to the Depression* (London: Macmillan, 1991). 關於歐洲左派對民主化的貢獻，請參見：Geoff Eley, *Forging Democracy: The History of the Left in Europe, 1850–2000* (Oxford: Oxford University Press, 2002).

98. John A. Scott, *Republican Ideas and the Liberal Tradition in France, 1870–1914* (New York: Octagon Books, 1966), 119–125.

99. Ferdin and Buisson, *La politique radicale: étude sur les doctrines du parti radical et radical-socialiste* (Paris: V. Giard, 1908), 219–221.

100. Jacques Kergoat, "France," in *The Formation of Labour Movements 1870–1914: An International Perspective*, 2. vols., ed. Marcel van der Linden and Jürgen Rojahn (Leiden: Brill, 1990), 1: 163–190.

101. Jean Jaurès, *Libertés,* ed. Gilles Candar (Paris: Ligue des droits de l'homme / EDI, 1987); my translation.

102. Jean Jaurès, *A Socialist History of the French Revolution,* ed. Mitchell Abidor (London: Pluto Press, 2015), 249–251.

103. 關於在十九世紀末的法國，自由主義作為一股政治力量出現了衰退，請參見：Alan Kahan, *Liberalism in Nineteenth-Century Europe: The Political Culture of Limited Suffrage* (Houndmills: Palgrave Macmillan, 2003), 172, 192.

104. Sidney and Beatrice Webb, *Industrial Democracy* (New York and Bombay: Longmans, 1897), vol. 2, 847. 關於工業民主概念在魏伯夫婦政治觀點中的核心地位，請參

81. William Graham Sumner, "State Interference," in *War and Other Essays,* ed. Albert Keller (New Haven, CT: Yale University Press, 1919), 213–228.

82. Ibid.

83. William Graham Sumner, "The Forgotten Man," in *The Forgotten Man and Other Essays,* ed. Albert Keller (New Haven, CT: Yale University Press, 1918), 481.

84. William Graham Sumner, *What Social Classes Owe to Each Other* (New York: Harper and Brothers, 1911), 120.

85. Richard White, *The Republic for Which It Stands: The United States during Reconstruction and the Gilded Age, 1865–1896* (Oxford: Oxford University Press, 2017), 448.

86. Michael Les Benedict, "*Laissez-Faire* and Liberty: A Re-Evaluation of the Meaning and Origins Of *Laissez-Faire* Constitutionalism," *Law and History Review* 3, no. 2 (1985): 293–331, quote on 331.

87. Alexander Keyssar, *The Right to Vote: The Contested History of Democracy in the United States* (New York: Basic Books, 2000), 137.

88. 請參見：Adcock, *Liberalism,* 201.

89. Henry Sumner Maine, *Popular Government,* introduction by George W. Carey (Indianapolis: Liberty Fund, 1976), 66.

90. Ibid., 211.

91. Ibid., 242–243.

92. 引自：Yasmin Sabina Khan, *Enlightening the World: The Creation of the Statue of Liberty* (Ithaca: Cornell University Press, 2010), 109.

93. June Parvis, "Emmeline Pankhurst (1858–1928) and Votes for Women," in *Votes for Women*, eds. Sandra Holton and June Purvis (London: Routledge, 2002), 109–134.

94. Emmeline Pankhurst, "Address at Hartford," 13 November 1913, reprinted in *Speeches and Trials of the Militant Suffragettes: The Women's Social and Political Union 1903–1918,* ed. Cheryl Jorgensen-Earp (Cranbury, NJ: Associated University Presses, 1999), 327.

95. 引自：Karen Offen, *European Feminisms, 1700–1950: A Political History* (Stanford,

65. Ibid., 237.

66. Howe, *What Hath God Wrought,* 408.

67. 段落的內容改寫自：Brogan, *The Penguin History of the United States of America* (London: Penguin, 2001), 280–345.

68. 引　自：Eric Foner, *Forever Free: The Story of Emancipation and Reconstruction* (New York: Vintage Books, 2006), 89–90.

69. 引自：ibid., 148.

70. 引自：ibid., 124.

71. Ibid., chap. 7.

72. Brogan, *History of the United States of America,* 418–446.

73. Ibid., 413–414.

74. Francis Parkman, "The Failure of Universal Suffrage," *North American Review* 126 (1878): 1–20. 亦請參見：Eric Foner, *The Story of American Freedom* (New York: W. W. Norton, 1998), 119.

75. 請參見：John Sproat, *"The Best Men": Liberal Reformers in the Gilded Age* (New York: Oxford University Press, 1968); Nancy Cohen, *The Reconstruction of American Liberalism, 1865–1914* (Chapel Hill: University of North Carolina Press, 2002). 關於強調鍍金時代自由主義者及其歐洲同道之間交流的陳述，請參見：Robert Adcock, *Liberalism and the Emergence of American Political Science: A Transatlantic Tale* (Oxford: Oxford University Press, 2014).

76. 關於孫末楠的生活及事業，請參見：Richard Hofstadter, "W. G. Sumner, Social Darwinist," *New England Quarterly* 14, no. 3 (1941): 457–477.

77. William Graham Sumner, "Republican Government," in *The Challenge of Facts and Other Essays,* ed. Albert Keller (New Haven, CT: Yale University, 1918), 226–227.

78. William Graham Sumner, "Advancing Social and Political Organization in the United States," in *Challenge of Facts,* 335.

79. Ibid., 334.

80. William Graham Sumner, "Politics in America, 1776–1876," *North American Review* 122, no. 250 (1876): 51–53.

史賓塞的生活及事業，請參見：John Offer, *Herbert Spencer and Social Theory* (Basingstoke: Palgrave Macmillan, 2010).

50. Herbert Spencer, "Parliamentary Reform: the Dangers and the Safeguards," *Westminster Review* 73 (1860): 486–507.
51. Herbert Spencer, *Man versus the State: With Six Essays on Government, Society, and Freedom* (Indianapolis: Liberty Classics, 1981), 56.
52. Ibid., 26.
53. Edward Bristow, "The Liberty and Property Defence League and Individualism," *Historical Journal* 18, no. 4 (1975): 761–789.
54. Sandford Elwitt. "Social Reform and Social Order in Late Nineteenth-Century France: The *Musée Social* and Its Friends," *French Historical Studies* 11, no. 3 (1980): 445.
55. Max Weber, *Political Writings* (Cambridge: Cambridge University Press, 1994), 70–71, 159.
56. 關於美國對一八四八年革命浪潮的回應，請參見：Daniel Howe, *What Hath God Wrought: The Transformation of America, 1815–1848* (Oxford: Oxford University Press, 2007), 792–836.
57. 引自：David Hackett Fischer, *Liberty and Freedom: A Visual History of America's Founding Ideas* (Oxford: Oxford University Press, 2005), 295.
58. 引自：Richard C. Rohrs, "American Critics of the French Revolution of 1848," *Journal of the Early Republic* 14, no. 3 (1994): 374.
59. J. K. Bluntschli, "Lieber's Service to Political Science," in Lieber, *Miscellaneous Writings,* 8.
60. Frank Freidel, "Francis Lieber, Charles Sumner, and Slavery," *Journal of Southern History* 9, no. 1 (1943): 75–93.
61. Lieber, "Anglican and Gallican Liberty," 382–383.
62. Ibid., 386.
63. Ibid., 387–388.
64. Lieber, *On Civil Liberty,* 37–40.

36. 請參見：Dieter Langewiesche, *Liberalism in Germany,* trans. Christiane Banerji (Princeton: Princeton University Press, 2000), 61.

37. 針對布倫茲利的自由主義，請參見：Robert Adcock, *Liberalism and the Emergence of American Political Science: A Transatlantic Tale* (Oxford: Oxford University Press, 2014), 53–58.

38. J. K. Bluntschli, *The Theory of the Modern State* (Oxford: Clarendon Press, 1895), 58–59. 請注意布倫茲利的作品最初是於一八七五年至一八七六年在德國出版。

39. Bluntschli, *Theory of the Modern State,* 423, 425.

40. Ibid., 194.

41. J. P. T. Bury, *France, 1814–1940* (London: Routledge, 2003), chap. 9.

42. 引　自：Robert Saunders, "Democracy," in *Languages of Politics in Nineteenth-Century Britain,* ed. David Craig and James Thompson (Basingstoke: Palgrave Macmillan, 2013), 153.

43. 引自：ibid., 156. 關於格拉史東在促成《第三改革法案》中的角色，請參見：D. A. Hamer, *Liberal Politics in the Age of Gladstone and Rosebery: A Study in Leader- ship and Policy* (Oxford: Clarendon Press, 1972), 76–77.

44. Stein Kuhnle and Anne Sander, "The Emergence of the Western Welfare State," in *The Oxford Handbook of the Welfare State,* ed. Herbert Obinger et al. (Oxford: Oxford University Press, 2010), 61–80.

45. Benjamin Constant, *Political Writings,* ed. Biancamaria Fontana (Cambridge: Cambridge University Press, 1988), 263.

46. 關於保羅・勒華－波留的生活及思想生涯，請參見：Dan Warshaw, *Paul Leroy-Beaulieu and Established Liberalism in France* (DeKalb: Northern Illinois University Press, 1991).

47. Paul Leroy-Beaulieu, *L'État moderne et ses fonctions* (Paris: Guillaumin, 1900), x.

48. Ibid., 460.

49. 引自：John Offer, introduction to *Herbert Spencer: Political Writings,* by Herbert Spencer, ed. John Offer (Cambridge: Cambridge University Press, 2012), vii. 關於

Press, 1992), 27.

28. Vincent Guillin, "The French Influence," in *A Companion to Mill,* ed. Christopher Macleod and Dale E. Miller (Hoboken: John Wiley & Sons, 2016), 133. 關於約翰・彌爾之民主觀點的發展，請參見：J. H. Burns, "J. S. Mill and Democracy, 1829–61," in *Mill: A Collection of Critical Essays,* ed. J. B. Schneewind (London: Macmillan, 1968), 280–328 and Georgios Varouxakis, "Mill on Democracy Revisited," in Macleod and Miller, *A Companion to Mill,* 454–471. 關於約翰・彌爾自我認同為自由主義者，而非激進主義者，請參見其文章："Tories, Whigs, and Radicals," *Westminster Review,* xxv (1836): 293.
29. John Stuart Mill, "De Tocqueville on Democracy II," in *The Collected Works of John Stuart Mill,* vol. 18, *Essays on Politics and Society Part I,* ed. John M. Robson, introduction by Alexander Brady (Toronto: University of Toronto Press, 1977), 176–177.
30. John Stuart Mill, *On Liberty and Other Writings* (Cambridge: Cambridge University Press, 2011), 5–8.
31. Ibid., 112, 120.
32. John Stuart Mill, *The Collected Works of John Stuart Mill,* vol. 19, *Essays on Politics and Society Part II,* ed. John M. Robson, introduction by Alexander Brady (Toronto: University of Toronto Press, 1977), 457.
33. 關於厄特沃許的生平事蹟，請參見：D. Mervyn Jones's introduction to *The Dominant Ideas of the Nineteenth Century and Their Impact on the State,* vol. 1, *Diagnosis,* by József Eötvös, trans., ed. and annot. D. Mervyn Jones (New York: Columbia University Press, 1996), 13–56. 針對較一般性於中歐對一八四八年革命浪潮的回應，請參見：Balázs Trencsényi, Maciej Janowski, et al., *A History of Modern Political Thought in East Central Europe,* vol. 1, *Negotiating Modernity in the 'Long Nineteenth Century'* (Oxford: Oxford University Press, 2016), chap. 6.
34. Eötvös, *The Dominant Ideas of the Nineteenth Century,* 178.
35. Trencsényi, Janowski, et al., *History of Modern Political Thought in East Central Europe*, 273.

1863), 120; my translation. 關於奧爾良式自由主義（Orleanist liberalism）的反民主本質，請參見：Mark Hulliung, *Citizens and Citoyens: Republicans and Liberals in America and France* (Cambridge, MA: Harvard University Press, 2002), 65–66.

14. Gray, *Interpreting American Democracy in France,* 38.
15. 引自：ibid., 67.
16. Édouard de Laboulaye, *Paris en Amérique* (Paris: Charpentier, 1863), 16; my translation.
17. Ibid., 336; my translation.
18. Ibid., 421; my translation.
19. Auguste Nefftzer, "Libéralisme," in *Dictionnaire général de la politique,* ed. Maurice Block (Nancy: Berger-Levrault, 1873), 188–194; my translation.
20. 關於這一點，請參見：Helena Rosenblatt, *The Lost History of Liberalism* (Princeton, NJ: Princeton University Press), 163.
21. Charles de Montalembert, *L'église libre dans l'état libre: Discours prononcés au Congrès catholique de Malines, par le comte de Montalembert* (Paris: C. Douniol, 1863), 17; my translation.
22. Robert E. Sullivan, *Macaulay: The Tragedy of Power* (Cambridge, MA: Harvard University Press, 2009), 323.
23. 引　自：Charles A. Betts, "Macaulay's Criticism of Democracy and Garfield's Reply," *Open Court,* XXXII (1918), 273–279.
24. Walter Bagehot, *The English Constitution,* ed. Paul Smith (Cambridge: Cambridge University Press, 2001), 190.
25. Sullivan, *Macaulay,* 323; Bagehot, *The English Constitution,* 191, 186. 針對較一般性、關於一八四八年革命浪潮失敗，對於英國改革辯論的影響，請參見：Margot Finn, *After Chartism: Class and Nation in English Radical Politics 1848–1874* (Cambridge: Cambridge University Press, 1993), chap. 2.
26. 引自：Richard Reeves, *John Stuart Mill: Victorian Firebrand* (London: Atlantic Books, 2007), 324.
27. James Mill, *Political Writings*, ed. Terence Ball (Cambridge: Cambridge University

第六章　現代自治自由的勝利

1. 關於李伯的生活及事業，請參見：Frank Freidel, *Francis Lieber: Nineteenth-Centur Liberal* (Baton Rouge: Louisiana State University Press. 1948).
2. Francis Lieber, *On Civil Liberty and Self-Government* (London: Richard Bentley, 1853), 28–31.
3. 李伯在《論公民自治自由與自治》並未提到康斯坦的著作，但身為拉布拉葉及其他法國自由主義者的友人及通信對象，他可能會知道康斯坦對於古代及現代自治自由的區別。
4. Lieber, *On Civil Liberty,* 34.
5. Ibid., 333–334.
6. Francis Lieber, "Anglican and Gallican Liberty," in *The Miscellaneous Writings of Francis Lieber,* vol. 2, *Contributions to Political Science,* ed. Francis Lieber (Philadelphia: J.B. Lippincott, 1881), 378.
7. 請參見：Jonathan Sperber, *The European Revolutions, 1848–1851* (Cambridge: Cambridge University Press, 2005).
8. Albert Boime, *Art in an Age of Civil Struggle, 1848–1871* (Chicago: University of Chicago Press, 2008), 16, 47.
9. 針對一八四八年革命失敗的分析，請參見：Sperber, *The European Revolutions*，尤其是第五章。關於拿破崙迷思及其對第二帝國建立的貢獻，請參見：Sudhir Hazareesingh, *The Legend of Napoleon* (London: Granta Books, 2014)，尤其是第七章。
10. 引自：Walter Dennis Gray, *Interpreting American Democracy in France: The Career of Édouard Laboulaye* (Newark: University of Delaware Press, 1994), 36.
11. Édouard de Laboulaye, *L'État et ses limites suivi d'essais politiques sur Alexis de Toc- queville, l'instruction publique, les finances, le droit de petition* (Paris: Charpentier, 1863), 43–45; my translation.
12. Ibid., 4–137.
13. Édouard de Laboulaye, *Le parti libéral: son programme et son avenir* (Paris: Charpentier,

(Cambridge: Cambridge University Press, 2017), 269.

101. Hackett Fischer, *Revolution of American Conservatism,* 26.

102. Fisher Ames, *Works of Fisher Ames Compiled by a Number of His Friends* (Boston: T. B. Wait, 1809), 380.

103. Ibid., 390.

104. Ibid., 419.

105. Ibid., 437.

106. Sean Wilentz, *The Rise of American Democracy* (New York: W. W. Norton, 2005), 4.

107. Donald Ratcliffe, "The Right to Vote and the Rise of Democracy, 1787–1828," *Journal of the Early Republic* 33, no. 2 (2013): 246.

108. "Liberty," in Noah Webster, *An American Dictionary of the English Language* (New York: S. Converse, 1828), vol. 2, 48.

109. 關於輝格黨的興起及第二政黨體制的建立，請參見：Daniel Walker Howe, *What Hath God Wrought: The Transformation of America, 1815-1848* (Oxford: Oxford University Press, 2007), 276.

110. Hackett Fischer, *Liberty and Freedom,* 209.

111. 關於輝格黨意識形態的陳述（強調其對政治煽動家及多數人統治的不信任），請參見：Lawrence Kohl, *The Politics of Individualism: Parties and the American Character in the Jacksonian Era* (Oxford: Oxford University Press, 1989), 177–185; Harry L. Watson, *Liberty and Power: The Politics of Jacksonian America* (New York: Hill and Wang, 2006), esp. 231–254.

112. 引自：Kohl, *Politics of Individualism,* 181.

113. Hackett Fischer, *Freedom and Liberty,* 211.

114. 關於這點，請參見：Kohl, *Politics of Individualism,* 177–185.

Wood, *Empire of Liberty,* 400–432. 請注意，亞當斯和漢彌爾頓等最傑出的聯邦黨人均否認他們打算推翻一七九一年的解決方案。

86. 引自：David Hackett Fischer, *Liberty and Freedom: A Visual History of America's Founding Ideas* (New York: Oxford University Press, 2005), 172.
87. Wood, *Empire of Liberty,* 105.
88. 關於諾亞・韋伯斯特的生平事蹟，請參見：Richard M. Rollins, *The Long Journey of Noah Webster* (Philadelphia: University of Pennsylvania Press, 1980).
89. Noah Webster, *Sketches of American Policy* (Hartford: Hudson and Goodwin, 1785), 20.
90. 引自：Rollins, *Noah Webster,* 65.
91. Noah Webster, *A Collection of Papers on Political, Literary, and Moral Subjects* (New York: Webster and Clark, 1843), 40.
92. Ibid., 272.
93. Ibid.
94. Ibid., 285.
95. Rufus King, *The Life and Correspondence of Rufus King; Comprising His Letters, Private and Official, His Public Documents, and His Speeches,* vol. 5, *1807–1816,* ed. Charles R. King (New York: G. P. Putnam's Sons, 1898), 96.
96. 引自：Hackett Fischer, *The Revolutions of American Conservatism,* 7.
97. Hackett Fischer, *Liberty and Freedom,* 204. 不同的觀點請參見：Rozbicki, *Culture and Liberty in the Age of the American Revolution,* 163–222. 該書作者主張包括聯邦黨人在內的美國菁英，均繼續使用更具民主色彩的習慣用語。
98. 但請參照：Cotlar, *Tom Paine's America: The Rise and Fall of Transatlantic Radicalism in the Early Republic* (Charlottesville: University of Virginia Press, 2011), 4. 該書作者認為正如在歐洲，對於恐怖政治的反應在美國激起了「對民主可能性的壓制」。
99. 引自：Lance Banning, ed., *Liberty and Order: The First American Party Struggle* (Indianapolis: Liberty Fund, 2004), 264.
100. James Madison, "Who are the Best Keepers of the People's Liberties?" in *The Mind of James Madison: The Legacy of Classical Republicanism,* ed. Colleen Sheehan

76. 請參見：Philip Schofield, *Utility and Democracy: The Political Thought of Jeremy Bentham* (Oxford: Oxford University Press, 2006), 137–170.

77. Jeremy Bentham, *Deontology; or, the Science of Morality: In Which the Harmony and Co-Incidence of Duty and Self-Interest, Virtue and Felicity, Prudence and Benevolence, Are Explained and Exemplified,* vol. 2, *Practice Of The Social Science* (London: Longman, Rees, Orme, Browne, Green & Longman, 1834), 60.

78. 關於邊沁對自治自由的看法，一個截然不同的陳述請參見：Quentin Skinner, *Liberty Before Liberalism* (Cambridge: Cambridge University Press, 1998) 96–98; 以及：Philip Pettit, *Republicanism: A Theory of Freedom and Government* (Oxford: Oxford University Press, 1997), 41–50. 史金納及佩提特主張，邊沁及其追隨者是造成民主式自由概念，被新的、自由主義的自由概念取代的人。但更準確地說，邊沁只是嘗試要擺脫模糊、情緒化的籠統自治自由訴求，他並未反對民主的自由理論。關於類似的看法，請參見：Yiftah Elazar, "Liberty as a Caricature: Bentham's Antidote to Republicanism," *Journal of the History of Ideas*, 76 (2015) 417–439.

79. 關於美國革命及法國大革命期間的政治暴力，一個比較性的視角請參見：Dan Edelstein, "What Was the Terror?," in Andress, *French Revolution,* 453–470.

80. 引　自：Michal Jan Rozbicki, *Culture and Liberty in the Age of the American Revolution* (Charlottesville: University of Virginia Press, 2011), 166.

81. Ibid., 171.

82. Gordon Wood, *Empire of Liberty: A History of the Early Republic, 1789–1815* (Oxford: Oxford University Press, 2010), 175.

83. 引自：ibid., 181.

84. Lance Banning, *Founding Visions: The Ideas, Individuals, and Intersections That Created America,* ed. and introd. Todd Estes (Lexington: The University Press of Kentucky, 2014), 322.

85. 關於聯邦黨的政治方案，請參見：David Hackett Fischer, *The Revolution of American Conservatism: The Federalist Party in the Era of Jeffersonian Democracy* (New York: Harper and Row, 1965). 關於聯邦黨對司法制度的看法，請參見：

64. Tocqueville, *Democracy in America,* 4: 1250–1251.

65. Terry Pinkard, *Hegel: A Biography* (Cambridge: Cambridge University Press, 2000), 418–494.

66. G. W. F. Hegel, *Elements of the Philosophy of Right,* ed. Allen Wood, trans. H. B. Nisbet (Cambridge: Cambridge University Press, 1991), 282.

67. Rosenblatt, *Lost History of Liberalism,* 69–71.

68. W. T. Krug, *Geschiedkundig tafereel van het Liberalismus van ouden en lateren tijd* (Amsterdam, 1823), 79–81; my translation.

69. Carl von Rotteck, "Freiheit," in *Staats-Lexikon oder Encyklopädie der Staatswissenschaften In Verbindung mit vielen der angesehensten Publicisten Deutschlands,* vol. 6, ed. Carl von Rotteck and Carl Welcker (Altona: Johann Friedrich Hammerich, 1838), 71; my translation.

70. Arnold Ruge, "Eine Selbstkritik des Liberalismus," in *Vormärzund Revolution, 1840-1849: Quellen zum Politischen Denken der Deutschen im 18. Jahrhundert,* ed. Hans Fenske (Darmstadt: Wissenschaftliche Buchgesellschaft, 1976), 80.

71. 請參見：Stephan Walter, *Demokratisches Denken zwischen Hegel und Marx. Die politische Philosophie Arnold Ruges. Eine Studie zur Geschichte der Demokratie in Deutschland* (Düsseldorf: Droste, 1995).

72. James Mackintosh, *Vindiciae Gallicae and Other Writings on the French Revolution,* ed. Donald Winch (Indianapolis: Liberty Fund, 2006), 116.

73. Ibid., 233–238.

74. 關於伯克對一八一五年後輝格黨人的影響，請參見：Abraham Kriegel, "Liberty and Whiggery in Early Nineteenth-Century England," *The Journal of Modern History* 52 (1980): 253–278. 關於「自由主義的」一詞進入英國政治辯論中的過程，請參見：Jörn Leonhard, "From European Liberalism to the Languages of Liberalisms: The Semantics of 'Liberalism' in European Comparison," *Redescriptions: Yearbook of Political Thought and Conceptual History* 8 (2004), 29.

75. Corinne Comstock Weston, *English Constitutional Theory and the House of Lords, 1556–1832* (London: Routledge, 1965), 217–258.

Liberalism under Siege: The Political Thought of the French Doctrinaires (Lanham: Lexington Books, 2003), 123–147.

54. Constant, *Political Writings,* 327.
55. 關於康斯坦寫作時不斷出現變化的政治背景，請參見：Stephen Holmes, *Benjamin Constant and the Making of Modern Liberalism* (New Haven, CT: Yale University Press, 1984).
56. 但請參照：Bryan Garsten, "Liberalism and the Rhetorical Vision of Politics," *Journal of the History of Ideas* 73, no. 1 (2012): 83–93. 布萊恩．賈斯登（Bryan Garsten）主張，康斯坦是近代早期共和主義的思想繼承人，而不是其批評者。關於必須將一般意義上的自由主義運動，視為近代早期共和主義繼承者這一論點，請參見：Andreas Kalyvas and Ira Katznelson, *Liberal Beginnings: Making a Republic for the Moderns* (Cambridge: Cambridge University Press, 2008); Andrew Jainchill, *Reimagining Politics after the Terror: The Republican Origins of French Liberalism* (Ithaca: Cornell University Press, 2008).
57. J. P. T. Bury, *France: 1814–1940*, intro. Robert Tombs (London: Routledge, 2003), 31–33.
58. Albert Boime, *Art in an Age of Counterrevolution (1815–1848)* (Chicago: University of Chicago Press, 2004), 237–263.
59. Ibid., 252.
60. Albert Boime, *Art in an Age of Civil Struggle, 1848–1871* (Chicago: University of Chicago Press, 2007), 16.
61. Alexis de Tocqueville, *Democracy in America: Historical-Critical Edition of De La démocratie en Amérique,* 4 vols., ed. Eduardo Nolla, trans. James T. Schleifer (Indianapolis: Liberty Fund, 2010), 2: 512.
62. Françoise Mélonio, *Tocqueville and the French,* trans. Beth Raps (Charlottesville and London: University Press of Virginia, 1998), 33–36.
63. 關於《民主在美國》第一及第二卷之間的差異，請參見：Seymour Drescher, "Tocqueville's Two *Démocraties,*" *Journal of the History of Ideas* 25, no. 2 (1964): 201–216.

Etienne Hofmann, trans. Dennis O'Keeffe, introd. Nicholas Capaldi (Indianapolis: Liberty Fund, 2003), 386. 關於一八〇六年為康斯坦思想生涯的轉折點，請參見：Etienne Hofmann, *Les "Principes de politique" de Benjamin Constant,* vol. 1, *La genèse d'une oeuvre et l'évolution de la pensée de leur auteur (1789–1806)* (Geneva: Droz, 1980), 93, 100, 119, 161; Helena Rosenblatt, *Liberal Values; Benjamin Constant and the Politics of Religion* (Cambridge: Cambridge University Press, 2008). 但請對照：Vincent, *Constant*，作者更強調康斯坦思想軌跡的連續性。

45. Benjamin Constant, *Political Writings,* ed. Biancamaria Fontana (Cambridge: Cambridge University Press, 1988), 316. 關於康斯坦為現代自治自由做的辯護，請參見：Jeremy Jennings, "Constant's Idea of Modern Liberty," in Rosenblatt, *Cambridge Companion to Constant,* 69–91.

46. Ibid., 113.

47. Ibid., 176.

48. Benjamin Constant, *Commentary on Filangieri's Work,* trans. and ed. Alan S. Kahan (Indianapolis: Liberty Fund, 2015), 261.

49. 請參見第四章。

50. Ibid., 32. 請注意，康斯坦確實承認人民主權的原則，但在他看來，這純粹意味著政府始終是以（某程度上）人民同意為基礎——這適用於所有不僅是以武力為基礎的政府。「神權政治、王權、貴族政治，只要它們支配人民的思想時，就是單純的公意，」他敘述。「另一方面，當它們無法支配人民時，就僅僅是武力而已。」請參見：Constant, *Political Writings,* 175.

51. Germaine de Staël, *Considerations on the Principal Events of the French Revolution, Newly Revised Translation of the 1818 English Edition,* ed., annot., and introd. Aurelian Craiutu (Indianapolis: Liberty Fund, 2008), 343.

52. Staël, *Considerations,* 659, 725.

53. François Guizot, *The History of the Origins of Representative Government in Europe*, trans. Andrew R. Scoble, introd. Aurelian Craiutu (Indianapolis: Liberty Fund, 2002), 334. 關於季佐的菁英主義自由主義，請參見：Aurelian Craiutu,

34. “Liberté,” in *Le Dictionnaire de l’Académie française,* 1st ed. (1694), vol. 1. Accessed through ARTFL.
35. “Liberté,” in *Le Dictionnaire de l’Académie française,* 5thed. (1798). Accessed through ARTFL.
36. 關於復辟時期的政治，請參見：Robin Winks and Joan Neuberger, *Europe and the Making of Modernity, 1815–1914* (New York: Oxford University Press, 2005), 11–40.
37. Malcolm Crook, “Elections and Democracy in France, 1789–1848”, in *Re-imagining Democracy in the Age of Revolutions: America, France, Britain, Ireland 1750–1850*, ed. Joanna Innes and Mark Philp (Oxford: Oxford University Press, 2013), 83–100.
38. 關於這一時期對革命運動及思想的大規模鎮壓，請參見：Adam Zamoyski, *Phantom Terror: Political Paranoia and the Creation of the Modern State, 1789–1848* (New York: Basic Books, 2015).
39. 關於「自由主義的」及「自由主義」意義轉變，請參見：Helena Rosenblatt, *The Lost History of Liberalism* (Princeton, NJ: Princeton University Press, 2018). 關於將十九世紀自由主義者描述為，雅各賓主義及君主制復辟中間「第三條路」的捍衛者，請參見：Alan Kahan, *Liberalism in Nineteenth-Century Europe: The Political Culture of Limited Suffrage* (Basingstoke: Palgrave Macmillan, 2003), 3.
40. Ibid.
41. 針對大革命後法國關於自由之辯論的廣泛分析，請參見：Annelien de Dijn, *French Political Thought from Montesquieu to Tocqueville: Liberty in a Levelled Society* (Cambridge: Cambridge University Press, 2008).
42. K. Steven Vincent, *Benjamin Constant and the Birth of French Liberalism* (NewYork: Palgrave Macmillan, 2011), 33.
43. 關於康斯坦思想的接收過程，請參見：Helena Rosenblatt, “Eclipses and Revivals: Constant’s Reception in France and America 1830–2007,” in *The Cambridge Companion to Constant,* ed. Helena Rosenblatt (Cambridge: Cambridge University Press, 2009), 351–378.
44. Benjamin Constant, *Principles of Politics Applicable to All Governments,* ed.

Temporal Sovereignties, Separated Churches, and the Cause of Civilization, trans. Aeneas Dawson (London: C. Dolman, 1850), 237–245.

20. Johan Meerman, *De burgerlyke vryheid in haare heilzaame, de volks-vryheid in haare schadelyke gevolgen voorgesteld* (Leiden: Luchtmans, 1793), 42; my translation. 關於密爾曼這篇以一七八〇年代荷蘭關於自由的辯論為背景的論文，請參見：Velema, *Republicans,* 42.

21. Antoine de Ferrand, *Théorie des révolutions, rapprochée des principaux événemens qui en ont été l'origine, le développement ou la suite; avec une table générale et analytique,* 4 vols. (Paris: Michaud, 1817), 2: 206–230.

22. A. Creuzé de Lesser, *De la liberté* (Paris : L.G. Michaud, 1832), 126; my translation.

23. Edmund Burke, *Reflections on the Revolution in France and on the Proceedings in Certain Societies in London Relative to That Event* (Cambridge: Cambridge University Press, 2014), 7, 36.

24. 例如：*Civil Liberty Asserted, and the Rights of the Subject Defended, against the Anarchical Principles of the Reverend Dr. Price* (London: J. Wilkie, 1776).

25. 引自：Elazar, "The Liberty Debate," 89.

26. Ferguson, *Remarks on a Pamphlet,* 4.

27. *Civil Liberty Asserted,* 20–21.

28. Meerman, *De burgerlyke vryheid,* 16.

29. John Shebbeare, *An Essay on the Origin, Progress and Establishment of National Society, in Which the Principles of Government, the Definitions of Physical, Moral, Civil, and Religious Liberty Contained in Dr. Price's Observations, are Fairly Examined and Fully Refuted* (London: J. Bew, 1776), 32.

30. Edmund Burke, *Further Reflections on the Revolution in France*, ed. DanielE. Ritchie (Indianapolis: Liberty Fund, 1992), 195.

31. 引自：Zurbuchen, "Theorizing Enlightened Absolutism," 254–258.

32. Thomas Paine, *Collected Writings* (New York: Library of America, 1995), 434, 471.

33. Richard Price, *Political Writings,* ed. D. O. Thomas (Cambridge: Cambridge University Press, 1991), 83–84.

the Period of the Terror," in *The French Revolution and the Creation of Modern Political Culture,* vol. 4, *The Terror,* ed. K. M. Baker (Oxford: Pergamon, 1994), 309–325; Marisa Linton, "Terror and Politics," in *The Oxford Handbook of the French Revolution,* ed. David Andress (Oxford: Oxford University Press, 2015), 471–486.

15. 歷史學家仍對法國大革命淪為恐怖統治的確切原因爭論不休。艾勒伯・馬提耶（Albert Mathiez）等馬克思主義歷史學家闡述了一種深具影響力的詮釋，將恐怖統治的歸因於當時的歷史條件：戰爭及內鬥迫使雅各賓黨人為了捍衛革命成果不得不運用（合理正當的）暴力，即必要之惡，以對抗敵人。在一九八〇年代，出現了一個以傅黑為代表人物的新學派，這一學派認為恐怖統治是革命的民主化趨勢造成的結果。然而，關於恐怖統治的最近期研究已否定了這一修正主義（也有些人認為是反革命的）詮釋；相反，一些歷史學家，像蘇菲・瓦尼克（Sophie Wahnich）在其 *In Defence of the Terror: Liberty or Death in the French Revolution* (London: Verso, 2012) 中描繪的恐怖統治，既不是法國大革命的必然結果，也不是某種專斷的暴力及恫嚇政策，更精確地說，是一種企圖捍衛革命及遏止、控制爆發民眾暴力，有意識的努力。關於這批文獻的概述，請參見：Censer, "Historians Revisit the Terror—Again," *Journal of Social History* 48, no. 2 (2014): 383–403.
16. 引自：G. P. Gooch, *Germany and the French Revolution* (London: Longmans, Green, 1920), 269.
17. Wordsworth, *Poems of William Wordsworth*, 640. 關於恐怖統治對華滋華斯的影響，請參見：Emma Mason, "Life," in *The Cambridge Introduction to William Wordsworth* (Leiden: Cambridge University Press, 2010), 16–19. 關於較一般性對恐怖統治於英國政治辯論產生的影響，請參見：Mark Philp, *Reforming Ideas in Britain: Politics and Language in the Shadow of the French Revolution, 1789–1815* (Cambridge: Cambridge University Press, 2013), 40–70.
18. Jean-Louis Darcel, "The Roads of Exile, 1792–1817," in *Joseph de Maistre's Life, Thought, and Influence: Selected Studies,* ed. Richard A. Lebrun (Montreal: McGill-Queen's University Press, 2001), 15–31.
19. Joseph de Maistre, *The Pope, Considered in His Relations with the Church:*

2. Horst Dippel, *Germany and the American Revolution, 1770–1800: A Sociohistorical Investigation of Late Eighteenth-Century Political Thinking,* trans. Bernhard A. Uhlendorf (Wiesbaden: Steiner, 1978), 90–91, quote on 311.
3. 請參見第三章。
4. Eberhard, "Ueber die Freyheit des Bürgers," 7.
5. Ibid., 26.
6. William Wordsworth, *Poems of William Wordsworth,* vol. 2, *Collected Reading Texts from the Cornell Wordsworth,* ed. Jared Curtis (Penrith: Humanities-Ebooks, LLP, 2009), 204, 174.
7. 關於英國對美國革命的回應，請參見：Eliga H. Gould, *The Persistence of Empire: British Political Culture in the Age of the American Revolution* (Chapel Hill: University of North Carolina Press, 2000), 148–180. 關於法國的反革命：Jacques Godechot, *La Contre-Révolution. Doctrine et action. 1789–1804* (Paris: Presses Universitaires de France, 1984). 關於荷蘭奧蘭治黨人，請參見：Wyger Velema, *Republicans: Essays on Eighteenth-Century Dutch Political Thought* (Brill: Leiden, 2007), 159–178.
8. Bee Wilson, "Counter-Revolutionary Thought," in *The Cambridge History of Nineteenth-Century Political Thought,* ed. Gareth Stedman Jones and Gregory Claeys (Cambridge: Cambridge University Press, 2011), 30.
9. 引自：Marc. A. Goldstein, *The People in French Counter-Revolutionary Thought* (New York: Peter Lang, 1988), 89.
10. 請參見：Yiftah Elazar, "The Liberty Debate: Richard Price and His Critics on Civil Liberty, Free Government, and Democratic Participation" (PhD diss., Princeton University, 2012).
11. John Wesley, *Some Observations on Liberty: Occasioned by a Late Tract* (Edinburgh, 1776), 4–5.
12. Adam Ferguson, *Remarks on a Pamphlet Lately Published by Dr. Price* (London: T. Cadell, 1776), 8, 13.
13. 引自：Velema, *Republicans*, 156.
14. 請參見：Isser Woloch, "The Contraction and Expansion of Democratic Space During

128. Gregory Claeys, *Thomas Paine: Social and Political Though* (Boston: Unwin Hyman, 1989), 112.

129. Thomas Paine, *Collected Writings,* ed. Eric Foner (New York: The Library of America, 1995), 538.

130. James Mackintosh, *Vindiciae Gallicae and Other Writings on the French Revolution,* ed. Donald Winch (Indianapolis: Liberty Fund, 2006), 98.

131. Ibid., 94.

132. Jeremy Bentham, *The Works of Jeremy Bentham,* ed. John Bowring (Edinburgh: William Tait, 1843), 2: 501, 522. 關於這篇論文的寫作日期，請參見：J. H. Burns, *Bentham and the French Revolution* (London: Royal Historical Society, 1966), 16: 111, n. 2.

133. De Gouges, *Les droits de la femme*, 5; my translation.

134. 引自：Karen Offen, *European Feminisms, 1700–1950: A Political History,* 65.

135. 關於這場辯論，請參見：Lynn Hunt, *Inventing Human Rights: A History* (New York: W. W. Norton, 2007), 146–175. 以及：Samuel Moyn, "On the Nonglobalization of Ideas," in *Global Intellectual History,* ed. Samuel Moyn and Andrew Sartori (New York: Columbia University Press, 2013).

第三部　重新思考自由

第五章　現代自治自由的發明

1. Johann August Eberhard, "Ueber die Freyheit des Bürgers und die Principien der Regierungsformen," in *Vermischte Schriften. Erster Theil* (Halle: Johann Jacob Gebauer, 1784), 1–28. 關於埃伯哈德的文章及其接收過程，請參見：Simone Zurbuchen, "Theorizing Enlightened Absolutism: The Swiss Republican Origins of Prussian Monarchism," in *Monarchisms in the Age of Enlightenment: Liberty, Patriotism, and the Common Good,* ed. Hans W. Blom, John Christian Laursen, Luisa Simonutti (Toronto: University of Toronto Press, 2007), 240–266.

of the American Political Tradition (Notre Dame, IN: University of Notre Dame Press, 1996).

122. 針對一七八九年宣言的構框過程，請參見：Stephane Rials, *La déclaration des droits de l'homme et du citoyen* (Paris: Hachette, 1988), 115–320.

123. *Archives Parlementaires,* ed. J. Mavidal, E. Laurent, and E. Clavel, 82 vols. (Paris,1872– 1913), vol. 8, 438–439.

124. Ibid., 439; my translation.

125. Ibid.; my translation.

126. 關於這份宣言本質上是份盧梭式文件的看法，請參見：François Furet, *The French Revolution 1770–1814,* trans. Antonia Nevill (Oxford, Malden, MA: Blackwell, 1992), 74. 然而請注意，根據弗朗索瓦・傅黑（François Furet）的看法，法國《人權及公民權宣言》的盧梭式特質使其有別於美國權利宣言，後者被認為更具自由傾向，但本書作者並不同意此一觀點。還有一點也值得注意，即大多數學者認為這份宣言更為模稜兩可，結合了自由意志論對個人權利的捍衛，以及更多的盧梭式要素。可參見：Rials, *La déclaration,* 321–474; Philippe Raynaud, "La déclaration des droits de l'homme et du citoyen," in *The French Revolution and the creation of Modern Political Culture,* vol. 2, *The Political Culture of the French Revolution,* ed. Keith M. Baker and Colin Lucas (Oxford: Pergamon Press, 1988), 139–149. 請注意，這場辯論因《人權及公民權宣言》的盧梭主義與恐怖統治之間關係的問題，而變得複雜。根據傅黑及凱斯・貝克（Keith Baker）等其他修正主義歷史學家的看法，對於公意（general will）等盧梭式概念的擁抱，至少應為一七九三年至一七九四年期間，革命淪為暴力的演變負起部分責任，請參見：Baker, *Inventing the French Revolution: Essays on French Political Culture in the Eighteenth Century* (Cambridge: Cambridge University Press, 1990), 305. 然而，較近期有關恐怖統治的陳述否定了此一觀點。關於這場辯論的概述，請參見： Jack Censer, "Historians Revisit the Terror—Again," *Journal of Social History* 48, no. 2 (2014): 383–403.

127. Edmund Burke, *Select Works of Edmund Burke,* vol. 2, *Reflections on the Revolution in France* (Indianapolis: Liberty Fund, 1999), 150–151.

Rights: The Bill of Rights in Philosophy, Politics and Law—1791 and 1991, ed. Michael Lacey and Knud Haakonssen (Cambridge: Cambridge University Press, 1991), 102.

113. 引自：Paul Finkelman, "James Madison and the Bill of Rights: A Reluctant Paternity," *The Supreme Court Review* 9, no. 301 (1990): 312.

114. Hamilton, Madison, and Jay, *The Federalist Papers,* 420.

115. Ketcham, *Constitutional Convention Debates,* 245.

116. Rakove, *Declaring Rights,* 143. 應注意的是，並非所有反聯邦主義者均是民主黨人；所以喬治・梅森和埃爾布里奇・蓋瑞（Elbridge Gerry）這兩位最早期也最傑出的反聯邦主義者在制憲大會之前及期間，都曾表達出對於人民參與的深刻不信任。兩人與其他反聯邦主義者均反對聯邦憲法，原因正是會削弱地方或州菁英的重要性，並損害他們自己的權威。然而，總體而言，反聯邦主義者仍是用民主方式來表達他們對聯邦憲法的反對立場。請參見：Kloppenberg, *Toward Democracy,* 414.

117. 引自：Rakove, *Declaring Rights,* 161.

118. 引自：ibid., 176–177.

119. 引自：ibid., 175. 關於麥迪遜對權利法案缺乏熱忱，請參見：Finkelman, "James Madison and the Bill of Rights," 301–347.

120. Hamilton, Madison, and Jay, *The Federalist Papers,* 54. 請參見：Greg Weiner, "James Madison and the Legitimacy of Majority Factions," *American Political Thought* 2, no. 2 (2013): 198–216. 關於較一般性對麥迪遜對共和主義自治自由的投入，請參見：Lance Banning, *The Sacred Fire of Liberty: James Madison and the Founding of the Federal Republic* (Ithaca: Cornell University Press, 1998), 216. 關於較一般性對美國革命期間針對多數主義暴政的辯論，請參見：Annelien de Dijn, "Republicanism and Democracy: The Tyranny of the Majority in 18th-century Political Debate," in *Republicanism and the Future of Democracy*, ed. Yiftah Elazar and Geneviève Rousselière (Cambridge: Cambridge University Press, 2019) 59–74.

121. 請參見：Michael Zuckert, *The Natural Rights Republic: Studies in the Foundation*

(Cambridge, MA: Harvard University Press, 1992); and James P. Young, *Reconsidering American Liberalism: The Troubled Odyssey of the Liberal Idea* (Boulder: Westview Press, 1996). 對美國革命的「洛克式」詮釋受到了學者的質疑，他們認為事實上美國革命者受到近代早期共和傳統的影響更大。對這一觀點最具影響力的陳述是：Gordon S. Wood, *The Creation of the American Republic, 1776–1787* (Chapel Hill: University of North Carolina Press, 1969) 以及 J. G. A. Pocock, *The Machiavellian Moment: Florentine Political Thought and the Atlantic Republican Tradition* (Princeton, NJ: Princeton University Press, 1975). 今天，大多數研究美國建國的歷史學家均認為，革命者同時受到了兩種傳統的影響。關於這一新共識的形式，請參見：Alan Gibson, "Ancients, Moderns and Americans: The Republicanism-Liberalism Debate Revisited," *History of Political Thought* 21, no. 2 (2000): 261–307.

106. 關於這一論點，請特別參見艾波比與克蘭尼克的著作，以及：Eric MacGilvray, *The Invention of Market Freedom* (Cambridge: Cambridge University Press, 2011).

107. 請參見第三章。

108. Price, *Political Writings,* 20. 但請對照：Dan Edelstein, *On the Spirit of Rights* (Chicago: Chicago University Press, 2019), chap. 6. 埃德斯坦承認洛克對權利的看法與盧梭的接近，但他認為美國革命者與洛克決裂，並以一種更自由主義的方式來理解權利。

109. Josiah Tucker, *A Treatise Concerning Civil Government in Three Parts* (London: T. Cadell, 1781), 39.

110. 引自：James Moore, "Natural Rights in the Scottish Enlightenment," in *The Cambridge History of Eighteenth-Century Political Thought,* ed. Mark Goldie and Robert Wokler (Cambridge: Cambridge University Press, 2006), 315.

111. Jack Rakove, ed., *Declaring Rights: A Brief History with Documents* (Boston: Bedford Books, 1998), 65. 許多新成立的州也起草了權利宣言；而維州、賓州和麻州的權利宣言均宣布了人民自治的權利。

112. Wood, *Creation of the American Republic,* 609. 關於更近期這一觀點的重申，請參見：Jack Rakove, "Parchment Barriers and the Bill of Rights," in *A Culture of*

94. 關於書籍之戰，請參見：Larry Norman, *The Shock of the Ancient: Literature and History in Early Modern France* (Chicago: University of Chicago Press, 2011). 關於此一辯論對政治思想的影響，請參見：Annelien de Dijn, "Political and Social Thought: Montesquieu, Voltaire, Diderot, Rousseau, Raynal," in *The Cambridge History of French Thought, Part I: To 1789,* ed. Jeremy Jennings and Michael Moriarty, (Cambridge: Cambridge University Press, 2019), 241–248.
95. Jean-Jacques Rousseau, *The Social Contract and Other Later Political Writings,* ed. and trans. Victor Gourevitch (Cambridge: Cambridge University Press, 1997), 114–115.
96. Price, *Political Writings*, 24.
97. Ibid., 25.
98. Hamilton, Madison, and Jay, *The Federalist Papers,* 68.
99. Ibid., 53.
100. Ibid.
101. Ibid., 176.
102. Nicolas de Condorcet, *Political Writings,* ed. Steven Lukes and NadiaUrbinati (Cambridge: Cambridge University Press, 2012), 36, 166. 關於孔多塞對代議制民主前景的看法，請參見：Nadia Urbinati, *Representative Democracy: Principles and Genealogy* (Chicago: University of Chicago Press, 2006), 176–222.
103. J. G. A. Pocock, *Virtue, Commerce, and History: Essays on Political Thought and History, Chiefly in the Eighteenth Century* (Cambridge: Cambridge University Press, 1976), 20.
104. Agulhon, *Marianne au combat.*
105. 關於這一觀點的經典闡述，請參見：Louis Hartz, *The Liberal Tradition in America: An Interpretation of American Political Thought Since the Revolution* (New York: Harcourt, Brace and World, 1955). 對於近期這一觀點的重申，請參見：Isaac Kramnick, *Republicanism and Bourgeois Radicalism: Political Ideology in Late Eighteenth-Century England and America* (Ithaca, London: Cornell University Press, 1990); Joyce Appleby, *Liberalism and Republicanism in the Historical Imagination*

78. Ibid., 15.

79. Ibid., 88.

80. Ibid., 74.

81. 引自：Baxter, “Two Brutuses,” 63.

82. 引自：W. Percival, “Greek and Roman History in the French Revolution,” *Classical Review* (1963): 157.

83. John Adams, *Thoughts on Government: Applicable to the Present State of the American Colonies. In a Letter from a Gentleman to his Friend* (Philadelphia: John Dunlap, 1776).

84. Shalev, *Rome Reborn,* 151–187.

85. Richard, *Founders and the Classics,* 232–233. 但請對照威弗列德·奈波（Wilfred Nippel）的看法，他認為事實上就憲法事務方面，美國革命者無論在實踐或理論上都在和古代模式做出清楚的決裂，請參見：Nippel, *Ancient and Modern Democracy: Two Concepts of Liberty?,* trans. K. Tribe (Cambridge: Cambridge University Press, 2016), 144.

86. Parker, *Cult of Antiquity,* 84.

87. Ibid., 147.

88. 但請對照奈波的論點：*Ancient and Modern Democracy,* 148–203. 根據奈波的看法，「法國不曾真正認真嘗試進一步推行古代模式」；相較之下，「他們強調認同古代公民美德的楷模，遠勝於認同任何複製古代制度的努力」。引自 148 and 178.

89. 引自：Velema, “Conversations with the Classics,” 197.

90. Friedrich Schlegel, “Essay on the Concept of Republicanism Occasioned by the Kantian Tract ‘Perpetual Peace,’” in *The Early Political Writings of the German Romantics,* ed. Frederick Beiser (Cambridge: Cambridge University Press, 1996), 103–104.

91. 引自：Reinhold, *Classica Americana,* 25.

92. 引自：Nippel, *Ancient and Modern Democracy,* 162.

93. Hamilton, Madison, and Jay, *The Federalist Papers,* 44–45.

Rome in Eighteenth-Century England (Cambridge: Cambridge University Press, 1997); Caroline Winterer, *The Culture of Classicism: Ancient Greece and Rome in American Intellectual Life, 1780–1910* (Baltimore: Johns Hopkins University Press, 2002); and Harold Parker, *The Cult of Antiquity and the French Revolutionaries: A Study in the Development of the Revolutionary Spirit* (New York: Octagon Books, 1965), chap. 1.

70. Hackett Fisher, *Liberty and Freedom,* 37–46. 關於自由帽出現在革命時期的美國，請參見：Yvonne Korshak, "The Liberty Cap as a Revolutionary Symbol in America and France," *Smithsonian Studies in American Art* 1, no. 2 (1987): 52–69.

71. Maurice Agulhon, *Marianne au combat. L'imagerie et la symbolique républicaines de 1789 à 1880* (Paris: Flammarion, 1979), 28; Parker, *Cult of Antiquity,* 140; Richard Wrigley, "Transformations of a Revolutionary Emblem: The Liberty Cap in the French Revolution," *French History* 11, no. 2 (1997): 131–169; and Annie Jourdan, "L'allégorie révolutionnaire de la liberté à la république," *Dix-huitième siècle,* no. 27 (1995): 503–532.

72. Malamud, *Ancient Rome and Modern America,* 10. 關於艾迪森的劇作在美國受到的歡迎，請參見：Albert Furtwangler, "Cato at Valley Forge," *Modern Language Quarterly* 41, no. 1 (1980): 38–53; Frederic M. Litto, "Addison's *Cato* in the Colonies," *William and Mary Quarterly* 23, no. 3 (1966): 431–449; and Harper, "Cato, Roman Stoicism, and the American 'Revolution."

73. Litto, "Addison's *Cato.*"

74. 引自：Richard, *Founders and the Classics,* 74.

75. Ibid., 108.

76. 關於伏爾泰的劇作《布魯圖斯》的影響，請參見：Robert L. Herbert, *David, Voltaire, "Brutus," and the French Revolution: An Essay in Art and Politics* (London: Allen Lane, 1972); Denise Baxter, "Two Brutuses: Violence, Virtue, and Politics in the Visual Culture of the French Revolution," *Eighteenth-Century Life* 30, no. 3 (2006): 51–77.

77. 引自：Herbert, *David, Voltaire, "Brutus," and the French Revolution,* 13.

Cambridge University Press, 2008); Gordon Wood, *The Idea of America: Reflections on the Birth of the United States* (New York: Penguin Books, 2011), 57–79; Eran Shalev, *Rome Reborn on Western Shores: Historical Imagination and the Creation of the American Republic* (Charlottesville: University of Virginia Press, 2009).

關於古代對荷蘭愛國者革命的影響，請參見：Wyger Velema, "Conversations with the Classics: Ancient Political Virtue and Two Modern Revolutions," *Early American Studies: An Interdisciplinary Journal* 10, no. 2 (2012): 415–438; S. R. E. Klein, *Patriots Republikanisme. Politieke cultuur in Nederland (1766–1787)* (Amsterdam: Amsterdam University Press, 1995); N. C. F. van Sas, *De metamorfose van Nederland. Van oude orde naar moderniteit, 1750–1900* (Amsterdam: Amsterdam University Press, 2004), 129–143; Wyger Velema, *Omstreden Oudheid. De Nederlandse achttiende eeuw en de klassieke politiek* (Amsterdam: Amsterdam University Press, 2010).

關於古典著作對法國大革命的影響，權威著作仍是：Harold T. Parker, *The Cult of Antiquity and the French Revolutionaries: A Study in the Development of the Revolutionary Spirit* (New York: Octagon Books, 1965). 較近期的研究包括：Jacques Bouineau, *Les toges du pouvoir, ou la Révolution de droit antique* (Toulouse: Association des Publications de l'Université de Toulouse-le Mirail et Editions Eché, 1986); Claude Mossé, *L'Antiquité dans la Révolution française* (Paris: Albin Michel, 1989); and Chantal Grell, *Le dix-huitième siècle et l'antiquité en France: 1680–1789* (Oxford: Voltaire Foundation, 1995). 香朵・葛黑勒（Chantal Grell）將她詳盡的研究停在大革命爆發前，這多少是有些令人訝異。

請注意，儘管有大量證據顯示古典時期對大西洋革命浪潮的影響，但仍有一些學者將之描述為「啟蒙」革命浪潮。可參見：J. Israel, *The Expanding Blaze: How the American Revolution Ignited the World, 1775–1848* (Princeton, NJ: Princeton University Press, 2017).

69. Carl J. Richard, *The Founders and the Classics: Greece, Rome, and the American Enlightenment* (Cambridge, MA: Harvard University Press, 1994), 232. 關於大西洋革命浪潮的古典教育，請參見：Philip Ayres, *Classical Culture and the Idea of*

translation.

60. Edelstein, *Birth of Electoral Democracy,* 43–74.
61. RalphKetcham, *The Anti-Federalist Papers and the Constitutional Convention Debates* (Harmondsworth, UK: Penguin, 2003), 146.
62. Olympe de Gouges, *Les droits de la femme. À la Reine* (Paris, 1791). 我在書中用了這個譯本：*The French Revolution and Human Rights: A Brief Documentary History,* trans. and ed. Lynn Hunt (Boston: Bedford Books of St. Martin's Press, 1996), 124–129.
63. Eveline Koolhaas-Grosfeld, "Voor man en maatschappij: Over vrouwen in de Bataafse Tijd," in *Het Bataafse experiment: Politiek en cultuur rond 1800,* ed. Frans Grijzenhout, Wyger Velema, and Niek van Sas (Nijmegen: Uitgeverij Vantilt, 2015), 100.
64. Edelstein, *Birth of Electoral Democracy,* 48.
65. Ketcham, *Constitutional Convention Debates,* 154.
66. Edelstein, *Birth of Electoral Democracy,* 58–64.
67. Wood, *The Radicalism of the American Revolution.*
68. 關於美國革命者的古典啟發，請參見：John Pocock, *The Machiavellian Moment: Florentine Political Thought and the Atlantic Republican Tradition* (Princeton, NJ: Princeton University Press, 1975), 506–552. 請注意，波寇克主張，美國革命在一七八〇年代出現了一個不同且是反古典主義的轉向。然而，較近期的文獻則大量記錄了直到十九世紀初期，古典思想及範例對美國政治人物持續產生的影響。請特別參見：Carl J. Richard, *The Founders and the Classics: Greece, Rome, and the American Enlightenment* (Cambridge, MA: Harvard University Press, 1994). 亦請參見：Meyer Reinhold, *Classica Americana: The Greek and Roman Heritage in the United States* (Detroit: Wayne State University Press, 1984); Margaret Malamud, *Ancient Rome and Modern America* (Malden, MA: Wiley-Blackwell, 2009); M. N. S. Sellers, *American Republicanism: Roman Ideology in the United States Constitution* (New York: New York University Press, 1994); David J. Bederman, *The Classical Foundations of the American Constitution: Prevailing Wisdom* (Cambridge:

the American Congress (London: T. Cadell1775), 89.

47. 引自：Helena Rosenblatt, *The Lost History of Liberalism* (Princeton, NJ: Princeton University Press, 2018), 37–38.

48. 但請與埃德蒙·摩根（Edmund Morgan）比較，他認為美國白人對奴隸制的日常體驗增強了對自身自由的情感依戀：「奴役也許沒有把維吉尼亞人變成共和黨人，但他們對於共和黨人所珍視的自由有一種特殊的珍賞，因為他們每天都親眼看見沒有自由的生活是什麼樣子。」Morgan, *American Slavery, American Freedom* (New York and London: W. W. Norton, 1975), 376.

49. 引自：Foner, *Story of American Freedom,* 32.

50. 引自：Rosenblatt, *Liberalism,* 38.

51. Wood, *Radicalism of the American Revolution,* 186.

52. Foner, *Story of American Freedom,* 35.

53. James T. Kloppenberg, *Toward Democracy: The Struggle for Self-Rule in European and American Thought* (Oxford: Oxford University Press, 2016), 360.

54. Jean-Daniel Piquet, *L'émancipation des noirs dans la Révolution française (1789–1795)* (Paris: Karthala, 2002); Jeremy Popkin, *You Are All Free: The Haitian Revolution and the Abolition of Slavery* (Cambridge: Cambridge University Press, 2010).

55. Foner, *Story of American Freedom,* 37.

56. 引自：ibid., 35.

57. Klooster, *Revolutions in the Atlantic World,* 84–116; Kwame Nimako and Glenn Willemsen, *The Dutch Atlantic: Slavery, Abolition and Emancipation* (London: Pluto Press; 2011), chap. 4.

58. 關於這些數字，請參見：Melvin Edelstein, *The French Revolution and the Birth of Electoral Democracy* (Farnham: Ashgate, 2014), 67–73; Donald Ratcliffe, "The Right to Vote and the Rise of Democracy, 1787–1828," *Journal of the Early Republic* 33, no. 2 (2013): 230.

59. 引自：Mart Rutjes, *Door gelijkheid gegrepen: democratie, burgerschap en staat in Nederland, 1795–1801* (PhD diss., University of Amsterdam, 2012), 172; my

34. Noah Webster, *Sketches of American Policy* (Hartford: Hudson and Goodwin, 1785), 18.
35. Carole Shammas et al., *Inheritance in America: From Colonial Times to the Present* (New Brunswick, NJ: Rutgers University Press, 1987), Table 1.1.
36. 引自：Katz, "Republicanism and the Law of Inheritance," 15.
37. Shammas, *Inheritance in America,* Table 3.1.
38. 引自：Katz, "Republicanism and the Law of Inheritance," 14.
39. 引自：ibid., 14.
40. Johnson Kent Wright, *A Classical Republican in Eighteenth-Century France: The Political Thought of Mably* (Stanford: Stanford University Press, 1997), 94–109. 關於馬布利修道院院長這些觀點的靈感來源是哈靈頓這一點，請參見：Michael Sonenscher, "Republicanism, State Finances and the Emergence of Commercial Society in Eighteenth-Century France—or from Royal to Ancient Republicanism and Back," in *Republicanism: A Shared European Heritage,* vol. 2, *The Values of Republicanism in Early Modern Europe,* ed. Quentin Skinner and Martin van Gelderen (Cambridge: Cambridge University Press, 2002), 278.
41. 引自：M. Darrow, *Revolution in the House: Family, Class, and Inheritance in Southern France, 1775–1825* (Princeton: Princeton University Press, 2014), 6–7.
42. 引自：Katz, "Republicanism and the Law of Inheritance," 22–23.
43. Darrow, *Revolution in the House,* 3–19. 關於雅各賓遺產繼承法的討論，亦請參見：J. Gross, *Fair Shares for All: Jacobin Egalitarianism in Practice* (Cambridge: Cambridge University Press, 1996), chap. 4.
44. Rose, "The 'Red Scare' of the 1790s," 113.
45. S. Peabody, "Slavery, Freedom, and the Law in the Atlantic World, 1420–1807," in *The Cambridge World History of Slavery,* vol. 3, *AD 1420–AD 1804,* ed. D. Eltis and S. Engerman (Cambridge: Cambridge University Press, 2011), 594–630; E. Melton, "Manorialism and Rural Subjection in East Central Europe, 1500–1800," in Eltis and Engerman, *World History of Slavery,* 3: 297–322.
46. Samuel Johnson, *Taxation no Tyranny; an Answer to the Resolutions and Address of*

企圖高捧菁英統治的主張，可參考：Michael Klarman, *The Framers' Coup: The Making of the United States Constitution* (Oxford: Oxford University Press, 2016).

26. 引自：Cotlar, "Languages of Democracy," 23.
27. Alexander Hamilton, James Madison, and John Jay, *The Federalist Papers,* ed. Lawrence Goldman (Oxford: Oxford University Press, 2008), 52. 關於對「共和」一詞的類似定義，請參考：*The Federalist Papers,* 188.
28. Palmer, *Age of Democratic Revolution,* 252.
29. Grześkowiak-Krwawicz, *Queen Liberty,* 102–103.
30. Emmanuel Joseph Sieyès, "The Debate between Sieyès and Tom Paine," in *Political Writings: Including the Debate between Sieyès and Tom Paine in 1791,* ed. Michael Sonenscher (Indianapolis: Hackett, 2003), 163–173.
31. Pierre Rosanvallon, "The History of the Word 'Democracy' in France," *Journal of Democracy* 6, no. 4 (1995): 140–154; Ruth Scurr, "Varieties of Democracy in the French Revolution," in Innes and Philp, *Re-imagining Democracy,* 57–68.
32. Palmer, *The Age of the Democratic Revolution.*
33. 就他們和哈靈頓一樣捍衛重新分配措施的意義而言，美國革命者在多大程度上可被稱為哈靈頓主義者，關於這點存在著激烈的辯論。根據伍德的看法，美國革命者某程度上同意哈靈頓的觀點，但在一七七六年後就幾乎將其拋棄，請參見：Wood, *The Creation of the American Republic, 1776–1787* (Chapel Hill: University of North Carolina Press, 1998), 89. 相較之下，尼爾森則表示哈靈頓主義的影響長遠得多，請參見：Nelson, *The Greek Tradition in Republican Thought* (Cambridge: Cambridge University Press, 2006), 195–233. 然而，尼爾森堅稱，美國建國先驅提倡的重新分配措施，「只為明顯階層化的目的服務」。認為他們「提倡財富重新分配，這樣才能建立並維持一種特殊的統治結構：在這種結構中，統治的是經過精選、品德卓越的少數男性，而其他人則被統治」。相對地，本書作者同意史丹利．N．凱茨（Stanley N. Katz）的看法，他主張遺產繼承法的革命性修正是由具平等精神的共和主義所推動的。參見：Katz, "Republicanism and the Law of Inheritance in the American Revolutionary Era," *Michigan Law Review* 76, no. 1 (1977): 1–29.

（John P. Reid）的不同，後者認為殖民時期的美國人對於自由即法治的理解，不僅是不同，且更具法理主義色彩，請參見：Reid, *The Concept of Liberty in the Age of American Revolution* (Chicago: Chicago University Press, 1988).

令人意外的是，關於法國革命者的自由概念，竟沒有人做過書本篇幅的研究，短篇的論文請參考：Gerd van den Heuvel, "Liberté," in *Handbuch politisch-sozialer Grundbegriffe in Frankreich 1680–1820,* ed. Rolf Reichardt and Hans-Jurgen Lusebrink (Munich: Oldenbourg, 1996), 16: 85–121; Mona Ozouf, "Liberty," in *A Critical Dictionary of the French Revolution*, ed. François Furet and Mona Ozouf, trans. Artur Goldhammer (Cambridge, MA: Harvard University Press, 1989), 716–727.

關於荷蘭愛國者的自由概念，請參考：Wyger Velema, *Republicans: Essays on Eighteenth-Century Dutch Political Thought* (Leiden: Brill, 2007), esp. 139–159. 關於波蘭革命者的自由概念，請參考：Grześkowiak-Krwawicz, *Queen Liberty*, chap. 6.

20. Thomas Jefferson, "A Summary View of the Rights of British America (July 1774)," in *Political Writings,* ed. Joyce Appleby and Terence Ball (Cambridge: Cambridge University Press, 2004), 70–71.
21. 引自：Velema, *Republicans,* 152.
22. Gabriel Bonnot de Mably, *Des droits et des devoirs du citoyen,* ed. Jean-Louis Lecercle (Paris: M. Didier, 1972), 48; my translation. 關於馬布利修道院院長的論文在一七八九年的傳播，請參見勒瑟克勒（Lecercle）對此一評論版的引言。
23. Grześkowiak-Krwawicz, *Queen Liberty,* 113.
24. Price, *Political Writings,* 26.
25. Seth Cotlar, "Languages of Democracy in America from the Revolution to the Election of 1800," in *Re-imagining Democracy in the Age of Revolutions: America, France, Britain, Ireland 1750–1850,* ed. Joanna Innes and Mark Philp (Oxford: Oxford University Press, 2013), 14. 關於美國革命大體上的民主本質，請參考：Gordon Wood, *The Radicalism of the American Revolution* (New York: Knopf, 1992), 229–304. 尤其關於聯邦憲法背後的民主抱負，請參考：Larry Kramer, *The People Themselves: Popular Constitutionalism and Judicial Review* (Oxford: Oxford University Press, 2004). 請注意，這一觀點具有爭議性。關於聯邦憲法

8. 引自：Sophie Wahnich, *In Defence of the Terror: Liberty or Death in the French Revolution* (London: Verso, 2012), 24.
9. Frans Grijzenhout, "De verbeelding van de vrijheid in de Nederlandse kunst, 1570–1870,"in *Vrijheid: Een geschiedenis van de vijftiende tot de twintigste eeuw,* ed. E. O. G. Haitsma Mulier and W. R. E. Velema (Amsterdam: Amsterdam University Press, 1999), 253–286.
10. Anna Grześkowiak-Krwawicz, *Queen Liberty: The Concept of Freedom in the Polish-Lithuanian Commonwealth* (Leiden: Brill, 2012), 112.
11. Jean-Jacques Dessalines, "The Haitian Declaration of Independence," in *Slave Revolution in the Caribbean, 1789–1804: A Brief History with Documents,* trans. and ed. Laurent Dubois and John D. Garrigus (Boston: Bedford: St. Martin's, 2006), 124.
12. Andreas Stolzenburg, "Freiheit oder Tod—ein missverstandenes Werk Jean Baptiste Regnaults?" *Wallraf-Richartz Jahrbuch* 48 / 49 (1987–1988): 463–472.
13. 關於普萊斯論文受到的熱情歡迎，請參見：Carl Cone,*TorchbearerofFreedom: the Influence of Richard Price on Eighteenth Century Thought* (Lexington: University of Kentucky Press, 1952), 69–73.
14. Richard Price, *Political Writings,* ed. D. O. Thomas (Cambridge: Cambridge University Press, 1991), 46.
15. Ibid., 21–23.
16. Ibid., 26.
17. Ibid., 37.
18. Ibid., 26.
19. 關於美國革命中自由概念的類似解讀，請參見：Eric Foner, *The Story of American Freedom* (New York: W. W. Norton & Company, 1998), 12–28. 但請對照：Yiftah Elazar, "The Liberty Debate: Richard Price and His Critics on Civil Liberty, Free Government, and Democratic Participation" (PhD diss., Princeton University, 2012). 艾力札（Elazar）認為普萊斯的自由定義「具有在其時代不尋常的民主思維」。請參見：Elazar, "The Liberty Debate," 5. 這裡提到的詮釋也與約翰・P・里德

第四章　大西洋革命浪潮中的自由

1. Patrick Henry, "Give Me Liberty or Give Me Death," speech delivered at St. John's Church, Richmond, Virginia, March 23, 1775, https://avalon.law.yale.edu/18th_century /patrick.asp.
2. Jacob Axelrad, *Patrick Henry: The Voice of Freedom* (NewYork: Random House,1947), 105–111.
3. 對大西洋革命浪潮的經典概述：R. R. Palmer, *Age of the Democratic Revolution: A Political History of Europe and America, 1760–1800,* rev. ed. (1959–1964; Princeton, NJ: Princeton University Press, 2014). 有關直到一八四〇年代的大西洋革命浪潮故事，最近的概述之作請參見：Manuela Albertone and Antonino de Francesco, eds., *Rethinking the Atlantic World: Europe and America in the Age of Democratic Revolutions* (Basingstoke: Palgrave Macmillan, 2009); David Armitage and Sanjay Subrahmanyam, eds., *The Age of Revolutions in Global Context, c. 1760–1840* (Basingstoke: Palgrave Macmillan, 2009); Janet Polasky, *Revolutions without Borders: The Call to Liberty in the Atlantic World* (New Haven, CT: Yale University Press, 2016); Wim Klooster, *Revolutions in the Atlantic World: A Comparative History* (New York: New York University Press, 2009).
4. 關於大西洋革命浪潮的起因，請參見：Jack Goldstone, *Revolution and Rebellion in the Early Modern World* (Berkeley: University of California Press, 1991); Klooster, *Revolutions in the Atlantic World;* Keith Michael Baker and Dan Edelstein, introduction to *Scripting Revolution: A Historical Approach to the Comparative Study of Revolutions* (Stanford: Stanford University Press, 2015).
5. Katherine Harper, "Cato, Roman Stoicism, and the American 'Revolution'" (PhD diss., University of Sydney, 2014), 167.
6. David Hackett Fisher, *Liberty and Freedom: A Visual History of America's Founding Ideas* (Oxford: Oxford University Press, 2003), 49, 69.
7. 關於較一般性的革命觀念及口號在大西洋世界的傳播，請參見：Polasky, *Revolutions without Borders.*

139. Robert Filmer, *Patriarcha and Other Political Works,* ed. Peter Laslett (Oxford: Blackwell, 1949), 49.

140. 關於這一新文體以及更具體的《法蘭西學院字典》，請參見：John Considine, *Academy Dictionaries, 1600–1800* (Cambridge: Cambridge University Press, 2014).

141. "Liberté," in *Le Dictionnaire de l'Académie française,* 1st ed. (1694), vol. 1. Accessed through ARTFL.

142. "Liberté," in *Dictionnaire universel, contenant généralement tous les mots françaistant vieux que modernes et les termes de toutes les sciences et des arts,* vol. 2: F-O, ed. Antoine Furetière (The Hague and Rotterdam: A. et R. Leers, 1690), 453. 關於這本字典，請參見：Considine, *Academy Dictionaries,* 45–50.

143. "Free," in *Cyclopædia, or, An Universal Dictionary of Arts and Sciences,* ed. Ephraim Chambers, 1st ed. (1728), vol. 1. Accessed through ARTFL. 關於這本字典，請參見：Considine, *Academy Dictionaries,* 106–108.

144. 關於這一圖像與更一般性的寓意畫冊，對自由歷史之重要性的討論，請參見：Skinner, *Hobbes and Republican Liberty,* 70–71.

145. Cesara Ripa, *Iconologia* (Venice: Cristoforo Tomasini, 1645), 375.

146. 引自：Grześkowiak-Krwawicz, *Queen Liberty,* 53.

147. Lieven de Beaufort, *Verhandeling van de Vryheit in den Burgerstaet* (Leiden: Samuel Luchtmans, 1737), 53. 關於波福，請參見：Wyger Velema, *Republicans: Essays on Eighteenth-Century Dutch Political Thought* (Leiden: Brill, 2007), 56–64.

148. "English Bill of Rights 1689," an electronic publication of *The Avalon Project at the Yale Law School: Documents in Law, History and Diplomacy* (New Haven: The Avalon Project, 1996), https://avalon.law.yale.edu/17th_century/england.asp.

149. *English Historical Documents,* vol. 8, *1660–1714,* ed. Andrew Browning (London: Eyre & Spottiswoode, 1953), 129–134.

150. 請參見：Caroline Robbins, *The Eighteenth-Century Commonwealthman: Studies in the Transmission, Development and Circumstance of English Liberal Thought from the Restoration of Charles II until the War with the Thirteen Colonies* (Cambridge, MA: Harvard University Press, 1959).

and trans. Victor Gourevitch (Cambridge: Cambridge University Press, 1997), 50.

132. 關於洛克的自由理論本質上為「共和主義」，請參見：James Tully, *An Approach to Political Philosophy: Locke in Contexts* (Cambridge: Cambridge University Press, 1993), 301. 關於洛克作為一名激進的共和、甚至是民主思想家，較一般性的探討，請參見：Richard Ashcraft, *Locke's Two Treatises of Government* (London: Unwin Hyman, 1987); Ian Shapiro, "John Locke's Democratic Theory," in *Two Treatises of Government and A Letter Concerning Toleration,* ed. Ian Shapiro (New Haven: Yale University Press, 2003), 309–340. 對洛克的這一詮釋具有爭議性。關於另一個完全不同的解讀，請參見：John Marshall, *John Locke: Resistance, Religion and Responsibility* (Cambridge: Cambridge University Press, 1994), 216–218.

    關於洛克對政治自治自由的看法（在許多方面），比一般認為的更接近盧梭，這一論點請參見：Christopher Brooke, " '*Locke en particulier les a traitées exactement dans les mêmes principes que moi'*: Revisiting the Relationship between Locke and Rousseau," in *Locke's Political Liberty: Readings and Misreadings,* ed. Christopher Miqueu and Mason Chamie (Oxford: Voltaire Foundation, 2009), 69–82. 丹・埃德斯坦（Dan Edelstein）指出了洛克與史賓諾莎的自然權利理論之間的相似處，請參見他的著作：*Spirit of Rights,* 46–56.

133. John Locke, *Two Treatises of Government,* ed. Peter Laslett (Cambridge: Cambridge University Press, 1960), 328.

134. Ibid., 284.

135. Ibid., 356, 363.

136. Thomas Hobbes, *Leviathan,* ed. Richard Tuck (Cambridge: Cambridge University Press, 1996), 148.

137. Ibid., 149. 請參見：Quentin Skinner, *Hobbes and Republican Liberty* (Cambridge: Cambridge University Press, 2008).

138. Jon Parkin, *Taming the Leviathan: The Reception of the Political and Religious Ideas of Thomas Hobbes in England 1640–1700* (Cambridge: Cambridge University Press, 2007), 364.

Brian Tierney, "Freedom and the Medieval Church," in *The Origins of Modern Freedom in the West,* ed. R. W. Davis (Stanford, CA: Stanford University Press, 1995). 同樣重要的還有：Annabel Brett, *Liberty, Right and Nature: Individual Rights in Later Scholastic Thought* (Cambridge: Cambridge University Press, 1997).

125. Quentin Skinner, *The Foundations of Modern Political Thought,* vol.2, *The Age of Reformation* (Cambridge: Cambridge University Press, 1978); Knud Haakonssen, *Natural Law and Moral Philosophy from Grotius to the Scottish Enlightenment* (Cambridge: Cambridge University Press, 1996). 請注意，此書也提出了類似的論點：Richard Tuck, "The 'Modern' Theory of Natural Law," in *The Languages of Political Theory in Early-Modern Europe,* ed. Anthony Pagden (Cambridge: Cambridge University Press, 1987), 99–119. 然而，理查．塔克（Richard Tuck）將現代自然法的興起描述為反對人文主義懷疑論之回應的結果，而不是反對宗教改革。

126. 塔克將自然權利傳統恰當地描述為「有兩副臉孔」，請參見他的：*Natural Rights Theories: Their Origin and Development* (Cambridge: Cambridge University Press, 1979). 關於自然權利學說的分歧，甚至是自相矛盾的政治意涵，亦請參見：Dan Edelstein, *On the Spirit of Rights* (Chicago: University of Chicago Press, 2018).

127. 關於格老秀斯的生平，請參見：Richard Tuck's introduction to *The Rights of War and Peace: Book 1.*

128. Hugo Grotius, *The Rights of War and Peace: Book 1,* ed. Richard Tuck (Indianapolis: Liberty Fund, 2005), 260–272, quote on 1143. 請參見 Tuck, *Natural Rights Theories,* 58–81. 關於格老秀斯對自治自由的看法，一個十分不同的解讀請參見：Daniel Lee, "Popular Liberty, Princely Government, and the Roman Law in Hugo Grotius's *De Jure Belli ac Pacis,*" *Journal of the History of Ideas* 72, no. 3 (2011), 371–392.

129. Samuel Pufendorf, *The Political Writings of Samuel Pufendorf,* ed. and trans. Craig Carr and Michael Seidler (Oxford: Oxford University Press, 1994), 204.

130. Spinoza, *Complete Works,* 531.

131. Jean-Jacques Rousseau, *The Social Contract and Other Later Political Writings,* ed.

116. 引自：Kaplan, *Divided by Faith,* 24.

117. Ibid.

118. 引自：Zagorin, *Religious Toleration,* 76. 關於路德對世俗權威在懲罰異端中，所扮演角色的演變觀點，請參見：James Estes, "Luther on the Role of Secular Authority in the Reformation," *Lutheran Quarterly* 17, no. 2 (2003): 199–225.

119. John Calvin, "Christian Freedom," in *Institutes of the Christian Religion,* ed. and trans. John McNeill and F. L. Battles (Philadelphia: Westminster Press, 1960), 1: 836. 亦請參見：Zagorin, *How the Idea of Religious Toleration Came to the West,* 46–92.

120. G. H. Williams, *The Radical Reformation* (Philadelphia: Westminster Press, 1962). 關於激進宗教改革對政治思想的影響，請參見：Michael Baylor, ed., *The Radical Reformation* (Cambridge: Cambridge University Press, 1991); Michael Baylor, "Political Thought in the Age of the Reformation," in *The Oxford Handbook of the History of Political Philosophy,* ed. George Klosko (Oxford: Oxford University Press, 2011).

121. Zagorin, *How Religious Toleration Came to the West,* 9–13.

122. John Dunn, "The Claim to Freedom of Conscience: Freedom of Speech, Freedom of Thought, Freedom of Worship?," in *From Persecution to Toleration: The Glorious Revolution and Religion in England,* ed. Ole Peter Grell, Jonathan I. Israel, and Nicholas Tyacke (Oxford: Oxford University Press, 1991), 181. 亦請參見：John Dunn, *The Political Thought of John Locke* (Cambridge: Cambridge University Press, 1969), 264.

123. 這一觀點的經典闡述見於：C. B. MacPherson, *The Political Theory of Possessive Individualism* (Oxford: Clarendon Press, 1962). 較晚近的例子，請參見：Ellen Meiksins Wood, *Liberty and Property: A Social History of Western Political Thought from Renaissance to Enlightenment* (London: Verso, 2012), esp. 17–26.

124. 布萊恩・提爾尼（Brian Tierney）的著作在這方面尤其具有影響力；可參見：Brian Tierney, *Religion, Law, and the Growth of Constitutional Thought, 1150–1650* (New York: Cambridge University Press, 1982). 關於可參考的摘要，請參見：

Johan & Pieter de la Court (Leiden: Brill, 2012), 25–68.

106. Johan and Pieter de la Court, *Consideratieën van Staat ofte Politieke Weegschaal, waar in met veelen reedenen, omstandigheden, exempelen, en fabulen wert overwogen; welke forme der regeeringe, in speculatie gebout op de practijk, onder de menschen de beste zy. Beschreven door V.H.,* 3rd ed. (Ysselmonde: Querinus Overal, 1662). 關於對雅典模式的熱情描述，請參見：de la Court, *Consideratieën van Staat,* 578–615.

107. Scott, *Commonwealth Principles,* 135–139; Samuel Glover, "The Putney Debates: Popular vs. Élitist Republicanism," *Past & Present,* no. 164 (August 1999): 47–80.

108. 引自：Scott, *Commonwealth Principles,* 158.

109. 引自：ibid., 138.

110. De la Court, *Consideratieën van Staat,* 519–520.

111. Thomas Hobbes, *Leviathan: Revised Student Edition,* ed. RichardTuck (Cambridge: Cambridge University Press, 1996), 149–150.

112. 這一詮釋的傳統闡述者是T．B．麥考萊（T. B. Macaulay）及約翰．羅索普．莫特利（John Lothrop Motley）等十九世紀新教徒歷史學家。關於較近期重申此一觀點的文章，可參見：James Young, *Reconsidering American Liberalism: The Troubled Odyssey of the Liberal Idea* (Boulder: Westview Press, 1996).

113. 關於這一論點，請參見第一章。

114. Ernst Troeltsch, *Protestantism and Progress :A Historical Study of the Relation of Protestantism to the Modern World,* trans. W. Montgomery (London: Williams and Norgate, 1912). 關於更近期這種修正主義觀點的重申，請參見：G. Burgess, "Political Obedience," in *The Oxford Handbook of the Protestant Reformations,* ed. Ulinka Rublack (Oxford: Oxford University Press, 2016).

115. Martin Luther, "On Christian Freedom," in *Luther's Works,* ed. Helmut T. Lehmann (Philadelphia: Muhlenberg Press, 1962). 亦請參見：Perez Zagorin, *How the Idea of Religious Toleration Came to the West* (Princeton, NJ: Princeton University Press, 2003), 46–92; Benjamin Kaplan, *Divided by Faith: Religious Conflict and the Practice of Toleration in Early Modern Europe* (Cambridge, MA: Harvard University Press, 2007), 22–28.

尤其是泰比琉斯和蓋尤斯・格拉克斯兄弟的法律，這些法律將征服的土地分配給羅馬的窮人。但同樣值得注意的是，哈靈頓的古代資料沒有一份提到格拉克斯兄弟的土地法，是為了支持更普遍性的羅馬自由或羅馬政治體制。相反，普魯塔克及其他古代作者則明確表示，格拉克斯兄弟推行這些法律的目的，純粹是出於社會經濟的理由；也就是說，是為了減輕沒有土地的貧窮羅馬公民的痛苦。請參見：Plutarch, *Tiberius Gracchus,* 8.1–7.

99. 關於近代早期政治思想中土地法的相關辯論，以及對哈靈頓貢獻的廣泛討論，請參見：Eric Nelson, *The Greek Tradition in Republican Thought* (Cambridge: Cambridge University Press, 2004), 49–126. 然而請注意，艾瑞克・尼爾森（Eric Nelson）對哈靈頓之重新分配提議的理解，十分不同於本書的其他作者。根據尼爾森的看法，哈靈頓認為國家應由最優秀的人治理。因此應該避免財富極端化，因為它會扭曲人格、令美德蕩然無存。簡言之，在尼爾森的描述中，哈靈頓為財富的重分配辯護是因為其允許最優秀的人治理，而不是因為讓非支配意義上的自由成為可能。請參見：Nelson, *Greek Tradition*, 124.

100. 關於波蘭政治體制，請參見：Butterwick, *The Polish-Lithuanian Monarchy in Context*; 關於荷蘭共和國，請參見：Maarten Prak, "Verfassungsnorm under Verfassungsrealitat in den niederlandischen Stadten des spaten 17. und 18. Jahrhunderts: Die Oligarchie in Amsterdam, Rotterdam, Deventer und Zutphen, 1672 / 75–1795," in *Verwaltung und Politik in Stadten Mitteleuropas: Beitrage zu Verfassungsnorm und Verfassungswirklichkeit in altstandischer Zeit,* ed. W. Ehbrecht (Cologne-Vienna: Böhlau, 1994), 55–83.

101. Grześkowiak-Krwawicz, *Queen Liberty,* 41.

102. Scheels, *Vertoog van de gemeene Vryheid.*

103. John Milton, *The Ready and Easy Way to Establish a Free Commonwealth,* ed. Evert Mordecai Clark (New Haven, CT: Yale University Press, 1915), vol. 2, 183.

104. Andreas Wolanus, *De libertate politica sive civile: libellus lecti non indignus* (Cracow: M. Wirzbięta, 1572), chap. 6 (no pagination); my translation.

105. 關於考特兄弟的作品及其寫作背景的概述，請參見：Arthur Weststeijn, *Commercial Republicanism in the Dutch Golden Age: The Political Thought of*

'Republicanism in England, 1500–1800,'" in *European Contexts for English Republicanism,* ed. Gaby Mahlberg and Dirk Wiemann (Farnham: Ashgate, 2013), 13–32.

85. 引自：Scott, *Commonwealth Principles,* 152.
86. Marchamont Nedham, *The Excellencie of a Free-State; Or, The Right Constitution of a Commonwealth,* ed. Blair Worden (Indianapolis: Liberty Fund, 2011), 10.
87. Algernon Sidney, *Discourses Concerning Government,* ed. Thomas G. West (Indianapolis: Liberty Fund, 1996), 17.
88. Rachel Hammersley, "James Harrington's *The Commonwealth of Oceana* and the Republican Tradition," in *The Oxford Handbook of Literature and the English Revolution,* ed. Laura Lunger Knoppers (Oxford: Oxford University Press, 2012); Blair Worden, "James Harrington and the Commonwealth of Oceana, 1656," in *Republicanism, Liberty, and Commercial Society, 1649–1776,* ed. D. Wootton (Stanford, CA: Stanford University Press, 1994), 82–110; Blair Worden, "Harrington's Oceana: Origins and Aftermath, 1651–1660," in Wootton, *Republicanism,* 111–138.
89. 關於哈靈頓對「民主」一詞的使用，請參見：Rachel Hammersley, "Rethinking the Political Thought of James Harrington: Royalism, Republicanism and Democracy," *History of European Ideas* 39, no. 3 (2013): 354–370.
90. Harrington, *The Oceana and Other Works,* 142–143.
91. Ibid., 93.
92. Ibid., 51.
93. Ibid., 67.
94. Ibid., 66.
95. Ibid., 51.
96. Ibid., 57.
97. Ibid., 51.
98. 關於哈靈頓指馬基維利是「經濟平等是自治自由之必要條件」這一思考的先驅者，請參見：ibid., 39. 哈靈頓所提議的「土地法」也受到古代先賢的啟發，

verrtaalt door Otho Hendrik Ruperti, met eene voorrede behelzende eene korte schets va het leven des schryvers ('s Gravenhage: Kornelis Boucquet, 1742).

81. 請參見：Ann Hughes, *The Causes of the English Civil War* (Basingstoke: Macmillan, 1991).

82. 請參見：Skinner, *Liberty before Liberalism* 以及 Skinner, *Visions of Politics,* vol. 2. 書中英國革命的相關文章。請注意，這一解讀與較早對英國革命的詮釋截然不同，後者將其理解為先是一場爭取宗教自治自由的革命，後來才轉變為爭取政治自治自由的革命，例如：William Haller, *Liberty and Reformation in the Puritan Revolution* (New York: Columbia University Press, 1955). 即持此一主張。同樣地，史金納的解讀也打破了另一個歷史書寫傳統，其將英國革命描繪為受到普通法論點啟發的一場革命。關於後一項主張，請參見：J. G. A. Pocock, *The Ancient Constitution and the Feudal Law: A Reissue with a Retrospect* (Cambridge: Cambridge University Press, 1987); Glenn Burgess, *The Politics of the Ancient Constitution: An Introduction to English Political Thought, 1603– 1642* (London: Macmillan, 1992). 也請注意，關於對自由的古代狂熱信仰確切在何時被引入英國的問題，文獻中存在著相當大的爭論，一些歷史學家主張它是在查理一世遭處決後才復興，而不是早於此。相關論點請參見：Blair Worden, "Republicanism, Regicide and Republic: The English Experience," in Skinner and Van Gelderen, *Republicanism,* vol. 2, 307–327; Blair Worden, *The English Civil Wars 1640–1660* (London: Weidenfeld & Nicolson, 2009).

83. "A Declaration of the Parliament of England, Expressing the Grounds of Their Late Proceedings, and of Setling the Present Government in the Way of a Free State," in *The Struggle for Sovereignty: Seventeenth-Century English Political Tracts,* ed. Joyce Lee Malcom (Indianapolis: Liberty Fund, 1999), vol. 1, 381–384. 關於英國共和政治文化的一般性探討，請參見：S. Kelsey, *Inventing a Republic: The Political Culture of the English Commonwealth, 1649–1653* (Manchester: Manchester University Press, 1997).

84. 根據布萊爾．沃頓（Blair Worden）的說法，直到一六八〇年代，「共和」一詞才開始普遍見於英國的政治辯論，請參見：Worden, "Liberty for Export:

67. La Boétie, *On Voluntary Servitude,* 191.

68. Ibid., 194.

69. Ibid., 221–222.

70. 關於霍曼的生活及他寫《法蘭克高盧》時的歷史背景，請參見：François Hotman, *Francogallia,* ed. and trans. Ralph Giesey and J. H. M. Salmon (Cambridge: Cambridge University Press, 1972). 的引言。

71. Hotman, *Francogallia,* 299–300.

72. Ibid., 297–299.

73. Ibid., 292–293.

74. Jacques Bénigne Bossuet, *Politics Drawn from the Very Words of Holy Scripture,* ed. and trans. Patrick Riley (Cambridge: Cambridge University Press, 1991).

75. Almut Bues, "The Formation of the Polish-Lithuanian Monarchy in the Sixteenth Century," in *The Polish-Lithuanian Monarchy in Context, c. 1500–1795,* ed. Richard Butterwick (Basingstoke: Palgrave, 2001).

76. Anna Grześkowiak-Krwawicz, "Anti-Monarchismin Polish Republicanism in the Seventeenth and Eighteenth Centuries," in Skinner and Van Gelderen, *Republicanism,* vol. 1, 43–60, quote on 45. 亦請參見：Anna Grześkowiak-Krwawicz, *Queen Liberty: The Concept of Freedom in the Polish-Lithuanian Commonwealth* (Leiden: Brill, 2012).

77. 荷蘭獨立戰爭及其引發之政治辯論的概述，請參見：Martin van Gelderen, *The Political Thought of the Dutch Revolt 1555–1590* (Cambridge: Cambridge University Press, 2002).

78. 請參見：E. O. G. Haitsma Mulier and Wyger Velema, eds., *Vrijheid: een geschiedenis van de vijftiende tot de twintigste eeuw* (Amsterdam: Amsterdam University Press, 1999)之中關於十六及十七世紀的文章。

79. Hugo Grotius, *The Antiquity of the Batavian Republic,* ed. and trans. Jan Waszinketal. (Assen: Van Gorcum, 2000), 95.

80. Rabo Herm. Scheels, *Vertoog van de gemeene vryheid, waarbij nog komt Theoph. Hogers Redevoering, betoogende dat J. Caesar een Tiran is geweest, uyt het Latyn*

Holenstein, Thomas Maissen, and Maarten Prak (Amsterdam: Amsterdam University Press, 2008), 29–50.

62. Jan Waszink, introduction to Justus Lipsius, *Politica: Six Books of Politics or Political Introduction,* ed. and trans. Jan Waszink (Assen: Van Gorcum, 2004), 3–204. 關於利普修斯的*Admiranda*，請參見：Marc Laureys, "The Grandeur That was Rome: Scholarly Analysis and Pious Awe in Lipsius's *Admiranda,*" in *Recreating Ancient History. Episodes from the Greek and Roman Past in the Arts and Literature of the Early Modern Period,* ed. Karl Enenkel, Jan de Jong, and Jeanine de Landtsheer (Leiden-Boston: Brill, 2001).

63. 關於一個特別關注法國傳統的相似論點，請參見：Jean-Fabien Spitz, *La liberté politique: essai de généalogie conceptuelle* (Paris: Presses Universitaires de France, 1995). *Republicanism : A Shared European Heritage*, ed. Skinner and van Gelderen (2 vols.). 概述了共和論點在近代早期歐洲的傳播。然而請注意，大部分文章聚焦於十八世紀。

64. 相關概述，請參見：MackHolt, ed., *Renaissance and Reformation France 1500–1648* (Oxford: Oxford University Press, 2002) 之中收入的文章，尤其是Philip Benedict, "The Wars of Religion, 1562–1598."

65. Étienne de la Boétie, *On Voluntary Servitude*, trans. David Schaefer, in *Freedom over Servitude: Montaigne, La Boétie and On Voluntary Servitude,* ed. David Schaefer (Westport, CT: Greenwood Press, 1998), 189–222. 關於拉波哀西的教育與早年生活，請參見：Simone Goyard-Fabre, introduction to the Flammarion edition of *Discours de la servitude volontaire,* by Étienne de la Boétie (Paris: GF Flammarion, 1983).

66. 關於拉波哀西手稿的傳播，請參見：Simone Goyard-Fabre, "Le Contr'un de La Boétie. Étude d'une œuvre," *L'École des Lettres* LXXIV, 7, 1er janvier 1983, 37–43; 8, 15 janvier 1983, 41–51; François Moureau, "Boétie à l'épreuve de la Révolution française: éditions et travestissements du Contr'Un," in *Étienne de La Boétie, sage révolutionnaire et poète périgourdin, Actes du colloques international de Duke University (26–28 mars 1999),* ed. Marcel Tétel (Paris: Champion, 2004), 293–306.

sozialer Grundbegriffe in Frankreich 1680–1820, ed. Hans Jürgen Lüsebrink and Jörn Leonhard (De Gruyter: Oldenbourg, 2016), vol. 21. 此外，許多人文主義者也表達出（正如羅馬的菁英派曾做過的）對於「混合式政府」的偏好，在這種政體中「民主制」要素受到了「貴族制」及「君主制」要素的節制。然而，人文主義思想並不如人們有時宣稱的那樣，普遍偏好混合式憲法。關於這一論點，尤其是指英國人文主義，請參見：Jonathan Scott, *Commonwealth Principles: Republican Writing of the English Revolution* (Cambridge: Cambridge University Press, 2004), 131–150.

57. Peter Burke, *The European Renaissance: Centers and Peripheries* (Oxford: Wiley, 1998); Peter Burke, "The Historical Geography of the Renaissance," in *A Companion to the Worlds of the Renaissance,* ed. Guido Ruggiero (Oxford: Blackwell, 2002), 88–104; Nauert, *Humanism,* 102–131; Bolgar, *The Classical Heritage,* 302–379.

58. 關於這些數字，請分別參見：Burke, "Survey," 136 and Andrew Pettegree, *Reformation and the Culture of Persuasion* (Cambridge: Cambridge University Press, 2005), 191.

59. 關於近代早期歐洲主流政治體制的分析，請參見：Mark Greegrass, "Politics and Warfare," in *The Sixteenth Century,* ed. Euan Cameron (Oxford: Oxford University Press, 2009), 58–88; Richard Bonney, *The European Dynastic States, 1494–1660* (Oxford: Oxford University Press, 1991); Neithart Bulst, "Rulers, Representative Institutions and Their Members as Power Elites: Rivals or Partners?," in *Power Elites and State Building,* ed. Wolfgang Reinhard (Oxford: Clarendon Press, 1996), 41–58.

60. W. P. Blockmans, "Alternatives to Monarchical Centralisation: The Great Tradition of Revolt in Flanders and Brabant," in Koeningsberger, *Republiken und Republikanismus,* 145–154.

61. Andreas Würgler, "The League of Discordant Members or How the Old Swiss Confederation Operated and How it Managed to Survive for So Long," in *The Republican Alternative: The Netherlands and Switzerland Compared,* ed. André

Scot Baker）在*The Fruit of Liberty: Political Culture in the Florentine Renaissance, 1480–1550* (Cambridge, MA: Harvard University Press, 2013)所主張的，在佛羅倫斯，舊的共和制政治文化與新的君主制政治文化之間存在著連續性；值得一提的是，在梅迪奇家族的統治下，自由概念仍然重要。艾莉森·布朗（Alison Brown）也說明在自治自由的言論最終消失之前，梅迪奇家族最初是如何挪用了這一語言，請參見："De-masking Renaissance Republicanism," in *Renaissance Civic Humanism: Reappraisals and Reflections,* ed. J. Hankins (Cambridge: Cambridge University Press, 2000), 179–199.

52. Randolph Starn, *Contrary Commonwealth: The Theme of Exile in Medieval and Renaissance Italy* (Berkeley: University of California Press, 1982), 148–160.
53. 請參見：Bondanella, *Eternal City,* 135. 對於這個劇本的不同解讀，請參見：Wendy Heller, "Tacitus Incognito: Opera as History in '*L'incoronazione di Poppea,*'" *Journal of the American Musicological Society* 52, no. 1 (1999): 39–96.
54. Claudio Monteverdi and G. F. Busenello, *L'incoronazione di Poppea (The Coronation of Poppea): An Opera in a Prologue and Three Acts,* ed. Alan Curtis, trans. Arthur Jacobs (London: Novello, 1990), 256–260.
55. 請參見：William Bouwsma, *Venice and the Defense of Republican Liberty: Renaissance Values in the Age of the Counter Reformation* (Berkeley: University of California Press, 1968).
56. 請注意，關於用來描述這些古代政治模式的術語，大部分（但絕非全部）的北方人文主義者均拒絕他們是民主派的這一想法——民主派一詞被與無政府狀態及暴民統治連結。請參見：Russell Hanson, "Democracy," in *Political Innovation,* ed. Terence Ball, James Farr, and Russell L. Hanson (Cambridge: Cambridge University Press, 1989), 68–89. 取而代之，他們常用「民治政府」、「共和國」或「聯邦」等術語來描述他們偏好的政府形式。後兩個用詞適用於範圍廣泛的無國王政府：可以簡單地意味著某種雅典民主政體，也可以指權力由少數人壟斷的某種高度限制政體。關於「共和」一詞在近代早期的意義，請參見：Mager, "Republik." 關於在法文中的使用，請參見：Raymonde Monnier, "République, Républicanisme, Républicain," in *Handbuch politisch-*

Siena's Palazzo Pubblico 1289–1539: Studies in Imagery and Relations to Other Communal Palaces in Tuscany (New York: Garland Publishing, 1979), 354–371. 亦請參見：Nicolai Rubinstein, "Political Ideas in Sienese Art: The Frescoes by Ambrogio Lorenzetti and Taddeo di Bartolo in the Palazzo Pubblico," *Journal of the Warburg and Courtauld Institutes* 21, no. 3 / 4 (1958): 179–207.

40. 引自：Southard, *The Frescoes in Siena's Palazzo Pubblico,* 362.
41. Ibid., 363.
42. Rubinstein, "Political Ideas in Sienese Art."
43. Bondanella, *Eternal City,* 59. See also D. J. Gordon, "Gianotti, Michelangelo and the Cult of Brutus," in *The Renaissance Imagination,* ed. Stephen Orgel (Berkeley: University of California Press, 1975), 233–246.
44. 引自：Gordon, "The Cult of Brutus," 235.
45. 請參見：Manfredi Piccolomini, *The Brutus Revival: Parricide and Tyrannicide during the Renaissance* (Carbondale: Southern Illinois University Press, 1991), 35–94.
46. 引自：Najemy, *History of Florence,* 356.
47. Rinuccini, "Liberty," 196.
48. 引自：Gordon, "The Cult of Brutus," 235.
49. 引自：ibid., 236.
50. Gene Brucker, "The Italian Renaissance," in *A Companion to the Worlds of the Renaissance,* ed. Guido Ruggiero (Oxford: Blackwell, 2002), 23–38.
51. 關於十六世紀期間義大利政治思想的轉變，請參見：Maurizio Viroli, *From Politics to Reason of State: The Acquisition and Transformation of the Language of Politics, 1250–1600* (Cambridge: Cambridge University Press, 1992); Vittor Ivo Comparato, "From the Crisis of Civil Culture to the Neapolitan Republic of 1647: Republicanism in Italy between the Sixteenth and Seventeenth Centuries," in *Republicanism: A Shared European Heritage,* vol. 1, *Republicanism and Constitutionalism in Early Modern Europe,* ed. Quentin Skinner and Martin van Gelderen (Cambridge: Cambridge University Press, 2002), 169–194.

    請注意，這一轉變並非一夕發生，正如尼可拉斯·史寇特·貝克（Nicolas

30. Niccolò Machiavelli, *Discourses on Livy,* trans. and ed. Julia Conway Bondanella and Peter Bondanella (Oxford: Oxford University Press, 1997), 156–161.

31. Ibid., 27. 關於馬基維利作為民治政府捍衛者的分析，請參見：John McCormick, *Machiavellian Democracy* (Cambridge: Cambridge University Press, 2011). 請注意，這一解讀與對馬基維利較傳統的理解完全不同，後者認為馬基維利是較菁英主義的混合式憲法捍衛者。關於此一解讀，請參見：Quentin Skinner, *Machiavelli: A Very Short Introduction* (Oxford: Oxford University Press, 1981), 72–76.

32. Machiavelli, *Discourses on Livy,* 100, 134.

33. Erwin Panofsky, *Renaissance and Renascences in Western Art* (Boulder: Westview Press, 1972); Anthony Grafton, Glenn W. Most, and Salvatore Settis, eds., *The Classical Tradition* (Cambridge, MA: Harvard University Press, 2013), 196.

34. Nauert, *Humanism,* 60–101.

35. R. R. Bolgar, *The Classical Heritage and its Beneficiaries* (Cambridge: Cambridge University Press, 1954), 280.

36. Peter Burke, "A Survey of the Popularity of Ancient Historians," *History and Theory* 5, no. 2 (1966): 135–152.

37. Nauert, *Humanism,* 60–101. 關於人文主義對義大利文藝復興時期教育學程影響的本質，存在著激烈爭論。Robert Black, *Humanism and Education in Medieval and Renaissance Italy: Tradition and Innovation in Latin Schools from the Twelfth to the Fifteenth Century* (Cambridge: Cambridge University Press, 2001) 主張中世紀和文藝復興的教學中存在的是連續性及守舊性，而非創新。羅伯特．布萊克（Robert Black）的分析受到的質疑，請參見：Paul Grendler, *Schooling in Renaissance Italy: Literacy and Learning, 1300–1600* (Baltimore: Johns Hopkins University Press, 1989)，後者提供了大量證據證明當時的課程經歷了重大的變革。

38. 關於文藝復興時期的視覺及戲劇藝術中，古代自由狂熱信仰的復興，相關分析請參見：Peter Bondanella, *The Eternal City: Roman Images in the Modern World* (Chapel Hill: University of North Carolina Press, 1987).

39. 關於這些壁畫的詳盡描述及分析，請參見：Edna Southard, *The Frescoes in*

1575 (Oxford: Wiley-Blackwell, 2006); Lorenzo Tanzini, "Tuscan States: Florence and Siena," in *The Italian Renaissance States,* ed. Andrea Gamberini and Isabella Lazzarini (Cambridge: Cambridge University Press, 2012), 90–111.

25. 引自：Najemy, *History of Florence,* 298. 關於梅迪奇家族崛起的一般性研究，請參見：Arthur Field, *The Intellectual Struggle for Florence: Humanists and the Beginnings of the Medici Regime, 1420–1440* (Cambridge: Cambridge University Press, 2017).

26. 必須注意的是，一些人文主義者也支持梅迪奇家族和其將佛羅倫斯變成一個公國的企圖，他們讚美柯西莫·梅迪奇為柏拉圖式哲人統治者的楷模或今之奧古斯都。參見：Brown, "The Humanist Portrait."

27. Alamanno Rinuccini, "Liberty," in *Humanism and Liberty: Writingson Freedom from Fifteenth-Century Florence,* ed. and trans. Renée Neu Watkins (Columbia: University of South Carolina Press), 186–224. 關於李努奇尼的生平，詳情請參見芮尼·諾伊·魏特金斯（Renée Neu Watkins）的引言。

28. 在一系列具里程碑的研究中，史金納已經突顯了馬基維利對於復甦文藝復興時期義大利古代自由狂熱信仰的重要性，先從他在 *Foundations of Modern Political Thought,* vol. 1 中關於這位佛羅倫斯思想家的討論開始，接著他在 G. Bock, Q. Skinner, and M. Viroli, eds., *Machiavelli and Republicanism* (Cambridge: Cambridge University Press, 1990) ，以及這篇關於馬基維利的文章 Skinner, *Visions of Politics,* vol. 2，繼續了這個討論。關於馬基維利作為「古典美德」理論家，而非古代自治自由理論家的另一種重要詮釋，請參見：J. G. A. Pocock, *The Machiavellian Moment: Florentine Political Thought and the Atlantic Republican Tradition* (Princeton, NJ: Princeton University Press, 1975). 相較之下，Paul Rahe, *Against Throne and Altar: Machiavelli and Political Theory Under the English Republic* (Cambridge: Cambridge University Press, 2008) 這本書則將馬基維利描寫成一個與古代政治思想徹底決裂的理論家（請特別參見該書第一章）。

29. 關於馬基維利的成長歷程及早年生活，詳情請參見：Roberto Ridolfi, *The Life of Niccolò Machiavelli,* trans. Cecil Grayson (London: Routledge, 1963), 133–154.

17. 關於薩盧塔蒂的這個稱號，請參見：*Ciceronian Controversies,* ed. and trans. JoAnn Della Neva and Brian Duvick (Cambridge, MA: Harvard University Press, 2007), 237. 關於古代文本的重新發現，請參見： Leighton Durham Reynolds and Nigel Guy Wilson, *Scribes and Scholars: A Guide to the Transmission of Greek and Latin Literature* (Oxford: Oxford University Press, 1991), 121–163.

18. 關於義大利文藝復興時期「共和」一詞定義的出現，請參見：James Hankins, "Exclusivist Republicanism and the Non-Monarchical Republic," *Political Theory* 38, no. 4 (2010): 452–482.

19. 可參見：Alison Brown, "The Humanist Portrait of Cosimo de' Medici, Pater Patriae," *Journal of the Warburg and Courtauld Institutes* 24, no. 3 / 4 (1961): 186–221.

20. 請參見：Hans Baron, *From Petrarch to Leonardo Bruni: Studies in Humanistic and Political Literature* (Chicago, London: University of Chicago Press, for the Newberry Library, 1968), 7–50. 然而值得注意的是，巴倫並未提到佩脫拉克寫給里恩佐的那些公開信，這些信最清楚地證明了他在復興對於古代自由的狂熱信仰上所扮演的角色。請注意，巴倫將佩脫拉克解讀為古代自由的捍衛者這點是受到爭議的。關於這一辯論的概述，請參見：Craig Kallendorf, "The Historical Petrarch," *The American Historical Review* 101, no. 1 (February 1996): 130–141.

21. Petrarch, *The Revolution of Coladi Rienzo,* ed. Mario Cosenza (NewYork: Italica Press, 1986), 15–20.

22. Ibid., 166.

23. 巴倫首先在他的書中強調佛羅倫斯人文主義者，在重振對自由的古代狂熱信仰上扮演的關鍵角色，參見：*Crisis of the Early Italian Renaissance.* 然而，巴倫的論文引起了相當大的爭議。關於此一爭議的概述，請參見：James Hankins, "The 'Baron Thesis' after Forty Years and Some Recent Studies of Leonardo Bruni," *Journal of the History of Ideas* 56, no. 2 (1995): 309–338; James Hankins, ed., *Renaissance Humanism: Reappraisals and Reflections* (Cam- bridge: Cambridge University Press, 2000).

24. 關於佛羅倫斯的政治情形，請參見：John Najemy, *A History of Florence 1200–*

接觸一個價值體系十分不同的世界，這個世界珍賞的是無情與野心，而不是基督教謙遜和自制的美德。這被轉譯為一種新的政治準則，推崇「國家理性」的實用主義命令更勝於傳統道德美德。這一對「文藝復興對政治思想史之影響」的看法，主要的基礎是對馬基維利之《君王論》的表面解讀，如今已受到歷史學家的普遍否定。請參見：James Hankins, "Humanism and the Origins of Modern Political Thought," in *The Cambridge Companion to Renaissance Humanism,* ed. J. Kraye (Cambridge: Cambridge University Press, 1996), 118–141.

12. 人文主義運動的相關文獻十分龐大。這些文章收錄於：*Renaissance Humanism: Foundations, Forms, and Legacy,* 3 vols., ed. A. Rabil (Philadelphia: University of Pennsylvania Press, 1988–1991) 此外，Kraye, *Cambridge Companion to Renaissance Humanism*很好地概述了人文主義的英語學術研究成果。關於較近期單一作者的綜論性著作，請參見：Charles Nauert, *Humanism and the Culture of Renaissance Europe,* rev. ed. (1996; Cambridge: Cambridge University Press, 2006).

13. 請參見：Peter Burke, *The Renaissance Sense of the Past* (London: Edward Arnold, 1969). 然而請注意，一些中世紀學者對此一說法提出異議，請參見：Janet Coleman, *Ancient and Medieval Memories: Studies in the Reconstruction of the Past* (Cambridge: Cambridge University Press, 1992).

14. 佩脫拉克經常被描述為「文藝復興之父」，最近的學術研究挑戰了這一觀點，指出重要的先驅人物和其思想及藝術觀點中的中世紀特質。可參見：Ronald Witt, *In the Footsteps of the Ancients: The Origins of Humanism from Lovato to Bruni* (Leiden: Brill, 2003). 儘管如此，佩脫拉克對人文主義文藝復興的重要性是無可否認的。請參見：Rabil, *Renaissance Humanism,* vol. 1 中關於佩脫拉克的文章。

15. Petrarch, *Africa,* trans. and annot. Thomas G. Bergin and Alice S. Wilson (Newhaven, CT: Yale University Press, 1977), bk. 9, 638–641. 關於佩脫拉克將自己所處時代描述為光明時代，以對比之前的黑暗時代，此舉所展現出的創新眼光，請參見：Theodore E. Mommsen, "Petrarch's Conception of the 'Dark Ages," *Speculum* 17, no. 2 (April 1942): 226–242.

16. Petrarch, *Africa,* bk. 9, 638–641.

(Binghamton, NY: Medieval & Renaissance Texts & Studies in conjunction with the Renaissance Society of America, 1987), 1–37.

7. Leonardo Bruni, "A Dialogue Dedicated to Pier Paolo Vergerio," in *The Three Crowns of Florence: Humanist Assessments of Dante, Petrarca and Boccaccio,* ed. and trans. David Thompson and Alan F. Nagel (New York: Harper & Row, 1972), 48.
8. Jacob Burkhardt, *The Civilization of the Renaissance in Italy,* trans. S. G. C. Middlemore, intro. Peter Burke (London: Penguin Books, 1990), 98.
9. 可參見：Jerry Brotton, *The Renaissance: A Very Short Introduction* (Oxford: Oxford University Press, 2006), 9.
10. 關於這一對布克哈特的批判，可參見：Peter Burke, *The Renaissance* (London: Macmillan, 1987), 1.
11. 漢斯・巴倫（Hans Baron）在他的開創性著作中，首次指出文藝復興在自由歷史中的關鍵重要性：*The Crisis of the Early Italian Renaissance Civic Humanism and Republican Liberty in an Age of Classicism and Tyranny,* 2 vols. (Princeton, NJ: Princeton University Press, 1955). 然而，請注意，根據巴倫的看法，特定的政治環境，尤其是由一四〇二年的佛羅倫斯與米蘭戰爭所引發的危機，於增加自由在義大利的討論度，與古代文本和資料的重新發現扮演了同樣重要的角色。然而這一觀點受到了歷史學家的批評，他們指出古代自由狂熱信仰的重新復甦早於一四〇二年的危機，這表示文藝復興發揮了更獨立的作用。最值得注意的是，史金納也在他的著作中提出這一論點：*The Foundations of Modern Political Thought,* vol. 1, *The Renaissance* (Cambridge: Cambridge University Press, 1978) 並在另一本著作中更明確地提出了這一論點：*Visions of Politics,* vol. 2, *Renaissance Virtues* (Cambridge: Cambridge University Press, 2002), 1–9.
人們還應注意，巴倫－史金納對文藝復興之政治影響力的詮釋，與另一個較老的歷史書寫傳統間有著強烈分歧，這一傳統認為文藝復興對古代文本的重新發現，所起的作用是為義大利及歐洲其他地方的王權發展，提供了思想上的支持，而不是培養了一種對自由的狂熱信仰。他們的理由是，對古代的重新發現削弱了傳統基督教道德的聲望，並讓十五、十六世紀的知識分子得以

Aquinas: Political Writings, ed. R. W. Dyson (Cambridge: Cambridge University Press, 2002), xvii–xxxvi.

139. Ptolemy of Lucca, with portions attributed to Thomas Aquinas, *On the Government of Rulers,* 66. 但請對照 Samuel K. Cohn, *Lust for Liberty: The Politics of Social Revolt in Medieval Europe, 1200–1425* (Cambridge, MA: Harvard University Press, 2008). 薩繆爾·柯恩（Samuel Kohn）認為中世紀後期盛行一種以自由為中心的意識形態。

140. 關於義大利城邦共和國的衰亡，請參見：Waley and Dean, *Italian City Republics*, chap. 8.

第二部　自由的復甦

第三章　自由的文藝復興

1. Dante Alighieri, *The Divine Comedy of Dante Alighieri,* vol. 1, *Inferno*, trans. and ed. by Robert M. Durling, (New York: Oxford University Press, 1996), canto 10, 20, 34.19–34.67.
2. 關於但丁《神曲》的政治觀點和他的《論君主制》（*Monarchy*）之間的趨同，請參見：Joan M. Ferrante, *The Political Vision of the "Divine Comedy"* (Princeton, NJ: Princeton University Press, 1984), 3–43.
3. Dante Alighieri, *Monarchy,* trans. and ed. Prue Shaw (Cambridge: Cambridge University Press, 1996), 86.
4. Ibid., 21.
5. 關於在其歷史背景下，但丁的政治觀點，請參見：Charles Till Davis, "Dante and the Empire," in *The Cambridge Companion to Dante,* ed. Rachel Jacoff (Cambridge: Cambridge University Press, 2007), 257–269.
6. 關於布魯尼的生活及事業，請參見：James Hankins and Gordin Griffiths,"General Introduction," in *The Humanism of Leonardo Bruni: Selected Texts,* by Leonardo Bruni, trans. and introd. Gordon Griffiths, James Hankins and David Thompson

Perfect Prince: A Study in Thirteenth- and Fourteenth-Century Ideals," *Speculum: A Journal of Mediaeval Studies* 3, no. 4 (1928): 470–504.

131. 關於授職權爭議，請參見：Black, *Political Thought in Europe, 1250–1450*, 42–84.

132. 關於授職權爭議期間「自治自由」被作為口號使用一事的經典概述，請參見：Gerd Tellenbach, *Libertas: Kirche und Weltordnung im Zeitalter des Investiturstreites* (Stuttgart: W. Kohlhammer, 1936). 關於更近期的研究，請參見：Brigitte Szabó-Bechstein, *Libertas ecclesiae: Ein Schlüsselbegriff des Investiturstreits und seine Vorgeschichte, 4.-11. Jahrhundert* (Rome: Libreria Ateneo Salesiano, 1985).

133. 關於這一點，請參見：John C. Barnes, "Historical and Political Writing," in *Dantein Context,* ed. Zygmunt G. Barański and Lino Pertile (Cambridge: Cambridge University Press, 2015), 354–370.

134. 請參見：Quentin Skinner, *The Foundations of Modern Political Thought,* vol. 1, *The Renaissance* (Cambridge: Cambridge University Press, 1978), 3–65.

135. 引　自：Serena Ferente, "The Liberty of Italian City-States," in *Freedom and the Construction of Europe,* vol. 1, *Religious Freedom and Civil Liberty,* ed. Quentin Skinner and Martin van Gelderen (Cambridge: Cambridge University Press, 2013), 157–175.

136. Ptolemy of Lucca, with portions attributed to Thomas Aquinas, *On the Government of Rulers: De Regimine Principum,* trans. and ed. James M. Blythe (Philadelphia: University of Pennsylvania Press, 1997), 238.

137. 關於義大利城邦的內部分歧，請參見：Daniel Philip Waley and Trevor Dean, *The Italian City-Republics* (London: Routledge, 2013), chap. 7.

138. 關於《論王權》的作者身分及真實性始終存在著相當多的爭議。一些現代學者認為其作者是阿奎那的門徒之一，而不是這位知名的神學家本人。但主流的觀點是阿奎那寫了這篇論文的頭兩卷。在一二六七年十二月這本書的受獻者逝世後，他就不再寫下去了，但這篇論文不是自行流傳開來，就是由阿奎那的門徒——盧卡的托勒密續筆完成。請參見：R. W. Dyson, Introduction in

共和主義的辯論，請參見：V. Syros, "Between Chimera and Charybdis: Byzantine and Post-Byzantine Views on the Political Organization of the Italian City-States," *Journal of Early Modern History,* no. 14 (2010): 451–504.

123. Nicol, "Byzantine Political Thought," 53.

124. Chris Wickham, *The Inheritance o fRome: Illuminating the Dark Ages 400–1000* (New York: Penguin, 2009), 111–254.

125. 關於這一點，請參見：Rosamond McKitterick, "Politics," in *The Early Middle Ages: Euorope 400–1000,* ed. Rosamond McKitterick (Oxford: Oxford University Press, 2001); Bjorn Weiler, "Political Structures," in *The Central Middle Ages,* ed. Daniel Power (Oxford: Oxford University Press, 2006), ch. 3.

126. 請參見：J. Nelson, "Kingship and Empire," in Burns, *History of Medieval Political Thought,* 211–251; P. King, "The Barbarian Kingdoms," in Burns, *History of Medieval Political Thought,* 123–154.

127. 關於依希多祿，請參見：King, "The Barbarian Kingdoms," 141. 同樣地，深受奧古斯丁影響的大格里高里（Gregory the Great）主張人們應將壞的統治者視為上帝的懲罰來接受。請參見：Markus, "The Latin Fathers," 92–122. For Hincmar of Rheims, see Nelson, "Kingship and Empire."

128. 關於這一點，請參見：Mario Turchetti, *Tyrannie et tyrannicide de l'Antiquité à nos jours* (Paris: Classiques Garnier, 2013), 205–290.

129. 在阿奎那的《論王權》中即可找到這一觀點的良好例子。當然，這一普遍被接受的觀點也仍有一些例外；值得注意的是沙里斯伯里的約翰（John of Salisbury）在他的《論政府原理》（*Policraticus*）中根據統治者是否遵守法律，而定義了「國王」與「暴君」的差異。簡言之，對某些思想家而言，遵守法律（而不是道德美德）才標誌著真正的王權。請參見：Antony Black, *Political Thought in Europe, 1250–1450* (Cambridge: Cambridge University Press, 1992), 152–155.

130. 關於這一中世紀文體的流行現象，請參見：Roberto Lambertini, "Mirrors for Princes," in *Encyclopedia of Medieval Philosophy,* ed. Henrik Lagerlund (Dordrecht: Springer, 2011), 791–797. 關於這一文體的概述，請參見：Lester Born, "The

期基督教思想家也大量談論「奴役」——就順服上帝的意義而言，作為一種正面價值。關於這一點，請參見：Dale B. Martin, *Slavery as Salvation: The Metaphor of Slavery in Pauline Christianity* (New Haven: Yale University Press, 1990).

111. Gal. 3:28–4:11 (NRSV).
112. 1 Cor. 7:21–24 (NRSV).
113. 這絕不是〈哥林多前書〉七章二十一至二十四節的唯一可能詮釋。關於這段爭議經節的意義，相關辯論的概論性著作請參見：Martin, *Slavery as Salvation,* 63.
114. 關於這一點，請參見：Peter Garnsey, *Ideas of Slavery from Aristotle to Augustine* (Cambridge: Cambridge University Press, 1996), 191–243. 關於安布羅斯的一生和職涯，請參見：R. Markus, "The Latin Fathers," in *The Cambridge History of Medieval Political Thought c.350–c.1450,* ed. J. Burns (Cambridge: Cambridge University Press, 1988), 92–122.
115. Ambrose, *Letters,* trans. Mary Melchior Beyenka (New York: Fathers of the Church, 1954), 287.
116. Ibid., 292.
117. Ibid., 288.
118. Ibid., 296.
119. Ibid., 299.
120. 請參見：Dvornik, *Early Christian and Byzantine Political Philosophy,* vol. 2, 113. 但請對照：Anthony Kaldellis, "Political Freedom in Byzantium: The Rhetoric of Liberty and the Periodization of Roman History," *History of European Ideas* 44, no. 6 (2018): 795–811. 安東尼・卡爾戴里斯（Anthony Kaldellis）認為對自由的狂熱信仰一直延續到拜占庭時期。
121. 引自：D. M. Nicol, "Byzantine Political Thought," in Burns, *History of Medieval Political Thought,* 55.
122. Anthony Kaldellis, "Republican Theory and Political Dissidence in Ioannes Lydos," *Byzantine and Modern Greek Studies* 29, no. 1 (2005): 9. 關於拜占庭時期有關後期

Casiday and F. Norris (Cambridge: Cambridge University Press, 2007), 403–428; A. Ritter, "Church and State up to c.300 CE," in *The Cambridge History of Christianity,* vol. 1, *Origins to Constantine,* ed. Margaret M. Mitchell and Frances M. Young, (Cambridge: Cambridge University Press, 2006), 524–537.

102. Rom. 13 (New Revised Standard Version).

103. 引自：Young, "Christianity," 649.

104. Eusebius, *Church History: Life of Constantine the Great: Oration in Praise of Constantine,* trans. Ernest Cushing Richardson (Buffalo, NY: Christian Literature, 1890), 1110–1175. 關於尤瑟比烏斯的柏拉圖主義，請參見：N. H. Baynes, "Eusebius and the Christian Empire," in *Byzantine Studies and Other Essays,* ed. N. H. Baynes (London: Athlone Press, 1955), 168–172. 關於尤瑟比烏斯對拜占庭政治哲學的影響，請參見：Dvornik, *Early Christian and Byzantine Political Philosophy,* vol. 2, 611–622; J.-M. Sansterre, "Eusèbe de Césarée et la naissance de la théorie 'césaropapiste,'" *Byzantion,* no. 42 (1972): 131–195, 532–594.

105. Eusebius, *Church History*, 1118.

106. Dvornik, *Early Christian and Byzantine Political Philosophy,* vol. 2, 725–726. 正如德弗尼克（Dvornik）所指出的，許多其他基督教思想家均自行得出了相同結論。

107. 關於奧古斯丁的政治哲學，請參見：R. W. Dyson, *St. Augustine of Hippo and the Christian Transformation of Political Philosophy* (London: Continuum Press, 2005), esp. 48–88. 關於奧古斯丁的生活及事業，請參見：J. O'Donnell, "Augustine," in *The Cambridge Companion to Augustine,* ed. E. Stump and N. Kretzmann (Cambridge: Cambridge University Press, 2001), 8–25.

108. Augustine, *The City of God,* trans. William Babcock, annot. by Boniface Ramsey (Hyde Park, NY: New City Press, 2013), 2.19.6.

109. Ibid., 2.19.15.

110. 關於新、舊約聖經中自由概念的討論，請參見：R. Brague, "God and Freedom: Biblical Roots of the Western Idea of Liberty," in *Christianity and Freedom,* ed. T. Shah and A. Hertzke (Cambridge: Cambridge University Press, 2016), 391–402. 早

89. Tacitus, *The Life of Cnæus Julius Agricola,* 3.1–8.

90. 但請參照維爾舒布斯基，他認為塔西佗「認為與其說自治自由是種憲政權利，不如說是追求自由的個人意志與勇氣」。Wirszubski, *Libertas as a Political Idea,* 165. 馬克．莫福德（Mark Morford）也提出類似主張，他認為對塔西佗而言，「自治自由」存在於所有秩序井然的國家中，包括帝國。Morford, "How Tacitus Defined Liberty," *ANRW,* 11.33.4 (1991): 3420–3449.

91. Tacitus, *Annals,* 15.49.

92. 關於這些事件，請參見：Wilkinson, *Republicanism,* 35–58.

93. Beard, *SPQR,* 394.

94. Syme, "Livy and Augustus"; Birley, "The Life and Death of Cornelius Tacitus"; Plutarch, *Caesar.*

95. 關於克里索斯通的生活及事業，請參見：C. P. Jones, *The Roman World of Dio Chrysostom* (Cam- bridge, MA: Harvard University Press, 1978). 關於他的政治哲學，請參見：C. Gill, "Stoic Writers of the Imperial Era," in Rowe and Schofield, *Greek and Roman Political Thought,* 597–615.

96. Dio Chrysostom, *The Third Discourse on Kingship*, 78–79.

97. Dio Chrysostom, *The Second Discourse on Kingship*, 6.

98. Francis Dvornik, *Early Christian and Byzantine Political Philosophy: Origins and Backgrounds,* vol. 1 (Washington, DC: Dumbarton Oaks Center for Byzantine Studies, 1966).

99. 請參見：Carlos F. Noreña, *Imperial Ideals in the Roman West: Representation, Circulation, Power* (Cambridge: Cambridge University Press, 2011), 284–297.

100. 段落的內容改寫自：W. H. C. Frend, "Persecutions: Genesis and Legacy," in *The Cambridge History of Christianity,* ed. M. M. Mitchell and F. M. Young (Cambridge: Cambridge University Press, 2006), 501–523; A. Cameron, "Constantine and the 'Peace of the Church," in Mitchell and Young, *History of Christianity,* 538–551.

101. 請參見：Frances Young, "Christianity," in Rowe and Schofield, *Greek and Roman Political Thought,* 635–660; H. Drake, "The Church, Society and Political Power," in *The Cambridge History of Christianity,* vol. 2, *Constantine to c. 600,* ed. A.

高的政治性著作中提倡哲人王的柏拉圖式理想。可參見：C. Pelling, "Political Philosophy," in Beck, *Companion to Plutarch,* 149–162.

72. Plutarch, *Cato the Younger.*
73. Ibid., 70.
74. Plutarch, *Brutus,* 3.4.
75. Plutarch, *Cicero*.
76. 從近代早期開始，針對如何詮釋塔西佗的政治訊息就一直存在著熱烈的辯論。塔西佗曾被解讀為自治自由及共和制的捍衛者——即「紅色」塔西佗。但他也經常被認為是權力政治和強大君主制的擁護者——即「黑色」塔西佗。關於針對塔西佗著作的不同詮釋，請參見：D. Kapust, "Tacitus and Political Thought," in *A Companion to Tacitus,* ed. V. E. Pagán (Chichester: Wiley-Blackwell, 2011), 504–528. 不消說，作者同意的自然是「紅色」塔西佗的詮釋。
77. 關於塔西佗的生活及事業，請參見：A. R. Birley, "The Life and Death of Cornelius Tacitus," *Historia* 49, no. 2 (2000): 230–247.
78. Herbert W. Benario, "The Annals," in *Companion to Tacitus,* ed. Pagán, 101–121.
79. Tacitus, *The Annals: The Reigns of Tiberius, Claudius, and Nero,* trans. J. C. Yardley (Oxford: Oxford University Press, 2008), 1.1.
80. Tacitus, *Annals*, 5.9.
81. Ibid., 6.40.
82. Ibid., 15.35, 13.25, 16.17.
83. Ibid., 15.44.
84. 關於塔西佗聲稱在奧古斯都後選舉已淪為作戲，可參見：Tacitus, *Annals,* 1.81 and 11.22.
85. 關於這一點，請參見：S. Oakley, "*Resolimdissociabiles*: Emperors, Senators and Liberty," in *The Cambridge Companion to Tacitus,* ed. A. Woodman (Cambridge: Cambridge University Press, 2009), 184–194.
86. Tacitus, *Annals,* 2.32, 3.70, 3.65.
87. 關於尼祿的統治，請參見：ibid., 13–16.
88. Ibid., 16.36.

Period: Structure and Ideology," in *A Companion to Livy,* ed. B. Mineo (Chichester: Wiley-Blackwell, 2015), 259–273. 然而，請注意，其他學者認為李維徹頭徹尾維護奧古斯都政權，或是換個說法，他們認為相比於憲法變更，李維是個對道德美德的衰微更感興趣的歷史學家。關於這些立場，請分別參見：Bernard Mineo, "Livy's Political and Moral Values and the Principate," in Mineo, *Companion to Livy,* 139–154; Thomas Wiedemann, "Reflections of Roman Political Thought in Latin Historical Writing," in *The Cambridge History of Greek and Roman Political Thought,* ed. Christopher Rowe and Malcolm Schofield (Cambridge: Cambridge University Press, 2000), 517–531.

63. 關於李維生活及事業的概述，請參見：Ronald Syme, "Livy and Augustus," *Harvard Studies in Classical Philology,* no. 64 (1959): 27–87.
64. Livy, *History of Rome,* prologue to bk. 1.
65. 因此，李維曾經評論道：「這就是民眾的本性；他們不是卑躬屈膝的奴才，就是不可一世的暴君。他們不知道如何節制地拒絕或享受那持守中庸之道的自治自由。」Livy, *History of Rome,* 24.25.
66. Ibid., 1.56.
67. Plutarch, *Brutus,* 1.1.
68. 關於帝國初期對共和英雄的持續崇敬，請參見：Wilkinson, *Republicanism,* 40–44, 126.
69. Seneca, *De Constantia Sapientis*, 2.2. 關於塞內加對共和制垮台的看法，請參見：Miriam Griffin, *Seneca: A Philosopher in Politics* (Oxford: Clarendon Press, 1992). 請注意，塞內加絕不是共和制始終如一的捍衛者。在《論憐憫》（*On Mercy*）中，他試圖透過展現尼祿的無辜及憐憫，來促使人們忠於尼祿而不是共和制。請參見：Wilkinson, *Republicanism,* 131.
70. 關於普魯塔克生活及事業的概述，請參見：M. Beck, "Introduction," in *A Companion to Plutarch,* ed. M. Beck (Chicester: Wiley-Blackwell, 2014), 1–12.
71. 關於必須將普魯塔克的《希臘羅馬名人對傳》解讀成為共和制辯護之作的主張，請參見：P. A. Stadter, "Plutarch and Rome," in Beck, *Companion to Plutarch,* 13–31. 然而，普魯塔克絕不是共和主義始終如一的捍衛者。他曾在抽象度更治自由」開始意味著「秩序、安全及信心」並因此被認為與一人統治是相容的。Wirszubski, *Libertas as a Political Idea,* 156.

56. Appian, *Roman History,* preface 1.6. 這一過程完成於二世紀末、三世紀初，當時（正如弗格斯．密拉爾〔Fergus Millar〕所說的）從苟延殘喘的元老院體制中，出現了可被視為完全獨立君主的皇帝。Fergus Millar, *The Emperor in the Roman World, 31 B.C.-AD 337* (London: Duckworth, 1977), 350.

57. Dio Cassius, *Roman History,* 47.39.

58. 正如密拉爾指出的，羅馬皇帝也積極參考了希臘化時期的國王所建立的先例。請參見：Millar, *Emperor in the Roman World,* 198.

59. 關於女性在羅馬帝國中的角色，請參見：Fantham et al., *Women in the Classical World,* esp. chap. 11 and 13. 關於這些引言，請參見：Tacitus, *Annals,* 12.37, 12.7. 請注意，正如艾蜜莉．赫梅里克（Emily Hemelrijk）提醒我們的，某些處於社會底層的女性也得到更多行使權力的機會。Hemelrijk, "Public Roles for Women in the Cities of the Latin West," in *A Companion to Women in the Ancient World,* ed. S. L. James and S. Dillon (Chichester: Wiley-Blackwell, 2012), 478–490.

60. 引自：Fergus Millar, *Rome, the Greek World, and the East,* vol. 2, *Government, Society, and Culture in the Roman Empire,* ed. Hannah M. Cotton and Guy M. Rogers (Chapel Hill: University of North Carolina Press, 2004), 111.

61. 關於帝國時期的歷史學家躲入懷舊之情，請參見：Joy Connolly, "Virtue and Violence: The Historians on Politics," in *The Cambridge Companion to the Roman Historians,* ed. Andrew Feldherr (Cambridge: Cambridge University Press, 2009), 181–194. 關於更普遍的反帝國意識形態對立，請參見：Sam Wilkinson, *Republicanism during the Early Roman Empire* (London, New York: Continuum, 2012). 威爾金森（Wilkinson）的研究令人信服地修正了這一普遍接受的觀點，即不存在反對帝國的聲音，或即使反對也只是受到個人野心所驅使。關於較舊的觀點，請參見：Ramsay MacMullen, *Enemies of the Roman Order: Treason, Unrest, and Alienation in the Empire* (Cambridge, MA: Harvard Uni- versity Press, 1966).

62. 關於李維對羅馬共和的頌揚，請參見：P. Martin, "Livy's Narrative of the Regal

41. 關於這個令人難忘的細節，請參見：Plutarch, *Sulla,* 36.

42. 請參見：Wiseman, *Remembering the Roman People,* 188–221.

43. 關於凱撒之終極抱負的討論，請參見：Adrian Goldsworthy, *Caesar: The Life of a Colossus* (New Haven: Yale University Press, 2006), 493–500.

44. 引自：ibid., 158.

45. Ibid., 500.

46. Plutarch, *Brutus,* 9.

47. 關於凱撒之死及其後的事態發展，請參見：Wiseman, *Remembering the Roman People,* 211–234.

48. 關於西塞羅在羅馬共和晚期危機中扮演的角色，請參見：Thomas Mitchell, *Cicero: The Senior Statesman* (New Haven: Yale University Press, 1991).

49. Cicero, *Philippics*, 3.14, 2.44, in *The Orations of Marcus Tullius Cicero,* trans. C. D. Yonge (London: George Bell and Sons, 1903), vol. 4.

50. Beard, *SPQR,* 341–342.

51. 關於奧古斯都企圖將他的政權描繪成共和制的復辟，請參見：Karl Galinsky, *Augustus: Introduction to the Life of an Emperor* (Cambridge: Cambridge University Press, 2012), 61–83.

52. Fergus Millar, *Rome, the Greek World, and the East,* vol. 1, *The Roman Republic and the Augustan Revolution,* ed. Hannah M. Cotton and Guy M. Rogers (Chapel Hill: University of North Carolina Press, 2002), 264.

53. Augustus, "Res Gestae," in *The Roman Empire: Augustus to Hadrian,* ed. and trans. R. K. Sherk (Cambridge: Cambridge University Press, 1988), 42.

54. Chaim Wirszubski, *Libertas as a Political Idea at Rome during the Late Republic and Early Principate* (Cambridge: Cambridge University Press, 1960), 159; Lothar Wickert, "Der Prinzipat und die Freiheit," in *Symbola Coloniensia Josepho Kroll sexagenario A.D. VI. Id. Nov. a. MCMIL oblata* (Cologne: B. Pick, 1949), 113–141, 提供了羅馬皇帝宣稱支持「自治自由」的豐富證據。

55. 請參見：Millar, *Rome, the Greek World, and the East,* vol. 1, 260–270. 但請對照海姆．維爾舒布斯基（Chaim Wirszubski）的論點，他認為共和制垮台後，「自

the Roman People: Essays on Late-Republican Politics and Literature (Oxford: Oxford University Press, 2008).

28. 關於人民派和菁英派之間的辯論，以及他們各自使用的自由概念，請參見：Arena, *Libertas and the Practice of Politics,* 73–168.
29. Sallust, *Fragments of the Histories*, 3.34; Sallust, *The War with Jugurtha*, 31.11.
30. 請參見：Arena, *Libertas and the Practice of Politics,* 40.
31. Cicero, *On the Commonwealth,* 1.47–49.
32. Sallust, *The War With Jugurtha,* 31.11.
33. Plutarch, *Tiberius Gracchus,* 20.
34. 請參見：Jed W. Atkins, "Non-Domination and the *Libera Res Publica* in Cicero's Republicanism," *History of European Ideas* 44, no. 6 (2018): 756–773. 但請對照尼爾・伍德（Neal Wood）對西塞羅的描寫，將他描寫成菁英派的反動代言人，對他來說「自治自由（libertas）基本上意味著他們自己可以無拘無束地統治大眾及聚斂財富的自由」。Neal Wood, *Cicero's Social and Political Thought* (Berkeley: University of California Press, 1991), 150.

    在 *Crisis and Constitutionalism,* 149–190，史卓門也以類似手法將西塞羅描繪成一個意圖捍衛財產權不受國家干預的原初自由主義者。
35. Cicero, *On the Commonwealth,* 1.43.
36. Cicero, *On the Laws*, 3.25, in *On the Commonwealth and On the Laws*, ed. and trans. James Zetzel (Cambridge: Cambridge University Press, 1999).
37. Ibid., 3.38.
38. 請參見：Arena, *Libertas and the Practice of Politics,* 73–168.
39. 關於羅馬共和衰亡原因的辯論，近期的綜論性研究請參見：Robert Morstein-Marx and Nathan Rosenstein, "The Transformation of the Republic," in *A Companion to Roman Republic,* ed. Robert Morstein-Marx and Nathan Rosenstein (Malden, MA: Blackwell, 2010), 625–637. 還有一部經典之作是：Mary Beard and Michael Crawford, *Rome in the Late Republic: Problems and Interpretations* (London: Duckworth, 1985).
40. 引自：Beard, *SPQR,* 243.

19. 關於這一估計數字，請參見：A. Lintott, "Political History, 146–95 BC," in *The Cambridge Ancient History,* vol. 9, *The Last Age of the Roman Republic, 146–43 BC,* ed. J. Crook, A. Lintott, and E. Rawson (Cambridge: Cambridge University Press, 1994), 46–47.

20. 在針對羅馬早期政治史的舊歷史書寫中，羅馬共和經常被描述為一個徹頭徹尾菁英主義的寡頭政權。這一傳統觀點的先驅是馬提亞斯・蓋爾澤（Matthias Gelzer），而羅諾德・賽姆（Ronald Syme）則以最具影響力的方式表達了此一傳統。請參見：Gelzer, *Die Nobilität der römischen Republik* (1912; repr., Stuttgart: Teubner, 1983); Syme, *The Roman Revolution* (1939; repr., Oxford: Oxford University Press, 2002). 然而，自一九八〇年代以來，這一觀點已受到人們的修正，最值得注意的是 Fergus Millar, *The Crowd in Rome in the Late Republic* (Ann Arbor: University of Michigan Press, 1998). 研究羅馬共和的歷史學家如今更強調羅馬憲法中與菁英主義制度並存的人民要素。關於這一辯論的概述，請參見：J. A. North, "Democratic Politics in Republican Rome," *Past & Present* 126, no. 1 (1990): 3–21. 更多近來關於此一辯論的貢獻，請參見：Alexander Yakobson, "Popular Power in the Roman Republic," in *A Companion to the Roman Republic,* ed. Nathan Rosenstein and Robert Morstein-Marx (Malden, MA: Blackwell, 2006), 383–400. 雅各布森（Yakobson）的結論是：「羅馬共和生活的真實內容是受到這些（民主政治及貴族政治）的強大力量之間複雜的交互作用，所形塑而成。」Yakobson, "Popular Power in the Roman Republic," 389.

21. Valerius Maximus, *Memorable Deeds and Sayings: One Thousand Tales from Ancient Rome,* trans. Henry John Walker (Indianapolis: Hackett, 2004), 7.5.2.

22. 引自：Lintott, *Constitution of the Roman Republic,* 203.

23. 關於這樁軼事，請參見：Beard, *SPQR,* 190.

24. Ibid., 239–240.

25. 關於波利比烏斯的生活及事業，請參見：F. W. Walbank, *Polybius* (Berkeley: University of California Press, 1972).

26. Polybius, *Histories,* 6.16.

27. 以下段落的內容改寫自：Beard, *SPQR,* 209–252; T. P. Wiseman, *Remembering*

不同，並且更為菁英主義。可參見：Kurt Raaflaub, "Freiheit in Athen und Rom: Ein Beispiel divergierender politischer Begriffsentwicklung in der Antike Author," *Historische Zeitschrift* 238, no. 3 (1984): 529–567. 近期則有班傑明．史卓門（Benjamin Straumann）提出了相似的論點，即羅馬政治思想的特徵是「對立法的限制及人民主權等君士坦丁主題思想，一種原初自由主義的深刻關切」；Straumann, *Crisis and Constitutionalism: Roman Political Thought from the Fall of the Republic to the Age of Revolution* (Oxford: Oxford University Press, 2016), 6.

9. 關於這一討論的概述，請參見：Beard, *SPQR,* 150–153; Kurt A. Raaflaub, ed., *Social Struggles in Archaic Rome: New Perspectives on the Conflict of the Orders* (Oxford: Blackwell, 2005).
10. Arena, *Libertas and the Practice of Politics,* 40.
11. 關於希臘對羅馬思想發展的影響，請參見：Elizabeth Rawson, *Intellectual Life in the Late Roman Republic* (London: Duckworth, 1985); A. Momigliano, "The Origins of Rome," in *The Cambridge Ancient History,* vol. 7.2, *The Rise of Rome to 220 BC,* ed. F. W. Walbank et al., assisted by A. Drummond (Cambridge: Cambridge University Press, 1990), 52–112.
12. Andrew Lintott, *The Constitution of the Roman Republic* (Oxford: Oxford University Press, 1999), 51–52.
13. Beard, *SPQR,* 303–313.
14. Livy, *History of Rome,* 34.1. 關於李維書中提到的這起事件，請參見：E. Fantham et al., *Women in the Classical World* (Oxford: Oxford University Press, 1994), 263–264.
15. Livy, *History of Rome,* 34.3.
16. Ibid., 34.7.
17. Ibid.
18. 段落中對於共和初期羅馬政治體制的概述改寫自：Beard, *SPQR,* 184–192; Lintott, *Constitution of the Roman Republic,* esp. 191–213; Claude Nicolet, *The World of the Citizen in Republican Rome,* trans. P. S. Falla (Berkeley: University of California Press, 1980), esp. 207–316.

第二章　羅馬自治自由的興衰

1. Livy, *The History of Rome,* 1.49–56. 除非另外說明，否則我使用的是洛布古典譯叢之古羅馬文本的英文譯本。按照慣例，參考書目所指的不是頁碼，而是行、卷和段落。
2. Cicero, *On the Commonwealth*, 1.39a in *On the Commonwealth and On the Laws,* ed. and trans. James Zetzel (Cambridge: Cambridge University Press, 1999). 關於「res publica」一詞在羅馬世界中的意義，請參見： Werner Suerbaum, *Vom antiken zum frühmittelalterlichen Staatsbegriff: Über Verwendung und Bedeutung von res publica, regnum, imperium und status von Cicero bis Jordanis,* 3rd ed. (Münster: Aschendorff, 1977). 關於古代歷史學家認為共和制及元首制是不同的歷史時期，請參見： Karin Sion-Jenkis, *Von der Republik zum Principat: Ursachen für den Verfassungswechsel in Rom im historischen Denken der Antike* (Stuttgart: Steiner, 2000), 19–53. 但請對照詹姆士・漢金斯（James Hankins）的主張，他認為羅馬歷史學家或思想家從未使用「res publica」一詞來指稱一個不同於君主制，且比君主制更受到歡迎的政權。Hankins, "Exclusivist Republicanism and the Nonmonarchical Republic," *Political Theory* 38, no. 4 (2010): 452–482.
3. Dionysius of Halicarnassus, *Roman Antiquities,* 5.8.
4. Plutarch, *Brutus,* 1.1.
5. Livy, *History of Rome,* 4.5.
6. 以下段落的內容改寫自：MaryBeard, *SPQR: A History of Ancient Rome* (New York: W. W. Norton, 2015), 131–168.
7. Livy, *History of Rome,* 6.37.
8. 請參見：Valentina Arena, *Libertas and the Practice of Politics in the Late Roman Republic* (Cambridge: Cambridge University Press, 2012), 78; P. A. Brunt, "Libertas in the Republic," in *The Fall of the Roman Republic and Related Essays,* ed. P. A. Brunt (Ox- ford: Clarendon Press, 1988), 282–350; Joy Connolly, *The Life of Roman Republicanism* (Princeton, NJ: Princeton University Press, 2014), 16. 這一點尤其值得強調，因為人們經常（錯誤地）認為羅馬人對自由的看法與希臘人十分

Political Thought, 457–476.

123. 關於希臘化時代朝向內在自由的轉變，請參見：Patterson, *Freedom,* 165– 199. 關於希臘化時期希臘人繼續捍衛民主式自由，請參見：Carlsson, *Hellenistic Democracies.* 但請對照班傑明．葛雷（Genjamin Gray）的主張，他認為在希臘化時代，希臘人開始更加強調「公民組成中的個人選擇及多樣性」作為自由的關鍵特徵。Benjamin Gray, "Freedom, Ethical Choice and the Hellenistic Polis," *History of European Ideas* 44 (2018): 719–742, 739.

124. Hunt, "Slaves in Greek Literary Culture."

125. Euripides, *Hecuba,* 864.

126. Xenophon, *Economics,* 1.22–23.

127. Xenophon, *Memorabilia,* trans. Amy Bonnett, introd. Christopher Bruell (Ithaca and London: Cornell University Press, 1994), 1.2.6.

128. Diogenes Laertius, *Lives of Eminent Philosophers,* ed. and trans. R. D. Hicks (London: William Heinemann, 1925), 7.2.37.

129. 可參見：Diogenes Laertius, *Lives of Eminent Philosophers,* 7:121–123.

130. 關於朱迪厄斯的生活及事業，請參見：Erwin Goodenough, *The Politics of Philo Judaeus: Practice and Theory* (New Haven: Yale University Press, 1938), 1–20.

131. Philo Judaeus, *Every Good Man is Free*, 43–47.

132. Ibid., 40–43.

133. Ibid., 59–61.

134. Ibid., 124–127.

135. Ibid., 95–96.

136. Ibid., 107–111.

137. 以下的段落的內容改寫自：Goodenough, *The Politics of Philo Judaeus,* 1–20.

138. 引自：ibid., 18–19.

Political Procedure in Some East Greek City-States (Stuttgart: Steiner, 2010).

115. Malcolm Schofield, "Social and Political Thought," in *The Cambridge History of Hellenistic Philosophy,* ed. Keimpe Algra et al. (Cambridge: Cambridge University Press, 1999), 739–770.

116. 關於亞里斯多德《政治學》的一般性綜論，請參見：F. D. Miller, *Nature, Justice and Rights in Aristotle's Politics* (Oxford: Oxford University Press, 1997). 關於亞里斯多德對他所處時代的新政治現實參與不足，請參見：Malcolm Schofield, "Aristotle: An Introduction," in Rowe and Schofield, *Greek and Roman Political Thought,* 310–320. 然而，請注意，亞里斯多德也寫了一篇題為《論王權》（*On Kingship*）的論文。內容雖不幸已不為人知，但我們也許可認為這篇論文會站在更支持君主制的立場。請參見：Walbank, "Monarchies and Monarchic Ideas."

117. 請參見：Hansen, "Democratic Freedom and the Concept of Freedom in Plato and Aristotle." 漢森（Hansen）也提供了一個有用討論，有關亞里斯多德之自由概念的另類詮釋。關於亞里斯多德對雅典民主之批判的一般性討論，請參見：Andrew Lintott, "Aristotle and Democracy," *Classical Quar- terly* 42 (1992): 114–128.

118. Aristotle, *Politics,* 1317b0–15.

119. Ibid., 1310a30–35.

120. Ibid., 1318a25.

121. Ibid., 1318b30–35. 請注意，亞里斯多德對於較溫和民主形式的態度也實在稱不上熱情；他將它形容為一部「夠好的」憲法。正如他在《政治學》第七和第八卷中所解釋的，最佳的憲法理想上會更類似斯巴達政體的憲法，即多虧了像黑勞士這樣的農業奴工的勞動，一群資格被界定得極端狹窄的公民才能過著悠閒的生活。然而在這些較後的篇章中，他從未提到「自由」或是其反義詞「奴隸」；相反，他將這形容為最可能讓人們獲得「幸福」的憲法。

122. G. J. D. Aalders, *Political Thought in Hellenistic Times* (Amsterdam: Hakkert, 1975); Walbank, "Monarchies and Monarchic Ideas"; D. Hahm, "Kings and Constitutions: Hellenistic Theories," in Rowe and Schofield, *Greek and Roman*

97. Ibid., 8.563c.

98. Ibid., 8.557c.

99. Ibid., 8.562d.

100. 請參見：Jakub Filonik, "Living as One Wishes' in Athens: The (Anti-)Democratic Polemics," *Classical Philology* 114(2019): 1–24.

101. Plato, *The Republic,* 6.488d.

102. Ibid., 9.590d.

103. Plato, *Clitophon,* 408, in Cooper, *Complete Works.*

104. A. Laks, "The Laws," in Rowe and Schofield, *Greek and Roman Political Thought,* 258–292.

105. Plato, *Laws,* 3.691c, in Cooper, *Complete Works.*

106. Ibid., 7.328c.

107. Ibid., 3.698b.

108. 關於埃索克拉提斯的生活及學術生涯，請參見：Ober, *Political Dissent,* 249–290. 請注意，埃索克拉提斯也在他的一些著作中為君主制辯護。請參見：F. W. Walbank, "Monarchies and Monarchic Ideas," in *The Cambridge Ancient History,* vol. 7.1, *The Hellenistic World,* ed. F. W. Walbank et al. (Cambridge: Cambridge University Press, 1984), 62–100.

109. Isocrates, *Areopagiticus*, 28.

110. David Teegarden, *Death to Tyrants! Ancient Greek Democracy and the Struggle against Tyranny* (Princeton: Princeton University Press, 2014), appendix.

111. 以下段落的內容改寫自：Robin Osborne, "The Fourth Century: Political and Military Narrative," in Osborne, *Classical Greece,* 197–222; and Robin Waterfield, *Creators, Conquerors, and Citizens: A History of Ancient Greece* (Oxford: Oxford University Press, 2018), 351–468.

112. Demosthenes, *Philippic,* 2.6.25.

113. Andrew Bayliss, *After Demosthenes: The Politics of Early Hellenistic Athens* (London: Continuum, 2011), 94.

114. 請參見：Susanne Carlsson, *Hellenistic Democracies: Freedom, Independence and*

81. Thucydides, *The Peloponnesian War*, 3.81 .

82. Ibid., 3.82.

83. 關於詭辯派運動，請參見：Jacqueline de Romilly, *The Great Sophists in Periclean Athens* (Oxford: Clarendon Press, 1998).

84. 關於詭辯派政治觀點（我們所知甚少）的全面性綜論，請參見：W. Guthrie, *The Sophists* (Cambridge: Cambridge University Press, 1971), 135–163.

85. Plato, *The Republic,* 1.338e, in Cooper, *Complete Works*.

86. Xenophon, *Memorabilia,* 1.2.46.

87. Xenophon, *Hellenica,* 2.3.

88. Ibid., 2.4.22.

89. Isocrates, *Areopagiticus,* 7.62.

90. 關於柏拉圖政治思想的文獻如今已發展為相當龐大的規模。關於柏拉圖政治學之最重要學術性評估，優良的綜論性著作請參見：Ober, *Political Dissent,* 156–247. 關於作為民主式自由批評者的柏拉圖，請參見：Mogens H. Hansen, "Democratic Freedom and the Concept of Freedom in Plato and Aristotle," *Greek, Roman, and Byzantine Studies* 50 (2010): 1–27; Melissa Lane, "Placing Plato in the History of Liberty," *History of European Ideas* 44 (2018): 702–718.

91. Malcolm Schofield, "Plato in His Time and Place," in *The Oxford Handbook of Plato,* ed. Gail Fine (Oxford: Oxford University Press, 2008), 41–68.

92. 關於《第七封信》的真實性，請參見：M. Schofield, "Plato and Practical Politics," in Rowe and Schofield, *Greek and Roman Political Thought,* 293–302.

93. Plato, *Seventh Letter,* 7.324d, in Cooper, *Complete Works*.

94. Gregory Vlastos, "The Historical Socrates and Athenian Democracy," *PoliticalTheory* 11, (1983): 495–516; Ellen Meiksins Wood and Neal Wood, "Socrates and Democracy: A Reply to Gregory Vlastos," *Political Theory* 14 (1986): 55–82; Melissa Lane, "Socrates and Plato: an Introduction," in Row and Schofield, *Greek and Roman Political Thought,* 155–163.

95. Plato, *The Republic,* 8.562c.

96. Ibid., 8.557b.

of Reason," in *The Greek City from Homer to Alexander,* ed. Oswyn Murray and Simon Price (Oxford: Clarendon Press, 1990), 1–28, 其觀點與福斯帖勒・古朗吉的更為接近。

69. 關於這些憲法變更的一般性概述，請參見：Josiah Ober, *Mass and Elite in Democratic Athens: Rhetoric, Ideology and the Power of the People* (Princeton: Princeton University Press, 1989).

70. 關於這一估計數字，請參見：M. I. Finley, *Politics in the Ancient World* (Cambridge: Cambridge University Press, 1983), 74.

71. 關於這一估計數字，請參見：Hansen, *Athenian Democracy in the Age of Demosthenes,* 132.

72. 關於這一浮雕的描述，請參見：Homer A. Thompson, "Excavations in the Athenian Agora: 1952," *Hesperia: The Journal of the American School of Classical Studies at Athens* 22, no. 1 (1953): 25–56.

73. 此一葬禮悼詞出現於：Plato, *Menexenus,* 238e–239a in *Complete Works,* ed. John M. Cooper (Indianapolis: Hackett, 1997).

74. 關於此文及其含義的一般性分析，請參見：Ober, *Political Dissent,* 14–27. 然而，我並不同意歐柏（Ober）的判斷，即老寡頭「在現存的古典文獻中沒有非常明顯的同類型繼承人」。Ober, *Political Dissent,* 27.

75. Old Oligarch, *Constitution of the Athenians,* 1.

76. Ibid., 2.

77. Ibid., 1.

78. Ibid., 2.

79. 關於修昔底德的生活及事業，請參見：L. Canfora, "Biographical Obscurities and Problems of Composition," in *Brill's Companion to Thucydides,* ed. Antonis Tsakmakis and Antonios Rengakos (Leiden: Brill, 2006), 3–32.

80. 請參見：Lawrence Tritle, "Thucydides and Power Politics," in Tsakmakis and Rengakos, *Thucydides,* 469–494. 但請對照：Mary Nichols, *Thucydides and the Pursuit of Freedom* (Ithaca: Cornell University Press, 2015)，作者認為修昔底德是自由的理論家。

58. Aristophanes, *Assemblywomen,* in *Three Plays by Aristophanes: Staging Women,* ed. and trans. Jeffrey Henderson (London: Routledge, 1996), 1000–1027.

59. 關於強調亞里斯多芬尼斯劇作中，有利於女性統治之描寫的分析，請參見：Josaiah Ober, *Political Dissent in Democratic Athens: Intellectual Critics of Popular Rule* (Princeton: Princeton University Press, 2001), 122–155. 但請對照：Paul Cartledge, *Aristophanes and His Theatre of the Absurd* (Bristol: Bristol Classical Press, 1990), 32–42. 保羅・卡特李吉（Paul Cartledge）將亞里斯多芬尼斯的劇作解讀為對女性領導這一觀念的批判。

60. Aristotle, *Politics,* 1.1254b.

61. 關於古代與現代民主之異同的一般性討論，請參見：Ober and Hedrick, *Demokratia.*

62. 請參見：A. Shapur Shahbazi, "The Achaemenid Persian Empire (550–330BC)," in *Oxford Handbook of Iranian History,* ed. Touraj Daryaee (Oxford: Oxford University Press, 2012), 120–141.

63. Paul Cartledge, "The Helots: A Contemporary Review," in Bradley and Cartledge, *World History of Slavery,* 74–90.

64. Rihll, "Classical Athens," 48–73.

65. Robin Waterfield, *Athens: A History, from Ancient Ideal to Modern City* (New York: Basic Books, 2004), 187. 但請對照：Blok, *Citizenship in Classical Athens* (Cambridge: Cambridge University Press, 2017). 布洛克（Blok）指出，儘管婦女被排除在政治參與之外，但她們仍透過參與宗教儀式，而在公領域中扮演了重要角色。

66. Numa Denis Fustel de Coulanges, *La cité antique: étude sur le culte, le droit, les institutions de la Grêce et de Rome* (Paris: Hachette, 1867), 262–267. My translation.

67. Hansen, *Athenian Democracy in the Age of Demosthenes,* 74–81.

68. Robert Wallace, "The Legal Regulation of Private Conduct at Athens: Two Controversies on Freedom," *Ethics & Politics* 9, no. 1 (2007): 158. 亦請參見：David Cohen, *Law, Sexuality and Society: The Enforcement of Morals in Classical Athens* (Cambridge: Cambridge University Press, 1991). 但請對照：Oswyn Murray, "Cities

48. Josef Wiesehöfer, *Ancient Persia from 550 BC to 650 AD,* trans. Azizeh Azodi (London: I. B. Tauris, 2001), 31. 關於波斯帝國政治結構的說明，亦請參見：Pierre Briant, *From Cyrus to Alexander: A History of the Persian Empire,* trans. Peter Daniels (Winona Lake: Eisenbrauns, 2002). 但請對照：Kostas Vlassopoulos, *Unthinking the Greek Polis: Ancient Greek History beyond Eurocentrism* (Cambridge: Cambridge University Press, 2007), 101–121. 馮拉索普洛斯指出，在地方層次上，許多近東地區城市均享有某種非常類似於希臘城邦的自治形式。

49. 大流士墓碑上的銘文，引自：Briant, *From Cyrus to Alexander,* 178.

50. Josef Wiesehöfer, "The Achaemenid Empire," in *The Dynamics of Ancient Empires: State Power from Assyria to Byzantium,* ed. Ian Morris and Walter Scheidel (Oxford: Oxford University Press, 2009), 77.

51. Briant, *From Cyrus to Alexander,* 302–354.

52. Martin Ostwald, "The Reform of the Athenian State by Cleisthenes," in Boardman et al., *Cambridge Ancient History,* vol. 4, 303–346.

53. Paul Cartledge, *Spartan Reflections* (London: Gerald Duckworth, 2001). 然而，與雅典不同的是，不是所有斯巴達公民均自動擁有參與人民大會的資格；只有那些有能力支付公共食堂（斯巴達公民在此用餐）費用的人才被允許這麼做。

54. Mogens H. Hansen, *The Athenian Democracy in the Age of Demosthenes: Structure, Principles, Ideology,* trans. J. A. Cook (London: Blackwell, 1991). 關於雅典奴隸的數量，請參見：T. E. Rihll, "Classical Athens," in *The Cambridge World History of Slavery,* ed. K. Bradley and P. Cartledge (Cambridge: Cambridge University Press, 2011) 48–73.

55. Thucydides, *History of the Peloponnesian War*, 2.45.2. 關於古代雅典婦女地位，請參見：Roger Just, *Women in Athenian Law and Life* (London: Routledge, 1989); Robin Waterfield, *Athens: A History. From Ancient Ideal to Modern City* (London: Macmillan, 2004), 182–200.

56. E. Fantham et al., *Women in the Classical World* (Oxford: Oxford University Press, 1994), 68–127.

57. Rihll, "Classical Athens," 60.

32. Ibid.
33. Ibid., 5.78.
34. 關於此一論點，請參見：Dewald, "The Question of Tyranny in Herodotus"; Michael Flower, "Herodotus and Persia," in Dewald and Marincola, *Herodotus,* 274–289.
35. Herodotus, *Histories*, 3: 30–35.
36. Ibid., 5:25.
37. Ibid., 4.84.
38. Ibid., 7.45–46.
39. Ibid., 7.39.
40. Ibid., 8.118.
41. Ibid., 8.119.
42. Ibid., 5.20.
43. Jessica Priestley, *Herodotus and Hellenistic Culture: Literary Studies in the Reception of the Histories* (Oxford: Oxford University Press, 2014), 19–50.
44. Euripides, *Suppliant Women*, 441–453.
45. Thucydides, *The Peloponnesian War*, trans. Martin Hammond, intro. P. J. Rhodes (Oxford: Oxford University Press, 2009), 2.37.2.
46. 例如：根據羅塞林德·湯瑪斯（Rosalind Thomas）的看法，「自由（在古希臘）是指一個共同體管理自身，積極的、政治的自由，而不是個人在私生活中隨心所欲的自由」；請參見：Thomas, "The Classical City," in Osborne, *Classical Greece*, 70. 相似觀點亦可參見：Max Pohlenz, *Freedom in Greek Life and Thought: The History of an Ideal*, trans. Carl Lofmark (Dordrecht: Reidel, 1966).
47. 請參見：Mogens H. Hansen, "The Ancient Athenian and the Modern Liberal View of Liberty," in Ober and Hedrick, *Demokratia,* 91–104; Robert W. Wallace, "Law, Freedom and the Concept of Citizens' Rights in Democratic Athens," in Ober and Hedrick, *Demokratia,* 105–119; P. Cartledge and M. Edge, "'Rights,' Individuals, and Communities in Ancient Greece," in *A Companion to Greek Political Thought,* ed. R. K. Balot (Oxford: Oxford University Press, 2009), 149–163.

18. Aristotle, *Athenian Constitution,* 18.

19. Kurt Raaflaub, "Stick and Glue: The Function of Tyranny in Fifth-Century Athenian Democracy," in *Popular Tyranny: Sovereignty and Its Discontents in Ancient Greece,* ed. Kathryn Morgan (Austin: University of Texas Press, 2013), 59–93.

20. Ostwald, "Freedom and the Greeks." 但請對照拉夫勞的看法，他認為這一狂熱信仰不是希羅多德，就是他的薩摩斯情報提供者虛構的歷史小說。Raaflaub, *The Discovery of Freedom,* 110–111.

21. 請參見：Raaflaub, *The Discovery of Freedom,* 29–45; Ostwald, "Freedom and the Greeks." 關於波斯戰爭對希臘國族意識的影響，請參見：Edith Hall, *Inventing the Barbarian: Greek Self-Definition through Tragedy* (Oxford: Oxford University Press, 1989). 關於波希戰爭的敘述，請參見：Lisa Kallet, "The Fifth Century: Political and Military Narrative," in *Classical Greece, 500–323 BC,* ed. Robin Osborne (Oxford: Oxford University Press, 2000), 170–196.

22. Aeschylus, *The Persians*, 232. 為便於閱讀，我修改了譯文。

23. Ibid., 176.

24. 請參見：Ostwald, "Freedom and the Greeks," 43–44.

25. Simon Hornblower, "Herodotus' Influence in Antiquity," in *The Cambridge Companion to Herodotus,* ed. Carolyn Dewald and John Marincola (Cambridge: Cambridge University Press, 2006), 306–318.

26. Kurt Raaflaub, "Philosophy, Science and Politics: Herodotus and the Intellectual Trends of His Time," in *Brill's Companion to Herodotus,* ed. Egbert Bakker et al. (Leiden: Brill, 2002), 149–186; Sara Forsdyke, "Herodotus, Political History and Political Thought," in Dewald and Marincola, *Herodotus,* 224–241.

27. Herodotus, *Histories,* 8.143.

28. Ibid., 6.11.

29. Ibid., 6.109.

30. Carolyn Dewald, "Form and Content: The Question of Tyranny in Herodotus," in Morgan, *Popular Tyranny,* 25–58.

31. Herodotus, *Histories,* 3.80.

(Cambridge: Cambridge University Press, 2000), 23–59. 請注意，寇特・拉夫勞（Kurt Raaflaub）認為荷馬史詩描繪了一個已準備好要邁向人人平等的社會。

12. 關於古樸時期的希臘政治概況，請參見：Jonathan Hall, *A History of the Archaic Greek World: Ca. 1200–479 BC* (Oxford: Wiley-Blackwell, 2007).

13. Martin Ostwald, "The Reform of the Athenian State by Cleisthenes," in *The Cambridge Ancient History,* vol. 4, *Persia, Greece and the Western Mediterranean, c.525 to 479 BC,* ed. John Boardman et al. (Cambridge: Cambridge University Press, 1988), 303– 346; 值得注意的是，「demokratia」一詞有證據的最早使用紀錄是在希羅多德的時期，約西元前四三〇年；然而，也許更早人們就已經在使用這一詞了。關於這一觀點，請參見：Eric Robinson, *The First Democracies: Early Popular Government Outside Athens* (Stuttgart: Steiner, 1997), 45.

14. Aristotle, *Politics,* 4.1297b.

15. Kurt Raaflaub, "Soldiers, Citizens and the Evolution of the Early Greek Polis," in *The Development of the Polis in Archaic Greece,* ed. Lynette G. Mitchell and P. J. Rhodes (London: Routledge, 1997), 24–38; Ian Morris, "The Strong Principle of Equality," in *Demokratia: A Conversation on Democracies, Ancient and Modern,* ed. Josiah Ober and Charles W. Hedrick (Princeton: Princeton University Press, 1996), 19–48; Christian Meier, *A Culture of Freedom: Ancient Greece and the Origins of Europe* (Oxford: Oxford University Press, 2011). 關於雅典民主起源辯論的概述，請參見：Kurt Raaflaub, Josaiah Ober, and Robert Wallace, *Origins of Democracy in Ancient Greece* (Berkeley: University of California Press, 2007).

16. Solon, *Elegy and Iambus,* 1.5.2.

17. Herodotus, *Histories,* 5.55. 然而，請注意，最早將雅典暴政的失敗與自由的建立聯繫起來的，是希羅多德。我們現有的唯一更早文獻（慶祝哈爾摩狄奥斯和阿里斯托革頓功績的飲酒歌）將他們推翻暴政一事與政治平等（古希臘文「isonomia」）的建立聯繫起來，而非自由的建立。請參見：Ostwald, "Freedom and the Greeks." 關於推翻雅典暴政的口傳傳統，請參見：Rosalind Thomas, *Oral Tradition and Written Record in Classical Athens* (Cambridge: Cambridge University Press, 1989), 257–261.

看法，請對照：Daniel C. Snell, *Flight and Freedom in the Ancient Near East* (Leiden: Brill, 2001); Matthew Martin III and Daniel C. Snell, "Democracy and Freedom," in *A Companion to the Ancient Near East,* ed. Daniel C. Snell (Oxford: Wiley-Blackwell, 2004), 397–407; Eva von Dassow, "Liberty, Bondage and Liberation in the Late Bronze Age," *History of European Ideas* 44, no. 6 (2018): 658–684; Michael Walzer, *Exodus and Revolution* (New York: Basic Books, 1985); and Remi Brague, "God and Freedom: Biblical Roots of the Western Idea of Liberty," in *Christianity and Freedom,* ed. T. S. Shah and A. D. Hertzke (Cambridge: Cambridge University Press, 2016), 391–402.

4. 引自 S. N. Kramer, *The Sumerians: Their History, Culture and Character* (Chicago: Chicago University Press, 1963), 317. 關於*andurarum*和*amargi* 含義的一般性討論，請參見：Manfried Dietrich, "Die Frage nach der personlichen Freiheit im Alten Orient," in *Mesopotamica—Ugaritica—Biblica: Festschrift für Kurt Bergerhof zur Vollendung seines 70. Lebensjahres am 7. Mai 1992,* ed. Manfried Dietrich and Oswald Lorenz (Kevelaer: Butzon & Berker; Neukirchen-Vluyn: Neukirchener Verlag, 1993), 45–58.
5. Exod. 2:24, 20:2 (King James Version).
6. Jonathan Stökl, "Proclaim Liberty throughout All the Land unto All the Inhabitants Thereof!' Reading Leviticus 25:10 through the Centuries," *History of European Ideas* 44, no. 6 (2018): 685–701.
7. 關於希臘人將自由等同於民主，請參見：Kurt Raaflaub, *The Discovery of Freedom in Ancient Greece,* trans. Renate Franciscono (Chicago: Chicago University Press, 2004), 203–249.
8. 請參見：Raaflaub, *Freedom in Ancient Greece,* 23–57.
9. Hesiod, *Works and Days,* 202.
10. Homer, *Iliad,* 6.414.
11. Ibid., 2. 204. 關於荷馬政治思想，請參見：Kurt Raaflaub, "Poets, Lawgivers, and the Beginnings of Political Reflection in Archaic Greece," in *The Cambridge History of Greek and Roman Political Thought,* ed. C. Rowe and M. Schofield

Harvard University Press, 2014); James Kloppenberg, *Toward Democracy: The Struggle for Self-Rule in European and American Thought* (Oxford: Oxford University Press, 2016); Siep Stuurman, *The Invention of Humanity: Equality and Cultural Difference in World History* (Cambridge, MA: Harvard University Press, 2017); David Armitage, *Civil Wars: A History in Ideas* (New York: Alfred A. Knopf, 2017); Helena Rosenblatt, *The Lost History of Liberalism: From Ancient Rome to the Twenty-First Century* (Princeton: Princeton University Press, 2018).

第一部　自由的漫漫長史

第一章　不做別人的奴隸——古希臘的自由

1. 關於斯帕蒂雅斯和布利斯的故事，請參見：Herodotus, *The Histories,* trans. Robin Waterfield, ed. Carolyn Dewald (Oxford: Oxford University Press, 1998), 7.135–136. 除非另外說明，否則我使用的是洛布古典譯叢（Loeb Classical Library）之古希臘文本的英文譯本。按照慣例，參考書目所指的不是頁碼，而是行、卷和段落。
2. Aristotle, *Politics,* trans. C. D. C. Reeve (Indianapolis: Hackett, 1998), 1327b25–30.
3. 關於此一論點，請參見：Martin Ostwald, “Freedom and the Greeks,” in *The Origins of Modern Freedom in the West,* ed. R. W. Davis (Stanford: Stanford University Press, 1995), 35–63; Orlando Patterson, *Freedom,* vol. 1, *Freedom in the Making of Western Culture* (New York: Basic Books, 1991), 7; and Kurt Raaflaub, “Freedom in the Ancient World,” in *Oxford Classical Dictionary,* ed. Simon Hornblower and Antony Spawforth, 3rd ed. (Oxford: Oxford University Press, 1996). 有關「奴役」作為隱喻在一般希臘思想中的重要性，請參見：P. Hunt, “Slaves in Greek Literary Culture,”in *The Cambridge World History of Slavery,* vol. 1, *The Ancient Mediterranean World,* ed. K. Bradley and P. Cartledge (Cambridge: Cambridge University Press, 2011), 22–47. 請注意，不是所有歷史學家都同意這一觀點。關於相反的論點，即自由（分別）源起於古代近東及希伯來文化的

Thought in the Nineteenth Century (Cambridge: Cambridge University Press, 2016). 關於日本的情況，請參見：Douglas R. Howland, *Translating the West: Language and Political Reason in Nineteenth-Century Japan* (Honolulu: University of Hawaii Press, 2002) and Daniel V. Botsman, "Freedom without Slavery? 'Coolies,' Prostitutes, and Outcastes in Meiji Japan's 'Emancipation Moment,' " *American Historical Review* 116, no. 5 (2011): 1323–1347.

17. Kostas Vlassopoulos, *Unthinking the Greek Polis: Ancient Greek History beyond Euro-centrism* (Cambridge: Cambridge University Press, 2007), 1.
18. Benjamin Constant, *Political Writings,* ed. Biancamaria Fontana (Cambridge: Cambridge University Press, 1988), 308–328.
19. Francis Lieber, *On Civil Liberty and Self-Government* (London: Richard Bentley, 1853). 歷史學家也指出「西方」一詞的出現本身就具有高度爭議性。關於這部分文獻的優良綜論性著作，請參見：Georgios Varouxakis, "The Godfather of 'Occidentality': Auguste Comte and the Idea of 'the West,'" *Modern Intellectual History,* 16, no. 2 (2019): 411–441.
20. 請參見：Siep Stuurman, "The Canon of the History of Political Thought: Its Critique and a Proposed Alternative," *History and Theory* 39, no. 2 (2000): 147–166.
21. Quentin Skinner, *Visions of Politics*, vol. 1: Regarding Method (Cambridge: Cambridge University Press, 2002), 59.
22. David Armitage, "What's the Big Idea? Intellectual History and the *Longue Durée*," *History of European Ideas* 38, no. 1 (2012): 493–507; Peter Gordon, "Contextualism and Criticism in the History of Ideas," in *Rethinking Modern European Intellectual History,* ed. Darrin McMahon and Samuel Moyn (Oxford: Oxford University Press, 2014), 32–55; Darrin McMahon, "The Return of the History of Ideas?," in McMahon and Moyn, *Rethinking,* 13–31. 關於近期「大」思想史的例子，請參見：Darrin McMahon, *Happiness: A History* (New York: Atlantic Monthly Press, 2006); Lynn Hunt, *Inventing Human Rights: A History* (New York : W.W. Norton, 2007); Samuel Moyn, *The Last Utopia* (Cambridge, MA: Harvard University Press, 2010); Sophia Rosenfeld, *Common Sense: A Political History* (Cambridge, MA:

7. Eberhard, "Ueber die Freyheit des Bürgers," 1.
8. PaulLeroy-Beaulieu, *L'État moderne et ses fonctions* (Paris: Guillaumin, 1900),x,460; my translation.
9. William Graham Sumner, *What Social Classes Owe to Each Other* (New York: Harper and Brothers, 1911), 120.
10. Mary Beard, *SPQR: A History of Ancient Rome* (New York: W. W. Norton, 2015), 341–342.
11. Kurt Raaflaub, "Freedom in the Ancient World," in the *Oxford Classical Dictionary,* ed. S. Hornblower and A. Spawforth, rev. 3rd ed. (Oxford: Oxford University Press, 2003). 關於奴役在早期自由歷史中的重要性，亦請參見：Orlando Patterson's *Freedom,* vol. 1, *Freedom in the Making of Western Culture* (New York: Basic Books, 1991).
12. Peter Garnsey, *Ideas of Slavery from Aristotle to Augustine* (Cambridge: Cambridge University Press, 1996), 107–127.
13. 關於斯多噶學派，請參見：Suzanne Bobzien, *Determinism and Freedom in Stoic Philosophy* (Oxford: Clarendon Press, 1998). 關於近代早期的辯論，請參見：James A. Harris, *Of Liberty and Necessity: The Free Will Debate in Eighteenth-Century British Philosophy* (Oxford: Oxford University Press, 2005).
14. 對反奴役思想的發展感興趣的人也許會想參考大衛・布里昂・戴維斯（David Brion Davies）的經典研究：*The Problem of Slavery in Western Culture*, repr. ed. (Oxford: Oxford University Press, 1988)；以及更近期的綜論性著作：Joseph Miller, *The Problem of Slavery as History: A Global Approach* (New Haven: Yale University Press, 2012). 關於自由意志的思想史，請參見：Michael Frede, *A Free Will: Origins of the Notion in Ancient Thought,* ed. A. A. Long (Berkeley: University of California Press, 2011).
15. Anthony Reid, "Merdeka: The Concept of Freedom in Indonesia," in *Asian Freedoms: The Idea of Freedom in East and Southeast Asia*, ed. David Kelly and Anthony Reid (Cambridge: Cambridge University Press), 146–149.
16. Wael Abu-Uksa, *Freedom in the Arab World: Concepts and Ideologies in Arabic*

註釋

引言 一個捉摸不定的概念

1. Algernon Sidney, *Discourses Concerning Government,* ed. Thomas G.West (Indianapolis: Liberty Fund, 1996), 17. 在強調說明古老的自由概念歷久不衰的持久性時，本書參考了昆丁・史金納及菲利浦・佩提特（Philip Pettit）的著作。請參見史金納的 *Liberty before Liberalism* (Cambridge: Cambridge University Press, 1998)，和佩提特的 *Republicanism: A Theory of Freedom and Government* (Ox- ford: Oxford University Press, 1997). 然而，請注意，我更偏好談論「民主式」自由，而非「共和式」自由（史金納和佩提特偏好使用的術語）。我這樣做的原因是，首先，在我看來，這種思考自由的方式在古希臘和羅馬都有其根源；其次，「民主式」的談法更好地掌握了這種思考自由方式的本質，那就是自由需要民主式自治。
2. Continental Congress, "Declaration and Resolves", in Jack Rakove, ed., *Declaring Rights: A Brief History with Documents* (Boston: Bedford Books, 1998), 65.
3. 引 自 Wyger Velema, *Republicans: Essays on Eighteenth-Century Dutch Political Thought* (Leiden: Brill, 2007), 152.
4. Yvonne Korshak, "The Liberty Cap as a Revolutionary Symbol in America and France," *Smithsonian Studies in American Art*, 1 (1987): 52–69.
5. Johann August Eberhard, "Ueber die Freyheit des Bürgers und die Principien der Regierungsformen," in *Vermischte Schriften. Erster Theil* (Halle: Johann Jacob Gebauer, 1784), 1–28.
6. 例如：現代自由出現在西方是因為諸如宗教寬容及市場經濟興起等的長期發展，這一主要觀點影響了《現代自由的建立》(*The Making of Modern Freedom*) 這十三卷系列叢書。然而，必須注意的是，此一系列叢書中的個別卷本並不必然是從此一相同的假設出發。請參見： R. W. Davis, series ed., *The Making of Modern Freedom*, 13 vols. (Stanford: Stanford University Press, 1992–2003).

國家圖書館出版品預行編目 (CIP) 資料

自由：民主的盟友或敵人？思考現代社會的形成與危機 / 安娜琳.德黛(Annelien de Dijn) 著；陳雅馨譯. -- 初版. -- 新北市：臺灣商務印書館股份有限公司, 2022.06
面； 公分. -- (人文)
譯自：Freedom : an unruly history.
ISBN 978-957-05-3414-6 (平裝)
1.CST: 自由 2.CST: 公民權 3.CST: 民主政治

570.112　　111004855

人　文

自由：
民主的盟友或敵人？思考現代社會的形成與危機
Freedom: An Unruly History

作　　者—安娜琳・德黛（Annelien de Dijn）
譯　　者—陳雅馨
發 行 人—王春申
審書顧問—林桶法、陳建守
總 編 輯—張曉蕊
責任編輯—徐　鉞
特約編輯—李曉芳
封面設計—許晉維
版型設計—菩薩蠻

營 業 部—蘇魯屏、王建棠、張家舜、謝宜華
出版發行—臺灣商務印書館股份有限公司
231023 新北市新店區民權路 108-3 號 5 樓（同門市地址）
電話：（02）8667-3712　傳真：（02）8667-3709
讀者服務專線：0800056196
郵撥：0000165-1
E-mail：ecptw@cptw.com.tw
網路書店網址：www.cptw.com.tw
Facebook：facebook.com.tw/ecptw

FREEDOM: An Unruly History
by Annelien de Dijn
Copyright © 2020 by the President and Fellows of Harvard College
Published by arrangement with Harvard University Press
through Bardon-Chinese Media Agency
Complex Chinese translation copyright © 2022 by The Commercial Press, Ltd.
ALL RIGHTS RESERVED

局版北市業字第 993 號
初版一刷：2022 年 06 月
印刷廠：沈氏藝術印刷股份有限公司
定價：新台幣 690 元
法律顧問—何一芃律師事務所
有著作權・翻印必究
如有破損或裝訂錯誤，請寄回本公司更換